ちくま学芸文庫

初版 金枝篇 上

J.G.フレイザー
吉川 信 訳

筑摩書房

目次

下巻目次

凡例

一、本書には、『金枝篇』（初版一八九〇年）の全訳を収録するとともに、訳者あとがきを附した。索引は原本を踏襲せず、新たに作成した。

二、原文の引用符部分は「　」に、引用符内の引用符部分は『　』に代えた。引用符内の［　］は引用者＝著者による註記である。イタリック部分は性質に応じて傍点、原綴挿入に代えた。（　）は原文のまま、〔　〕は訳註である。訳註の作成にあたっては、とくに研究社『リーダーズ英和辞典』の収める情報に、少なからぬ箇所で恩恵を被った。

三、固有名の片仮名表記は原音主義を旨としたが、慣用を優先した場合もある。古典語の長音は省いた。

四、脚註は、節ごとに通し番号を附し、節末にまとめた。

金枝篇――比較宗教学研究

トリニティ・カレッジ・ケンブリッジ特別研究員　文学修士
ジェイムズ・G・フレイザー著

第一巻（全二巻）

LONDON
MACMILLAN AND CO.
AND NEW YORK
1890

友人ウィリアム・ロバートソン・スミスに
感謝と称賛をこめて

序

しばらくの間、わたしは原始の迷信と宗教に関する概説的な著作を準備していた。わたしの興味を惹きつけていた問題の中に、これまで説明されたことのなかった、アリキアの祭司職をめぐる掟があった。そして昨年の春、たまたま読んでいた本の中で、いくつかの事実に出会うことになった。以前から気がついていたその他の問題と結び合わせれば、当該の掟を説明するものともなり得るような事実である。その説明は、もし正しければ、原始の宗教が持ついくつかの曖昧な側面に光を投げかけることは確かだったから、わたしはそれだけを十分に展開することとし、概説書からは切り離して、別個の研究として出版することを決めた。本書がその帰結である。

理論はもちろん、当初のわたしには輪郭のみが見えていたに過ぎないのだが、それがいったん細部まで完成されると、今度はいくつかの場所で、その理論を押し進め過ぎたとも感じられてならない。もしそのような箇所があれば、自分の犯した過ちは、明らかになり次第直ちにこれを認め撤回する準備がわたしにはある。一方でわたしの論文は、困難な問題を解決し、散在している様々な事実に、ある種の秩序と体系を与えようという最初の試みとなればそれでよい。

春と夏至および収穫期にヨーロッパの農民たちが行う祝祭については、おそらくその記述の長さの点で弁明が必要であろう。民衆の迷信と農民の風習は、その断片的な性格にもかかわらず、先史アーリヤ人の原始宗教に関して現在われわれが手にすることのできる、もっとも充実した、もっとも信頼のおける証言である。このことはいまだ一般に認識されていないのだから、何度繰り返してもよい。事実先史アーリヤ人は、精神の基本的構造や特質に関わるすべての点で、いまだ死に絶えてはいない。それは今日までわれわれの中に生き続けている。高度な文明世界に変革をもたらし続けた偉大なる知性と道徳の力さえ、その農民に影響を与えることはほとんどなかったと言ってよい。いまではローマやロンドンが築かれているその地に、かつて森の木々が生い茂り、リスたちが遊んでいたあの日々――心の奥底に秘められた信仰という点では、その農民の姿こそ、あの往古の日々の父祖たちの姿なのである。

それゆえ、先史アーリヤ人の原始宗教の探求は、農民の迷信的な信仰や慣習から出発するか、あるいは少なくとも、それらを参照することで絶えず確認し抑制してゆかなければならない。現存の伝統・伝説から供給される証言と比べれば、初期の宗教を扱った古書が証明してくれることは非常に少ない。というのも、文学は思想を前進させるものの、その速度は早く、このため、緩やかに前進することしかできない口頭のことばによる意見は、距離を隔てたはるか彼方に置き去りにされてしまうからである。二、三世代の文学は、二、三千年の伝統的な生活よりも、思想を変化させることに貢献する。しかし本を読まない大衆は、文学によってもたらされた精神の革命からも影響を被らずにいられる。これと同様のことが起こるのだ。今日のヨーロッパにおいて、口頭のことばによって継承されてきた迷信的な信仰や慣習は、概して、アーリヤ民族の古代文学のほとんどで描写されている宗教よりも、はるかに古い形状を備えている。

古代イタリアの祭司職の意味と起源を論じるにあたって、わたしが現代ヨーロッパの民衆の慣習と迷信に多大な注意を向けたのも、以上のような前提に立つがゆえである。自分の主題のうち、この部分を執筆するにあたっては、故W・マンハルトの著作が大いに役立った。これがなければわたしの本は不可能だったかもしれない。わたしにはことば足らずになってしまった原理に関して、真理を完全に理解していたマンハルトは、農民の間に現存する迷信を、系統的に収集、比較、説明してくれている。この広大な領域の中で、彼が自ら選び出した特定の分野は、樵《きこり》と農夫の宗教であった。言い換えれば、木々と農作物に結びついた、迷信的な信仰と儀式であった。フォークロアの文学をくまなく捜し回るのみならず、口頭での調査とヨーロッパ各地に散在している活字化された問題群から、彼は大量の証言を収集した。その一部を彼は一連のみごとな著作として出版したのだった。しかしながらつねに脆弱であった彼の健康は、包括的でまことに広大であったその計画が達成される前に、衰えてしまった。そしてあまりに早すぎた死ゆえに、大量の貴重な資料は出版されずに留まった。手書き原稿は現在、ベルリン大学図書館に委託されている。彼が生涯を捧げた研究のためには、それらが逐一検討されること、そして彼が自らの著作では利用しなかった部分が世に公開されることが、大いに望まれるところである。

マンハルトが出版した著作の中でもっとも重要なものは、まず第一に二つの小冊子、『ライ麦の狼とライ麦の犬』(*Roggenwolf und Roggenhund*)(ダンツィヒ・一八六五年、第二版、ダンツィヒ・一八六六年)と『穀物霊たち』(*Die Korndamonen*)(ベルリン・一八六八年)である。これらの小品は、自分の調査に人々の興味を呼び起こし、その探求に人々の協力を得ようという試みであった。だが学識あるわずかな人々を除いて、ほとんど注目を集めることはなかった。自らの努力に向けられた冷たい反応に思い留まることなく、彼は着実に研究を進め、一八七五年には主著『ゲルマン民族およびその近隣の種族における樹木崇拝』(*Der Baumkultus der Germanen und ihrer Nachbarstamme*)を出版した。これに一八七七年の『古代の森の祭祀と野の祭祀』(*Antike Wald- und Feldkulte*)が続く。『神話学研究』(*Mythologische Forschungen*)は彼の死後、一八八四年に出版された。(3)

マンハルトに多くを負っているものの、わたしはそれ以上に多くを、友人のW・ロバートソン・スミス教授に負っている。古代社会史に対してわたしが最初に興味を抱いたのは、E・B・タイラー博士の著作に刺激されてのことで、それは、以前のわたしであれば夢想だにしなかった精神の展望を切り開いてくれた。けれどもひとつの主題に鮮烈な興味を抱いてから、つぎにその系統的な研究に向かうまでには、長い道のりを要する。そしてわたしがこの道のりに一歩踏み出すことができたのも、友人W・ロバートソン・スミスの影響ゆえである。彼の厖大な知識量、豊富で創意豊かなアイディア、疲れを知らない優しさに、わたしがどれほど恩恵を被ったかは、いくら強調してもしすぎることはない。彼の著作を知る人ならば、彼がわたしに与えた影響の幾ばくかは、きわめて不十分にではあれ、察知できることだろう。『ブリタニカ百科事典』の「供犠」の項で彼が示した見解、また最近の著書『セム族の宗教』（*The Religion of the Semites*）〔これはスミスが一八八八年から一八九一年まで三回に亘って行ったBurnett Lecturesの、一回目の講義の題目であり、一八八九年に出版されている。スミスは二回目と三回目の内容を出版に向けて校訂する間もなく、病に倒れる。一八九四年に死去するが、この年、*Lectures on the Religion of the Semites*の決定版（第二版）が出版されている。本書の註にしばしば挙げられる*The Religion of the Semites*は、この一回目の講義からのもので、決定版とは異なる〕でさらに展開された見解は、宗教の歴史的研究に新たな始まりをしるしづけるものであり、またその広大無辺な影響力は、本書においても見出されることだろう。実際、わたしの論文の中心概念、殺される神という概念は、この友人から直接来ているものだと思う。しかし彼のために是非言っておかなければならないのは、神殺しの風習に関してわたしが総括した解釈について、彼にはまったく責任がないということである。彼はもっぱら親切心から、わたしの校正刷りの大部分を読んでくれた。また多くの価値ある示唆を与えてくれ、わたしもたいていはそれを受け入れた。けれども、彼の名が引用される箇所、つまり、たまたま彼の著作物と一致した見解が表明されている箇所を除いて、この本の中で提示されている理論に対しては、かならずしも彼自身が同意しているとみなされてはならない。

わたしが、民族学者にとって大変重要な地であるオランダ領東インド諸島（現在のインドネシア共和国）に関する、最上の独創的な典拠にあたることができたのは、レイデンのG・A・ヴィルケン教授の著作のおかげである。ピッツリゴーのヴァルター・グレゴール司祭・文学修士は、御好意からいくつかの興味深い対話の機会を与えてくださった。その恩恵はいずれ後述の中で明らかとなろう。フランシス・ダーウィン氏は、植物学に関するいくつかの疑問に関してわたしが相談を持ちかけることを、親切に許してくださった。わたしが折に触れて言及する手書きの典拠は、わたしが各方面に回覧を願った民族学上の質問リストへの返答である。そのほとんどは、いずれ『人類学協会誌』（*Journal of the Anthropological Institute*）に公表したいと思っている。

本書の表紙を飾る「金枝」の絵は、友人のJ・H・ミドルトン教授による鉛筆描きからのものである。彼が本書の進行状況に絶え間ない興味と共感を示してくれたことは、執筆中のわたしには大いなる助けと励ましであった。

本書の索引は、ケンブリッジ大学図書館A・ロジャーズ氏の尽力によるものである。

J・G・フレイザー

トリニティ・カレッジ、ケンブリッジにて

一八九〇年三月八日

（1） 簡略化のため以下の註では、マンハルトの著作はそれぞれ、*Roggenwolf und Roggenhund* (first ed., Danzig, 1865) は *Roggenwolf*, *Die Korndämonen* (Berlin, 1868) は *Korndämonen*, *Der Baumkultus der Germanen und ihrer Nachbarstämme* (Berlin, 1875) は *B.K.*, *Antike Wald- und Feldkulte* (Berlin, 1877) は *A.W.F.*, *Mythologische Forschungen* (Strasburg, 1884) は *M.F.* と記す。

第一章　森の王

アリキアの木々の下に眠る
鏡のように穏やかな湖
その木々のほの暗い影の中で
治世を司るのは恐ろしい祭司
人殺しを殺した祭司であり
彼もまた殺されることだろう
　　　――マコーリー

〔Thomas Babbington Macaulay, *Lays of Ancient Rome*, "The Battle of the Lake Regillus" にある、"A Lay Sung at the Feast of Castor and Pollux on the Ides of Quintilis in the year of the City CCCCLI" と題された詩の第十連〕

第一節　アリキアの木立

ターナーの絵画「金枝」を知らないものがいるだろうか。一面の情景を覆っているのは黄金色《こがね》に輝く想像力である。ターナーの天来の精神はその中にもっとも美しい自然の風景さえも溶かし込み変貌させたのだ。小さな森の湖ネミ、古代の人々が「ディアナの鏡」と呼んだその湖の、夢のようなヴィジョンである。アルバノ丘陵の緑の谷間に抱かれた、鎮静した水面《みなも》を眼にしたものは、これをけっして忘れることができない。土手にまどろむ二つの特色あるイタリアの村も、湖に向かって険しい雛壇をなす庭のあるイタリアの宮殿も、その情景の静けさを、そしてその孤独さえも、破ることはない。ディアナはいまもこの寂しい湖畔を徘徊し、これら野生の森を頻繁に訪れているのかもしれない。

古代、この森の風景は、繰り返される不思議な悲劇の現場であった。湖の北岸、現在のネミの村が位置する切り立った崖の真下に、ディアナ・ネモレンシスすなわち森のディアナの、聖なる木立と聖所があった。[1] この湖と木立は、ときにアリキアの湖と木立と呼ばれた。[2] だがアリキアの町（現在のラ・リッキア）〔現在の名はアリッチャ Ariccia〕は三マイル離れたアルバノの山の麓にあり、山腹の小さな噴火口のような窪みに横たわる湖からは、険しい勾配によって隔てられていた。この聖なる木立にはある種の木が生えており、その木の周りでは、昼日中、そしておそらくは夜中まで、奇妙な姿がうろついているのが目にされたことだろう。この男は抜き身の剣を手にし、いつ何時敵に襲われるかもしれないといった様子で、用心深くあたりを見回していた。[3] 彼は祭司であり殺人者であった。そして彼が探している男は、遅かれ早かれ彼を殺し、彼の代わりに祭司職に就くことだろう。これがこの聖所の掟であった。祭司職を志願する者は、現在の祭司を殺すことによってのみ、その職に就くことができる。そして殺してしまえば彼は、より強く狡猾な男に彼自身が殺されるときまで、その職に就いていることができる。

この奇妙な掟は、古典古代のギリシア・ローマには比較すべきものがない。そのためそこから説明することはできない。説明を見出そうと思えば、われわれはさらに野に踏み迷ってみなければならない。野蛮な時代の香りを放っているこのような風習が、帝国の時代にまで残存したために、当時の洗練されたイタリアの社会にあっては、まるで滑らかに刈られた芝の間から突き出ている太古の岩のように際立っていた点は、おそらくだれも否定しないであろう。われわれがそれを説明したいと望むのも、この風習が持つ非常な野蛮さと残酷さゆえである。というのも、人類の太古の歴史に関する最近の研究が明らかにしたのは、人間たちの精神には、幾多の表面的な違いこそあれ本質的な類似点があり、それによって人間たちは、最初の素朴な生の哲学を導き出したのだ、ということであったからだ。したがって、ネミの祭司職のような野蛮な風習がどこか他の場所にも存在していたことを示すことができれば——そのような慣例に至った動機が発見できれば——これらの動機が、人間の社会で、おそらくは普遍的と言えるほどに広く機能し、様々な環境下で、厳密には異なるものの概して似通っている、様々な制度を生み出していたと証明できれば——そして最後に、まさしくこれらの動機が、いくつかの派生的な慣例を伴いながら、古典古代のギリシア・ローマにおいて実際に作用していた、ということを示すことができれば——、そのときわれわれは、はるか昔にも同じ動機がネミの祭司職を生み出したのだと、適切に推論を下すことができるだろう。祭司職が事実どのように発生したかに関する直接の証拠は存在しないため、そのような推論は、けっして立証の域にまで達することはないであろう。しかし、上述の条件を充たすか否か、その完璧さの度合い次第で、その推論は多かれ少なかれ、可能性の領域にまでは到達することだろう。本書の目的は、それらの条件を充たすことによって、ネミの祭司職に関し、かなりの程度まで蓋然性を備えた説明を、提示することである。

まず、この問題に関して、われわれに伝えられているいくつかの事実と伝説を述べることから始めよう。ひとつの物語によると、ネミのディアナ崇拝は、オレステスによって始められた。オレステスは、タウリカ半島（クリミア半島）の王トアスを殺した後、姉とともにイタリアに逃れ、このときタウリカのディアナの像を携えて行った。伝説でこの女神に帰せられている血に飢えた祭儀は、古典の読者にはなじみのあるものだろう。この半島の岸辺に上陸した者はだれでも、ディアナ女神の祭壇で生贄に捧げられた、と言われている。だがイタリアに移し替えられると、儀式は穏やかな形式となった。ネミの聖所の中には、枝を折ってはならないある種の木が生えていた。逃亡奴隷だけが、もし可能ならば、一本の枝を折ることが許されていた。この試みに成功すれば、祭司と決闘する権利が与えられ、もし彼が祭司を殺せば、代わりに彼が森の王（レクス・ネモレンシス）の称号を得、支配権を握った。伝説の主張するところによれば、この運命の枝は、アエネアスが黄泉の国への危険な旅に乗り出す前に、巫女の命により折り取った、黄金の枝であった。奴隷の逃亡はオレステスの逃亡を表し、奴隷の祭司との闘いは、かつてタウリカのディアナに捧げられた人間の生贄の名残であると、伝説は語っている。剣による継承の掟は、帝国の時代まで遵守された。というのも、カリグラはいつもの気まぐれから、ネミの祭司の在職期間があまりに長いと考えて、彼を殺すために、より勇ましいならず者を雇ったのだった。[4]

ネミのディアナ崇拝については、さらに二つの主要な特徴が指摘できる。第一に、現在この地で発見されている願掛けの供物からして、ディアナはとくに、子宝を望む、もしくは安産を望む女たちによって、崇拝されたらしい。[5] 第二に、火はディアナの祭儀では主要な役割を果たしていたらしい。毎年、一年で一番暑い時期に行われた祝祭では、ディアナの木立が数多くの松明で照らし出された。松明の赤々と燃える炎が湖の水面に煌いたのである。そしてイタリア全土において、この日は一昼夜にわたり、すべての家庭の炉辺で聖なる儀式が執り行われた。[6] さらに、女神に祈りを聞き入れられた女たちは、願が叶った印に、燃える松明を木立に運び込む。[7] 最後に、アリキアのディアナが抱いているウェスタという称号は、[8] ほぼ疑いなく、その聖所に絶えざる炎が灯されていたことを教えるものである。

毎年の祝祭では、すべての若者が、ディアナに敬意を表して清めの儀式を執り行った。犬たちは冠を戴せられた。祝宴では、仔山羊、ブドウ酒、菓子が、焼きたてのまま葉の皿に盛られた。[9]

だがネミの木立を治めていたのはディアナひとりではなかった。二人の下位の神も、彼女の森の聖所に住んでいた。ひとりはエゲリアである。玄武岩の間からふつふつと湧き出し、レ・モーレ（Le Mole）と呼ばれる地で優美な滝となって湖に注ぎ込む、その澄みきった水の精である。[10] ある物語によると、この木立を最初にディアナの聖所としたのは、マニウス・エゲリウス（Manius Egerius）であった。エゲリウスは、その後長く繁栄した一族の祖であった。「アリキアには多くのマニウスたち（Manii）がいる」という諺もこのためである。この諺には、まったく異なる解釈もある。この解釈を下す人々は、醜い奇形の人々が非常に多くいたことを意味する、という解釈である。この解釈を下す人々は、子どもを恐怖させる幽霊もしくは化け物を表すのに、「マニア」（Mania）という語を使った。[11]

もうひとりの下位の神はウィルビウスであった。伝説によると、ウィルビウスは若さ溢れるギリシアの英雄ヒッポリュトスで、彼はテッサロニケ湾の海岸で、自分の馬たちによって殺された。医神アエスクラピウス〔アスクレピオス〕は、ディアナを喜ばせるために、薬草を使って彼を蘇らせる。しかしユピテルは、不死ではない人間が死の門から帰還したことに憤慨し、おせっかい者のこの医者を、黄泉の国の王ハデスのもとに追いやる。そしてディアナは、ヒッポリュトスへの愛ゆえに、彼をイタリアに連れ去り、怒れる神の目に触れぬよう、ネミの谷間に隠す。彼はそこでウィルビウスと名乗り、森の王となったのである。ヒッポリュトスを殺したのが馬たちであったから、馬はこの木立と聖所から追い出された。[12] ウィルビウスは太陽とも考えられた。その像に触れることは違法であった。[13] ウィルビウス崇拝は、フラメン・ウィルビアリス（Flamen Virbialis）という特別な祭司によって執り行われた[14]。

以上が、古典古代から後世のわれわれに伝えられた、ネミの祭司職に関する事実と論説である。非常に乏しい資料から、この問題に結論を下すことは不可能である。今後の課題は、この領野をより広く調査することで、われわれに手掛かりがもたらされるか否かである。答えなければならない問いは二つある。第一に、なぜ祭司は前任者を殺さなければならないのか？　そして第二に、なぜ殺す前に、「黄金の枝」を折り取らなければならないのか？　本書は以下、これらの問いに答える試みとなる。

（1）この地は一八八五年、ローマの英国大使ジョン・サヴィル・ラムリー卿（Sir John Savile Lumley）によって発掘された。この地と発掘に関する概略は *The Athenaeum*, October 10th, 1885 を参照のこと。発見の詳細については *Bulletino dell' Instituto di Corrispondenza Archeologica*, 1885, p. 149 以下および p. 225 以下を参照されたい。

（2）オウィディウス『祭暦』iv. 756. プリスキアヌスの引用するカトーについては、*Historicorum Romanorum Fragmenta*, ed. H. Peter, Leipzig, 1883, p. 52 を見よ。またスタティウス『シルウァエ』iii. 1. 56.

（3）ストラボンの記述では *ξιφήρης οὖν ἐστὶν ἀεί, περισκοπῶν τὰς ἐπιθέσεις, ἕτοιμος ἀμύνεσθαι* となっている（v. 3, 12)。ストラボンは「ひとりでゆっくりと歩く」その姿を見たのかもしれない。

（4） ウェルギリウス『アエネイス』vi. 136 以下。セルウィウス（Servius, *Commentarii in Virgilium*, ed. H. A. Lion, Göttingen, 1826 ; ed. G. Thilo and H. Hagen, Leipzig, 1881-）、随所。ストラボン、v. 3, 12. パウサニアス『ギリシア案内記』ii. 27. ソリヌス（Solinus, *Collectanea*, ed. Th. Mommsen, Berlin, 1864）、ii. 11. スエトニウス『カリグラ』35.「森の王」という称号については、スエトニウスの同箇所を見よ。また以下と比較せよ。スタティウス『シルウァエ』iii. 1, 55, "Jamque dies aderat, profugis cum regibus aptum/Fumat Aricinum Triviae nemus."〔そしてその日がやってくると、その地を治める逃亡者の隠れ家、アリキアのトリウィアの木立より、松明の煙が立ち上り〕。オウィディウス『祭暦』iii. 271, "*Regna* tenent fortesque manu, pedibusque fugaces."〔この聖林の王権を握る者は腕力に長け、逃げ足が速い〕。またオウィディウス『恋の技法』i. 259 以下にはつぎの記述がある。"Ecce suburbanae templum nemorale Dianae,/Partaque per gladios regna nocente manu."〔見よ、郊外にはディアナの森の神殿がある。剣と罪深い手によって獲られた地である。〕

（5） *Bulletino dell' Instituto di Corrispondenza Archeologica*, 1885, p. 153 以下。*The Athenaeum*, October 10th, 1885. L. Preller, *Römische Mythologie*, third ed., Berlin, 1881-1883, i. 317. これら願掛けの供物の中で、いくつかは子どもを抱いた女たちを表現しており、またあるものは出産を表現している。

（6） スタティウス『シルウァエ』iii. 1, 52 以下。マルティアリス（Martial, *Epigrammata*, ed. L. Friedlaender, Leipzig, 1886, xii. 67）から、アリキアの祝祭は八月十三日にあたると推測されてきた。しかしながらこの推測は確かなものとは言えない。スタティウスはつぎのように表現している。"Tempus erat, caeli cum ardentissimus axis/Incumbit terris, ictusque Hyperione multo/Acer anhelantes incendit Sirius agros."〔それは天空が地上に焼けるような熱を放ち、ヒュペリオンに力いっぱいの一撃を与えら

れた天狼星が、あえぐ野を情け容赦なく焼き焦がす季節であった。〕

（7）オウィディウス『祭暦』iii. 269. プロペルティウス（Propertius, ed. F. A. Paley, second ed., London, 1872）、iii. 24 (30), 9 以下。

（8）*Inscriptionum Latinarum selectarum amplissima collectio*, ed. J. C. Orelli, Zurich, 1828-1856, No. 1455.

（9）スタティウスに関連記述あり。グラティウス・ファリスクス、v. 483 以下。

（10）*The Athenaeum*, October 10th, 1885. この水流は二、三年前、アルバノ湖〔ローマの南東に位置する湖〕を潤すために向きを転じられた。エゲリアについては以下を参照せよ。ストラボン、v. 3, 12. オウィディウス『祭暦』iii. 273 以下。同『転身物語』xv. 487 以下。

（11）フェストゥス（Festus, *De verborum significatione*, ed. C. O. Müller, Leipzig, 1839）、p. 145. ペルシウス（Persius, *Satires*, ed. J. Conington, second ed., Oxford, 1874）、vi. 56 に関する注釈（マクロビウス、i. 7, 35 に関する Jahn の注釈に所収）。

（12）ウェルギリウス『アエネイス』vii. 761 以下。セルウィウス、随所。オウィディウス『祭暦』iii. 265 以下。同『転身物語』xv. 497 以下。パウサニアス、ii. 27.

（13）ウェルギリウス『アエネイス』vii. 776 に関するセルウィウスの記述。

（14）*Inscriptionum Latinarum selectarum amplissima collectio*, ed. Orelli, No. 2212, No. 4022. なお、No. 1457 (Orelli) は偽作と言われている。

第二節　太古の人間と超自然的なるもの

われわれがまず目を留めるのは、祭司の称号である。彼はなぜ「森の王」と呼ばれたのか？　なぜ彼の職務は王権として語られたのか？(1)

王の称号と祭司としての義務の結びつきは、古代イタリアとギリシアにおいては一般的であった。ローマとその他イタリアの都市には、「供犠の王」もしくは「聖なる儀式の王」(ラテン語ではRex Sacrificulusもしくは Rex Sacrorum)と呼ばれる祭司がいた。彼の妻は「聖なる儀式の王妃」という称号を戴いていた。(2)アテナイ共和国では、国の第二執政官が王と呼ばれ、妻は王妃と呼ばれた。両者の機能とも、宗教的なものであった。(3)他の多くのギリシアの民主国も名目だけの王を据えており、彼らの義務は、現在知られているところでは、祭司の職であったらしい。(4)伝説によると、ローマでは王たちが追放された後、以前その王たちによって行われていた供犠を執り行うために、供犠の王が任命された。(5)ギリシアでも、祭司的な王の起源については同様の見解が流布していたように思われる。(6)このような見解自体は、あり得なくもない。有史の時代に入っても王権制度を維持していた、唯一純粋なギリシアの国家スパルタの例が、この確証となる。というのも、スパルタにおいては、国のすべての供犠が、神の末裔としての王たちによって執り行われていた。(7)祭司の機能と王の権威のこのような結びつきは、だれにとってもなじみのあるものである。たとえば小アジアには、何千もの「聖なる奴隷」が住む、様々な宗教の首府があり、中世のローマ法王のように、世俗の権威と霊的な権威をともに行使できる、祭司長によって支配されていた。祭司が治めるそのような都市として、ゼラ（Zela）とペッシヌス（Pessinus）があった。[8] チュートン人の王たちもまた、異教の時代には同じ立場にあって、祭司長の権力を行使していたらしい。[9] 中国の皇帝たちは、儀式書に詳細が規定されている、公的な供犠を執り行った。[10] しかしながら、初期の王権の歴史の中に例外を見出さないことには、どのような支配であったかの例をいくら重ねてみても意味がない。

だが、われわれが、古代の王は一般に祭司でもあったと語ったところで、その王たちの職務の宗教的な側面については、まだまだ十分に語り得ていない。当時王が身に纏っていた神性は、空虚なことばだけのものではけっしてなく、真摯な信仰の表現であった。王たちは多くの場面で崇められた。単に人間と神を仲介する祭司としてではなく、神自身としてである。人間の手には届かないものと広く認識されていた祝福、超人や不可視の存在に祈りと犠牲を捧げることでのみ追い求められる祝福を、臣民や崇拝者たちに与えることのできる、王なのであった。かくして、王たちにはしばしば、来るべき季節に雨と日の光を施すことが期待され、また穀物が実ること等々も期待されたのである。このような期待はわれわれには奇妙なものに思えるだろうが、太古の思考様式とはまったく矛盾しない。蛮人は、より進化した人々ならば普通に行っている、自然と超自然の間の区別を、ほとんど理解していない。蛮人にとって世界は、ほとんどが、超自然の代理人によって動かされているものである。つまり、自分と同じような衝動や動機によって行動する個人的な存在、自分と同じように哀れみや恐怖や希望に訴えることで心動かされそうな存在が、超自然の代理人とみなされたのである。このように理解された世界であれば、蛮人たちは、自然の移り変わりに対して都合の良いように影響を与える力が、自分には限りなくある、と考える。祈禱、誓約、あるいは威嚇によって、天候の恵みと豊富な穀物を神々から得ることができるだろう、と考える。そして、蛮人がときおりそう信じるように、神が自分と同じ人間の姿を取ることになれば、もはやそれ以上高次の力に訴える必要はなくなる。蛮人は、自身と仲間たちの安寧を促進するに必要な、一切の超自然の力を、自らのうちに所有することになるからである。

これが、人間神という概念が生まれるひとつの過程である。だが別の過程もある。世界には霊的な力が浸透している、という世界観と並んで、太古の人間には別の概念もあった。自然の法則という近代以後の概念の、萌芽とみなせるかもしれない概念、すなわち、自然とは個人的な媒介者が立ち入ってくることなどない不変の秩序の中で生起する一連の出来事である、という自然観である。ここで言う萌芽は、共感呪術と呼び得るものに存する。これは、迷信の世界のほとんどで多大な役割を演じている。共感呪術の原理のひとつは、どのような効果もそれを真似ることで生み出される、というものである。二、三の例を挙げよう。ある者を殺したいと思えば、その者の像を作ってそれを破壊する。人とその像の間にある一種の物理的共感によって、その像に加えられた危害は、あたかもその者自身の身体に加えられたかのように感じられ、したがってその像が破壊されると同時に、その者は死ぬことになる、と信じたのである。またモロッコでは、家禽もしくは家鳩は、ときおり脚に小さな赤い包みを結び付けられる。これには護符が入っており、鳥の動きで護符が絶えず動き回るため、同様の不断の動きが、護符の向けられている人の精神においても保たれる、と信じられている。[11] ニアス島では、イノシシが一匹、用意した落とし穴に落ちると、引き上げて背中を九枚の落ち葉で擦る。九枚の葉が木から落ちたのと同じように、さらに九匹のイノシシを穴に落とすことができる、と信じられているからである。[12] カンボジアの猟師は、網を仕掛けても何も獲れない場合、裸になり、少し離れたところまで行き、気づいていないかのように今一度網のところまでふらふらと近づき、自ら網に掛かってはこう叫ぶ、「おや！ なんだこれは？ おれは捕まってしまったようだぞ」。こうすればかならず獲物が捕まるのである。[13] チューリンゲン〔ドイツ中部の州〕では、亜麻の種子を蒔く男は、肩から膝まで届く長い袋に種を入れて運ぶ。大股で歩き、そうすることで袋は背中で左右に揺れる。こうすれば亜麻は、風に揺れるほど大きく育つ、と信じられている。[14] スマトラの奥地では、種米は女たちによって蒔かれるが、このとき女たちは髪を束ねず背中に垂らす。これは稲が豊かに実り、長い稲穂となるようにである。[15] また呪術的共感関係は、人間と、その髪や爪のように身体から切り離されたものとの間に、存在すると考えられている。そのため、人の髪や爪を獲得した者はだれでも、どれほど離れていようと、その切り離された当の人間の身体に対して、自らの意志を行使することができると考える。

この迷信は世界中に見られる。さらにこの共感関係は、とりわけ危機的な時期に、友人間や親族間に存在する。たとえば友人の一団が漁や狩猟や敵の討伐に出かけている場合、家に残された人々には、行動を規程する事細かな掟がある。残された人々がこの掟を犯せば、不在の友人たちは、おのずとその違反に応じて危害を被ることになる。たとえば、ダヤク族〔ボルネオ島内陸部に分布する非イスラーム諸種族〕の者が敵の首狩りに出かけると、その妻もしくは未婚の場合姉妹が、昼も夜も剣を身につけていなければならない。彼が武器のことを忘れないようにである。女たちは昼間眠ってはならず、また夜も二時までは床に入ってはならない。夫や兄弟が、眠っている間に敵に奇襲されないようにである。[16] ラオスでは、象狩りに出かける猟師は、妻に、自分の不在中髪を切ったり身体に油を塗ったりしないよう警告する。妻が髪を切れば象は捕獲の網を破るだろうし、油を塗れば象は網の間からすり抜けてしまうだろうからである。[17]

以上のいずれの例でも（そして同様の例はまだいくらでも挙げられるだろうが）、ある行為が行われるか避けられるかが肝心である。これはその行為が、良い結果であれ悪しき結果であれ、その行為自体に類似した結果を招くと信じられているからである。ときに呪術的共感は、行為を介してよりもむしろ、仮定される性質の類似性を介して生じてくる。たとえば、ベチュアナ人〔ボツワナのバントゥー族の旧称〕の中にケナガイタチを護符として身につける者がいるのは、これがなかなか死なない動物であるため、これを身につける人間も殺されにくくなると考えられているからである。[18] 昆虫の節足を切り取り、生きたままこれを身につける者もいるが、やはり同様の目的からである。[19] ベチュアナの兵士には、自分の髪の中に牡牛の毛を結びつけ、外套の下に蛙の皮を身につける者がいる。蛙はぬるぬるとして滑りやすく、牡牛の毛は、それが角のない牡牛から切り取られたものであるから、捕まりにくいという性質を持っていることになる。これらの護符を身につける兵士は、こうして自分が蛙や角のない牡牛のように、捕まりにくくなったと信じるのである。[20]

したがってわれわれにはつぎのことがわかる。共感呪術においては、なんら霊的もしくは個人的媒介者が立ちはだかることなく、ひとつの出来事には、必然的かつ一定不変に、別の出来事が伴うものである、と仮定されている。これは実際、近代の物理的因果関係という概念に等しい。もちろんそれが誤用されているわけだが、それでもやはり、ここにあるのはこの概念である。そこで今度は、太古の人間が自然を人間の意志に沿わせようとする、もうひとつの様式を見てみたい。蛮人であればおそらくだれもが、自分には共感呪術によって自然の推移に影響を与える力があると空想する。この考えに立てば、人間神は単に、この力を通常より高いレベルまで行使できると信じられている人間、というに過ぎなくなる。したがって、前述の人間神、すなわち霊を吹き込まれたタイプの人間神が、人間の肉体という仮住まいに居住している神からその神性を受け取っているのに対して、この後者の人間神は、その超自然的な力を、自然とのある種の物理的共感から得ていることになる。彼は神の霊の単なる容器ではない。肉体も精神も、彼の全存在が、世界の奏でる和声《ハーモニー》に正確に調音されているため、彼が手を触れるだけで、彼が振り返るだけで、万物を骨格のように包み込んでいる宇宙に、震動をもたらすことができるのである。逆に言えば、彼の神聖なる肉体組織は、通常の人間にはまったく影響を与えることのない、ほんのわずかな環境の変化にも、きわめて敏感に反応する。しかしながらこの二つのタイプの人間神は、理論上いかに明確に区別しようとも、実際上、厳密に切り離して記述することは不可能に近い。したがって以下では、この区別に拘泥はしない。

自然の法則という概念に長い間なじんできた読者にとって、自然の力を制御できるという太古の人間の信念はあまりに異質なものであるに違いない。ならばこれは具体例によって説明するほうがよいだろう。太古の社会では、自らを神と考えることなどまったくない人間にせよ、一般に、自分には超自然的な力が与えられていると信じていた。この点は以上に見てきたとおりである。ならば、実際に神とみなされるほどの人間に帰せられる力が、どれほど強大なものとなるかは、容易に理解できよう。

自然現象の中でも、おそらくは雨と太陽と風に対して以上に、文明人が自らの無力さを感じ取るものはないだろう。しかし蛮人たちは概して、これらのいずれに対しても、ある程度自らに制御可能であると仮定している。

まずは雨乞いから始めよう。かつてロシアのドルパート〔エストニア南東部の都市タルトゥのドイツ語名〕に近いある村では、雨が大いに待ち望まれている場合、三人の男が古い聖なる木立にあるモミの木々に登った。ひとりが鉄槌で薬缶か小さな樽を叩き、雷鳴を真似る。第二の男は二本の燃え木を打ち当て火花を飛ばし、稲光を真似る。第三の男は、彼こそが「雨乞い師」と呼ばれたのだが、小枝の束を持ち、器の水にこれを浸して、あたり一面に水を撒く。(21)これが共感呪術の例である。つまり、望まれている出来事は、それを真似ることによってもたらされる、と仮定されている。雨はこのように、しばしば模倣によって生み出される。ニューギニアの西にある大きな島ハルマヘラ（ジャイロロ）島では、魔術師が、ある特定の種類の木の枝を水に浸し、地に水を撒くことで雨をもたらす。(22)セラム島〔モルッカ諸島中部の島〕では、ある種の木の樹皮を諸霊に献納し、これを水に浸せばよい。(23)ニューブリテン島〔太平洋西部ビスマーク諸島中最大の島〕では、雨乞い師は、赤と緑の縞のある匍匐植物の葉数枚をバナナの葉でくるみ、この束を水に浸して地面に埋める。そして雨のピチャピチャという音を口真似する。(24)北アメリカのインディアン、オマハ族〔ネブラスカ州北東部のスー語族系インディアン〕の場合、トウモロコシが旱魃で枯れそうになると、神聖な「水牛の会」のメンバーが大きな器を水で満たし、その周りで四回踊る。そのうちのひとりが水を口に含み、宙に向けて吹き上げる。霧もしくは霧雨を真似た水煙を上げるわけである。つぎに彼は器をひっくりかえし、地面に水を撒く。踊っていた者たちはその上に倒れこみ、この水を飲み、顔じゅうを泥だらけにする。最後に皆で水を宙に吹き上げ、霧雨を作り出す。これがトウモロコシを救う手段である。(25)オーストラリアのウォトジョバルク族（the Wotjobaluk）の場合、雨乞い師が自分の髪の毛の房を水に浸し、こうして吸い上げた水を西の方角に撒く。(26)あるいは髪の毛の丸めた房を頭上で振り回し、雨を真似てあたりに水を撒き散らす。口から水を吹くことは、西アフリカでも雨乞いの方法となっている。[27] 特定の石を水に浸したり、それに水を掛けたりという方法もある。サモアのある村では、ある種の石が、雨を生む神の代理として大切に安置されていた。旱魃の際には、祭司たちが行列を作ってこの石を運び、小川にこれを浸した。[28] ニューサウスウェールズのタタチ族（the Ta-ta-thi tribe）の場合、雨乞い師は石英の結晶からひとかけらを折り取り、宙に向かって吐き出す。残りの結晶はエミューの羽根に包み、水に浸して、その後注意深く隠す。[29] ニューサウスウェールズのケラミン族（Keramin tribe）の場合、魔術師が小川の底に籠り、丸い平べったい石に水を掛け、それからこの石を覆い隠す。[30] かつて、ブレシリエン（Brécilien）の森にある、ロマンティックな名声を馳せるバラントンの泉（Fountain of Baranton）には、雨を欲する農民たちがしばしば訪れたものであった。[31] 農民たちはタンカードに水を汲み、泉の傍の石板に水を掛けた。アパッチ・インディアンが雨を望むときは、ある泉から水を汲んで、岩の高みの特定の場所にその水を浴びせかける。するとたちまち雲が集まり雨が降り出すという。[32] スノードン〔ウェールズ北西部グウィネズ州にある、ウェールズ・イングランドの最高峰、一〇八五メートル〕山中には、「黒い湖」という意味のダリン（Dulyn）の名で知られる小さな湖があり、これは「高く危険な岩々に囲まれた暗い渓谷の中」に横たわっている。この湖には一列の踏み石が突き出しており、だれであれその踏み石の上を歩いて水を掛け、「赤い祭壇」と呼ばれる一番遠くの石を濡らすことができれば、「たとえ暑い日であっても、ほとんどの場合夜半までには雨が降ることになる」[33]。以上の例では、やはりサモアの例と同様、石はなんらかの神聖な状態にあるとみなされていよう。この点は、雨を得るためにバラントンの泉に十字架を浸すという、ときおり行われる風習からわかる。この風習は明らかに、石に向かって水を掛けるという古い方法の代用だからである。[34] ミングレル族〔黒海沿岸に住むグルジア人と近縁の部族〕は、雨を得るために、降るまで毎日聖像を水に浸す。[35] ナバラ〔フランス南西部およびスペイン北部にまたがる地域。かつてナバラ王国があった〕では、聖ペトロの像が川まで運ばれ、何人かがそこで、雨を求めて聖ペトロに祈りを捧げたのだが、他の人々は、その像を水に浸せと叫び声を上げたのだった。[36] ここでは、水に浸すことは威嚇である。だがおそらく、つぎに挙げる例と同様、本来は共感呪術であったろう。ニューカレドニアでは、雨乞い師たちは皆体を黒く塗り、死体をひとつ掘り起こし、この骨を洞穴に運び、組み合わせ、何枚かのタロイモの葉の上にその骸骨をもたせかける。骸骨に水を掛けると、その水はタロイモの葉にも流れ落ちる。「死者の魂は水を得て、それを雨に変え、今一度にわか雨として降らせるのだ、と彼らは考えた」。[37] 南東ヨーロッパの様々な民族によって実践されている雨乞いの方法にも、同様の動機がはっきり見て取れる。旱魃の際、セルビア人たちは、ひとりの娘を裸にし、頭から脚の先まで草や薬草や花で覆い、顔まで隠れるようにする。こうして装われた娘はドドラ（Dodola）と呼ばれ、娘たちの一団とともに村中を歩く。彼女たちはどの家の前でも立ち止まる。ドドラは踊り、その間他の娘たちは彼女の周りで輪になって、ドドラの歌を一曲歌う。家の主婦はバケツの水をドドラに掛ける。

ドドラの歌には、たとえば以下のようなものがある。

わたしたちが村中を歩けば、
雲が空に現れる。
わたしたちがもっと速く歩けば、
雲たちももっと速く進む。
雲たちはわたしたちを追い越した。
それから麦やブドウを潤した。

同様の風習は、ギリシア人やブルガリア人、ルーマニア人の間にも見られる。(38) このような風習においては、木の葉を身にまとった娘は草木の霊を表し、彼女を水浸しにすることは雨の模倣である。ロシアのクルスクでは、雨が大いに望まれているとき、女たちが通りがかりの見知らぬ男を捕まえて、川に投げ込むか全身を水浸しにする。(39) いずれ後述するが、通りがかりの見知らぬ者というのは、しばしば神もしくは霊とみなされる。セレベス〔ルラウェシ〕島北部のミナハサ族の場合、祭司が雨乞いの呪術として水浴する。(40) カフカス地方グルジアでは、旱魃が長く続けば、年頃の娘たちが二人ずつ、肩に牡牛用の軛《くびき》をつけて繋がれ、祭司が手綱を引く。こうして引き具をつけられたまま、祈り、叫び、泣き、そして笑いながら、川やぬかるみや沼地を歩く。(41) トランシルヴァニアの一地方では、旱魃で大地が干上がると、何人かの娘が裸になり、これまた裸になったひとりの老婆に連れられて、砕土用農具を盗み、それを畑を越えて小川まで運び、水に浮かせる。つぎに娘たちはその農具の上に座り、農具の両端に一時間ほど小さな炎を灯し続ける。その後この農具を水の中に置いて帰る。(42)類似した雨乞いの呪術はインドでも行われている。裸の女たちが夜間畑で鋤を引く。(43)鋤を小川に入れたり水で濡らしたりするとは言われていない。だがこの呪術が水なしで完了するとは、まず考えられない。

呪術はときに動物を介して作用する。ペルー人は、雨を得るために、畑に黒い羊を連れて行き、これに「チカ」(chica)〔不詳〕を注ぎ、雨が降るまで何も食べ物を与えない。(44)スマトラの一地方では、村の女たち全員が半裸で川に入り、互いに水を掛け合う。黒猫が一匹水に投げ入れられ、しばらく泳がされた後、土手に逃げることが許される。女たちが後ろから水を掛けてこれを追うのである。(45)これらの例では、動物の色も呪術の一部である。つまり、動物の黒さが空を雨雲で暗くする、というわけである。同様にベチュアナ人たちは夕べに牡牛の胃部を燃やす。彼らによれば「黒い煙は雲を集め、やがて雨をもたらす」からである。(46)ティモール族は、雨のためには黒い豚を、日の光を得るためには白か赤の豚を、生贄に捧げる。(47)ガーロ人〔インド北東部メガラヤ州のガーロ丘陵に住むモンゴロイド系人種〕は旱魃の際、大変高い山の頂上で、黒い山羊を捧げる。(48)

ときおり人々は、雨の神に強制的に雨を降らせようと試みる。中国では、雨の神を表す巨大な竜を紙か木で作り、行列を作ってあちらこちらへ引き回す。だがそれでも雨が降らないと、竜は罵られ、ばらばらに引き裂かれる。(49)同様の状況下で、セネガンビア〔西アフリカのセネガル川とガンビア川に挟まれた地域〕のフェロウプ族（the Feloupes）は、彼らの呪物を投げ捨て、野を引き摺りまわし、雨が降るまでそれらを罵り続ける。(50) オリノコ川流域のインディオには、必要に応じて雨や日の光を得ようと、ヒキガエルを崇拝し、器の中で飼う者たちがいる。祈りが聞き入れられないと、ヒキガエルを打つのである。(51) 蛙を殺すことは、ヨーロッパの雨乞いにもある。(52) 霊たちが雨や日の光を使わせてくれない場合、コマンチ族〔かつてはワイオミング州からテキサス州に至る大平原に居住していた〕は奴隷を鞭打つ。神々が強情だとわかると、生贄は生きたまま皮を剝がれそうになる。(53) ここでは、ちょうど葉の服を着せられたドドラのように、人間が神を表しているのかもしれない。シャム〔タイの旧名〕の一地方バッタンバンでは、長い旱魃によって米の収穫が危ぶまれる場合、統治者はいきりたってひとつの塔《パゴダ》に行き、雨を求めてブッダに祈る。請願の後、彼は従者の一行を引き連れ、大群集に従われて、塔の背後の平地に移動する。彼らはここで人形を作り、明るい色の服を着せて平地の中央に置く。荒々しい音楽が響き始める。太鼓と鉦《かね》と爆竹の騒音で狂乱状態となった象たちは、御者に突き棒で追い立てられ、人形に突進しこれを粉々に踏み潰す。こうすればやがてブッダは雨をもたらす、とされている。(54)

雨の神を強要する方法としては他に、神の出没する場所で神を困らせるというやり方もある。雨は聖なる泉を乱した結果であると考えられたのも、このような理由によるものらしい。ダルド族〔インダス川上流渓谷地方に住む〕は、牛皮もしくは何か不浄なものが泉の中に入れられると、嵐が起こると考えている。(55) ゲルヴァシウスの語る泉は、石か棒が投げ入れられればすぐに雨を降らせ、投げた者を水浸しにするという。[56] かつてマンスター〔アイルランド南部の地方。六州からなる〕には、人間がそれに触れたり、あるいは覗き込んだりするだけで、たちまち地域全体が大雨で洪水になる、と言われる泉があった。[57] ときには、神々の哀れみを誘う試みもなされる。穀物が日照りで干からびそうになると、ズールー族〔現在は南アフリカ共和国東部のナタール地方に居住する、バントゥー系の民族〕は「天の鳥」(“heaven-bird”)を探して殺し、池に投げ込む。それで天はこの鳥を哀れみ、雨の涙を流す。「天はその鳥を思って嘆きの雨を降らせる。弔いの嘆きの雨である」。[58] 旱魃の際、テネリフェのグアンチェ族〔アフリカ北西沖のカナリア諸島にいた原住民。十六世紀までに絶滅〕は羊たちを聖なる土地に連れて行き、そこで仔羊たちを母親から引き離し、悲しげな羊の鳴き声が神の心の琴線に触れるようにする。[59] 異教のアラブ人たちはとりわけ変わった雨乞いを行う。畜牛の尻尾と後ろ足に二種類の低木を縛りつけ、低木に火をつけて畜牛を山の頂に追い立て、雨を乞う。[60] ヴェルハウゼンの示唆するところによると、[61] これは地平線の稲光を模倣しているのかもしれない。だが同時に、空に対する威嚇とも考えられる。たとえば西アフリカの雨乞い師は、燃えやすいものを入れた鍋を火にかけ、炎を大きくし、天がすぐに雨をよこさなければ、空まで燃やすほどの炎を起こすぞ、と脅すのである。[62] オーストラリア南部のディエイエリエ(Dieyerie)族には独自の雨乞い方法がある。縦およそ十二フィート、横八〜十フィートの穴を掘り、この上に丸太と枝で小屋を建てる。ムーラムーラ(Mooramoora 善なる霊)から特別な霊感を得たとされる二人の男たちは、年輩の霊能者によって、腕の内側を鋭い火打石で切られ、血を採られる。この血は、群がって座っている部族の他の男たちの上に流れるようにする。同時に二人の血を流す男は、鳥の綿毛を摑んでは投げる。綿毛は血に付着するものもあれば宙に舞うものもある。血は雨を表すもの、綿毛は雲を表すものと考えられている。この儀式の間、二つの大きな石が小屋の中央に置かれる。石は集まってくる雲を表すので、雨の前兆となるものである。その後血を流す男たちは約十五マイルほどこれらの石を運び、可能な限りの高い木の上に置く。一方他の男たちは石膏を集め、細かく砕き、水たまりに投げ入れる。ムーラムーラはこれを見て、やがて空に雲を出現させる、と考えられている。最後に、小屋の周りにいる男たちは頭で小屋を突き、中に押し入り、反対側に現れ、これを小屋が壊れるまで繰り返す。このとき、彼らは手や腕を使うことは禁じられている。だが重い丸太だけが残ると、手でそれらを引き抜くことが許される。「頭で小屋に穴を開けることは、雲に穴を開けることを象徴し、小屋が崩れ落ちることは、雨が落ちることを象徴する」[63]。また他にも、オーストラリアには、人間の髪を燃やして行う雨乞いもある[64]。

他の民族と同様に、ギリシア人とローマ人も、祈りや行列[65]で効果が得られないとなると、呪術によって雨を降らせようとした。たとえばアルカディアでは、旱魃で穀物や樹木が干からびると、ゼウスの祭司がオークの枝をリュカイオン山の泉に浸した[66]。こうして乱された泉は靄のような雲を立ち上らせ、やがて地には雨が落ちた。似たような雨乞いは、これまで見てきたように、ニューギニアに近いハルマヘラ島でいまだに行われている。テッサリアのクランノンの人々は、青銅の戦車を神殿に安置した。にわか雨を欲するときには、この戦車を揺らすと雨が降った。[67] 戦車のガラガラ鳴る音はおそらく、雷鳴の模倣であった。ロシアで雷鳴と稲光を模倣することが雨乞いの一部となっていたことは、すでに見たとおりである。神話の伝えるテッサリアのサルモネウス〔アイオロスとエナレテの息子〕は、自分の戦車の後ろに青銅の薬缶をつけて引き摺るか、青銅の橋の上を走るかして雷鳴を模倣し、燃えさかる松明を投げて稲光を模倣した。雷鳴を轟かせながら天駆ける、ゼウスの馬車を模倣することが、彼の不敬な望みであった。[68] ローマの外壁の外にあるマルス神殿の近くには、ラピス・マナリス (lapis manalis) として知られる石が置かれていた。旱魃になるとこの石はローマまで引かれて行き、これが即座に雨を降らせると考えられた。[69] エトルリアの魔術師たちは、雨を降らせるか水を湛える泉を発見するかしたというが、どちらであるか定かではない。彼らは腹部から雨もしくは水を出すと考えられた。[70] ロドス島に住む伝説のテルキネス〔民族または魔物。アポロンまたはゼウスによって退治されたとも伝えられる〕は、自らの姿かたちを変えることができ、雲や雨や雪をもたらすことができる呪術師たち、と記されている。[71]

また未開人は、太陽を輝かせたり、沈むのを急がせたり遅らせたりできるとも空想する。日食の際、オジブウェー族〔アルゴンキン語族に属する北米インディアン〕は、太陽が輝きを失おうとしていると考えた。そこで彼らは火をつけた矢を天空に放ち、消えかかった光を再び燃え上がらせようとした。[72] 逆に月食の際、オリノコ川流域のいくつかのインディオ部族は、地面に燃え木を埋めた。彼らの語るところでは、月が輝きを失おうとしているのならば、地上のすべての炎が月とともに消え失せようとしているのだから、月から見えないところに炎を隠さなければならないのである。(73) ニューカレドニアでは、魔術師は、日の光を欲すると、埋葬地に植物と珊瑚をいくつか持ってゆき、これらをひとつの包みにする。生きている子ども(可能ならば自分自身の子どもがよい)から切った二房の髪、祖先の頭蓋骨から取った二本の歯もしくは顎骨全体をこれに加える。それから彼は、朝日を最初に浴びる高い山に登る。ここで平たい石の上に三種類の植物を置く。乾いた珊瑚の枝をその隣に置き、呪物の入った包みをその石の上に吊るす。翌朝彼はこの粗作りの祭壇に戻ってきて、太陽が海から昇る瞬間に、祭壇に火をともす。煙が立ち上ると、乾いた珊瑚でその石を擦り、祖先の霊を呼び出し、つぎのように言う、「太陽よ! わたしがこうしたのは、おまえが熱く燃え、空の雲すべてを食べ尽くすようにだ」。同じ儀式は日没にも行われる。(74) 太陽が雲の後ろに隠れると(これは南アフリカの晴朗な天気では珍しいことである)、ベチュアナの「太陽」族は、太陽が彼らを悲しませようとしている、と言う。一切の仕事はやめ、前日の食物すべてが既婚夫人か老女に与えられる。この女たちはそれを、自分で食べるか養っている子どもと分け合う。だが他のだれも口にすることはない。人々は川に行き身体中を洗う。男は皆自分の家の炉から取ってきた石を川に投げ込み、代わりに川床から石を拾う。村に戻ると族長は自分の小屋で火を焚き、部族民が皆やってきて、そこから火を分けてもらう。その後全員で踊りを踊る。(75) これらの例では、地上で炎を燃やすことが、太陽の炎を再び燃え上がらせる、と考えられているらしい。ベチュアナの「太陽」族のように、真に自らを太陽と同族であると考えている人々にとって、このような信仰は自然に発生するものである。メラネシア人は太陽を模倣することで陽光乞いを行う。丸い石に赤い組紐を絡みつけ、フクロウの羽根を貼りつけて、日の光を表す。そしてそれを高い木にぶら下げる。もしくはこの石を地面に置き、太陽光線を真似た白い棒をその石から放射されるように据えるのである。[76] ときとして陽光乞いは雨乞いの正反対の形式を取る。黒豚が雨のために生贄に捧げられたように、白か赤の豚が日の光のために生贄にされたことは、先に見たとおりである。[77] ニューカレドニアのある部族は、雨乞いでは骸骨を水に浸し、陽光乞いではこれを燃やす。[78]

ペルーのアンデス山脈の山道には、向かい合った二つの丘の上にひとつずつ、朽ち果てた塔が立っている。それぞれの塔の壁には鉄の留め金があり、これは二つの塔の間に網を渡すためのもので、その網は太陽を捕らえるためのものである。[79]

フィジー諸島にある小さな丘の頂にはアシが生えた区画があり、遅れることを懸念した旅人たちは、一握りのアシの頭を縛りつけ、太陽が沈むのを遅らせようとした。[80] おそらく、ペルー人が太陽を網で捕まえようとしたのと同様、太陽をアシに絡ませようというのであろう。罠で太陽を捕まえた男たちの話は世界各地に見られる。[81] プラハの宣教師ヒエロニュムスは、十五世紀初頭、未開のリトアニア人たちの間を旅しているときに、太陽を崇拝し大きな鉄槌を崇める民族に出会った。祭司が彼に語ったところによると、かつて強力な王が頑丈な塔の中に太陽を封じ込めたため、太陽は数ヵ月間見えなくなった。だが黄道十二宮の生き物たちがこの鉄槌で塔を開き、太陽を解放した。それゆえ彼らは鉄槌を崇めるというのである。(82)オーストラリアの原住民が、家に帰り着くまで太陽が沈むのを遅らせようと望むときには、夕日に正確に重なるように、木の叉に芝土を置く。(83)同じ目的で、ユカタン半島のインディアンは、西方へ旅行する際、木の上に石を置くか、自分のまつげを何本か引き抜いて太陽の方角へ吹き飛ばす。(84)南アフリカの原住民は旅行の際、木の枝の上に石をひとつ置くか、道に草を敷きその上に石をひとつ置く。これは自分たちが帰り着くまで、友人たちが食事を待ってくれるようにである。(85)先の例と同様、ここでも、目的は明らかに太陽を遅らせることである。だが、それではなぜ、石や芝土を木に乗せることが、そのような効果を持つと考えられたのだろうか？　ひとつには、つぎのオーストラリアの風習によって説明がつく。旅行の際、原住民たちは、複数の石を複数の木の上に置く。石はそれぞれ、地面から高さの異なる位置に置かれている。これは、旅する彼らがそれら特定の木を通り過ぎる際の、太陽の位置を表している。こうすることで、彼らの後を追って旅する者たちは、友人たちが以前その地点を通ったときの時間を知ることができる。(86)このように太陽の進行を印づけることに慣れていた原住民たちは、おそらく、印づけることで逆に、その地点で太陽の進行を止めることができると思い込んでしまったのである。一方、太陽を早く沈めるために、オーストラリアの原住民は空中に砂を投げ上げ、それを太陽の方角に吹き飛ばす。(87)

また、蛮人は、風を吹かせたり鎮めたりできるとも考える。ヤクート族〔東部シベリアのトルコ系種族〕は、暑い日に長い道のりを行かなければならないとき、動物や魚の体内にたまたま発見した石を、馬の毛で数回巻き、棒に縛りつける。そして呪文を唱えながらこの棒を振り回す。やがて涼風が吹き始める。(88) オマハ族の「風」族は、蚊を追い払うために、毛布をはためかせてそよ風を起こす。(89) インディアンのハイダ族〔カナダのクイーンシャーロット諸島とアラスカのプリンス・オヴ・ウェールズ諸島に住むアメリカ・インディアン〕は、追い風を得たい場合、断食してワタリガラスを撃ち、これを火にあぶって毛焼きする。そして海辺に行き、水面にこの鳥を浮かべ、風が吹いて欲しい方向に四回流す。つぎにこの鳥を自分の背後に投げ、その後拾い上げて、トウヒの木の根元に座っている形に据える。このとき鳥の顔は、風が吹いて欲しい方角に向ける。嘴に棒を挟んで開けておき、一定の日数追い風が吹き続けることを懇願する。それからその場を離れ、外套を掛けて横たわるが、別のインディアンがやってきて、何日間の風が欲しいのかと訊ねられ、それに答えるまでは、そうして横たわっている。(90) ニューブリテン島の妖術師は、ある方向に風が吹いて欲しいとき、歌を歌いながら生石灰を空中に投げ上げる。それからショウガの茎などの植物を数本振り回し、上に放り投げては受けとめる。つぎに、生石灰が落ちて一番厚く積もった地点に、その茎や枝を置いて火を灯し、歌いながらこの火の周りを歩く。最後に灰を取って海に投げる。(91) ヘブリディーズ諸島のひとつ、フラッダフアン（Fladdahuan）島では、フラッダ（Fladda）の聖堂の祭壇の上に、つねに湿っている青みを帯びた丸い石があった。風のために航行不能となった漁師たちは、この聖堂の周りを時計回りに歩いた後で、この石に水を注ぐ。そうすると確実に、好都合な風が起こるのだった。[92] かつてフィンランドの魔術師は、無風で動けなくなった船乗りたちに風を売った。風は三つの結び目に入れられており、第一の結び目を解けば穏やかな風が起こり、第二の結び目を解けば強風が起こり、第三の結び目を解けばハリケーンがやってきた。[93] 同様のことは、ラップランド、ルイス島、マン島でも、魔術師や魔女たちによって行われていたと言われる。[94] ノルウェーの魔女は、風を封じ込めた袋を開くことで船を沈めることができると自慢した。[95] オデュッセウスは、風の神アイオロスから、皮袋に入った風を貰い受ける。[96] 同様に、リトアニアの風の神ペルドイトゥス（Perdoytus）は、風を皮袋に入れて持っている。風たちが袋から逃れると、彼は追いかけて捕まえ、叩いて、もう一度袋に封じ込める。[97] ニューギニアのモトゥモトゥ族（the Motumotu）は、嵐はオイアブ（Oiabu）の妖術師によって起こされると考える。妖術師はどの風にもそれぞれ竹筒を持っており、これを開いて随意に風を起こす。[98] だが、目下のところわれわれが注目せねばならないのは習俗であって、神話に深入りしてはなるまい。シェトランド諸島〔スコットランド北東部〕の船乗りたちは、今でも、嵐を制御できるという老婆たちから風を買う。現在でもラーウィック〔シェトランド諸島メインランド島の中心地〕には風を売って生活している老婆たちがいる。[99] ホッテントット族〔アフリカ南部の原住民〕は、風を鎮めたいとき、一番厚い獣皮を竿の先にぶら下げる。これは、風がこの皮を吹き落とすために力を使い果たすので、風がおさまるに違いないと考えるからである[100]。オーストリアのいくつかの地域では、激しい嵐の際、窓を開けて一握りの粗びき粉や籾殻や羽毛を飛ばし、風に向かって言う、「さあ、これをやるから鎮まれ！」[101]。かつてアラスカのエスキモーは、北西の風が長い間海岸の氷を溶かさず、このため獲物がなく食料が乏しくなってくると、凪を乞う儀式を行った。海岸で火を焚き、男たちがその周りに集まって歌う。ひとりの老人が火に近づき、宥めるような声で、風の精霊に向かって、火の傍に来て暖まるように言う。精霊が到着したと思われたら、男たちが寄与した一杯の水がめを、老人が火の中に投げ入れる。そして即座に、火のあった場所に矢が一斉に放たれる。これほど酷い扱いを受けては、風の精霊も留まりたくはなかろう、と彼らは考えたのだった。この効果を完全なものとするために、銃が四方八方に向けて発射された。あるヨーロッパの船長は、風に向かって大砲を撃ってくれと頼まれた[102]。南アメリカのパヤグア族〔パラグアイ川流域に住んでいた、グアイクル系インディオ。絶滅〕は、風に小屋をなぎ倒されると、燃え木を持って風の後を追い、火をつけるぞと脅す。嵐を怖がらせようと拳で空を打つ者たちもいる[103]。グアイクル〔南米グランチャコのインディオ〕の場合、猛烈な嵐の脅威に晒されると、男たちが武装して外に出、女と子どもたちは精霊を威嚇しようと精一杯大きな声で叫ぶ[104]。スマトラのバッタ族（the Battas）の村では、暴風雨の際、住人が剣と槍で武装して家から飛び出して行くのが見られた。王《ラージャ》が先頭に立ち、皆で叫び声を上げながら見えない敵を切り刻んだ。ひとりの老婆はとりわけ活発に、自分の家を守ろうと長いサーベルを左右に振り回した[105]。

以上の例に照らして見るならば、今日の批評家たちが寓話とみなしてきたヘロドトスの語る物語も、まったく信頼できるものになる。物語の信憑性を請け合うことはなかったもののへロドトスはつぎのように語っている。かつてのプシリの地、現在のトリポリでは、サハラ砂漠から風が吹けば、水槽の水はすべて干上がってしまった。それで人々は、南風に向かって戦争を仕掛けるために、協議のうえ一団となって行進した。だが砂漠に入ると、砂を含んだ熱風が彼らをなぎ倒し、ひとり残らず砂に埋めてしまった。(106) この物語は、太鼓や鉦《かね》を鳴らしながら戦闘配置についていた彼らが、渦巻く砂の赤みがかった暗雲の中に消えてしまったのを、実際に目にした者によって語られたものであろう。アフリカ東部のベドウィン〔アラビア、シリア、北アフリカの砂漠地の、遊牧のアラブ人〕については、いまだにつぎのように言われている。「旋風が行く手を阻めばかならず、十二人もの蛮人たちが手に抜き身の波形短剣を持って風を追う。突風に乗っていると信じられている悪霊を追い払うために、彼らは埃の舞う柱の中心部へ、剣を突き立てる」。(107) 同様にオーストラリアの黒人たちは、砂漠地帯を素早い速度で横切る赤い砂の巨大な柱を、霊が通り過ぎているのだと考える。またある強壮な若い黒人は、これら動く柱の一本を、ブーメランで殺そうと追いかけた。二、三時間追い回して後、疲れきって戻ってきた彼は、つぎのように言った——クーチー(Koochee 精霊のこと)は殺した、だがクーチーは怒ってわたしに唸り声を上げた、だからわたしは死ななければならない。(108) このような埃の柱は、攻撃されない場合でも、畏怖の念で見られている。インドのいくつかの地域では、これはガンジス川に水浴に行くブート（bhut＝精霊）たちであると考えられている。[109] カリフォルニアのインディアンは、それが天の国に入る幸福な魂たちであると考える。[110]

牧草地で突風が干し草を吹き上げると、ブルターニュの農夫は、悪魔が干し草を持ち去らないように、ナイフかフォークを突風に向かって投げつける。[111] ドイツの農夫が旋風に向かってナイフか帽子を投げつけるのは、そこに魔女か魔術師がいるからである。[112]

（1）本書第一章第一節の註（4）を見よ。
（2）Joachim Marquardt, *Römische Staatsverwaltung*, second ed., Leipzig, 1885, iii. 321 以下。
（3）G. Gilbert, *Handbuch der griechischen Staatsalterthümer*, i. 241 以下〔一九一五年版の書誌には second ed., Leipzig, 1893 とある〕。
（4）前掲書 ii. 323 以下。
（5）リウィウス（Livy, ed. J. N. Madvig et J. L. Ussing, Copenhagen, 1863-1880）、ii. 2, 1. ハリカルナッソスのディオニュシオス（Dionysius Halicarnasensis, *Opera*, ed. J. J. Reiske, Leipzig, 1774-1777）、iv. 74, 4.
（6）デモステネス（Demosthenes, *Orationes*, ed. G. Dindorf, Leipzig, 1864-1872）『ネアイラ』（*Contra Neaeram*）§ 74, p. 1370. プルタルコス『ローマ問題』63.
（7）クセノフォン『スパルタ人の国制』c. 15, cp. id. 13. アリストテレス『政治学』iii. 14, 3.

（8） ストラボン、xii. 3, 37; 5, 3, xi. 4, 7, xii. 2, 3; 2, 6; 3, 31 以下、3, 34; 8, 9; 8, 14. ただし、*Encyclopedia Britanica*, "Priest" の項（xix. 729）も見よ。

（9） Jacob Grimm, *Deutsche Rechtsalterthümer* [third ed., Göttingen, 1881], p. 243.

（10） *Lî-Kî*（trans. James Legge, Oxford, 1885）の随所を見よ。

（11） A. Leared, *Morocco and the Moors*, London, 1876, p. 272.

（12） J. W. Thomas, "De jacht op het eiland Nias," in *Tijdschrift voor Indische Taal- Land- en Volkenkunde*, xxvi（1880）, 277.

（13） Étienne Aymonier, "Notes sur les coutumes et croyances superstitieuses des Cambodgiens," in *Cochinchine française : Excursions et Reconnaissances*, No. 16, Saigon, 1883, p. 157.

（14） August Witzschel, Sagen, *Sitten und Gebräuche aus Thüringen*, Vienna, 1878, p. 218, No. 36.

（15） A. L. van Hasselt, *Volksbeschrijving van Midden-Sumatra*, Leyden, 1882, p. 323.

（16） J. C. E. Tromp, "De Rambai en Sebroeang Dajaks," in *Tijdschrift voor Indische Taal- Land- en Volkenkunde*, xxv, 118.

（17） Étienne Aymonier, *Notes sur le Laos*, Saigon, 1885, p. 25 以下。

（18） Rev. John Campbell, *Travels in South Africa, being a Narrative of a Second Journey in the Interior of that Country*, London, 1822, ii. 206. Barnabas Shaw, *Memorials of South Africa*, London, 1840, p. 66.

（19） Rev. E. Casalis, *The Basutos*, London, 1861, p. 271 以下。

（20） 前掲書 p. 272.

(21) Mannhardt, *A. W. F.*, p. 342, note.

(22) C. F. H. Campen, “De Godsdienstbegrippen der Halmaherasche Alfoeren,” in *Tijdschrift voor Indische Taal -Land- en Volkenkunde*, xxvii (1882), 447.

(23) J. G. F. Riedel, *De sluik- en kroesharige rassen tusschen Selebes en Papua*, The Hague, 1886, p. 114.

(24) R. Parkinson, *Im Bismarck Archipel*, Leipzig, 1887, p. 143.

(25) J. Owen Dorsey, “Omaha Sociology,” in *Third Annual Report of the Bureau of Ethnology*, Washington, 1884, p. 347. また以下を参照せよ。P. F. X. de Charlevoix, *Voyage dans l’Amérique septentrionale*, Paris, 1744, ii. 187.

(26) *Journal of the Anthropological Institute of Great Britain and Ireland*, xvi. 35. また以下を参照せよ。James Dawson, *Australian Aborigines*, Melbourne, Sydney, and Adelaide, 1881, p. 98.

(27) J. B. Labat, *Relation historique de l’Éthiopie Occidentale*, Paris, 1732, ii. 180.

(28) George Turner, *Samoa, a Hundred Years ago and long before*, London, 1884, p. 145.

(29) *Journal of the Anthropological Institute of Great Britain and Ireland*, xiv. 362.

(30) 前掲書同箇所。また以下を参照せよ。Edward M. Curr, *The Australian Race*, Melbourne and London, 1886-1887, ii. 377.

(31) Sir John Rhys, *Celtic Heathendom*, London and Edinburgh, 1888, p. 184. Jacob Grimm, *Deutsche Mythologie*, fourth ed., Berlin, 1875-1878, i. 494. また以下を参照せよ。San Marte, *Die Arthur-Sage*, Quedlinburg and Leipzig, 1842, p. 105 以下、p. 153 以下。

(32) *The American Antiquarian*, viii. 339.

(33) Rhys, *Celtic Heathendom*, p. 185 以下。

(34) 前掲書 p. 187. ブルターニュの Gevezé 近くにあるサンタンヌの泉も同様である。Paul Sébillot, *Traditions et superstitions de la Haute-Bretagne*, Paris, 1882, i. 72.

(35) Lamberti, "Relation de la Colchide ou Mingrélie," in *Voyages au Nord*, Amsterdam, 1725, vii. 174.

(36) Le Brun, *Histoire critique des pratiques superstitieuses*, Amsterdam, 1733, i. 245 以下。

(37) Turner 前掲書 p. 345 以下。

(38) Mannhardt, *B.K.*, p. 329 以下。Grimm 前掲書 i. 493 以下。W. Schmidt, *Das Jahr und seine Tage in Meinung und Brauch der Romänen Siebenbürgens*, Hermannstadt, 1866, p. 17. Miss E. Gerard, *The Land beyond the Forest*, Edinburgh and London, 1888, ii. 13.

(39) Mannhardt, *B.K.*, p. 331.

(40) J. G. F. Riedel, "De Minahasa in 1825," in *Tijdschrift voor Indische Taal- Land- en Volkenkunde*, xviii (1872), 524.

(41) J. Reinegg, *Beschreibung des Kaukasus*, Gotha, Hildesheim, and St. Petersburg, 1796-1797, ii. 114.

(42) Mannhardt, *B.K.*, p. 553. Gerard, *The Land beyond the Forest*, ii. 40.

(43) *Panjab Notes and Queries*, iii. No. 173, No. 513.

(44) J. de Acosta, *The Natural and Moral History of the Indies*, trans. E. Grimston, ed. Clements R. Markham, Hakluyt Society, London, 1880, bk. v. ch. 28.

(45) A. L. van Hasselt, *Volksbeschrijving van Midden-Sumatra*, p. 320 以下。

(46) *South African Folk-lore Journal*, i. 34.

(47) J. S. G. Gramberg, "Eene maand in de Binnenlanden van Timor," in *Verhandelingen van het Bataviaasch Genootschap van Kunsten en Wetenschappen*, xxxvi (1872), 209.

(48) Colonel E. T. Dalton, *Descriptive Ethnology of Bengal*, Calcutta, 1872, p. 88.

(49) Huc, *L'Empire chinois* [fourth ed., Paris, 1862 ; fifth ed., 1879], i. 241.

(50) L. J. B. Bérenger-Féraud, *Les Peuplades de la Sénégambie*, Paris, 1879, p. 291.

(51) *Colombia, being a geographical etc., account of that country*, London, 1822, i. 642 以下。 Adolf Bastian, *Die Culturländer des alten Amerika*, Berlin, 1878, ii. 216.

(52) Adalbert Kuhn, *Sagen, Gebräuche und Märchen aus Westfalen*, Leipzig, 1859, ii, p. 80. Gerard, *The Land beyond the Forest*, ii. 13.

(53) H. H. Bancroft, *The Native Races of the Pacific States of North America*, London, 1875-1876, i. 520.

(54) Brien, "Aperçu sur la province de Battambang," in *Cochinchine Française: excursions et reconnaissances*, No. 25, Saigon, 1886, p. 6 以下。

(55) Major J. Biddulph, *Tribes of the Hindoo Koosh*, Calcutta, 1880, p. 95.

(56) Gervasius von Tilbury, *Otia Imperialia*, ed. F. Liebrecht, Hanover, 1856, p. 41 以下。

(57) Giraldus Cambrensis, *The Topography of Ireland*, ch. 7 (in *The Historical Works*, ed. Thomas Wright, London, 1887). また Mannhardt, *A. W. F.*, p. 341, note も参照せよ。

(58) Rev. Canon Henry Callaway, *The Religious System of the Amazulu*, Natal, Springvale, etc., 1868-1870, p. 407 以下。

(59) ルクリュ『新世界地理』(Élisée Reclus, *Nouvelle Géographie Universelle*)〔一九一五年版の書誌には Paris, 1876-1894 とある〕xii. 100.

(60) J. L. Rasmussen, *Additamenta ad historiam Arabum ante Islamismum*, Copenhagen, 1821, p. 67 以下。

(61) J. Wellhausen, *Reste arabischen Heidentums*, first ed., Berlin, 1887, p. 157.

(62) Labat 前掲書 ii. 180.

(63) Samuel Gason, "The Dieyerie Tribe," in *Native Tribes of South Australia*, Adelaide, 1879, p. 276 以下。

(64) W. Stanbridge, "On the Aborigines of Victoria," in *Transactions of the Ethnological Society of London*, N.S., i (1861), 300.

(65) マルクス・アントニウス、v. 7. ペトロニウス、44. テルトゥリアヌス『護教論』40. また同書 22 および 23 を参照せよ。

(66) パウサニアス、viii. 38, 4.

(67) Antigonus, *Historiarum mirabilium collectanea,* in *Scriptores rerum mirabilium Graeci*, ed. A. Westermann, Brunswick, 1843, p. 65.

(68) アポロドロス『ギリシア神話』(Apollodorus, *Bibliotheca*, in *Mythographi Graeci*, ed. A. Westermann, Brunswick, 1843)〔現在では別人の作とする説が有力〕i. 9, 7. ウェルギリウス『アエネイス』vi. 585 以下。またウェルギリウスのこの箇所に関するセルウィウスも参照せよ。

(69) フェストゥス (ed. Müller)、"aquaelicium" および "manalem lapidem" の項、p. 2, p. 128. ノニウ

ス・マルケルス（Nonius Marcellus, *De compendiosa doctrina*, ed. L. Quicherat, Paris, 1872）、“trullum”の項、p. 637. ウェルギリウス『アエネイス』iii. 175 に関するセルウィウス。フルゲンティウス（Fulgentius, *Mythographiae*, in *Auctores Mythographi Latini*, ed. Aug. van Staveren, Leyden and Amsterdam, 1742）、p. 769 以下。

(70) ノニウス・マルケルス、“aquilex”の項、p. 69. “aquaelicium”という語が雨乞いの意味で用いられていることは、“aquilex”を雨乞い師と考えることを可能にする。また以下を参照せよ。K. O. Müller, *Die Etrusker*, ed. W. Deecke, Stuttgart, 1877, ii. 318 以下。

(71) ディオドロス、v. 55.〔一九一五年版の書誌にあるディオドロスはつぎのとおり。Diodorus, quoted by Photius, *Bibliotheca*, ed. Im. Bekker, Berlin, 1824; Diodorus Siculus, *Bibliotheca*, ed. L. Dindorf, Liepzig, 1866-1868; in Eusebius, *Chronica*, ed. A. Schoene, Berlin, 1866-1875.〕

(72) Peter Jones, *History of the Ojebway Indians*, London, N. D., p. 84.

(73) J. Gumilla, *Histoire naturelle, civile et géographique de l'Orénoque*, Avignon, 1758, iii. 243 以下。

(74) Glaumont, “Usages, mœurs et coutumes des Néo-Calédoniens,” in *Revue d'Ethnographie*, vii (1889), 116.

(75) T. Arbousset et F. Daumas, *Relation d'un voyage d'Exploration au Nord-est de la Colonie du Cap de Bonne-Espérance*, Paris, 1842, p. 350 以下。一族がその名を得ている聖なるもの（トーテム）との類似については、同書 p. 350, 422, 424 を見よ。他にも、北アメリカのナチェス族（*Voyages au Nord*, v. 24）やペルーのインカ族のように、太陽の一族と名乗る人々がいる。

(76) R. H. Codrington, Divinitatis Doctor, “Religious Beliefs and Practices in Melanesia,” in *Journal*

of the Anthropological Institute of Great Britain and Ireland, x (1881), 278.

(77) 本書三九頁。

(78) Turner 前掲書 p. 346. 本書三七頁。

(79) Adolf Bastian, *Der Vælker des æstlichen Asien*, Leipzig and Jena, 1866-1871, iv. 174. この地の名はAndahuayllasという。

(80) Thomas Williams, *Fiji and the Fijians*, second ed., London, 1860, i. p. 250.

(81) Henry R. Schoolcraft, *The American Indians, their History, Condition, and Prospects*, Buffalo, 1851, p. 97 以下。W. Wyatt Gill, *Myths and Songs of the South Pacific*, London, 1876, p. 61 以下。Turner 前掲書 p. 200 以下。

(82) Aeneas Sylvius, *Opera*, Bâle, 1571, p. 418 [wrongly numbered 420].

(83) R. Brough Smyth, *The Aborigines of Victoria*, Melbourne and London, 1878, ii. 334. Curr 前掲書 i. 50.

(84) Charles St. John Fancourt, *History of Yucatan*, London, 1854, p. 118.

(85) *South African Folk-lore Journal*, i. 34.

(86) E. J. Eyre, *Journals of Expeditions of Discovery into Central Australia*, London, 1845, ii. 364.

(87) Curr 前掲書 iii. 145.

(88) J. G. Gmelin, *Reise durch Sibirien*, Gőttingen, 1751-1752, ii. 510.

(89) *Third Annual Reports of the Bureau of Ethnology* (Washington), p. 241.

(90) G. M. Dawson, "On the Haida Indians of the Queen Charlotte Islands," in *Geological Survey of*

Canada, *Report of progress for 1878-1879*, Montreal, 1880, p. 124B.

(91) Wilfred Powell, *Wanderings in a Wild Country*, London, 1883, p. 169.

(92) Miss C. F. Gordon Cumming, *In the Hebrides*, London, 1883, p. 166 以下。M. Martin, "A Description of the Western Islands of Scotland," in John Pinkerton's *General Collection of Voyages and Travels* (London, 1808-1814), iii. 627.

(93) Olaus Magnus, *Historia de gentium septentrionalium variis conditionibus*, Bâle, 1567, iii. 15.

(94) J. Scheffer, *Lapponia*, Frankfort, 1673, p. 144. Gordon Cumming 前掲書 p. 254 以下。Joseph Train, *An Historical and Statistical Account of the Isle of Man*, Douglas, Isle of Man, 1845, ii. 166.

(95) C. Leemius, *De Lapponibus Finmarchiae eorumque lingua, vita et religione pristina commentatio*, Copenhagen, 1767, p. 454.

(96) ホメロス『オデュッセイア』x. 19 以下。

(97) Edm. Veckenstedt, *Die Mythen, Sagen und Legenden der Zamaiten* (*Litauer*), Heidelberg, 1883, i. 153.

(98) Rev. J. Chalmers, *Pioneering in New Guinea*, London, 1887, p. 177.

(99) Ch. Rogers, *Social Life in Scotland*, Edinburgh, 1884-1886, iii. 220. W・スコット卿『海賊船』、第七章の注釈。シェイクスピア『マクベス』一幕三場十一行。

(100) O. Dapper, *Description de l'Afrique*, Amsterdam, 1686, p. 389.

(101) Anton Peter, *Volksthümliches aus Öesterreichisch-Schlesien*, Troppau, 1865-1867, ii. 259.

(102) *Arctic Papers for the Expedition of 1875*, Royal Geographical Society, London, 1875, p. 274.

(103) F. de Azara, *Voyages dans l'Amérique Méridionale*, Paris, 1809, ii. 137.

(104) P. F. X. de Charlevoix, *Histoire du Paraguay*, Paris, 1756, i. 74.

(105) W. A. Henry, "Bijdrage tot de Kennis der Bataklanden," in *Tijdschrift voor Indische Taal- Land- en Volkenkunde*, xvii. 23 以下。

(106) 〈ロドトス〉 iv. 173. アウルス・ゲリウス (Aulus Gellius, *Noctes Atticae*, ed. M. Hertz, Leipzig, 1861-1871)〉 xvi. 11.

(107) W. Cornwallis Harris, *The Highlands of Aethiopia*, London, 1844, i. 352.

(108) R. Brough Smyth, *The Aborigines of Victoria*, i. 457 以下。また同書 ii. 270 を参照せよ。*Journal of the Anthropological Institute of Great Britain and Ireland*, xiii, p. 194, note.

(109) Denzil C. J. Ibbetson, *Report on the Revision of Settlement of the Panipat, Tahsil, and Karnal Parganah of the Karnal District*, Allahabad, 1883, p. 154.

(110) Stephen Powers, *Tribes of California*, Washington, 1877, p. 328.

(111) Sébillot 前掲書 p. 302 以下。

(112) Mannhardt, *A. W. F.*, p. 85.

第三節　人の姿を取った神々

以上に述べてきた世界各地の未開民族の信仰と慣習は、つぎの点を十分に証明していよう――現代に生きるわれわれには、自然に及ぼせる人間の力の限界は明白なものなのだが、蛮人にはその限界が認識できない。これはヨーロッパの蛮人であろうと他の地域の蛮人であろうと同じである。またつぎの点もわかりやすい――われわれならば超自然的と呼ぶしかない力が、ある社会ではどの人間にも多かれ少なかれ与えられているとみなされており、そこにおいては、神々と人間の区別が、曖昧であるか、あるいはほとんど立ち現われることさえない。人間とは明らかに異なる、人間に優る、超自然的な存在としての神々――程度においてもまた種類においてさえも、人間にはそれに比肩する力はないという力を、行使できる神々――こういった神々の概念は、永年の歴史の中でゆっくりと醸成されてきたものである。最初は、超自然の力を行使する存在というのは、仮にあったとしても、人間に大いに優るものとはみなされていなかった。つまり、神々とは人間の意志に従うよう威嚇され強要される存在であった。思考の発達のこの段階では、世界は広大な民主主義社会とみなされている。自然であれ超自然であれ、世界にある存在はすべて、それなりに平等の足場の上に立つものとみなされていた。だが知識の発達にともなって、人間は、自然の広大さとそれを目の前にしたときの自らの卑小さ、弱さを、より明確に認識するようにないるのである。しかしながら、自らの無力を認識したところで、この認識が直ちに、この世に住んでいると想像された超自然的存在の無力を信じることに繋がるわけではない。その認識は逆に、超自然的力という概念を高めることになる。なぜなら、世界は非個人的な力が一定不変の法則に従って作用している体系である、という概念は、いまだ人間には明らかではなかったからである。あるいはむしろ、まだ人間の目を曇らせてはいなかった、と言うべきかもしれない。そういった世界観は、萌芽状態としてならば、確かに彼らにもあった。呪術を用いる場合のみならず、日常生活の多くの場面で、人間はそれに従って行動していた。だがこの概念はいまだ未発達であり、自分の生きている世界を意識的に説明しようという際には、やはり世界を、何らかの意識存在の意志や個人的な働きかけによって具現されたもの、と思い描いたのである。したがって、自らがあまりに脆くか弱いものと感じるとき、人間は、自然の巨大な機構を制御している存在が、いかに大きく力強いものであるか、と考えざるを得ない。かくして、神々との平等という旧来の感覚が徐々に失われて行くにつれ、人間は自然の成り行きを、たとえば呪術のような独自の能力によって動かせるという望みを、諦めることになる。そして神々のことを、かつては自分も共有していると主張できた超自然的な力を、もはや唯一保有する存在とみなすようになるのである。それゆえ、知識が最初の発達を遂げた段階では、祈禱と供犠が、宗教的な儀式の主要な場所を占める。そしてかつては超自然的な力と真に同等な位置にあった呪術は、徐々に背景へと追いやられ、妖術・黒魔術のレベルにまで貶められることになる。それはいまや、無益であると同時に不敬な、神々の領域に対する侵略とみなされ、自分の評判と影響力が神々のそれに応じて増えもすれば減りもする祭司たちの、堅実な反対に出会うもの、とみなされてしまう。それゆえ、後に宗教と迷信の区別が立ち現れた際、供犠と祈禱は共同体内部の敬虔で文明化された部分の源泉であるとみなされ、一方呪術は迷信深い無知なる者たちの逃げ場であるとみなされることになる。だがさらに時代が下ると、自然力を個人的な動作主によるものとみなす考え方は、自然の法則という認識に道を譲る。こうなると呪術も、暗黙のうちに、不可避・不変の因果の連鎖という概念に基づくものとなり、個人的な意志からは独立し、それまで埋もれていた曖昧さや疑惑の領域から抜け出し、さらには自然の中に原因の連鎖を探求することによって、直接科学へ通じる道を用意することになる。錬金術は結局のところ化学に至るのである。

人間神もしくは神聖な超自然的な力を与えられた人間、という観念は、宗教の歴史においては、いまだ神々と人間とが同じ秩序の中に存在しているとみなされていた初期の時代、つまり、人間と神々とが越えがたい深淵（後の世の者にとってはそう思える）によって引き裂かれてしまう以前の時代に、属するものである。それゆえ、神が人間の姿を取るという考え方は、われわれには奇妙に思えるかもしれないが、初期の人間にとってはさほど驚くべきものではなかった。初期の人間は、人間神もしくは神人間の中に、自らもやはり持っていると固く信じて疑わなかった超自然的な力の、単に程度の高いものを見ていたに過ぎない。このような人の姿を取った神々というのは、未開の社会では一般的である。また、人の姿を取ること――化身――は、一時的である場合と永続的である場合がある。前者の場合の化身は、概して霊感もしくは憑依として知られるが、超自然的な力というよりも、超自然的な知として現れる。言い換えれば、これは通常、奇跡というよりも予見や予知能力といった形で現れる。一方、化身が単に一時的なものではなく、神聖な霊が永続的に人間の身体を住まいとする場合、人間神は、奇跡を行うことにより自らの性質を証明することが期待される。ここでわれわれが是非思い出しておかなければならないのは、思考の発達のこの段階にある人々の間では、奇跡は自然の法則に対する侵害とみなされることはなかった、ということである。自然の法則なるものの存在自体が考えられなかったのだから、太古の人間にはその侵害など考えつかない。奇跡とは、彼らにしてみれば、普通に見られる力がいつも以上に顕著な現れ方をした、というに過ぎないのである。

一時的な化身もしくは霊感は世界中で知られている。ある人々はときおり霊や神性に憑かれると言われる。憑依が続いている間は、その人個人の人格は休止状態にあり、痙攣を起こしたように震えたり体全体を揺らしたりといった、荒々しい動作や興奮した形相によって霊の存在が示される。このような様子は、その人自身のせいではなくその人の中に入り込んだ霊の仕業であると言われる。そしてこのような異常な状態にあるとき、彼の口から発せられることばは、彼の中に住まう神もしくは霊が、彼を通して語っているのだ、と考えられることになる。マンガイア〔南太平洋クック諸島の南東部にある島〕では、神々が折に触れてその住まいとする祭司たちは、「神の箱たち」(god-boxes) もしくは単に

「神々」と呼ばれる。神々として神託を述べる前に、彼らは酒を飲んで酔っ払い、そうした狂乱状態の中で吐かれる彼らの乱暴なことばは、神の声として受け取られるのである。[1]だがこのような一時的な霊感の例は、世界の至る所に見られるものであり、また民族学の本で大変なじみのあるものとなっているから、一般的な原理を説明する具体例などは、ここで引用するまでもあるまい。[2]だが、一時的な霊感を生み出す二つの特殊な形態については、ここで言及しておいたほうがよいだろう。これらは他のものに比べてあまり知られてはいないし、後述の箇所で触れることにもなるはずの形態だからである。ひとつは、生贄にされたものの生き血を吸うことによって霊感を生み出すという形態である。アルゴス〔ギリシアのペロポンネソス半島北東部の古都〕のアポロン・ディラディオテスの神殿では、月に一度、夜間に仔羊が生贄に捧げられた。ひとりの純潔の掟を守った女が、仔羊の血を味わい、かくして神の霊感を受け、予言や占いを行った。[3]アカイア〔ギリシア南部ペロポンネソス半島の北部〕のアイギラでは、「地」の女祭司が牡牛の鮮血を飲み、予言のために洞穴に下った。[4]インド南部では、悪魔の踊り手（a devil-dancer）が「生贄の血を飲む。彼は首を切られた山羊の喉元に口をあてがう。そしてあたかも新たな生命を得たかのように、いくつかの鐘がついた棒を振り回し、素早く荒々しい不規則なステップで踊りを踊る。突如として霊感が下る。これはそのねめつけ、その狂乱した跳躍から明らかである。彼は鼻を鳴らし、目を見開いて凝視し、旋回する。精霊はいまや彼の体を手に入れたのだ。彼に話したり動いたりする力はあるものの、それは精霊の制御下にある。彼独自の意識は休止状態なのだ。……悪魔の踊り手はいまや目の前に現われた神として崇められる。傍らにいる者たちは皆、自分の病や自分の望み、不在の親類の安否などについて、あるいはまた、自分の望みを聞き入れられるためにはどのような供え物がよいかと、彼に相談を持ちかける。つまりは、超人の知が役立つと思われるもの全てについて、彼に相談が持ち込まれるのである」[5]。セレベス島北部のミナハサ族の祭りでは、豚が殺されると、ひとりの祭司が猛然とこれに飛びかかり、屠体に頭を突き入れて血を吸う。やがて祭司は力ずくで豚から引き離され、椅子に座らされると、そこでその年の稲の実り具合を予言し始める。祭司はもう一度屠体に走り寄って血を吸う。今一度力ずくで椅子に引き戻され、予言を続けるのである。この場合、予言の能力を備えた霊が、彼の中に入っていると考えられている[6]。西スラヴ人〔チェコ人、ポーランド人、スロヴァキア人など〕の宗教上の中心都市レトラ(Rhetra)では、祭司は、より良く予言が行えるようにと、生贄の牡牛と羊の血を吸う[7]。ヒンドゥークシュ〔パキスタン北部、アフガニスタン東北部の山脈〕に住むいくつかの部族にはダイニアル(Dainyal)と呼ばれる占い師がおり、頭を切り落とされた山羊の首から血を吸うことが、その試練となっている[8]。ここで、一時的な霊感を生み出すその他の様式として、聖なる樹木の枝もしくは葉を用いるものがあることにも触れておこう。ヒンドゥークシュでは、聖なるシーダーの木の小枝を集めて火をつけ、頭から布をかぶった巫女のダイニアルが非常に刺激の強い煙を吸い込み、痙攣を起こして意識を失い地面に倒れ込む。やがて起き上がると甲高い声で歌を歌いだすが、聴衆もまた彼女の歌に続けて大声で歌う[9]。

またアポロンの女予言者も、予言を行う前に聖なる月桂樹を食した。[10] 多くの民族が、祭司や予言者のみならず生贄の動物にまでも、体を痙攣させて憑依の兆しを現わすことを期待しているというのは、特筆すべき点である。仮に動物が体をぴくりともさせなければ、彼らはそれが生贄には相応しくないと考える。したがって、ヤクート族が悪霊に生贄を捧げる場合、動物は大声で鳴き、のたうち回らなければならない。それが動物に悪霊が乗り移った証拠と考えられるからである。[11] アポロンの女予言者は、捧げられる生贄が頭にブドウ酒を注がれたとき、四肢全体を震わせない限り、神託を告げることはできなかった。だが通常のギリシアの供犠では、生贄が頭を揺り動かせばそれで十分であった。そうさせるために、頭に水を掛けたのである。[12] 他の多くの民族（トンキン人、ヒンドゥー人〔インドのヒンドゥー教徒〕、チュヴァシ族〔ヨーロッパ・ロシア中東部に住む〕など）も、適切な生贄を見出すのに、ブドウ酒か水を頭に注ぐという同様の試みを行った。動物が頭を揺り動かせば供犠に用いられ、そうしなければ用いられることはない。[13]

一時的に霊感を受けた人は、単に神の知を獲得しただけでなく、同時に、少なくともその時だけは、神の力をも獲得した者とみなされる。カンボジアでは伝染病が流行ると、いくつかの村の住民が団結し、楽団を結成し、その土地の神が一時的な化身に選んだと考えられる男を捜しに出かける。男が見つかると神の祭壇に連れて行き、そこで化身の密儀が執り行われる。[14] そして男は仲間たちの崇拝の対象となり、村を疫病から救ってくれるようにと懇願される。フォキス〔ギリシア中心部コリントス湾に臨む古代の地域。デルフォイの神託所の所在地〕のアウライにあるアポロン像は、超人的な力を授かっていると信じられた。この像に霊感を得た神聖な男たちは、飛び跳ねながら断崖を降りて行き、巨木を何本も根こそぎにして背負い、峡谷の狭い道を通って持ち帰る。[15] 霊感を受けたダルウィーシュ〔イスラーム教徒で、神秘主義教団の修道者。所属教団の規定に応じて、激しい踊りや祈禱で法悦状態に入る〕によって執り行われる離れ業も、これと同じ種類のものである。

これまでのところでわれわれは、自然を制御する自らの能力に限界を認めることのできない蛮人が、現在のわれわれならば超自然的と呼ぶしかないある種の能力を、自分のみならず全ての人間が備えている、と考えている状態を観察してきた。そしてさらに、ある人々はこの一般的な超自然性をも超えたところで、短期間ではあれ神の霊感を受け、内に宿る神の知と力を享受する、という点も見てきた。このような信仰があるのならば、つぎなる段階では、ある種の人間たちは永続的に神にとりつかれている、もしくは、なんらかの不確かな原因によってではあれ、神位に置かれ祈りや生贄を捧げられるほど高度な超自然的能力を授けられている、という信仰に至るのも容易に頷ける。このような人間神は、純粋に超自然的もしくは霊的機能だけに留まる場合もあれば、これに加えて卓越した政治的能力を行使することもある。後者の場合、人間神たちは神であるのみならず王でもあり、統治の形態は神権政治となる。両者の例を挙げることにしよう。

マルケサス諸島には、生涯神として祭られる階級の人々がいた。彼らは万物の諸力(elements)に対して超自然的な力を揮うことができると考えられた。つまりは、豊作をもたらすことも土地を不毛にすることもできたし、病気や死をもたらすこともできた。彼らの怒りを避けるためには人身御供が捧げられた。数は多くはなく、たいていはそれぞれの島に一人か二人いるだけで、幽玄な人里離れた場所で隠遁生活を送った。その力は、つねにそうというわけではないが、ときとして世襲的なものであった。ある宣教師は、こうした人間神のひとりについて、個人的な観点から記録を残している。この神はとても年老いており、ひとつの囲われた禁域の中の大きな家に住んでいた。家には一種の祭壇があり、家の梁と家の周りの木々には、骸骨が頭を下にしていくつもぶら下がっていた。この神のために奉納を行う者を除いて、この禁域に入る者はだれもいなかった。つまり、人身御供が捧げられる日だけ、一般の人々も境内に入ることが許された。この人間神は、他のどの神々よりも多くの生贄を受け取った。しばしば、家の前にある一種の台座の上に座り、一度に二人から三人の人身御供を要求するのである。彼の呼び起こす恐怖は多大なものであったから、人身御供はつねに要求通り連れてこられた。彼への祈りは島中で聞かれたし、捧げ物は島の各方面から彼のもとへ送り届けられた。[16] また、概して南洋諸島では、それぞれの島に、神の代理もしくは神の化身とされる人間がいたらしい。そのような人間自身が神と呼ばれ、その実体は神そのものと混同されていた。人間神はときとして王自身であり、またより頻繁に、祭司であったり族長の属官であったりした。[17] ライアテアの王タナトア(Tanatoa, King of Raiatea)は、中心となる神殿で行われるある儀式によって、神とされた。「それゆえ臣民たちの崇める神々のひとりとして、王は崇拝され、神託を告げる者として助言を求められ、生贄と祈りを捧げられた」[18]。これは例外的なものではなかった。島の王たちは一様に神としての名誉を享受したのであり、即位のときに神格化されたのである[19]。タヒチの王は就任の際赤と黄色の羽根でできた聖なる腰帯を受けたが、これは「彼に地上でもっとも高い地位を与えるのみならず、彼を神々と同列に置くものであった」[20]。サモアの神々は、概して動物の姿をして現れた。だがときには永続的に人間の姿を取ることもあって、その場合は、神託を告げ、供え物(それはときとして人間の肉体である)を受け取り、病人を癒し、祈りに答えた[21]。フィジー諸島の古い宗教、とりわけソモソモ(Somosomo)の住民の宗教に関しては、つぎのように言われている。「死んだ人々の魂と神々との間、さらには神々と生きている人々との間には、なんら明確な線が引かれていないように見受けられる。というのも、多くの祭司と老人の族長たちは神聖な人物と考えられており、また彼らのうちで少なからぬ者たちが、自分には神の権利があると主張する。『わたしは神だ』とツイキラキラ(Tuikilakila)は言った。そして彼もそのことを信じていた」[22]。パラオ諸島〔西太平洋〕では、すべての神が人間にとりつき、人間を通して語ることができる、と考えられている。この憑依は一時的であったり永続的であったりする。後者の場合、この選ばれた人間はコロング(korong)と呼ばれる。神はとりつく人間を自由に選ぶので、コロングの地位は世襲的なものではない。ひとりのコロングが死ねば、神はしばらくの間代理人を持たずにいるが、あるとき突然に新しい「化身」(Avatar〔この語は本来ヒンドゥー教ヴィシュヌ神の化身を指す〕)によって姿を現す。かくして選ばれた人間は、奇妙な振る舞いをして神の存在を示す。口を大きく開け、走り回り、多数の意味のない行動を取る。最初人々は彼を笑うが、やがて彼の神聖な使命が認識される。すると彼は適切な地位に就くよう促される。概して卓越した地位であり、彼に、共同体全体に対する強い影響力を持たせるものである。いくつかの島では、神はその土地の政治的な君主である。したがって新たな化身は、たとえ出自は貧弱であっても、やはり高位に奉られ、神として、また王として、他の族長たち全員を統率する。(23) かつてモルッカ諸島の住民の中には、戦争や疫病といった人民の危機的な状況の際、天の祝祭を行う部族があった。祝祭の結果がおもわしくないときには、奴隷をひとり買い、次の祝祭で供犠の場所に連れて行き、一本の竹の下の一段高い場所に置いた。この竹は天を表しており、前回の祝祭でも天の象徴として崇められたものである。以前天への捧げものであったものの一部がこの奴隷に与えられ、奴隷はそれを天の名において、天の代わりとして、飲み、食する。その後奴隷は丁重に扱われ、天の祝祭の間崇められ、天を象徴する者とされ、天の名において供物を受け取った。(24) トンキンではどの村も守護霊を選ぶが、それはしばしば、犬や虎、猫、ヘビといった、動物の姿を取る。ときには生きた人間が守護神として選ばれることもある。このため、ひとりの奴隷が村人たちに、自分は彼らの守護霊だと主張し、村人に栄誉を与えられ、最上のもてなしを受けることにもなる。(25) インドでは、「すべての王が、現前している神とほぼ同じようにみなされている」。(26) インドのマヌの法典はさらにつぎのように言っている。「子どもの王でさえ、それが単なる人間であるという理由で見下されてはならない。

彼は人間の姿を取った偉大な神なのであるから」[27]。オリッサ〔インド東部、ベンガル湾に臨む州〕には、イングランドの女王〔ヴィクトリア女王〕を主要な神として崇める一派があるらしい。またインドでは今日でも、生きている者はだれであれ、怪力や豪胆さが顕著であるとか、奇跡的な力を持っていると考えられた場合、神として崇められる危険がある。たとえば、パンジャーブ地方のある一派は、ニッカル・セン（Nikkal Sen）と呼ばれる神を崇拝する。ニッカル・センとは、おそるべき将軍ニコルソン以外の何者でもなく、この将軍が何を行ったり語ったりしても、彼の崇拝者たちの熱意が鈍ることはなかった。彼が崇拝者たちを罰すれば罰するほど、崇拝者たちの彼に対する宗教的な畏怖は大きくなった[28]。トダ族という、インド南部のニルギリ丘陵で牧畜を営む人々の間では、搾乳場は聖域であり、ここで働く乳搾りの男（palal パラル）は神である。トダの人々が太陽に頭を下げるべきか否かと尋ねられると、この神聖な乳搾りの男たちのうちのひとりはつぎのように答えた。「貧しい者たちはそうすればよい。だが、」と彼は胸を叩きながら言う、「わたしは神なのである。なぜ太陽に頭を下げなければならないのか？」だれもが、彼の父親さえも、乳搾りの男の前ではひれ伏し、何につけても彼の願いを拒否する者はいない。別の乳搾りの男を除いて、彼に触れてよい人間はいない。そして彼に相談するすべての者に対し、彼は神の声で語り、信託を告げる[29]。

イダー（Iddah）の王は、ニジェール遠征隊の英国人士官たちにつぎのように語った。「神はわたしを神に似せて造った。わたしは神とまったく同じだ。だから神はわたしを王に定めたのだ」[30]。

ときに、神の化身である人間が死ぬと、神の霊は別の人間に乗り移る。アフリカ東部のケファ王国〔現在ケファはエチオピア南西部の州〕には、デオケ（Deòce）と呼ばれる霊を崇拝する異教徒たちがおり、彼らはこの霊に祈りと生贄を捧げ、あらゆる重要なできごとに際してこの霊に呼びかける。この霊は、法皇とも呼ぶべき偉大な呪術師に乗り移る。彼は王と並ぶほど高位にあって多大な富と影響力を誇り、王が現世の権力を行使するように、霊的な力を揮うのである。たまたまつぎのようなことが起こった。このアフリカの法皇が死んだ直後、王国にひとりのキリスト教宣教師が到着した。そこで祭司たちは、宣教師が死んだ法皇の任に就くことを恐れ、デオケは王の中に入った、と宣言した。それ以後王は、霊的な力を現世の権力と結びつけ、神である王としてこの地を治めた[31]。あるラオスの村では、天然塩田で仕事を始める前に、労働者たちは土地の神に供犠を行う。この神はひとりの女を化身とし、その女が死ぬと別の女に乗り移る[32]。ブータンでは、政府の霊的な首長はダールマ・ラージャと呼ばれ、終生神の化身であるとされる。彼が死ぬと新たな神の化身が赤子の姿を取って現われるが、この赤子は母の乳を拒絶し牛の乳を好むことで、そのことを示す[33]。仏教徒のタタール族は、数多くの生き仏〔活仏〕を信じている。この生き仏は、主要な修道所の長、大ラマ僧として、祭儀を執り行う。大ラマ僧のひとりが死んでも、彼の弟子たちは悲しむことがない。やがて彼は赤子の姿で再臨すると知っているからである。唯一の懸念は、彼がどこで生まれるかである。このとき虹を見れば、弟子たちはそれを、死んだラマが揺籃まで導いている印と考える。ときには神聖なる赤子自身が自らを明らかにすることもある。「わたしは大ラマ僧である。しかじかの寺院の生き仏である。わたしをわたしの古くからの修道所に連れて行け。わたしはその不死の長である」と赤子は言う。生き仏自身の言明であれ天空の印であれ、どのようなかたちでその生地が明かされたにしても、天幕は畳まれ、しばしば王もしくは王室の中でもっとも著名な者を長とする、喜ばしい巡礼団が編まれ、赤子の神を探し出し連れ帰るために旅に出る。概して赤子は聖地チベットで生まれる。したがって巡礼団はしばしば、もっとも恐ろしい砂漠を横断せねばならない。そしてついにその子どもを見つけると、ひれ伏して彼を崇める。だが、探していた大ラマ僧であると認められるには、子どもは自らの正体に関して彼らを満足させねばならない。子どもは、自分が長であると主張している当の修道所の名前を訊かれ、それがどれほど遠い地にあるか、何人の僧がそこで生活しているかを訊かれる。また死んだ大ラマ僧の習慣や死のときの様子も詳述せねばならない。つぎに、祈禱書や急須や湯のみといった様々な品が目の前に置かれ、前世で彼が使っていたものを指し示さなければならない。これらのことを誤りなくやり遂げれば、彼の主張は認められ、意気揚々と修道所に護送される。[34] すべてのラマ僧の長となるのが、チベットの聖都ラサのダライ・ラマである。彼は生き神とみなされ、彼が死ぬとその神聖で不死の魂は、子どもの中に再び生を受ける。いくつかの説明によれば、ダライ・ラマを発見する方法は、すでに述べた普通の大ラマ僧を発見する方法と類似している。また別の説明によれば、籤で選ぶという方法もある。彼がどこで生まれようと、木々や植物は緑の葉を出す。彼の命令で花は開き、泉は湧きあがる。彼の存在が天の祝福を放散するのである。彼の宮殿は見晴らしの良い高台に建ち、その金箔で被われた円蓋は、何マイルにも亘って、日の光を受け煌いているのが見える。(35)酷熱の渓谷から出てコロンビア・アンデスのそびえ立つ台地の上に立ったスペインの征服者たちは、後にしてきた、眼下の暑さにうだる密林で出会った野蛮な遊牧民の群れに比して、非常に高度な文明を享受している民族に出会い、驚愕した。この民族は、農耕を行い、フンボルトがチベットと日本の神権政治になぞらえたほどの政府のもとで生活していた。これはチブチャ族（the Chibchas）とムイスカ族（the Muyscas）もしくはモズカ族（the Mozcas）という二つの王国に分かれており、首都はそれぞれボゴタ〔現在はコロンビアの首都〕とトゥンハ〔ボゴタの北東〕であったが、両部族はともに、ソガモソ〔コロンビアのボヤカにある都市〕もしくはイラカ（Iraca）の大神官に、霊的な忠誠心を抱くことによって結びついていたらしい。この霊的な支配者は、長く禁欲的な修練を経ることによって、水と雨が彼に従い天候が彼の意志に依存するほどの、神聖さを獲得した、と言われている。(36)天候の王というのは、アフリカではよく見受けられる。中央アフリカのワガンダ族（the Waganda）も、ニアンザ（Nyanza＝湖）の神を信奉しており、この神はときに男や女の身体を住まいとする。化身したこの神は、王や族長を含むすべての人々から大いに恐れられる。神託を告げる者として相談を受け、自らのことばによって、病に罹らせたり、病を癒したり、雨を差し控えたり、飢饉をもたらしたりできる。彼の助言が求められる場合は、多数の贈り物が彼に捧げられる。[37] しばしば、王自身が天候を司る者とみなされる。ロアンゴ（Loango）の王は、臣民から「あたかも神であるかのように」崇められる。「そして神を意味するサムビーやパンゴーの名で呼ばれる。人々は、彼が好きなときに雨をもたらすことができると信じている。一年に一度、人々が雨を必要とする十二月、人々は彼のもとに、雨を乞いにやってくる」。[38] このとき、王は玉座に立ち、天に矢を放ち、これが雨をもたらすと考えられている。[39] 東アフリカのクイテヴァ（Quiteva）の王は、神と同等の地位にある。「事実、カッフレ族〔カフィル族＝南アフリカのバントゥー族〕は、君主以外の神を知らない。他の民族であれば天に向かって唱えるような祈りを、彼らは君主に向かって唱えるのである。……したがってこの哀れな人々は、自分たちの王は神であるという信念のもと、必要とするものをいっそう容易に獲得しようと、最大限の手段を尽くし、贈り物で自らを破産させる。かくして彼らは、乾いた天候の長く続くときには、雨が降るよう天にとりなしてもらおうと、王の足元にひれ伏し懇願する。またあまりに多く雨が降る場合には、晴天の恵みを懇願する。風や嵐やその他一切についても、彼らは王に懇願するのである」。[40] ザンベジ川〔アフリカ南東部、ザンビア北西部からジンバブウェ北辺を経てモザンビーク海峡へ注ぐ〕上流に住むバロツェ族〔バントゥー族の一族〕には、「族長は半神であるという、古い、しかしながら衰えつつある信仰がある。激しい雷雨の際には、バロツェ族は雷から護ってもらおうと族長の庭に集まる。族長の前で跪き、天の水瓶を開けて自分たちの庭に雨を送ってほしいと頼む彼らの姿は、見ていて大いに痛ましいものであった。……王の召使いたちは、自分たちは神（王を意味する）の召使いであるから無敵である、と宣言する」[41]。ニューギニアのモワット（Mowat）の族長は、穀物の生長に良かれ悪しかれ影響を与える力と、ジュゴンと亀をどこからでも呼び出し、生け捕りになるよう説き伏せる力を備えている、と信じられている[42]。

マダガスカルのアンタイモール族（the Antaymours）の場合、王が、穀物の生育と人々に降りかかるあらゆる不幸の責任を負っている[43]。雨が降らないから、穀物の実りが悪いから、ということで王が罰せられる土地は数多くある。西アフリカのいくつかの地域では、祈りや供物を捧げられた王が雨をもたらすことに失敗すると、家来たちが縄で王を縛りつけ、王の父祖たちの墓へ力ずくで連れて行く。王が父祖たちから、必要な雨を貰い受けるようにである[44]。スキタイ人もまた、食物が不足すると王を監禁したらしい[45]。西アフリカのバンジャール族（the Banjars）は、雨や晴天をもたらす力が王にあると考える。晴れている限り人々は、王に穀物や家畜の贈り物をふんだんに与える[46]。だが長い旱魃や雨が農作物の生育を脅かすときには、天候が変わるまで王を侮辱し、殴る。収穫が悪かった場合や海岸の波が高く漁ができない場合、ロアンゴの人々は王の「悪心」を責め、退位させる[47]。胡椒海岸では、ボディオ（Bodio）という祭司長が、共同体の安定と土地の肥沃、および海や川での大漁に、責任を負っている。これらのいずれかが思わしくないと、ボディオは王の地位を追われる[48]。また古代ブルグント族〔ゲルマンの一族〕も、不作の際には王を退位させた。[49] さらに、食糧難の際には王を殺すという民族もあった。たとえばドーマルディ王の時代のスウェーデンでは、深刻な飢饉が数年におよび、これは動物の生贄によっても、また人身御供によっても、食い止めることはできなかった。そこで、ウプサラで大人民会議が開かれ、族長たちは原因がドーマルディ王自身であり、良き季節の訪れのためには、王を生贄に捧げるしかない、と結論を下した。彼らは王を殺し、神々の祭壇には王の血が塗られた。また聞くところによると、スウェーデン人は、豊作や凶作の原因をつねに自らの王に帰した。オーラヴ王の治世下、厳しい貧困と飢饉に悩まされた人々は、犠牲を惜しんでいる王にその責任がある、と考えた。そこで人々は軍隊を召集し、王に対して進軍した。「豊作のために、彼をオージンに捧げよう」と、王の住居を取り囲み、焼き討ちにしたのである。[50] 一八一四年、チュクチ半島〔シベリア北東端の半島〕のトナカイに疫病が流行った際、シャーマンは、最愛の族長コッホを怒れる神々に捧げなければならない、と宣言した。そこでこの族長の息子が、彼を短剣で刺し殺した。[51] 南太平洋の珊瑚島であるニウエ島〔トンガとクック諸島の間にある島〕、別名サヴェッジ島では、かつてひとつの家系が歴代の王として支配していた。しかし王はまた祭司長でもあり、農作物を育てる者と考えられていたので、食糧難になると人々は怒って王を殺した。つぎつぎと王が殺されてゆくため、ついには王となる者がいなくなり、君主制は終わってしまった。[52] 以上の神なる王たちと同様、古代エジプトでは、聖なる獣たちが、自然の推移に対して責任あるものとされていた。長く深刻な旱魃の結果、疫病やその他の災禍が土地を襲うと、祭司たちは夜ひそかに聖なる動物たちを捕らえ、これを威す。だが災いが減じることがなければ、彼らは動物たちを殺したのだった。[53]

このように、未開の社会で王に与えられている宗教的な地位を吟味してみると、われわれはつぎのように推断しても良いかと思われる――王には神聖で超自然的な力があるという主張は、たとえばエジプトやメキシコやペルーのような偉大な歴史的帝国の君主たちが唱えているものだが、これは、単に虚栄が高じた結果でもなければ、また卑屈な追従の空虚な表れでもない。それはただ、古くからある、生きている王たちの野蛮な神格化が、生き残り拡大されたものであった――。たとえばペルーのインカ族は、太陽の子らとして神々のように崇拝された。彼らの悪行などは考えられないことであり、また君主や王族についても、人民はその人格や名誉や財産を犯そうなどとは、夢にも思わなかった。それゆえインカ族はまた、他の多くの人民と同じく、病を悪とみなすことはなかった。彼らはそれを、ともに天に連れ帰り休ませるために、父なる太陽から息子に遣わされた使者、と考えた。したがって死に近づいているインカ族の者が普通に口にするのは、「わたしの父が、父のもとで休息するようにと、わたしを呼んでいる」ということばだった。彼らは回復のための供犠によって父の意志に背こうとはせず、自分は父の安息所に呼ばれている、と公言した。[54]メキシコの王は、即位の際、自分は太陽を輝かせ、雲には雨を降らせ、川には水を流れさせ、大地には豊富に果実を生み出させる、と誓いを述べた。[55]中国の慣習では、旱魃があまりに酷い場合、皇帝にその責任があるとされる。『北京官報』の数ページにわたって数多く掲載されているのは、皇帝がこの件に関して自らに下した有罪宣告である。しかしながら、中国の皇帝が責めを負うのは、神としてではなくむしろ祭司長としてである。というのも、極端な場合、皇帝は一個人として天に祈りや生贄を捧げ、その悪を追い払おうとするからである。(56)アルサケス一族からなるパルティア〔西アジア、現在の北部イラン地方にあった古王国〕の君主たちは、自らを太陽と月の兄弟と呼び、神々として崇拝された。アルサケス家のだれに対しても、たとえ口論によってであれ攻撃を加えれば、それは瀆聖とみなされた。(57)エジプトの王たちは生きている間に神とされ、王への崇拝は特別な神殿、特別な祭司によって行われた。実際、王たちへの崇拝は、ときとして神々への崇拝を凌ぐものであった。たとえばメレンラ王朝の時代、ある高級官吏は、永遠に生きるメレンラの霊たちが「すべての神々よりも多く」呼び出されるように、自分は数多くの聖域を建てたのだ、と宣言した。(58)エジプトの王は、穀物の不作の責任を、聖なる動物たちと分け合っていたように見える。(59)彼は、「天の主、大地の、太陽の、世界の生命の主、時の主、太陽の道程の計測者、人間たちの腹、安寧の主、収穫の創造者、死すべきものたちの作り手にして飾り手、すべての人間に息吹きを与える者、すべての神々の軍勢に生命を授ける者、天の支柱、大地の戸口、天と地両者の世界の均衡を計る者、豪奢な贈り物の主、穀物を増大させる者」等々の呼び名で呼びかけられた。(60)しかし、当然予想されることだが、このように王に帰せられ称賛の的となる数々の力が、すべてのエジプト人が自らにあると主張する力と異なっていた点は、その種類ではなく程度である。ティーレはつぎのように述べる。

「善良な男は皆、死ねばオシリスとなったのであるから、そしてまた、危険や必要に迫られている男は皆、呪文によって神の姿を取れたのだから、王が、死後のみならず生前から神と同等の位に置かれたというのは、まったく理解しやすいことである」[61]。

したがって、ネミの森の王やローマの供犠王やアテナイのアルコン王〔最高官〕などに見られた、神聖な役割が王という称号と結びつくという現象は、古典古代という枠組みを越えて頻繁に起こり、未開から文明に至るあらゆる段階の社会に共通する、同一の特質と思われる。さらに、王族的な祭司は、しばしば、名目のみならず事実上の王でもあり、祭司の権杖のみならず王の権杖をも揮ったように思われる。このように考えれば、古代ギリシアやイタリアの共和制国家に、王という肩書きを持つ祭司たちが存在したその起源を語る伝説にも、納得がいく。実際、ギリシア＝イタリアの伝説が記憶に留めているように、霊的な力が現世の力と結びつくというのは、数多くの場所で見られたことである。この点を示したことで、少なくともわれわれは、その伝説に付随してきた不信の念を払拭したことになる。したがってつぎのように問うこともはや不当ではない。森の王は、伝統的にローマの供犠王やアテナイのアルコン王に帰せられてきた起源と、同様の起源を持っていたのではないか。言い換えれば、森の王の前任者たちというのは、共和主義の革命によってその政治権力を剝ぎ取られ、宗教的な機能と王冠の影のみを残された、歴代の王たちではなかったか。この問いに否定的な答えが出されるとしたら、その理由は少なくとも二つある。ひとつはネミの祭司の住居に起因し、もうひとつは森の王という称号に起因する。

前任者たちが普通の意味での王であったならば、彼はローマやアテナイの転落した王たちのように、かつて彼から王権が奪われた場所である都市に、居住しているはずである。この都市はアリキア以外にあり得ない。近隣にはこれ以外都市はない。だが、これまで見てきたように、アリキアは湖のほとりの森の聖域から三マイル離れている。彼が統治していたとすれば、それは都市ではなく緑の森であったろう。また、森の王という彼の称号からしても、彼が普通の意味での王であったとはほとんど考えられない。むしろ彼は自然の王、自然の特別な側面、つまり彼の称号が由来する森を、支配する王であったというのが、よりもっともらしい解釈だろう。自然の一部門に関する王と呼べるような例、つまりは、自然の特定の要素もしくは相を支配していると考えられる例を見出すことができるならば、それはおそらく、森の王に類似したものであるだろう。われわれがこれまで考察してきたのは、自然の一部に対し力を及ぼすものではなく自然全体を支配している、神としての王であったが、それよりもむしろ森の王に似ている例——そのような一部門に関する王という例には、実は事欠くことがない。

コンゴ川河口のボムマ（Bomma）には、丘の上にナムヴル・ヴム（Namvulu Vumu）という雨と嵐の王が住んでいる。[62] ナイル川上流のいくつかの部族には、通常の意味での王はいない、と言われている。部族民が認めている、王に似た唯一の存在が、雨の王マタ・コドウ（Mata Kodou）で、彼は適切な時期すなわち雨季に、雨を降らせる力があると信じられている。三月の終わりに雨が降り始める前は、土地は干上がり不毛の砂漠となっている。人々の主要な富である蓄牛も、草がないので死に絶えている。そこで、三月の終わりが近づいてくると、家長は皆雨の王のもとに行き、すぐに雨を降らせてくれるようにと乳牛を献上する。雨が降らないと、人々は一団となって王に雨を与えてくれるよう要求する。それでも空に相変わらず雲が見られない場合、人々は王の腹を切り裂く。王は腹の中に嵐を溜めていると信じられているからである。バリ族〔スーダンに住むニロート系黒人〕の場合、雨の王のひとりが、振鈴で地面に水を撒き、雨乞いを行った。(63)

アビシニア〔エチオピアの旧名〕の周縁に住む部族にも、似通った役割を持つ者がいて、それはある観察者により以下のように記述されている。「バレア族（the Barea）とクナーマ族（the Kunāma）の間でアルファイ（Alfai）と呼ばれている祭司はとりわけ注目すべきもので、彼は雨を降らすことができると信じられている。この祭司職はアルゲド族（the Algeds）の間では以前から存在していたもので、いまでもヌバ族（the Nuba）の黒人たちの間では一般的であるようだ。バレア族のアルファイは、北のクナーマ族からも助言を請われる存在で、テムバーデレ（Tembādere）近くの山の上に家族だけで暮らしている。人々は彼に衣服や果実といった贈り物を捧げ、彼の巨大な畑を、彼のために耕す。一種の王であって、その地位は甥に継承される。呪文によって雨を降らせたりイナゴを追い払ったりできると信じられている。しかし、彼が人々の期待を裏切ったり、土地が大旱魃に襲われたりすれば、アルファイは石で打ち殺される。このとき、彼にもっとも近い親族たちが、最初に石を投げなければならない。われわれがこの地を通りかかった頃は、いまだひとりの老人がこのアルファイの地位にあった。しかし聞くところによると、雨乞いがあまりに危険であるとわかったので、この老人はその地位から退いたそうである」[64]。カンボジアの奥地には二人の神秘的な君主が住んでおり、それぞれ炎の王と水の王として知られている。二人の名声は高く、広大なインドシナ半島の南部全域に知れ渡っているが、西洋にはそのかすかな反響が聞かれるのみである。知られている限り、ヨーロッパ人で彼らを見た者はいない。そして、ほんの二、三年前に、彼らとカンボジアの王との間に定期的な交流が生まれ、毎年贈り物を交換するようにならなければ、彼らの存在自体が伝説の領域に追いやられていたことだろう。カンボジアからの贈り物は、部族から部族へ手渡されて目的地に辿り着く。これはカンボジア人が長く危険な旅をあえて企てようとはしないためである。炎の王と水の王は、クレーアイ族（the Chréais）もしくはヤライ族（the Jaray）という部族の中に住んでおり、この部族は、ヨーロッパ人に似ているが浅黒い顔をしている。カンボジアを安南〔ヴェトナム〕から隔てる、森に覆われた山々と高い平原に暮らす民族である。王としての二人の役割は、純粋に神秘的もしくは霊的なもので、政治的な権威はない。素朴な農夫であり、額に汗して働くことと、信者たちの捧げ物によって暮らす。一説によると、二人は完全に孤立した状態で暮らし、互いに顔を合わせることはなく、また人間の顔を見ることもない。七つの山に置かれた七つの塔に順番に暮らし、毎年ひとつの塔から次の塔へと移り住む。人々は密かにやってきて、彼らの生存に必要なものを、彼らの手の届くところに投げ入れる。王の身分は七年間続く。すべての塔に順次暮らしていくのにかかる年月であるが、多くの王はその時が来る前に死んでしまう。王位はひとつもしくは（別の説によれば）二つの王家によって世襲される。王家の者たちは非常に尊重され、不労所得が割り当てられ、土地を耕す必要がない。だが当然のことながら、王位は切望されるものではなく、空位になると、王となる資格を持つ男たち（強健で、子どものある者でなければならない）は逃亡し、姿を隠す。また、世襲の候補者が王位の継承を望まないということは認めつつも、王たちが七つの塔で隠遁者的な隔離された生活を送るということには賛成できない、とする説もある。この説によると、人々は王が公衆の面前に現れるときはいつでも、この神秘的な王の前でひれ伏す。もしこのような敬意の態度がなおざりにされようものなら、恐ろしいハリケーンがこの土地を襲う、と信じられている。

同じ報告書によると、二人の王のうちより重要な炎の王は、その超自然的な力に絶大な信頼が寄せられており、結婚式や祭礼を執り行い、ヤン（Yan）に敬意を表する供犠を執り行う。これらの祭儀では、特別な場所が彼のために取っておかれる。彼の通り道には白い布が広げられる。王の位を同一の一族のみに限るひとつの理由は、この一族が有名な魔除けを所持しているからで、それが一族の手から離れれば、その効力は失われ、あるいは消え去ってしまう。この魔除けは三つある。ひとつは、クイ（Cui）と呼ばれる匍匐植物の実で、何年も前に採られたものだがいまだに瑞々しい緑色をしている。つぎに籐で、これもまた大変古いがいまだ干からびてはいない。最後が剣であり、これにはヤンすなわち精霊が宿り、ヤンがつねにこの剣を護り、剣で奇跡を起こす。この驚くべき剣には、雨を求めて水牛や豚、鶏、鴨などが生贄として捧げられる。これは木綿と絹で包まれており、カンボジアの王からの毎年の贈り物には、この聖なる剣を包むための豪奢な品々が含まれていた。

返礼として、炎の王と水の王は、巨大な蠟燭と二つの瓢箪を贈った。ひとつには米が、もうひとつには胡麻が入っている。蠟燭には、炎の王の中指の押印があった。蠟燭はおそらく、炎の種子を含んでいると考えられたのだろう。カンボジアの君主はその種子を、一年に一度、炎の王自身から新たに受け取った。この聖なる蠟燭は、宗教上の儀式で使用するために保管された。カンボジアの首都に到着すると、蠟燭はブラフマンたちの手に委ねられる。彼らはそれを笏などの即位の宝器の傍らに立てた。そしてさらにその蠟で小さな蠟燭をいくつか作り、祭儀の日に祭壇で灯した。蠟燭が炎の王の特別な贈り物であるから、米と胡麻は水の王の特別な贈り物であったと推測してよいだろう。水の王は、水のみならず雨の王でもあったことは疑いを容れない。大地の恵みは彼によって人間に贈られた恩恵であった。疫病や洪水や戦争といった惨禍のときには、この聖なる米と胡麻が少量、大地に撒かれた。「悪い精霊たちの怒りを鎮めるため」である。(65)

以上が、わたしが自然の一部門に関する王と呼んだものの例である。だが、イタリアはカンボジアの森とナイル川の源流からははるかに遠い。そして、雨と水と炎の王は見出されたものの、いまだアリキアの祭司が抱く称号に合致する王、森の王を発見するには至っていない。ひょっとすると、もっと近いところに見つかるかもしれない。

（1） Gill, *Myths and Songs of the South Pacific*, p. 35.

（2） 例としては Sir Edward B. Tylor, *Primitive Culture*, second ed., London, 1873, ii. 131 以下。

（3） パウサニアス、ii. 24, 1. ギリシア語では κάτοχος ἐκ τοῦ θεοῦ γίνεται となっている。

（4） プリニウス『博物誌』xxviii. 147. パウサニアス（vii. 25, 13）は、牡牛の血を飲むことを、女祭司の純潔を試す試練として語っている。両方の目的に適うものとみなされたことは疑いを容れない。

（5） Bishop R. Caldwell, "On Demonolatry in Southern India," in *Journal of the Anthropological Society of Bombay*, i. 101 以下。

（6） J. G. F. Riedel, "De Minahasa in 1825," in *Tijdschrift voor Indische Taal- Land- en Volkenkunde*, xviii. 517 以下。また以下も参照せよ。N. Graafland, *De Minahassa*, Rotterdam, 1869, i. 122. J. Dumont D'Urville, *Voyage autour du monde et à la recherche de La Pérouse, exécuté sous son commandement sur la corvette "Austrolabe": histoire du voyage*, Paris, 1832-1833, v. 443.

（7） F. J. Mone, *Geschichte des Heidenthums im nördlichen Europa*, Leipzig and Darmstadt, 1822-23, i. 188.

（8） Biddulph, *Tribes of the Hindoo Koosh*, p. 96. 生贄の生き血を飲む祭司もしくは代理人の例は他に、以下の文献に見られる。*Tijdschrift voor Neêrlands Indië*, 1849, p. 395. H. A. Oldfield, *Sketches from Nipal*, London, 1880, ii. 296 以下。*Asiatic Researches*, iv. 40, 41, 50, 52 (8vo. ed., London, 1806-1818).

Paul Soleillet, *L'Afrique Occidentale*, Paris, 1877, p. 123 以下。生贄の臭いを嗅ぐことも、同様に霊感を生むと考えられた。テルトゥリアヌス『護教論』23.

(9) Biddulph 前掲書 p. 97.

(10) ルキアノス『二重に訴えられて』1. リュコフロン、6に関するツェツェスの注釈(J. Tzetzes, *Scholia on Lycophron*, ed. Chr. G. Müller, Leipzig, 1811)。

(11) H. Vambery, *Das Türkenvolk*, Leipzig, 1885, p. 158.

(12) プルタルコス『神託の廃頽』46, 49.

(13) D. Chwolsohn, *Die Ssabier und der Ssabismus*, St. Petersburg, 1856, ii. 37. *Lettres édifiantes et curieuses*, Paris, 1780-1783, xvi. 230 以下。*Panjab Notes and Queries*, iii. No. 721. *Journal of the Anthropological Society of Bombay*, i. 103. Rev. S. Mateer, *The Land of Charity*, London, 1871, 216. Mateer, *Native Life in Travancore*, London, 1883, p. 94. Sir Alfred C. Lyall, *Asiatic Studies*, p. 14. Biddulph 前掲書 p. 131. P. S. Pallas, *Reise durch verschiedene Provinzen des russischen Reichs*, St. Petersburg, 1771-1776, i. 91. Vambery 前掲書 p. 485. A. Erman, *Archiv für wissenschaftliche Kunde von Russland*, vol. i, Berlin, 1841, 377. カックのラオ族(the Rao of Kachh)が水牛を生贄に捧げるとき、角の間に水が注がれる。水牛が頭を揺すれば、生贄には相応しくない。頭を縦に振れば、生贄に供される。*Panjab Notes and Queries*, i. No. 911. これはおそらく、古い風習が近代になって誤解された例であろう。

(14) J. Moura, *Le Royaume du Cambodge*, Paris, 1883, i. 177 以下。

(15) パウサニアス、x. 32, 6.

(16) Vincendon-Dumoulin et C. Desgraz, *Îles Marquises ou Nouka-Hiva*, Paris, 1843, p. 226, 240 以下。

(17) J. A. Moerenhout, *Voyages aux Îles du Grand Océan*, Paris, 1837, i. 479. Rev. William Ellis, *Polynesian Researches*, second ed., London, 1832-1836, iii. 94.

(18) D. Tyerman and G. Bennet, *Journal of Voyages and Travels in the South Sea Islands, China, India, etc.*, London, 1831, i. 524. また同書 p. 529 以下も参照せよ。

(19) 前掲書 i. 529 以下。

(20) Ellis 前掲書 iii. 108.

(21) Turner, *Samoa, a Hundred Years ago and long before*, pp. 37, 48, 57-59, 73.

(22) Hazelwood in J. E. Erskine's *Cruise among the Islands of the Western Pacific*, London, 1853, p. 246 以下。また以下も参照せよ。Ch. Wilkes, *Narrative of the United States Exploring Expedition*, London, 1845, iii. 87.

(23) J. Kubary, "Die Religion der Pelauer," in Adolf Bastian's *Allerlei aus Volks- und Menschenkunde*, Berlin, 1888, i. 30 以下。

(24) François Valentyn, *Oud en nieuw Oost-Indiën*, Dordrecht and Amsterdam, 1724-1726, iii. 7 以下。

(25) Bastian, *Die Vœlker des œstlichen Asien*, iv. 383.

(26) Monier Williams, *Religious Thought and Life in India*, London, 1883, p. 259.

(27) *The Laws of Manu*, vii. 8, trans. by G. Bühler, Oxford, 1886.

(28) Monier Williams 前掲書 p. 259 以下。

(29) W. E. Marshall, *Travels amongst the Todas*, London, 1873, p. 136, 137. また同書 p. 141, 142 も参照

せよ。F. Metz, *The Tribes inhabiting the Neilgherry Hills*, Mangalore, 1864, p. 19 以下。

(30) W. Allen and T. R. H. Thomson, *Narrative of the Expedition to the River Niger in 1841*, London, 1848, i. 288.

(31) G. Massaja, *I miei trentacinque anni di missione nell' alta Etiopia*, Rome and Milan, 1885-1893, v. 53 以下。

(32) Étienne Aymonier, *Notes sur le Laos*, p. 141 以下。

(33) W. Robinson, *Descriptive Account of Assam*, London and Calcutta, 1841, p. 342 以下。*Asiatic Researches*, xv. 146.

(34) Huc, *Souvenirs d'un voyage dans la Tartarie et le Thibet* [sixième edition, Paris, 1878], i. 279 以下（十二折判）。

(35) 前掲書 ii. 279, 347 以下。C. Meiners, *Geschichte der Religionen*, Hanover, 1806-1807, i. 335 以下。J. G. Georgi, *Beschreibung aller Nationen des russischen Reichs*, St. Petersburg, 1776, p. 415. A. Erman, *Travels in Siberia*, London, 1848, ii. 303 以下。*Journal of the Royal Geographical Society*, xxxviii（1868）, 168, 169. *Proceedings of the Royal Geographical Society*, N.S. vii（1885）, 67. 上記の *Journal of the Royal Geographical Society* では、当該のラマ僧はラマ導師（Lama Gûrû）と呼ばれている。だが文脈から見て、彼はラサの大ラマ僧である。

(36) Alex. von Humboldt, *Researches concerning the Institutions and Monuments of the Ancient Inhabitants of America*, London, 1847, ii. 106 以下。Theodor Waitz, *Anthropologie der Naturvölker*, Leipzig, 1860-1877, iv. 352 以下。J. G. Müller, *Geschichte der amerikanischen Urreligionen*, Bâle, 1867,

p. 430以下。C. F. Martius, *Beiträge zur Ethnographie und Sprachenkunde Amerika's, zumal Brasiliens*, Leipzig, 1867, p. 455. Bastian, *Die Culturländer des alten Amerika*, ii. 204以下。

(37) Dr. R. W. Felkin, "Notes on the Waganda Tribe of Central Africa," in *Proceedings of the Royal Society of Edinburgh*, xiii (1884-1886), 762. C. T. Wilson and R. W. Felkin, *Uganda and the Egyptian Sudan*, London, 1882, i. 206.

(38) "The Strange Adventures of Andrew Battel," in Pinkerton's *Voyages and Travels*, xvi. 330. Proyart, "History of Loango, Kakongo, and other Kingdoms in Africa," in Pinkerton, xvi. 577. O. Dapper, *Description de l'Afrique*, p. 335.

(39) J. Ogilby, *Africa*, London, 1670, p. 615. Dapper前掲書p. 400.

(40) J. Dos Santos, "History of Eastern Ethiopia" (published at Paris in 1684), in Pinkerton's *Voyages and Travels*, xvi. 682, 687以下。

(41) F. S. Arnot, *Garenganze ; or Seven Years' Pioneer Mission Work in Central Africa*, London, N. D. (preface dated March 1889), p. 78.

(42) E. Beardmoreによる手書き原稿の注釈より〔後に"The Natives of Mowat, Daudai, British New Guinea"として*Journal of the Anthropological Institute of Great Britain and Ireland*, xix (1890)に発表されたものと考えられる〕。

(43) Waitz前掲書ii. 439.

(44) Labat, *Relation historique de l'Éthiopie Occidentale*, ii. 172-176.

(45) ロドスのアポロニオス、ii. 1248に関する注釈。原文は以下のとおり。*και Ηρόδωρος ξένως περὶ*

τῶν δεσμῶν τοῦ Προμηθέως ταῦτα. Εἶναι γὰρ αὐτὸν Σκυθῶν βασιλέα φησὶ καὶ μὴ δυνάμενον παρέχειν τοῖς ὑπηκόοις τὰ ἀπιτήδεια, διὰ τὸν καλούμενον Ἀετὸν ποταμὸν ἐπικλύζειν τὰ πεδία, δεθῆναι ὑπὸ τῶν Σκυθῶν.

(46) H. Hecquard, *Reise an die Küste und in das Innere von West-Afrika*, Leipsic, 1854, p. 78.

(47) Adolf Bastian, *Die deutsche Expedition an der Loango-Küste*, Jena, 1874-1875, i. 354, ii. 230.

(48) Rev. J. Leighton Wilson, *West Afrika*, p. 93 (German translation).〔一九一五年版の書誌には *Western Africa*, London, 1856 のみが記載されている。〕

(49) アンミアヌス・マルケリヌス (Ammianus Marcellinus, ed. F. Eyssenhardt, Berlin, 1871)′ xxviii. 5, 14.

(50) Snorro Starleson, *Chronicle of the Kings of Norway* (trans. by S. Laing), saga i. chs. 18, 47. また以下も参照せよ。F. Liebrecht, *Zur Volkskunde*, Heilbronn, 1879, p. 7. J. Scheffer, *Upsalia*, Upsala, 1666, p. 137.

(51) C. Russwurm, "Aberglaube aus Russland," in *Zeitschrift für deutsche Mythologie und Sittenkunde*, iv (1859), 162. Liebrecht 前掲書 p. 15.

(52) Turner 前掲書 p. 304 以下。

(53) プルタルコス『イシスとオシリス』73.

(54) Garcilasso de la Vega, *Royal Commentaries of the Yncas*, First Part, bk. ii. chs. 8 and 15(vol. I, p. 131, 155, trans. Clements R. Markham, Hakluyt Society, London, 1869-1871).

(55) H. H. Bancroft, *The Native Races of the Pacific States of North America*, London, 1875-1876, ii.

146.

(56) Dennys, *Folk-lore of China*, p. 125.

(57) アンミアヌス・マルケリヌス、xxiii. 6, § 5 and 6.

(58) C. P. Tiele, *History of the Egyptian Religion*, London, 1882, p. 103 以下。王への崇拝についてはまた、以下を参照せよ。Eduard Meyer, *Geschichte des Altertums*, vol. i, Stuttgart, 1884, § 52. Adolf Erman, *Ägypten und ägyptisches Leben im Altertum*, Tübingen, N. D., p. 91 以下。Victor von Strauss und Carnen, *Die altägyptischen Götter und Göttersagen*, p. 467 以下〔一九一五年版の書誌には Heidelberg, 1889-1891 とある〕。

(59) アンミアヌス・マルケリヌス、xxviii. 5, 14. プルタルコス『イシスとオシリス』73.

(60) Victor von Strauss und Carnen 前掲書 p. 470.

(61) Tiele 前掲書 p. 105. バビロニアとアッシリアの王もまた、神とみなされたらしい。少なくとも、遺跡に残る王たちの一番古い名前には、最初に星の名がつけられている。星は「神」の印である。しかしバビロニアとアッシリアには、神殿や祭司が王を奉った形跡はない。Tiele, *Babylonisch-assyrische Geschichte*, Gotha, 1886-1888, p. 492 以下を見よ。

(62) Bastian, *Die deutsche Expedition an der Loango-Küste*, ii. 230.

(63) "Excursion de M. Brun-Rollet dans la région supérieure du Nil," in *Bulletin de la Société de Géographie*, Paris, 1852, pt. ii, p. 421 以下。

(64) W. Munzinger, *Ostafrikanische Studien*, Schaffhausen, 1864, p. 474.

(65) J. Moura, *Le Royaume du Cambodge*, i. 432-436. Aymonier, "Notes sur les coutumes et croyances

superstitieuses des Cambodgiens," in *Cochinchine française; Excursions et Reconnaissances*, No. 16, p. 172以下。Aymonier, *Notes sur le Laos*, p. 60.

第四節　樹木崇拝

ヨーロッパのアーリヤ民族の宗教史上、樹木崇拝はある重要な役割を担ってきた。これ以上に自然なものはあり得ない。というのも、歴史の夜明けの時代、ヨーロッパは広大な太古の森に覆われていて、その中に開けた地が点在していても、まるで緑の大海に浮かぶ小島という程度に過ぎなかったであろうから。紀元前一世紀まで下っても、ヘルシニア山地の森は、ライン川から東方へ延び広がる、広大かつ未知なる空間であった。カエサルが問いかけたゲルマン人は、二ヵ月間この森を旅しても、その果てに到達することはなかったと言う。(1)わが国の場合、ケントやサリーやサセックスの森林地帯は、かつてこの島の南東部全域を覆っていたアンデリダ（Anderida）大森林の名残である。その西端も、ハンプシアからデヴォンまで広がる別の森と繋がっていたらしい。ヘンリー二世の時代、ロンドンの市民はいまだ、ハムステッドの森で野生の牡牛やイノシシを狩猟していた。プランタジネット王朝後期の時代においてさえ、王家の森は六十八あった。アーデンの森では、近代に至るまで、一匹のリスが木から木をつたってウォーウィックシアのほぼ全域を飛びまわれた、と言う。(2)ポー川の谷間における前史の村落群の発掘は、ローマの勃興あるいはその建国よりもはるか昔に、イタリア北部が、ニレやクリやとりわけオークの木の生える、深い森で覆われていたということを明らかにした。(3)考古学が、ここでは歴史によって確認される。古代の文筆家たちは、今日では消えてしまったイタリアの森に、数多くの言及を行っているからである。(4) ギリシアの場合、今日残っている森は、古代に広大な地域を覆っていた森のわずかな断片に過ぎない。さらに時代をはるか遠くまで遡れば、その森はギリシア半島を海から海へまたぎ越していたかもしれない。(5)

グリムは「神殿」を意味するチュートン語のことばを調べた結果、ドイツ人の間で一番古い聖域は、自然の森であった可能性を見出した。(6) とはいえ、アーリヤ人の血を引くすべてのヨーロッパの民族についても、樹木崇拝があったことは十分に証明されている。ケルト人の間でドルイドによるオーク崇拝があったことは誰もが知っている。(7) 聖なる木立は古代ゲルマン人の間でも一般的で、樹木崇拝は今日でも、その子孫たちの間で死に絶えてはいない。(8) スウェーデンで古くから宗教上の中心地であったウプサラには、そこに生えるすべての樹木が神聖とみなされる聖なる木立があった。(9) 古代プロイセン人（スラヴ民族）の宗教生活で中心になっていたのは、聖なるオークへの崇敬であり、なかでも中心になるのはロモヴ（Romove）に立つ木であった。聖なる木立でオーク材の炎を絶え間なく燃やし続ける使命を帯びた祭司集団が、その崇拝を執り行った。(10) リトアニア人は、十四世紀の終わり頃までキリスト教に改宗されることはなかった。(11) そして改宗のときが訪れると、彼らの間では樹木崇拝がとりわけ盛んに行われた。(12) 古代のギリシアとイタリアで樹木崇拝が広く普及していた証拠は豊富にある。古代の世界で、おそらくあの一大都市の中心部以上に、宗教のこの古風な形態が保存されている場所はあるまい。ローマ生活の繁華な中心地フォルム・ロマヌムには、ロムルスの聖なるイチジクの木が、帝国の時代まで崇拝され続けた。そしてこの幹が枯れることは、都市中を震撼させるに十分であった。[13] また、パラティヌスの丘の斜面には、コルヌス属の木が生えており、これはローマでもっとも神聖なものと考えられた。いつ何時でも、通りがかりの者にこの木がうなだれているように見えると、彼は血相を変えて叫び声を上げる。その声は町中の人々に伝わり、やがて四方からバケツの水を持った群集が駆けつけてくる。それはまるで(プルタルコスの言では)皆で火を消そうと駆け寄ってくるかのようであった。[14]

しかし、樹木崇拝が基づいている概念は、詳細に検討する必要がある。蛮人にとって、世界は概して、動物のように生きているものであり、樹木もその例外ではない。蛮人は、樹木もまた人間のように魂を持つものと考え、またそのようなものとして扱う。たとえば東アフリカのワニカ族(the Wanika)は、すべての木、とりわけすべてのココヤシの木は、霊を備えていると考える。「ココヤシの木を殺すことは母殺しと同じと考えられている。なぜならこの木は、母親が子どもにするように、生命を与え栄養分を与えるからである」。[15] シャム〔タイ〕人の僧侶は、至る所に魂が存在しており、何であれ破壊することは魂を力ずくで奪うことに等しいと考えるため、木の枝を折ることもしない。「これは、無実の人の腕を折ろうと思わないのと同じである」。[16] この僧侶たちはもちろん、仏教の僧侶である。だが仏教のアニミズムは哲学的な理論ではない。それは単に、歴史的な宗教制度に組み入れられた、平凡で野蛮な教義に過ぎない。ベンファイ〔Theodor Benfey 一八〇九〜八一年。ドイツのサンスクリット学者〕やその他の研究者たちのように、アジアの未開民族の間で見られるアニミズムと霊魂輪廻の理論が、仏教から来たものと仮定することは、事実を顛倒させてしまう。この点では、仏教のほうが野蛮から来たのであって、野蛮が仏教から来たのではない。また、ダヤク族は樹木に魂が宿るとしており、古木をあえて切り倒そうとはしない。いくつかの場所では、一本の古木がなぎ倒されると、彼らは起こして血を塗り、「木の魂を宥めるための」小旗をいくつか飾り付ける。[17] コンゴの人々は、ヤシ酒の入った瓢箪を木々の根元に置く。木々が、喉が渇いたときに飲めるようにである。[18] インドでは、灌木や樹木は正式に、他の同じ種類の木や偶像と結婚させられる。[19] インドの西北地方では、新しく植えられた果樹園を祝して、結婚式が執り行われる。シャーラグラーマ〔ヴィシュヌ神の象徴である菊石〕を抱く男は花婿を表し、もうひとりのカミメボウキ（*Ocimum sanctum*）〔シソ科メボウキ属の芳香のある多年草。インドではヴィシュヌ神に献じるものとして神聖視されている〕を抱く者は花嫁を表す。[20] かつてドイツの農夫たちは、クリスマス・イヴになると、果実が実るよう、藁を綯った縄で果樹同士を繋ぎ、これで木々たちの結婚が成立した、と語った。[21]

モルッカ諸島では、チョウジノキが花を咲かすと、妊婦のように扱われる。木々の近くで騒音を立ててはならず、夜間木々の近くを通るときに炎や明かりを灯していてはならない。近づく者は帽子を被っていてはならない。これらの警戒措置が取られるのは、木が怖がって実をつけなくならないようにである。さもなければ、ちょうど妊婦が恐怖で早産するように、あまりに早く実を落としてしまうのである。[22]同様に、稲（米）が実を結ぶと、ジャワ島人は妊娠したと語り、田の近くで発砲等の騒音を立てないようにする。もしそういうことをすれば、稲は皆藁となり収穫は得られない、と恐れているのである。[23] オリッサでもまた、実りつつある稲は「妊婦と考えられ、これについては人間の女性と同じような儀式が執り行われる」。[24]

生きていると考えられる以上、樹木は当然のことながら、危害を加えられればそれを感じる、とみなされている。一本のオークが切り倒されるとき、「それはある種の叫びもしくは呻き声を上げ、その声は一マイル離れたところでも耳にできた。あたかもオークの守護神が嘆いているかのようであった。E・ワイルド氏はその声を何度か耳にした」。[25] オジブウェー族は、「めったなことで緑の木や生きている木を切ることはない。それは木に痛みを与えることと考えるからである。彼らのうちの呪医は、斧をあてられた木々の泣き叫ぶ声を聞いたと明言している」。[26] オーストリアのいくつかの地域では、老農夫たちが、いまだに森林の樹木には生命があると信じており、特別な理由がない限り樹皮に切り口をつけることを許さない。彼らは父親たちから、樹木は怪我をした人間が傷の痛みを感じるように、切り口の痛みを感じ取る、と教わってきた。切り倒すときには、木に許しを請うのである。[27] またヤルキノー（Jarkino）でも、樵《きこり》は木を切り倒す際に、木に許しを請う。[28] さらに、木は切られると血を流すと考えられている。あるインディアンの部族は、ある植物が赤い樹液を流すので、それを植物の血と考え、この植物を切ることはしない。[29] サモアには、だれもが切ろうとしない樹木の木立があった。かつて闖入者たちがやってきて切ろうとしたところ、木から血が流れてきた。その後この冒瀆的な闖入者たちは病に倒れ死んだ。[30] 一八五五年まで、ティロルのナウデルスには聖なるカラマツの木があり、切られるとかならず血を流すと考えられた。しかも斧は、樵がその木に与えた傷と同じ深さの傷を樵に負わせ、また木の傷が治れば樵の傷も治る、と考えられた。[31]

ときとして、樹木に命を吹き込んでいるのは死者の魂である、とみなされる場合がある。オーストラリア南部のディエイエリエ族は、ある種の樹木を大変神聖であると考える。父祖たちの変身したものと考えるのである。したがってこの木々を切り倒そうとはしない。切ろうとする入植者たちには抵抗するのである。[32] フィリピン諸島にも、父祖たちの魂がある樹木に宿ると信じる人々がおり、それゆえ彼らはこの樹木を使わないようにする。どうしても一本を切り倒さなければならない場合は、切ろうとしているのは祭司であると言って、木に許しを求める。[33] ヴェトナム人のある物語では、年老いた漁師が、岸に流れ着いた木の幹を切ろうとすると、切り口から血が流れ出す。この木は、かつて海に投げ出された女帝とその三人の娘が、姿を変えたものであるらしい。[34] ポリュドロスの物語ならば、ウェルギリウスの読者にはなじみがあるだろう。

以上の例では、霊は樹木の中に入り込むものとみなされている。そうして樹木を生かしているので、樹木とともに苦しみ、死ぬことになる。だが別の見方、明らかに後世のものと思われる考え方では、樹木は身体ではなく、単に霊の住まいとなる。この霊は、人間が廃屋を手放すように、損傷を受けた樹木を手放すことができる。たとえば、パラオ諸島の住民は、木を切り倒す際、その木の霊に向かって、そこを離れ別の木に移るよう祈願する。(35)アッサム〔インド北東部の州〕のパダム族(the Pādams)は、子どもが行方不明になると、森の霊たちに攫われたと考える。そこで彼らは子どもが見つかるまで木々を切り、霊たちに報復する。住まいにできる木が一本もなくなってしまうことを恐れた霊たちは、諦めて子どもを木の叉に返すのである。(36)カトディ族(the Katodis)が森の木を切るときには、前もって同じ種類の木を選び、これにココヤシの実を捧げ、香を焚き、赤い顔料を塗って、この仕事を祝福してくれるよう祈る。(37)これにはおそらく、切られる木の霊に、もう一本の木への移住を勧める意図がある。ガレレゼ族の者(a Galeleze)は森を開拓する際、最後に一本を残し、この木の霊が立ち退きに同意するまで、切らずにおく。(38)ムンダリ族(the Mundaris)〔これは後の第三章第四節の記述で「the Mundas(ムンダ族)もしくはthe Mundaris」となっているので、インド中部のムンダ族の意と考えられる〕の聖なる木立は、彼らが土地を開拓する際に残したものだが、これは、木々の伐採で平静を奪われた森の神々が、この地を去らないようにするためであった。(39)アッサムのミリ族(the Miris)は、休閑地がある限り、農耕のために新たに土地を開拓することはしない。不必要に木々を伐採して森の霊たちを怒らせないようにである。(40)

スマトラでは、木を切り倒すとすぐに、切り株に若木を植える。さらにキンマ〔東南アジアのコショウ科の蔓性植物〕と何枚かの小さな硬貨も同じ場所に置く。(41)ここでの目的は明らかである。樹木の霊は、古い木の切り株に植えられた若木という新しい家を与えられる。そしてキンマと硬貨は、霊の被った騒動に対する埋め合わせである。同様にチェドゥーバ島〔ミャンマーの西のベンガル湾にある小島〕では、大木を切り倒すとき樵のひとりはかならず緑の若枝を用意し、木が倒れるとすぐに走り寄って、切り株にこれを植える。(42)ドイツの樵たちも、同じ目的で倒れかかる木の切り株に十字の印をつける。こうすれば樹木霊が切り株の上で生きて行けると信じるからである。(43)

このように樹木は、身体とみなされることもあれば、単なる樹木霊の家とみなされることもある。したがって、霊たちの居場所であるから切ってはならないという聖なる樹木の話を読んでも、木の中に住む霊の存在がどのように信じられているかまでは、確信をもって語ることはできない。以下の例ではおそらく、樹木は霊たちの身体ではなく、住処と考えられている。古代プロイセン人は、神々はオークのような高い木々の上に住み、そこから、問いかける者には聞こえる声で返答する、と信じていたそうである。したがってこれらの木々は切り倒されることがなく、神々の住まいとして崇拝された。(44)ロモヴにあるオークの大木は神の特別な住まいであった。布で覆われていたが、崇拝者たちがこの聖なる木を目にできるようにと、後に布は取り払われた。(45)スマトラのバッタ族はある種の樹木を切らないことで知られていた。そこが力の強い霊たちの住居であり、この霊たちは危害を加えられると憤慨するからである。(46)インドのクルカ・コレ族(the Curka Coles)は、木々の頂上には霊たちが住んでおり、伐採で平穏を妨げられると復讐してくる、と信じている。(47)

サモギティア族〔カウナス地方西部低地のリトアニア人の一族〕にもいくつかの木立があり、この木立ちやそこに住む鳥・獣などにだれかが危害を加えようとすれば、霊たちはその者の手足を屈曲させる、と考えられた。[48]

森の霊に関する言及がなされない場合でさえ、ひとつの木立が神聖で冒すべからざるものと考えられているときには、概して、それが森の神々の住まう場所もしくはこれによって命を吹き込まれている場所と信じられているからだ、と考えてよい。リヴォニア〔ラトヴィア、エストニアのバルト海東岸に面した地方〕にある聖なる木立の場合、もしだれかがそこで木を切ったり枝を折ったりすれば、その者は一年以内に死ぬ、と考えられている。[49]ウォトヤク族（the Wotyaks）[50]も聖なる木立を持っている。ここの木を切り倒したロシア人は、翌年病に倒れ死んだ。木を切る際の供犠は、明らかに森の霊を宥めるためである。ギルギット〔カシミール北西部〕では、どのような種類の木であれ、切り倒す前には山羊の血をふり掛ける。[51]ローマの農場主は、木立の木を切る場合、その前に木立の神もしくは女神に豚を捧げなければならなかった。[52]ローマの神官団体、アルウァレス神官団〔毎年農地の肥沃を願って生贄を捧げた十二人の神官団〕は、聖なる木立の木が腐った枝を落としたり、老木が嵐で吹き倒されたり、また枝に積もった雪の重みで引き倒されたりした場合、贖罪を行わなければならなかった。[53]

樹木が、もはや樹木霊の身体ではなく、霊が随意に明け渡せる単なる住居とみなされるようになると、宗教的な思考にはひとつの重要な進歩が起こる。アニミズムが多神教となる。換言すれば、人はもはやすべての木を、生きている意識ある存在とみなすのではなく、単に命のない不活発な塊とみなすようになる。超自然的な存在は長期間であれ短期間であれそこに仮住まいし、意の向くままに木から木へと移り住み、そのたびに木に対する所有権や支配権を享受する。この霊はもはや一本の木の魂であることをやめ、森の神となるのである。こうして樹木霊が個々の木からある程度自由になるや否や、霊は自らの姿を変え、人間の姿を帯びるようになる。これは概して原始の思考が、抽象的な霊的存在の一切を、具体的に人間の姿として理解する傾向があったことに由来する。古典の芸術で森の神々が人間の姿として描かれ、その森としての性格が枝のような明白な象徴によって表現されるのも、このためである。[54] だがこのような姿の変化も、樹木霊の本質的な性格に影響を与えることはない。霊は一本の木に入り込んだ木の魂として力を発揮するが、とはいえ霊はその力を、複数の樹木の神としても行使する。この点は以下に細かく証明してゆこう。まず、生きた存在とみなされる樹木は、雨を降らせる力、陽光をもたらす力、鳥や獣の群れを増やす力、女性の安産を促す力があると信じられる。第一にこの点を示しておく。そしてつぎに、これと同様の力が、擬人化されて考えられたり、実際に生きている人間の姿を取ったりする、樹木の神々にもあるとみなされる。第二にこの点を示すことにする。

まず、木々もしくは木の霊は、雨や陽光を与えると信じられている。プラハの宣教師ヒエロニュムスが、異教のリトアニア人たちに聖なる木立を伐採するよう説いたとき、多数の女たちは、彼が森と一緒に神の家を破壊しようとしており、これでは雨も日の光も得られなくなる、と言って、彼を止めるようリトアニアの王に懇願した。(55) アッサムのムンダリ族は、聖なる木立の木が一本でも切り倒されれば、森の神々は雨を降らさないことで不満を露わにする、と考える。(56) カンボジアでは、それぞれどの村や地域にも、ひとつの霊が住む聖なる木がある。雨の訪れが遅いと、人々はその木に生贄を捧げる。(57) 前述したように、樹木霊に雨を強要しようとして、ときには枝を水に浸す。(58) このような例では、霊が枝の中に宿っていると考えられていることは間違いない。したがって、水は霊が雨を生み出せるようにと用いられるもので、やはり一種の共感呪術と言える。これは先にニューカレドニアの例で見たとおりである。そこでは、死者の魂が水を雨に変えると信じられているため、雨乞い師は骸骨に水を注ぐのであった。(59) マンハルトが正しかったことは、ここでは疑いようがない。彼の説明によると、夏至や聖霊降臨節や収穫祭といった世間一般の祝祭で切られる木の場合でも、これに水を掛けるというヨーロッパの風習は、一種の雨乞いの呪術なのである。(60)

また、樹木霊は穀物を育てる。ムンダリ族のすべての村は聖なる木立を持っており、「木立の神々は穀物の責任を負っており、あらゆる大規模な農業祭で特別な崇拝を受ける」。(61) 黄金海岸〔西アフリカのギニア湾北岸の地域〕の黒人たちは、ある種の丈の高い木々の根元で生贄を捧げる習慣があり、彼らの考えるところでは、この木の一本が切り倒されれば、地上のあらゆる果実は枯れ果てるのである。(62) スウェーデンの農夫は、麦畑のあぜ溝すべてに葉の茂った枝を立てるが、これは豊作を確かなものにすると信じられているからである。同様の考え方は、「収穫の五月」（Harvest-May）というドイツとフランスの風習にも表れている。大きな枝もしくはまるごと一本の木が、麦の穂で飾られ、畑の収穫を運ぶ最後の荷馬車で家に持ち帰られる。そして農家か納屋の屋根に、一年間結びつけられている。マンハルトが証明したところでは、この枝もしくは木は、すべての草木の霊と考えられる樹木霊に、具体的な形を与えたものであり、その生気を与え実を稔らせる霊の影響力が、とりわけ麦に及ぶようにと願われるのである。それゆえ、シュヴァーベン〔ドイツ南西部の地方、中世の公国。現在のバーデンヴュルテンベルクと西バイエルンからなる〕の「収穫の五月」の木は、畑で最後まで刈らずに残された麦穂の中に固定される。[64] またその他の地域でも、麦畑に立てられ、最後に刈られた麦束がその木の幹に縛りつけられる。ドイツの「収穫の五月」の木に相当するのが、古代ギリシアのエイレシオネ（eiresione）と呼ばれるものである。[65] これはオリーヴか月桂樹の枝で、リボンが結びつけられ、様々な果実がぶら下げられた。収穫祭のときには、行列をなしてこれを運び、家の戸口に結びつけ、一年間そのままにされた。「収穫の五月」の木やエイレシオネが一年間放置されるのは、生命を与えるという枝の効力が、一年を通して穀物の生長を促進するようにである。一年の終わりには枝の効力も使い尽くされたということで、新しい木に取って代えられる。同様の思考様式により、サラワク〔ボルネオ島北西部のマレーシアの州〕のダヤク族の者は、米の収穫に際して、白く芳しい花を咲かせるある種の植物の球根を、注意深く掘り起こす。この球根は米と一緒に穀物倉に保管され、次の季節には種米とともに再び土に植えられる。

この植物がともに田にないことには稲は育たない、とダヤク族の者は言う。[66]

「収穫の五月」のような風習はインドやアフリカにも存在しているようである。インド南東部のルーサイ族（the Lhoosai）の収穫祭では、族長が住民を連れて森に入り、巨木を一本切り倒し、これを村に運んで村の中心部に立てる。生贄が捧げられ、酒と米がこの木に注がれる。儀式は宴と踊りで終わるが、このとき踊るのは未婚の男女だけである。[67] ベチュアナ人の間ではハック・ソーン〔南アフリカの棘のある低木。Wait-a-bit thorn の別名〕の木が大変神聖なものとされており、雨季にこの枝を切り村に運び込むことは重罪とされている。だが麦の穂が実ると、男たちは皆斧を持ってこの聖なる木の枝を切りに行き、持ち帰って村の家畜場をこの枝で補修する。[68] インド南東部の多くの部族は、麦が緑の間は立木を切ろうとしない。切れば麦は、枯れ病か雹か早すぎる霜の訪れでだめになってしまう、と恐れるからである。[69]

また、樹木が実を結ばせる力は、収穫の季節のみならず播種の季節にも発揮される。インド北西部の辺境ギルギットに住むアーリヤ人部族の間では、シーダー（ヒノキ亜科ネズミサシ属）（*Juniperus excelsa*）の一種であるチリ（Chili）という木が神聖視されている。小麦を撒く季節が始まると、人々はラージャの穀物倉から小麦を大量に貰い、これを皮袋に入れて聖なる木の小枝と一緒に混ぜ合わせる。シーダーで組まれた大きな薪に火が放たれ、これから撒かれる小麦が煙にまぶされる。残りの小麦は碾かれ、大きな塊にされ、同じ炎で焼かれて農夫にふるまわれる。[70] この場合、聖なるシーダーによって種の発育を促そうとしていることは明らかである。これらの例ではいずれも、樹木に穀物や農作物一般を育成する力があると考えられている。樹木をそう考えることも不自然ではない。木というのは、植物の王国ではもっとも大きくもっとも力強い存在であり、人間には農耕を営む以前からなじみのあるものである。したがって、よりか弱い植物や初めて出会った植物を、より古くから知っている、より力強いものの支配下に置こうというのは、自然なことなのである。

また、樹木の霊は牛や豚の数を殖やし、女たちには子を授ける。ギルギットのシーダー、聖なるチリの木は、麦を肥やすのみならずこの効用もあると考えられた。麦撒きが始まる時期には、未婚の三人の若者が選ばれ、三日間毎日洗浄と清めの儀式を受けた後、シーダーの生える山に出発する。彼らはブドウ酒、油、パン、あらゆる種類の果物を持ってゆく。相応しい木が見つかると、三人はブドウ酒と油を木にふり掛け、また供犠の宴としてパンと果物を食する。つぎにその枝を切り、村に持ち帰る。村ではだれもが歓喜するなか、流れる川の傍で大きな石の上にこの枝が置かれる。「山羊が一匹生贄に捧げられ、その血はシーダーの枝に注がれる。そして野蛮な踊りが始まる。武器を振り回し、殺した山羊の首を高く掲げる踊りである。その後首は矢と銃弾の練習用の的となる。上手く撃つたびに、瓢簞に入ったブドウ酒と山羊の肉が褒美として与えられる。肉がなくなると、骨は川に投げ入れられ、全員が沐浴する。その後男たちはみな、シーダーの小枝を持って帰る。家に帰り着くと、家の戸は閉ざされている。男が入れてくれと戸を叩くと、妻は『あなたは何を持ってきたの？』と訊ねる。彼は『子どもが欲しいのならば持ってきた。食べ物が欲しいのならば持ってきた。家畜が欲しいのならば持ってきた。おまえの欲しいものは何でも持っている』と答える。そこで戸は開かれ、男はシーダーの小枝を持って家に入る。妻は葉を何枚か採り、ブドウ酒と水を注いで火にくべる。残りには小麦粉を掛け、天井から吊るす。つぎに妻は夫の頭と肩に小麦粉を掛け、夫に言う、『妖精たちの息子、アイ・シリ・バゲルトゥム（Ai Shiri Bagerthum）、遠方からようこそ！』。〈シリ・バゲルトゥム〉とは〈恐ろしい王〉の意味で、シーダーに願いを叶えてくれと祈るときの呼びかけである。翌日妻はたくさんのケーキを焼き、これを持って『チリの石』のところへ家畜の山羊たちを連れて行く。山羊を石の周りに集めると、チリに呼びかけながら丸石で山羊たちを激しく打つ。山羊の逃げる方角によって、その後生まれる仔山羊の数と性別が占われる。つぎにクルミとザクロを『チリの石』の上に置き、ケーキを山羊たちに分配し、食べさせる。すると山羊たちは、どちらの方向であれ、牧草地まで彼女について行く。その後五日間、以下の歌がすべての家で歌われる、

恐ろしい妖精の王様、わたしはあなたの前に生贄を捧げました。
あなたはなんと高貴なお方！　あなたはわたしの家を満たしました。
わたしに妻がいないときには、妻をもたらしてくれました。
娘たちの代わりに息子たちをくれました。

あなたはわたしに、正しい道を示してくれました。
あなたはわたしにたくさんの子どもをくれました。[71]」

この例で、山羊をシーダーが置かれていた石の方へと追うことは、明らかに、山羊たちにシーダーの多産性を分与することが意図されている。ヨーロッパでは、サンザシ(May-tree)(つまりはメイポールMay-pole)が、女性と家畜の両方に、同様の影響力を持つと考えられている。ドイツのいくつかの地域では、五月一日に、農夫たちが馬小屋と牛小屋の戸にサンザシを取りつけ、また牛馬の一頭一頭に一本ずつつける。こうすれば牝牛が乳をたくさん出すようになる、と考えられている。[72]キャムデン〔William Camden 一五五一~一六二三年。英国の好古家〕は、アイルランド人についてつぎのように言う。「彼らは、五月祭に家に取りつけられる緑の枝が、その夏に大量の牛乳をもたらすものと考えている[73]」。

七月二日に、ヴェンド族〔もとドイツの北東部に、今は東ザクセンに住むスラヴ民族〕の者はオークの木を村の中央に立て、頂上には鉄の牡鶏を結びつける。皆がその周りで踊り、また繁殖するようにと蓄牛たちに木の周りを歩かせる。[74]

エストニア人の中には、メツィク(Metsik)と呼ばれる災いをなす霊を信じる者たちがいる。この霊は森の中に住み、蓄牛の繁栄を司っている。この霊の像は毎年作られる。決まった日に村人全員が集まり、藁で人形を作り、服を着せ、村の共有の牧草地に持ってゆく。人形は高い木の上に固定され、その周りで人々は騒々しく踊る。この霊が牛たちを護ってくれるようにと、一年を通してほぼ毎日、祈りと生贄が捧げられる。ときにはメツィクの像は麦藁の束で作られ、森の中の高い木に結びつけられる。人々は、メツィクが麦と畜牛を護ってくれるようにと、この像の前で奇妙な道化芝居を演じる。(75)

チェルケス人〔チェルケスはカフカス山脈の北の黒海に臨む地域〕は、ナシの木を畜牛の護り手と考える。したがって、森でナシの若木を切り、枝を分け、家に持ち帰って神として奉る。ほとんどすべての家にこういったナシの木がある。秋になると、祝祭日に家の中に運び込まれる。音楽の奏でられる重要な儀式であって、家人は喜びの叫びを上げながら、幸運の到来をこの木に感謝し、この木を褒め称える。蠟燭が飾り付けられ、頂上にはチーズが結びつけられる。その周りで人々は飲み、食い、歌う。それから家人はこの木に別れを告げ、中庭に戻すが、その年が終わるまで、もはやいかなる敬意も払われることなく、壁に立てかけられている。(76)

五月祭の日に愛する乙女の家の前に緑の低木を置くという、ヨーロッパでよく見られる風習は、おそらく、樹木霊に繁殖を促す力があるという信仰に発するものである。(77) カラ・キルギス族 (Kara-Kirgiz) の場合、不妊の女性たちは子宝に恵まれようと、一本だけ立っているリンゴの木の下で、地面に転がる。(78) 最後の例としてはスウェーデンとアフリカが挙げられる。いずれの地でも、女たちに安産をもたらす力が樹木に帰せられている。スウェーデンのいくつかの地域では、かつてボルトレード (bårdträd) すなわち守護木 (ライムかトネリコもしくはニレ）が、すべての農場の近くに植えられていた。この聖なる木からは一枚でも葉を採ってはならず、なんらかの危害を加えた者は不幸や病の罰を受けた。妊婦は安産を期して両腕でこの木に抱きついた。(79)コンゴ川近隣のいくつかの黒人部族の場合、妊婦たちは聖なる木の皮から衣服を作る。この木が、出産に伴う危険から女たちを救ってくれると信じているからである。(80)レトがアポロンとアルテミスを産むときに棕櫚の木とオリーヴの木もしくは二本の月桂樹をつかんでいたという物語も、おそらくは、ある種の樹木には安産を促す力があるという、ギリシアの信仰を指し示していよう。(81)

このように、慈愛に富んだ性質が各地で広く樹木の霊に帰せられていることを目にすれば、なぜ「五月の木」や「メイポール」のような風習が、ヨーロッパの農民が行う祝祭で、これほどまで広く行き渡っているのか、またとりわけ目立っているのかも、容易に理解できよう。ヨーロッパの数多くの地域で、春や初夏やあるいは洗礼者ヨハネの祝日（Midsummer Day＝六月二十四日）に、森に出かけていって木を切り、村に持ち帰り、皆で喜びながらこれを立てるという風習があったし、また今日でもある。あるいは、人々は森で枝を切り、各家に結びつける。この風習が意図するのは、樹木霊が授けることのできる祝福を、村や家に持ち帰ることである。したがって、五月の木を家の前に植えたり、一軒一軒の家に村の五月の木を持って回ったりという、いくつかの地域で見られる風習は、すべての家族がその祝福に与れるようにとなされることである。これについても大量の実例があるが、二、三を挙げるに留めよう。

ヘンリー・ピアズ卿（Sir Henry Piers）は、一六八二年に書いた『ウェストミースについて』（*Description of Westmeath*）〔ウェストミースはアイルランド中部の州〕の中でつぎのように言っている。「五月祭の前夜には、どの家庭も家の戸の前に緑の低木を立て、その上に、牧草地で豊富に咲く黄色い花を散りばめる。立木が豊富な地域では、高く細い木々を立て、一年を通してそれが高々と聳え立っている。このため外部からやってきた人は、それが酒屋の印であるとか、家がどれも居酒屋であると想像してしまう」(82)。ノーサンプトンシア〔イングランド中部の州〕では五月祭の日に、十フィートから十二フィートの高さの若木がすべての家の前に立てられ、まるで生長を続けているかのように見える(83)。「コーンウォール〔イングランド南西端の州〕の人々は、五月一日に扉や玄関ポーチをシカモアやサンザシの緑の枝で飾り、家の前には木々を植え、あるいは木の切り株を植えるという古くからの風習を、いまだに保持している」(84)。かつてイングランドの北部には、五月一日の夜明け前、早起きした若者たちが音楽を奏でながら森に入り、枝を折り取っては小さな花束と花冠でこの枝を飾る、という風習があった。その後若者たちは日の出頃に帰宅し、自分の家の戸と窓に、この花の飾られた枝を結びつけるのである(85)。かつてバークシア〔イングランド南部の旧州〕のアビンドン〔現在ではオックスフォードシアに属する〕では、五月の朝、若者たちが集団で、以下のような祝歌を歌いながら出かけて行った。

わたしたちはこの日、一晩中、

そしてまた昼間も、歩き回った。
そしていま、再び帰路につくわたしたちが抱くのは
喜びの花輪。
わたしたちはここで、喜びの花輪をあなたに贈る。
そしてあなたの扉にわたしたちは立つ。
それはみごとに発芽した新芽、
われらが主の御手による労作。(86)

エセックスのサフランウォルデンの村とデブデンの村では、五月一日に、幼い娘たちがいくつかの組になって、上記とほぼ同じような歌を歌いながら各家を回り、花束を届ける。いずれの花束にも通常、真中に白衣を着せられた人形が収まっている。(87) 五月祭に行われる「七つのオーク」(Seven Oaks)では、子どもたちが各家に枝と花束を配り、ペニー硬貨を請う。花束は二つの輪を交差させて編んだもので、森や生垣から摘んできた青と黄色の花で覆われている。(88) ヴォージュ山地〔フランス北東部ライン川地溝谷の西側をなす山地〕のいくつかの村では、五月の第一日曜日に、若い娘たちがいくつかの組になって家々を回り、「五月にやってくるパンと食べ物」という歌詞を含む、五月を称える歌を歌う。金銭を恵まれた場合、娘たちはその家の扉に緑の枝を結びつける。払ってもらえない場合、娘たちは、その家族が子沢山になり、子どもらを養うパンに恵まれないことを祈る。(89) かつてフラ

ンスのマイエンヌ県では五月一日、マイヨタン（Maillotins）という名を持つ男の子たちが各農場を回り、祝歌を歌ってお金や飲み物を貰った。そこで彼らは小さな木や枝を植えた。(90)

聖霊降臨祭の前の木曜日、ロシアの村人は「森に出かけてゆき、歌を歌い、花輪を編み、カバノキの若木を切り倒す。村人は、この木に女性の衣服を着せ、あるいは色とりどりの端布やリボンで飾り立てる。その後宴となり、それが終わると、喜び歌い踊りながらこの飾り立てられたカバノキを村に持ち帰り、一軒の家の中に立てる。こうしてこの木は聖霊降臨祭の日まで、誉れある客としてその家に留まるのである。中二日の間に村人は、この『客人』がいる家を訪問する。だが三日目の聖霊降臨祭の日には、村人はこの木を川に運び、水の中に投げ入れる」。これに続いて先の花輪も投げ入れられる。「ロシア全土で、すべての村や町が、聖霊降臨祭の直前に、一種の庭園に姿を変えるのである。通りの至る所に、カバノキの若木が列をなして立ち、どの家も枝で飾られる。鉄道を走る機関車さえも、この期間には緑の葉で飾られる」。(91)このロシアの風習において、カバノキに女性の衣服を着せることは、この木が人間として扱われていることをはっきりと示している。そしてまた、これを川の中に投げ入れることは、雨乞いの呪術である可能性がきわめて高い。かつてアルトマルク（Altmark）のある村では、下僕や厩番や牛飼いが、聖霊降臨節に農場を一軒一軒回り、カバノキの枝といろいろな花でできた王冠を各農家に配るという風習があった。この王冠は、各家に翌年まで飾られている。(92)

アルザス〔フランス北東部、ヴォージュ山脈とライン川の間の地方〕のサベルヌ（Zabern）〔Saverne のことか〕近郊では、人々がいくつかの組になって複数の「五月の木」を運ぶ。この中にひとり、白いシャツを着て顔を黒く塗った男がいる。一本の大きな「五月の木」がこの男の前に運ばれるが、組の他の者たちもそれぞれ小さい「五月の木」を持つ。仲間のひとりが巨大な籠を持ち、これに卵やベーコンなどを集める。(93) スウェーデンのいくつかの地域では、五月祭の前夜、若者たちがそれぞれ手にカバノキの小枝の束を持って巡回する。枝はどれも、一面に葉が繁っているか、ところどころに葉が残っている、折り取ったばかりのものである。村のバイオリン弾きを先頭にして、彼らは家々を回り五月の歌を歌う。その目的は、好天と多くの収穫、そして俗世の幸福と精神の幸福を願うことである。ひとりが籠を持ち、卵などの贈り物を集める。彼らが歓待を受ければ、農家の扉の上の屋根に、葉のついた小枝を挿す。(94)

だがスウェーデンでこれらの儀式が行われるのは、とりわけ夏至の季節である。洗礼者ヨハネの祝日前夜（六月二十三日）、家は入念に清掃され、緑の枝と花々で飾られる。モミの若木が戸口や家屋敷の周りのあちらこちらに立てられ、また非常にしばしば、庭に小さな東屋が建てられる。ストックホルムではこの日、「葉の市」が開かれ、何千ものメイポール（Maj Stănger）が店先に並ぶ。メイポールは六インチから十二フィートの高さで、葉や花や色紙の紙片で飾られたもの、卵の殻で粉飾されたもの、アシが結びつけられたものなどがある。丘の上では篝火《かがりび》が焚かれ、人々はその周りで踊り、それを飛び越えたりする。だがこの日の主要な行事は、メイポールを立てることである。高く真っ直ぐなスプルースマツの木で、枝は取ってある。「ときには金輪が、ときには木片が、十字に組み合わされ、木のここかしこに取り付けられる。まるで手を腰に当てて肘を張っている男を表しているかのようだ。またときには弓が付けられ、メイポールのみならず金輪や弓なども、葉や花や様々な端布で飾られ、卵の殻などで粉飾される。頂上には大きな風見か旗が取り付けられる」。村の乙女たちによって飾り付けられたメイポールを立てることは、多くの儀式の中でも一大行事であり、人々は各方面からその周りに集まってきて、大きな輪を作って踊る。(95) ボヘミアのいくつかの地域でも、メイポールもしくは「夏至の木」(midsummer-tree) は、洗礼者ヨハネの祝日前夜に立てられる。若者たちは高いモミかマツを森から切ってきて高い場所に立てる。そこで、娘たちはこの木に小さな花束や花輪や赤いリボンを飾り付ける。つぎに彼らは木の周りに、残材や乾いた材木やその他可燃物を積み上げる。そして暗くなると、周り全体に火を放つのである。火が燃えている間、若者たちはこの木に登り、娘たちが結びつけた花輪やリボンを取って降りてくる。しかしながら事故が多発するようになり、この風習は禁じられてしまった。ときおり若者たちは燃えているエニシダを空中に投げ上げたり、これを持って叫びながら丘を駆け下りたりする。燃やす木がなくなってしまうと、若い恋人たちは、火を挟んで向かい合って立ち、花輪の向こう、炎の向こうにいる相手と互いに見つめ合い、二人が真に愛し合っているか、将来結婚できるかどうかを占う。つぎに、燻っている火を挟んで、互いに三度花輪を投げ合う。炎が消えてしまうと、男女はそれぞれ手をつなぎ、真っ赤な燃えさしの上を三度飛び越える。こうして表面の焦げた花輪は家に持ち帰られ、一年間大切に保管される。雷雨があるといつも、花輪の一部が炉辺で燃やされる。蓄牛が病気になったときや子を産むときには、この花輪の一部が餌として与えられる。篝火の炭になった燃えさしは、麦畑や牧草地や家の屋根に挿しておかれる。これは、家や田畑を悪天候や災害から護るためである。(96)

五月祭に村の五月の木ないしメイポールを立てる風習は、これ以上詳述する必要はない。唯一注目すべき点は、その村における五月の木の更新である。イングランドでは、村の五月の木は、少なくとも近年に至っては、概して永続的なものとなり、毎年更新されるものではなくなっているように思われる。(97)とはいえ毎年更新される例もある。たとえばボーラス〔William Borlase 一六九五〜一七七二年。*The Antiquities of Cornwall*（一七五四年）を著した好古家〕は、コーンウォールの人々についてつぎのように言っている。「彼らは五月祭前夜になると、町から田舎に侵入してゆき、高いニレの木を切り倒し、歓喜しながら町に持ち帰る。そして先細りになった真っ直ぐな棒をその先端に付け、色を塗り、もっとも公衆の目に触れる場所に立てる。以後祝祭日には花輪や旗や吹流しで飾り付ける」。(98)毎年の更新は、清教徒的な著述家スタッブズ〔John Stubbs 一五四三?〜九一年。もしくはその親族Philip Stubbs 一五五五頃〜一六一〇年頃のことであろう〕の記述にも含意されているようである。彼は、メイポールを二十対から四十対の牡牛で引いて持ち帰る風習を描いている。(99)

ドイツやオーストリアのいくつかの地域では、五月の木もしくは聖霊降臨の木（Whitsun-tide-tree）が、毎年新しく切られた木に立てかえられる。(100)ほぼ疑いを容れないのは、本来はどこの地域でも、五月の木は毎年新しいものを立てることになっていた、という点である。この風習の目的は、春になって新たに目覚めた、植物を実らせる霊を招き入れることであるから、仮に、樹液に富む生き生きとした緑の木でなく、老いてしなびた木が毎年立てられることになり、あるいはいつまでも立てられたままにされるとなれば、当初の目的は無に帰してしまう。しかしながらこの風習の意味が忘れ去られ、五月の木は単に祝祭日の歓楽の中心とみなされるようになると、人々はもはや毎年新しい木を切る理由がわからなくなり、いつまでも同じ木を立て、五月祭にはただ新しい花々を飾り付けるだけでよしとしてしまった。しかし、たとえメイポールがこのように固定物になってしまっても、ときにはやはり、それが枯れた木の棒ではなく葉に覆われた木であるように見せる必要があると感じられた。そのため、チェシア〔イングランド西部の州〕のウィヴァーハム（Weverham）には「二本のメイポールがあり、五月祭のこの日には、古くからのしきたりに則って厳かに飾り付けが行われる。側面には花輪がかけられ、頂上には葉のついているカバノキなどの丈の高い細めの木が取りつけられる。樹皮は剝かれ、幹は添え木に埋め込まれ、頂上から根元まで、一本の木のような外見を与えられるのである」。(101)こうなると、「収穫の五月」の木の更新は、五月の木の更新に類似してくる。いずれの場合も、植物を実らせる霊の新しい力に与ろうという意図があり、またその力を一年間保持することが意図されている。しかし、「収穫の五月」の木の効力が、穀物の生長を促進することに限られていたのに対して、五月の木や五月の枝の効力は、前述したように、女性や畜牛にも及んでいる。そして最後に注目すべきは、古い五月の木が、ときとして一年の終わりに燃やされるということである。たとえばプラハでは、公共の五月の木を若者たちがばらばらにし、自宅に持ち帰り、聖像画の背後に置く。そして翌年の五月になると、炉辺で燃やすのである。[102] ヴュルテンベルク〔ドイツ南西部〕では、棕櫚の主日〔復活祭直前の日曜日。キリストがエルサレムに入った記念日〕に家に置かれた枝は、しばしば一年間放置された後で燃やされる。[103] エイレシオネ（ギリシアの収穫の五月の木）もおそらく、一年の最後には燃やされたことであろう。[104]

木の一部となっている、もしくは木に内在している、と考えられる樹木霊については、以上で十分だろう。そこでつぎに提示せねばならないのは、木から離れ人間の姿をしたものと考えられる、またそのようなものとして表される、樹木霊である。これは、生きている男や女の姿を取るとまで考えられている。樹木霊をこのように擬人化して表象する例は、ヨーロッパの農民の一般的な風習の中に広く見受けられる。

有益なのは、樹木霊が、植物の姿と人間の姿で同時に表象される、という例である。この場合、二つの姿は、あたかも相手を互いに説明し合うためであるかのように、並んで配置される。人の姿で樹木霊を表すのは、人形や指人形大の小型の人形のときもあれば、生きている人間の場合もある。だが人形であろうと人間であろうと、それは木か枝の隣に配置される。したがって、人形か人間が、木か枝と一緒になり、一種の二ヵ国語による碑文となる。いわば一方が他方を翻訳しているのである。それゆえここに至って、樹木霊が実際に人間の姿で表されるということは、もはや疑いようがない。たとえばボヘミアでは、四旬節の第四日曜日に、若者たちが「死神」と呼ばれる小型の人形を水に投げ入れる。つぎに娘たちは森に行き、若木を切り倒し、これに、女に見えるよう白い衣服を着せた小型の人形を結びつける。この木と人形を、娘たちは家から家へと運びながら、祝儀を集め、歌を歌う。その歌にはつぎのような繰り返し句がある。

わたしたちは村から「死神」を追い払い、
村に夏をもたらす(105)

ここで言われる「夏」とは、後述するように、春に帰還する、もしくは蘇る、植物霊なのである。この国のいくつかの地域では、子どもたちがメイポールの小さな複製を持ち、ペニー硬貨を請いながら巡回する。またきれいに着飾った人形も持つが、これは「五月の貴婦人」と呼ばれる(106)。これらの例では、木と人形は明らかに同等とみなされている。アルザスのタンヌ〔フランス東部、オーラン県の町〕では、「小さな五月のバラ」と呼ばれる娘が白い衣装を着て、小さな五月の木を運ぶ。これは花輪とリボンで飾られた華やかなものである。彼女の仲間たちは、つぎのような歌を歌いながら一軒一軒を回り贈り物を集める。

「小さな五月のバラ」は三度回る。
くるくる回るあなたを見ましょう！
「五月のバラ」よ、緑の森にやってきて。
わたしたち皆が陽気になるから。
だからわたしたちは五月から、バラのもとへ行く。

娘たちは歌いながら祈りを唱えるが、それは、贈り物をくれなかった人が家禽をテンに食べられてしまいますように、ブドウが房をつけませんように、木が実をつけませんように、畑に麦が実りませんように、という祈りである。つまり、一年の農作物は、この五月の歌を歌う娘たちに与えられる贈り物次第とされているわけである。[107] 以上、ここまで述べてきた例では、子どもたちが五月祭に枝を持って歩き回り、歌ったりお金を集めたりするのだったが、その意味はというと、植物霊によって子どもたちが家に数多くの幸運をもたらすということであり、その奉仕の見返りとして、子どもたちが報酬を期待する、ということであった。かつてロシアのリトアニアでは、五月一日に村の前に緑の木が立てられた。そして田舎の若者たちが一番美しい娘を選び、彼女に冠をかぶせ、カバノキの枝で包み、五月の木の隣に立たせる。そこで皆が踊り歌い、「ああ、五月よ！」と叫んだのだった。[108]

イル・ド・フランス〔フランス中北部のパリを中心とする地方〕のブリーでは、五月の木は村の中心に立てられる。頂上には花の冠がかぶせられ、下のほうには葉や小枝が巻きつけられ、さらに下のほうには大きな緑の枝が結びつけられる。娘たちはその周りで踊り、同時に、葉を身にまとった「父なる五月」と呼ばれる若者が踊りに引き入れられる。(109) バイエルンでは、五月二日に、「ヴァルバー」(Walber)(?)という木が居酒屋の前に立てられ、ひとりの男がその周りで踊る。男は頭から爪先まで藁で包まれているが、麦の穂は頭の上で結び合わされ、冠のような形をなす。彼自身が「ヴァルバー」と呼ばれ、厳かな行列を先導して、カバノキの若枝で飾られた通りを歩く。(110) ケルンテン〔オーストリア南部の州〕では、聖ゲオルギウス〔英語でジョージ、ドイツ語でゲオルク〕の祝日(四月二十四日)〔正しくは四月二十三日〕に、若者たちが前夜切り倒された木を花や花輪で飾り付ける。この木は音楽や陽気な歓声のさなか、行列を作って運ばれるが、この行列の中心となるのが「緑のゲオルク」と呼ばれる若者で、頭から爪先まで緑のカバノキの枝で覆われている。儀式の最後には、「緑のゲオルク」が、このときは人形に代えられているのだが、水の中に放り込まれる。「緑のゲオルク」を演じる若者は、葉の外皮から抜け出し、だれにも気づかれないよう巧妙に人形と入れ替わる、という芸当をやってのけるのである。しかしながら多くの地域では、「緑のゲオルク」を演じた若者自身が川や池に突き落とされる。夏には雨が畑や牧草地を緑にしてくれるように、という願いが込められているのである。いくつかの地域では、蓄牛が王冠をかぶせられ、つぎのような歌にのせて牛舎から連れ出される。

わたしたちは緑のゲオルクを連れて行く。
わたしたちは緑のゲオルクのために歌う。
わたしたちの家畜を養ってくれますように。
さもなければ一緒に水の中へ。(111)

ここでは、木と一体であるとみなされた場合の樹木霊に帰せられる力、すなわち、雨をもたらし家畜の育成を促すという力が、生きた人間によって表される場合の樹木霊にもまた、帰せられている、ということになる。

植物霊を、樹木と生きた人間の両方で表すという例は、ベンガルからの報告に見出される。オラオン族〔インド中部のドラヴィダ語系言語を話す民族。別名クルク族〕は、サラソウジュの木々が花を咲かせる時期に春の祭りを行う。これは彼らが、この時期に大地の結婚が行われ、サラソウジュの花はその儀式に不可欠である、と考えるからである。ある特定の日に、村人たちは祭司とともに聖なるサルナ（Sarna）の木立に行く。この地は、女神サルナ・ブーリ（Sarna Burhi）すなわち「木立の女」が住んでいたとされる、古いサラソウジュの森の名残である〔Sarna はサールナート Sarnath のことであるかもしれない。これはインド北部にある仏教の聖地で、ブッダが最初の説教を行った地とされる。漢訳では鹿野《ろくや》苑《おん》〕。この女神は雨に多大な影響力を持っていると考えられた。祭司は村人たちとともにこの森に着くと、女神に五羽の鶏を生贄に捧げ、その後肉は一口ずつ、同席している村人たちに分け与えられる。つぎに彼らはサラソウジュの花を集め、村に持ち帰る。翌日祭司は集めた花を大きな籠に入れ、村の一軒一軒に配る。どの家でも、女たちは、祭司が近づいてくるとその足を洗うために水を持って出てくる。そして跪き、彼に恭しくお辞儀する。つぎに祭司は女たちと踊り、サラソウジュの花をいくつか、家の戸の上と女たちの髪に挿す。これが終わるとすぐに、女たちは水差しの水を祭司の頭上に空け、ずぶ濡れにさせる。その後宴となり、若者たちは髪にサラソウジュの花を挿し、一晩中村の緑地で踊り続ける。(112)ここでは、花を抱えた祭司が、花開いたサラソウジュの木の女神と等価であることは、明白である。女神は雨を降らす力を持っていると考えられたのであったし、祭司を水浸しにすることは、バイエルンで「緑のゲオルク」を水に入れるのと同じように、まぎれもなく雨乞いの呪術である。したがって祭司は、あたかも彼が木の女神そのものであるかのように、家の一軒一軒に雨を分配し、多産性を授ける。しかも、とりわけ女たちに授けるのである。

同じ趣意を持つ例をこれ以上挙げるまでもなく、われわれは、すでにマンハルトが述べていたつぎのことばによって、ここまでの結論を要約することができよう。「これらの春に行われる行列では、植物霊はしばしば、五月の木によって表されるのみならず、緑の葉や花で着飾った男や娘によっても表される。この点は、上記で引用した風習が十分に証明してくれている。その霊は、木に命を吹き込み、小さな植物の中でそれらを活性化している霊、われわれが五月の木や『収穫の五月』の木の中に認めることのできた霊と、同じものである。この霊はまた首尾一貫して、春一番に咲く花の中に自らの存在を表すものと考えられ、『五月のバラ』を象徴する娘や、ヴァルバーという収穫の与え手として、自らの姿を顕示する。この神の代理人を伴った行列は、神自身が現前しているときと同じような恩恵を、家禽や果樹や穀物に与えるもの、と考えられた。言い換えれば、祭りの扮装者は、植物霊の、像としてではなく実際の代理人として、扱われたのである。それゆえ、五月のバラや五月の木とともに行く者たちは、自分たちに卵やベーコン等を与えることを拒んだ人々に対して、巡回する霊が授けることのできる祝福に、与れないようにと願うのである。われわれはつぎのように結論を下してもよい。このように五月の木や五月の枝とともに一軒一軒物を請いながら行われる(『五月あるいは夏をもたらす』)行列は、いずれの地にあっても、元来は真面目な、言うなれば神聖な意義を持っていた。人々は生育を司る神が、枝の中に見えない姿で存在していると本気で信じていたし、一軒一軒の家に祝福を与えるために、その神が行列によって連れてこられたと信じていた。擬人化された植物霊の名としてしばしば使われる、『五月』や『父なる五月』、『五月の貴婦人』、『五月の女王』といった呼称は、植物霊という概念が、この霊の力がもっとも顕著に表れ出る季節の人格化と、融合したことを示している(113)。

ここまでのところでは、概して樹木霊もしくは植物霊が、木や枝や花といった、植物だけの姿で表される例、そして、木、枝、花が人形や生きた人間と結びつくことで、植物と人間の両方の姿で同時に表される例を取り上げてきた。そこでつぎに提示せねばならないのは、ときとして木、枝、花で表されることが一切なくなり、生きた人間による表象のみが残ってしまった、という例である。この場合、人は概して葉や花で着飾ることで、霊の代理人であることを表す。ときにはまた、つけられる名前によって、そのことが指し示される。

聖霊降臨節のロシアで、カバノキが女性の衣装を着せられ家の中に立てられることは先に見た。これにはっきりと対応しているのが、ピンスク〔ベラルーシ南西部の市〕でロシア人の娘たちによって行われている、聖霊降臨祭明けの月曜日の風習である。彼女たちは一番可愛い娘を選んで、カバノキとカエデから採られた群葉で包み、村中を連れて歩く。(114)小ロシアでは、髪に明るい色の花々をつけた娘がひとり「ポプラ」となり、皆がこれを連れ歩く。(114) フランスのアン県では五月一日、(115)八人から十人の少年が皆でそのうちのひとりに葉の衣装を着せ、物を請いながら各家を回る。(115)聖霊降臨節のオランダではかつて、貧しい女たちが「聖霊降臨節の花」(これは Pinxterbloem という花で、おそらくアイリスの一種であろう)と呼ばれる幼い娘を連れて物乞いに出た。この娘は花々で飾られ、荷車に載せられた。ブラバント〔ヨーロッパ西部の旧公国。現在南部はベルギーのヴェルス州とブラバント州、北部はオランダのノールトブラバント州〕北部では、「聖霊降臨節の花」と呼ばれる娘が、この花を身につける。そしてつぎのような歌が歌われる。

聖霊降臨節の花よ、
一回転しておくれ。(116)

ルーラ(Ruhla)(チューリンゲン)では、春に木々が緑に色づき始めた直後の日曜日、子どもたちが集まって森に行く。そこで仲間のひとりを選んで「小さな葉の男」にする。皆で木々から枝を折り取り、その子どもの身体に巻きつけるので、これは、爪先だけが葉の外套から覗いている、といった姿になる。外が見えるよう目のところに穴を開けるが、この「小さな葉の男」が転ばないよう、二人の子どもが介添え人となる。皆で歌い踊りながら、彼を連れて家を一軒一軒回り、食べ物(卵、クリーム、ソーセージ、ケーキ)を請う。最後に子どもたちは「小さな葉の男」に水を掛け、集めた食べ物で宴を催す。(117) イングランドの場合、これと同じように葉で扮装させられる有名な例は、「緑のジャック」である。枝をピラミッド形に編んだ骨組みには、外側にセイヨウヒイラギとキヅタ、頭部に花とリボンの王冠がかぶせられ、ひとりの煙突掃除夫〔英国の煙突掃除夫は大概少年である〕がこれにすっぽりと包まれて歩く。五月祭の日、このように飾り立てられた「緑のジャック」は、ペニー硬貨を集める煙突掃除夫の一団の先頭で踊る。(118) フランスのいくつかの地域では、ひとりの若者が、葉で被われた枝編み細工に包まれ、連れ回される。(119) フリックタール(Frickthal)(アールガウ〔スイス北部の州〕)では、同じように編まれた枝の籠は「聖霊降臨節の籠」と呼ばれる。木が芽吹き始めるとすぐに、村の若者たちは森の中に一箇所場所を決め、そこに集まって枝細工を編む。他の者たちに先んじられないよう、これは秘密で行われる。葉の繁る枝を縒り合わせ二つの輪を編み、ひとつはこれを身につける者の肩にかけられ、もうひとつはふくらはぎに巻かれる。目と口のところに穴が開けられ、最後に大きな花束を全体にかぶせる。こうして扮装した若者は、夕暮れ時の村に突然姿を現す。これを先導する三人の若者は、ヤナギの樹皮でできた角笛を吹き鳴らす。この「聖霊降臨節の籠」を作った若者たちの大きな使命は、それを村の井戸の隣に据え、取られないようにすることである。近隣の村の若者たちが、これを運び去って自分たちの村の井戸に据えようとするからである。(120) エアティンゲン (Ertingen)（ヴュルテンベルク）近郊では、同様の扮装者は「怠惰な男」(Latzmann) と呼ばれ、洗礼者ヨハネの祝日に村を巡回する。枝で高さ十フィートから十二フィートのピラミッド形もしくは円錐形の枠を編み、外側を一面モミの小枝で被う。この中に若者がひとり入り、手に持った鈴を鳴らしながら歩く。彼に付き添う一団も、それぞれ召使い、大佐、肉屋、天使、悪魔、医者といった、様々な扮装をしている。一列縦隊で行進し、各家の前で止まり、それぞれが、扮した役のセリフを口にするが、「怠惰な男」だけは何も言わない。こうして一軒一軒を回って集めた食べ物で、最後に宴を開く。(121)

上述の例がその典型となる風習の場合、葉を纏って連れ回される人物は、明らかに「五月の木」や「五月の枝」もしくは「五月の人形」と等価である。後者はいずれも物を請う子どもらによって、各家に運ばれるのであった。両者ともに慈愛に富む植物霊の代理であるから、それが家にやってくれば、金銭や食べ物の贈り物で報いられるのである。

植物霊を表す葉の衣装を着た人物は、しばしば王や女王と呼ばれる。たとえば「五月の王」、「聖霊降臨節の王」、「五月の女王」等の呼称がある。これらの称号は、マンハルトが指摘するように、植物と一体となった霊がひとりの支配者であり、その創造的な力が広範囲に及んでいることを含意している。(122)

ザルツヴェーデル（Salzwedel）近郊のある村では、「五月の木」が聖霊降臨節に立てられ、少年たちがこれをゴールにして競走する。一等になった者が王となり、花輪が首にかけられ、手にサンザシを持たされる。皆が行進するなかで、この少年は手に持ったサンザシで露を払う。彼らは各家を回り、それぞれの家の前で「馬屋の黒牛は白い乳を出し、鶏小屋の黒い鶏は白い卵を産む」という歌詞を含む歌を歌い、家人たちの幸運を祈り、卵やベーコン等の施し物を請う。(123)ブラウンシュヴァイク〔ドイツ中北部〕のいくつかの村では、聖霊降臨節に「五月の王」がサンザシにすっかり身を包まれる。同様にチューリンゲンのいくつかの村でも、聖霊降臨節には「五月の王」が現われるが、その装飾は随分と変わっている。男ひとりが立てるような木枠が組み立てられ、その表面をカバノキの枝で被い、頂上にはカバノキと花々で編まれた鈴のついた冠がかぶせられる。この木枠は森の中に置かれ、「五月の王」がその中に入る。他の者は森から出て彼を探す。今一度彼を森の中でみつけると、彼らは村に連れ帰り、村の長《おさ》や聖職者たちのもとへ連れて行く。村の長や聖職者たちは、この緑で被われた木枠の中に、だれが入っているのかを当てなければならない。外れると、「五月の王」は頭を振って鈴を鳴らし、外した者たちはビール等の科料を払わなければならない。[124]ボヘミアのいくつかの地域では、聖霊降臨祭明けの月曜日、若者たちが、花で飾られたカバノキの樹皮でできた丈の高い帽子をかぶって変装する。ひとりは王の衣装を着て、村の緑地まで橇で引かれて行く。もし途中に池があると、橇はかならずその中にひっくり返される。緑地に着くと、皆が王の周りに集まる。触れ役がひとり石に飛び乗り、あるいは木に登って、各家、各住民に関する諷刺詩を朗誦する。その後皆は樹皮の変装を剝ぎ取り、晴れ着を着て村を回り、五月の木を運びながら物を請う。ときには菓子や卵や麦が彼らに与えられる。[125]十八世紀、ランゲンザルツァ（Langensalza）近郊のグロースファールグラ（Grossvargula）では、聖霊降臨節に「草の王」なる者が行列で連れ回された。ピラミッド状に編まれたポプラの枝の中に入れられ、その頂上には枝と花で編まれた王冠が飾り付けられている。葉のピラミッドに被われたこの男は馬の背に跨るが、一番下のほうの葉はいまにも地面につかんばかりに垂れ下がり、開いているところといえば顔だけである。若者たちの騎馬隊に囲まれ、町政庁舎や牧師館といった場所まで行列を作って進み、到着すると皆でビールを飲む。つぎに、近隣のゾンマーベルク（Sommerberg）にある七本のシナノキの下で、「草の王」は緑の覆いを剝がされる。王冠は町長に手渡され、枝は亜麻畑に突き立てられる。亜麻が大きく生長するようにである。[126]この最後の例で、土地を肥やす力が樹木霊の代理人に帰せられていることは明らかである。ピルゼン〔チェコ西部プルゼニのドイツ語名〕（ボヘミア）近郊では、聖霊降臨節に、緑の枝で編まれた、扉の一切ない円錐形の小屋が、村の中央に建てられる。村の若者の一団は、ひとりの王を先頭にして、この小屋まで馬に乗って行く。王は小脇に剣を抱え、頭にはイグサでできた円錐形の帽子を被っている。王の一行には、裁判官、触れ役、そして「蛙の皮はぎ人」もしくは「絞首刑執行人」と呼ばれる名士がいる。この最後の者は、ぼろを着た一種の道化師で、錆びた古い剣を身につけ、みじめな老いぼれ馬に跨っている。小屋に到着すると、触れ役は馬から降り、扉を探してその周りを回る。扉がないことがわかると、彼はつぎのように言う、「おや、これは魔法の城だ。魔女たちは葉の間をすり抜けるので、扉を必要としないのだ」。最後に彼は剣を抜き、枝を切って小屋の中に入り、中にある椅子に座って、韻文で近所の娘や農場主や農夫を酷評し始める。これが終わると、「蛙の皮はぎ人」が前に進み出て、蛙が何匹か入った籠を皆に示した後、絞首台を作り、続けざまに蛙たちを絞首刑にする。[127] プラ（Plas）近郊で行われる儀式は、これといくつかの点で異なっている。王と兵士たちは全身を樹皮で包まれ、花とリボンで飾られている。皆が剣を持ち、緑の枝と花々できらびやかに飾られた馬に跨る。村の貴婦人や娘たちが東屋で批評されている間、触れ役は密かに蛙を一匹つまみ出し、突いて鳴かせる。王によってこの蛙に死刑が宣告され、執行人が蛙を斬首し、この血を流している蛙を見物人たちのほうへ投げる。最後に王は小屋から追い出され、兵士たちによって追い回される。[128] 蛙を苦しめ斬首することは、マンハルトが指摘したように、[129] 雨乞いの呪術であることは間違いない。先に見たように、[130] オリノコ川のインディオには、雨をもたらすために蛙を打つ部族がいたし、また蛙殺しはドイツの雨乞いにもあった。

春の植物霊はしばしば、王ではなく女王によって表される。リブコーヴィク（Libchowic）（ボヘミア）近郊では、四旬節の第四日曜に、娘たちが白いドレスを着て、スミレやヒナギクなどの春一番に咲いた花を髪に挿し、「女王」と呼ばれる花の冠を被ったひとりの娘を連れて、村を歩く。非常に厳粛に行われるこの行列では、娘はひとりとしてじっと立っていることはなく、歌いながら絶えずぐるぐると回り続けなければならない。女王は各家で春の到来を告げ知らせ、家人に幸運を祈り祝福を与え、お返しに贈り物を受ける。(131) ドイツ領ハンガリーでは、娘たちは一番美しい娘を選んで「聖霊降臨節の女王」とし、額から上に高く聳え立つリースを固定し、歌いながら彼女を連れて通りを行く。(132) どの家の前でも娘たちは立ち止まり、古いバラッドを歌って贈り物を受ける。かつてアイルランドの南東部では、五月祭に一番美しい娘が、その地域の十二ヵ月間の女王に選ばれた。彼女は野の花の冠をかぶせられ、宴が開かれ、踊りあり土地固有のスポーツありで、最後は夕暮れ時の大行列で終わる。女王である期間は、舞踏会や宴会に土地の若者たちを集め取り仕切るのが、彼女の務めであった。つぎの五月祭が来なくとも、その前に結婚してしまえば、彼女の権威は失われる。だが後継者は、つぎの五月祭まで選ばれることはなかった。(133)「五月の女王」は、フランスでも一般的であり、(134) イングランドでもよく知られている。

また、植物霊は、ときとして王と妃、領主と奥方、もしくは花婿と花嫁によって表されることがある。ここでもまた、樹木霊を擬人化して表す方法と植物によって表す方法が、並列されていることがわかる。というのも、先に見たとおり、樹木はときに結婚させられるものであったからだ。[135] ケーニヒグレーツ〔チェコ中北部の市クラデツクラロヴェのドイツ語名〕（ボヘミア）近くのある村では、聖霊降臨祭明けの月曜日、子どもたちが王様遊びに興じる。王と妃がひとりずつ、天蓋をさしかけられて行進する。妃は花綱をかけられ、一番幼い娘は二人の後ろで、皿に載った二つのリースを運ぶ。これに花婿の付き添いと花嫁の付き添いと呼ばれる少年少女たちが続き、皆で各家を回り贈り物を受ける。[136] フランスのグルノーブル〔フランス南東部イゼール県の県都〕近郊では、五月一日に王と妃が選ばれ、衆目を集めるよう、玉座に就く。[137] かつてオックスフォード近郊のヘディントン（Headington）では、五月祭に子どもたちが花輪を持って一軒一軒の家を回った。花輪は二人の娘が持ち、その後ろに「領主」と「奥方」が続く。これは、白いハンカチの端と端を持つことで結ばれている、少年と少女のことで、リボンと肩帯と花で飾られている。一軒一軒の家の戸口で彼らはつぎのような歌を歌った。

紳士・淑女のみなさん、
幸福な五月となりますように。
花輪をひとつ見せにきました、
だって五月祭の日だから。

金銭を受け取ると、「領主」は「奥方」の腰に腕を回し、キスをした。[138] ザクセン人のいくつかの村では、聖霊降臨節に若い男女二人が仮装して、村の外にある茂みや高い草むらの中に隠れる。そして村中が、「花婿と花嫁を探し」に、音楽を奏でながら出かけてゆく。二人を見つけると、皆でその周りに集まり、歌と演奏を再開し、この男女を村まで陽気に連れて帰る。夜になると皆で踊る。いくつかの地域では、「花婿と花嫁」は「王子」と「王女」と呼ばれる。[139]

ブリアンソン（ドーフィネ〔フランス南東部、現在のイゼール県、オートザルプ県、ドローム県にあたる〕）近郊の五月祭では、若者たちは、恋人に捨てられた、もしくは恋人が別の男と結婚してしまったひとりの若者を、緑の葉で包む。この若者は地面に寝そべり、眠っているふりをする。つぎに、彼を好きで結婚したいと思っている娘が、彼を起こしにやってくる。腕を差し伸べて彼を立ち上がらせ、一本のガマを与える。その後皆で居酒屋に行き、この男女がダンスを先導する。だがこの二人は年内に結婚せねばならず、さもなければ二人とも老独身者として扱われ、若者たちの集まりから締め出される。若者のほうは「五月の花婿」（le fiancé du mois de May）と呼ばれる。若者は居酒屋で葉の衣装を脱ぎ、娘のほうはダンスの最中にその花の混じった衣装から小さな花束を作る。翌日娘は胸にその花束をつけ、若者は彼女を今一度居酒屋へ導く。[140] これに似たロシアの風習はネレクハタ地方にあり、聖霊降臨祭前の木曜日に行われる。娘たちはカバノキの森に出かけてゆき、帯か腰帯を堂々としたカバノキに巻きつけ、その木の下方にある枝を絡ませて輪を作り、娘たちが対になってその輪の中でキスをする。輪の中でキスをした娘たちは、お互いを親友（gossip）と呼び合う。そしてひとりの娘が進み出て、酔っ払いの男の真似をする。地面に身を投げ、草の上で転がり、ぐっすり眠っているふりをする。もうひとりの娘はこの眠ったふりをしている男役の娘を起こして、キスをする。つぎに娘たち全員が歌いながら森を歩き回り、それぞれが花輪を編み、これを川に投げ入れる。流れの中に浮かび上がった花輪がその後どうなって行くかによって、娘たちはそれぞれに自分の運勢を占う。[141] この風習の場合、眠る役の者はおそらく、かつては若者によって演じられていたことだろう。これらフランスとロシアの風習には、恋人に捨てられた花婿が登場しているのだが、つぎの例では、見捨てられた花嫁が登場する。告解火曜日、オーベルクライン（Oberkrain）のスロヴェニア人は、喜びの叫びを上げながら藁人形を引いて村中を回る。そして川に投げ入れるか燃やすかし、燃やした場合にはその炎の高さで翌年の収穫高を占う。騒ぎ立てる一団の後ろには変装した女性が続く。彼女は大きな板を紐で引き摺り、自分が見捨てられた花嫁であることを表す。[142]

これまで考察してきた例に照らしてみれば、上記の儀式において、見捨てられた眠り人を起こすことはおそらく、植物の春の再生を表している。だが、見捨てられた花婿と彼を眠りから呼び覚ます娘に、個々の役割を言い当てることは容易ではない。眠れる男とは、葉のない森であろうか、あるいは冬の枯れた大地であろうか？　彼を起こす娘とは、新緑であろうか、あるいは春の穏やかな陽射しであろうか？　現在われわれの手元にある証言だけでこれらの問いに答えることは、ほとんど不可能である。ベンガルのオラオン族が、春にサラソウジュの木に花が咲くと大地の結婚を祝したことは、ここで思い出されてよい。だがここから、ヨーロッパの儀式において眠れる花婿が「夢見る大地」であり、娘が春咲く花であるとは、論じきれそうにない。

かつてスコットランドの高地地方では、春の植物霊再生は、以下の例に見られるように生き生きと表現された。ヘブリディーズ諸島では聖燭節の日（二月二日）、「各家の主婦と召使いは、燕麦の束に女性の衣装を着せ、大きな籠の中に入れ、その隣に木の棒を置く。これをブリードの寝床（Briid's bed）と呼ぶ。つぎに主婦と召使いは三度、『ブリードがやってきた。ブリードは歓迎だ』と叫ぶ。これは寝る前に行われ、翌朝起きると、灰の中にブリードの棒が残したくぼみを探す。見つかれば、それは豊作と繁栄の年の真の前兆であると考え、見つからなければ凶兆と考える(143)」。同じ風習にはつぎのような別の証言もある。「聖燭節の前夜は通常、麦と干し草で寝床を作る。このうえに毛布を敷き、これを屋内の戸口の近くに置く。準備が整うと、家人は外に出て、『ブリジェット、ブリジェット、入っておいで。寝床の準備はできている』と三回繰り返す。寝床の傍らには一本以上の蠟燭が一晩中灯される(144)」。

春に植物霊が結婚することは、直接的に表現されることはなくとも、しばしばこの霊の代理人を「花嫁」と呼び、彼女に結婚衣装を着せることによって表される。たとえばアルトマルクのいくつかの村の聖霊降臨節では、少年たちが、「五月の木」を持ち、あるいは葉と花々に包まれた少年ひとりを連れて、村を回る。一方少女たちは、「五月の花嫁」——髪に小さな美しい花束をつけた、花嫁衣装を着た娘——を連れて村を回る。少年・少女たちは各家を回り、「五月の花嫁」は歌を歌う。歌の中で彼女は、各家の家人に贈り物を請い、また、何かをくれれば何かが得られる一年となり、くれなければ何もない一年となる、と歌う。[145] ヴェストファーレン〔現在はドイツ、ノルトラインヴェストファーレン州北西部の地方。一八一六年から一九四五年まではプロイセンの一州〕のいくつかの地域では、二人の娘が、「聖霊降臨節の花嫁」と呼ばれる、花冠をかぶった娘を連れて一軒一軒を回り、卵を請う歌を歌う。[146] ブレス〔フランス東部地方、現在のアン県、ソーヌ＝エ＝ロワール県などにまたがる〕では、五月に「新婦」(la Mariée)と呼ばれる娘がリボンと小さな花束で飾り立てられ、ひとりの洒落た着飾った男に付き添われて歩く。緑の「五月の木」を持った若者が彼女を先導し、これにふさわしい歌が歌われる。[147]

（1） カエサル『ガリア戦記』vi. 25.
（2） Charles Elton, *Origins of English History*, London, 1882, p. 3, 106 以下、p. 224.
（3） W. Helbig, *Die Italiker in der Poebene*, Leipzig, 1879, p. 25 以下。
（4） H. Nissen, *Italische Landeskunde*, p. 431 以下〔一九一五年版の書誌には Berlin, 1883-1902 とある〕。
（5） C. Neumann und J. Partsch, *Physikalische Geographie von Griechenland*, Breslau, 1885, p. 357 以

下。

(6) Grimm, *Deutsche Mythologie*, fourth ed., i. 53 以下。

(7) 出典はプリニウス『博物誌』xvi. § 249 以下。

(8) Grimm 前掲書 i. 56 以下。

(9) Adam of Bremen, *Descriptio insularum Aquilonis*, with the Scholia, in Migne's *Patrologia Latina*, cxlvi, p. 27.

(10) "Prisca antiquorum Prutenorum religio," in *Respublica sive status regni Poloniae, Lituaniae, Prussiae, Livoniae, etc*., Leyden (Elzevir), 1627, p. 321 以下。P. de Dusburg, *Chronicon Preussiae*, ed. Chr. Hartknoch, Frankfort and Leipzig, 1679, p. 79. Chr. Hartknoch, *Alt und neues Preussen*, Frankfort and Leipzig, 1684, p. 116 以下。

(11) Matthias A. Michov, "De Sarmatia Asiana atque Europea," in Simon Grynaeus's *Novis Orbis regionum ac insularum veteribus incognitarum*, Paris, 1532, pp. 455-456 [wrongly numbered 445, 446]. Martin Cromer, *De origine et rebus gestis Polonorum*, Bâle, 1568, p. 241.

(12) Bötticher, *Der Baumkultus der Hellenen* を参照せよ〔一九一五年版の書誌には未掲載〕。

(13) プリニウス『博物誌』xv. § 77. タキトゥス『年代記』xiii. 58.

(14) プルタルコス「ロムルス伝」20.

(15) J. L. Krapf, *Travels, Researches, and Missionary Labours during an Eighteen Years' Residence in Eastern Africa*, London, 1860, p. 198.

(16) De la Loubere, *Historical Relation of the Kingdom of Siam*, p. 126.〔一九一五年版の書誌には De

la Loubère, *Du royaume de Siam*, Amsterdam, 1691 とあるので、この英訳であろう。〕

(17) C. Hupe, "Korte Verhandeling over de Godsdienst, Zeden enz. der Dajakkers," in *Tijdschrift voor Neêrlands Indië*, Batavia, 1846, dl. iii. 158.

(18) J. Merolla, "Voyage to Congo," in Pinkerton's *Voyages and Travels*, xvi. 236.

(19) Monier Williams, *Religious Thought and Life in India*, p. 334 以下。

(20) Sir Henry M. Elliot, *Memoirs on the History, Folk-lore, and Distribution of the Races of the North-Western Provinces of India*, edited, revised, and re-arranged by John Beames, London, 1869, i. 233.

(21) *Die gestriegelte Rockenphilosophie* (Chemnitz, 1759), p. 239 以下〔編著者不明〕。Ulrich Jahn, *Die deutschen Opfergebräuche bei Ackerbau und Viehzucht*, Breslau, 1884, p. 214 以下。

(22) Van Schmidt, "Aanteekeningen nopens de zeden, gewoonten en gebruiken, benevens de vooroordeelen en bijgelovigheden der bevolking van de eilanden Saparoea, Haroekoe, Noessa Laut, en van een gedeelte van de zuidkust van Ceram," in *Tijdschrift voor Neêrlands Indië*, Batavia, 1843, dl. ii. 605. Adolf Bastian, *Indonesien*, Berlin, 1884-1889, i. 156.

(23) G. W. W. C. Baron van Hoëvell, *Ambon en meer bepaaldelijk de Oeliasers*, Dordrecht, 1875, p. 62.

(24) *The Indian Antiquary*, i. 170.

(25) John Aubrey, *Remaines of Gentilisme and Judaisme*, Folk-lore Society, London, 1881, p. 247.

(26) Peter Jones, *History of the Ojebway Indians*, London, N. D., p. 104.

(27) Anton Peter, *Volksthümliches aus Österreichisch-Schlesien*, Troppau, 1865-1867, ii. 30.

(28) Bastian 前掲書 i. 154. また Bastian, *Der Vœlker des œstlichen Asien*, ii. 457 以下、iii. 251 以下、iv. 42 以下も参照せよ。

(29) Loubere 前掲書 p. 126.

(30) Turner, *Samoa, a Hundred Years ago and long before*, p. 63.

(31) Mannhardt, *B.K.*, p. 35 以下。

(32) *Native Tribes of South Australia*, with an introductory chapter by J. D. Woods, Adelaide, 1879, p. 280.

(33) F. Blumentritt, "Der Ahnencultus und die religiösen Anschauungen der Malaien des Philippinen-Archipels," in *Mittheilungen der Wiener Geographischen Gesellschaft*, 1882, p. 165 以下。

(34) A. Landes, "Contes et légendes annamites," No. 9, in *Cochinchine française : excursions et reconnaissances* (Landes's essays are in Nos. 20, 23, and 25, Saigon, 1885-1886), No. 20, p. 310.

(35) Kubary, "Die Religion der Pelauer," in Bastian's *Allerlei aus Volks- und Menschenkunde*, i. 52.

(36) Colonel E. T. Dalton, *Descriptive Ethnology of Bengal*, p. 25. Adolf Bastian, *Die Völkerstämme am Brahmaputra*, Berlin, 1883, p. 37.

(37) *Journal of the Royal Asiatic Society of Great Britain and Ireland*, vii. (1843) 29.

(38) Bastian, *Indonesien*, i. 17.

(39) Dalton 前掲書 p. 186, 188. また Bastian, *Die Völkerstämme am Brahmaputra*, p. 9 も参照せよ。

(40) Dalton 前掲書 p. 33. Bastian 前掲書 p. 16. また W. Robertson Smith, *The Religion of the Semites*, London, 1889, i. 125 も参照せよ〔この文献については本書の序文を参照のこと〕。

(41) A. L. van Hasselt, *Volksbeschrijving van Midden-Sumatra*, p. 156.

(42) *Handbook of Folk-lore*, p. 19.（校正刷り）

(43) Mannhardt, *B.K*., p. 83.

(44) Erasmus Stella, "De Borussiae antiquitatibus," in Simon Grynaeus's *Novus Orbis regionum ac insularum veteribus incognitarum*, Paris, 1532, p. 510. Johan Lasiczki（Lasicius), "De diis Samagitarum caeterorumque Sarmatarum," in *Respublica sive Status regni Poloniae, Lituaniae, Prussiae, Livoniae, etc*., Leyden（Elzevir), 1627, p. 299 以下。Lasiczki の著作は、W・マンハルトによって *Magazin herausgegeben von der Lettisch-Literarischen Gesellschaft*, Mitau, 1868, xiv. 82 以下に再録された。安価で良質な再版である。

(45) Simon Grunau, *Preussische Chronik*, ed. Herausgegeben von Dr. M. Perlbach, Leipzig, 1876, p. 89. "Prisca antiquorum Prutenorum religio," in *Respublica sive Status regni Poloniae, Lituaniae, Prussiae, Livoniae, etc*., p. 321.

(46) B. Hagen, "Beiträge zur Kenntniss der Battareligion," in *Tijdschrift voor Indische Taal- Land- en Volkenkunde*, xxviii（1883), 530, note.

(47) Bastian, *Der Vælker des æstlichen Asien*, i. 134.

(48) Matthias A. Michov 前掲書 p. 457.

(49) Grimm 前掲書 i. 497. また同書 ii. 540, 541 も参照せよ。

(50) Max Buch, *Die Wotjäken*, Stuttgart, 1882, p. 124.

(51) Biddulph, *Tribes of the Hindoo Koosh*, p. 116.

(52) カトー『農業論』139.

(53) G. Henzen, *Acta Fratrum Arvalium*, Berlin, 1874, p. 138.

(54) ローマの森の神シルウァヌス〔森と未耕地の神。後に畑地の境界・家・牧人を守る神とされた。ギリシアのパンに当たる〕の描かれ方については、L. Preller, *Römische Mythologie*, third ed., i. 393 note の Jordan を参照せよ。A. Baumeister, *Denkmäler des klassischen Altertums*, Munich and Leipzig, 1885-1888, iii. 1665 以下。マツの枝を持ったシルウァヌスは、H. Hoffmann によるカタログ（*Sale Catalogue*, Paris, 1888, pt. ii）に掲載されているものが優れている。

(55) Aeneas Sylvius, *Opera*, Bâle, 1571, p. 418［wrongly numbered 420］. また Erasmus Stella 前掲書 p. 510 も参照せよ。

(56) Dalton 前掲書 p. 186.

(57) Étienne Aymonier, "Notes sur les coutumes et croyances superstitieuses des Cambodgiens," in *Cochinchine française : excursions et reconnaissances*, No. 16, p. 175 以下。

(58) 本書三五頁および四二頁を見よ。

(59) 本書三七頁を見よ。

(60) Mannhardt, *B. K.*, p. 158, 159, 170, 197, 214, 351, 514.

(61) Dalton 前掲書 p. 188.

(62) J. B. Labat, *Voyage du Chevalier des Marchais en Guinée, Isles voisines, et à Cayenne*, Paris, 1730, i. 338.

(63) L. Lloyd, *Peasant Life in Sweden*, London, 1870, p. 266.

(64) Mannhardt, *B. K.*, p. 190 以下。
(65) Mannhardt, *A. W. F.*, p. 212 以下。
(66) Hugh Low, *Sarawak*, London, 1848, p. 274.
(67) Captain T. H. Lewin, *Wild Races of South-Eastern India*, London, 1870, p. 270.
(68) John Mackenzie, *Ten Years North of the Orange River*, Edinburgh, 1871, p. 385.
(69) Rev. James Macdonald, MS. 著者のもとに送付された覚書。
(70) Biddulph, *Tribes of the Hindoo Koosh*, p. 103 以下。
(71) 前掲書 p. 106 以下。
(72) Mannhardt, *B. K.*, p. 161. Ernst Meier, *Deutsche Sagen, Sitten und Gebräuche aus Schwaben*, Stuttgart, 1852, p. 397; Anton Peter, *Volksthümliches aus Österreichisch-Schlesien*, ii. 286. O. Freiherr von Reinsberg-Düringsfeld, *Fest-Kalender aus Böhmen*, Prague, N. D., preface dated 1861, p. 210.
(73) 引用は John Brand, *Popular Antiquities of Great Britain*, Bohn's Edition, London, 1882-1883, i. 227 による。
(74) Mannhardt, *B. K.*, p. 174.
(75) J. B. Holzmayer, "Osiliana," in *Verhandlungen der Gelehrten Estnischen Gesellschaft zu Dorpat*, Dorpat, 1872, vii. 10 以下。Mannhardt, *B. K.*, p. 407 以下。
(76) J. Potocki, *Voyages dans les Steps d'Astrakhan et du Caucase*, Paris, 1829, i. 309.
(77) Mannhardt, *B. K.*, p. 163 以下。マンハルトの意見を補足するものとして、サルデーニャに関するつぎの著作がある。R. Tennant, *Sardinia and its Resources*, Rome and London, 1885, p. 185 以下。

(78) W. Radloff, *Proben der Volkslitteratur der nördlichen türkischen Stämme*, St. Petersburg, 1885-1886, v. 2.
(79) Mannhardt, *B. K.*, p. 51 以下。
(80) J. Merolla 前掲書 xvi. 236 以下。
(81) Böttcher, *Der Baumkultus der Hellenen*, p. 30 以下。
(82) Brand 前掲書 i. 246 より引用。
(83) T. F. Thiselton Dyer, *British Popular Customs*, London, 1876, p. 254.
(84) Brand 前掲書 222 に引用された Borlase の記述。
(85) Brand 前掲書 i. 212 以下。
(86) Dyer 前掲書 p. 233.
(87) R. Chambers, *The Book of Days*, London and Edinburgh, 1886, i. 578. Dyer 前掲書 p. 237 以下。
(88) Dyer 前掲書 p. 243.
(89) Eugène Cortet, *Essai sur les Fêtes religieuses*, Paris, 1867, p. 167 以下。
(90) *Revue des traditions populaires*, ii. 200.
(91) W. R. S. Ralston, *Songs of the Russian People*, second ed., London, 1872, p. 234 以下。
(92) Adalbert Kuhn, *Märkische Sagen und Märchen*, Berlin, 1843, p. 315.
(93) Mannhardt, *B. K.*, p. 162.
(94) L. Lloyd 前掲書 p. 235.
(95) 前掲書 p. 257 以下。

(96) Reinsberg-Düringsfeld 前掲書 p. 308 以下。
(97) William Hone, *Every-Day Book*, London, N. D., preface dated 1827, i. 547 以下。Chambers 前掲書 i. 571.
(98) Brand 前掲書 i. 237 より引用。
(99) 前掲書 i. 235.
(100) Mannhardt, *B. K.*, p. 169 脚注。
(101) Hone 前掲書 ii. 597 以下。
(102) Reinsberg-Düringsfeld 前掲書 p. 217. Mannhardt, *B. K.*, p. 566.
(103) Anton Birlinger, *Volksthümliches aus Schwaben,* Freiburg im Breisgau, 1861-1862, ii. 74 以下。Mannhardt, *B. K*., p. 566.
(104) アリストファネス『福の神《プルトス》』1054. Mannhardt, *A. W. F*., p. 222 以下。
(105) Reinsberg-Düringsfeld 前掲書 p. 86 以下。Mannhardt, *B. K*., p. 156.
(106) Chambers 前掲書 i. 573.
(107) Mannhardt, *B. K*., p. 312.
(108) 前掲書 p. 313.
(109) 前掲書 p. 314.
(110) *Bavaria, Landes- und Volkskunde des Königreichs Bayern*, Munich, 1860-1867, iii. 357. Mannhardt, *B. K*., p. 312 以下。
(111) Mannhardt, *B. K*., p. 313 以下。

(112) Dalton 前掲書 p. 261.
(113) Mannhardt, *B. K.*, p. 315 以下。
(114) Ralston 前掲書 p. 234.
(115) Mannhardt, *B. K.*, p. 318.
(116) 前掲書 p. 318. Grimm 前掲書 ii. 657.
(117) Mannhardt, *B. K.*, p. 320. August Witzschel, *Sagen, Sitten und Gebräuche aus Thüringen*, p. 211.
(118) Mannhardt, *B. K.*, p. 322. Hone 前掲書 i. 583 以下。Dyer 前掲書 p. 230 以下。
(119) Mannhardt, *B. K.*, p. 323.
(120) 前掲書同箇所。
(121) Birlinger 前掲書 ii. 114 以下。Mannhardt, *B. K.*, p. 325.
(122) Mannhardt, *B. K.*, p. 341 以下。
(123) A. Kuhn und W. Schwartz, *Norddeutsche Sagen, Märchen und Gebräuche*, Leipzig, 1848, p. 380.
(124) 前掲書 p. 384. Mannhardt, *B. K.*, p. 342.
(125) Reinsberg-Düringsfeld 前掲書 p. 260 以下。Mannhardt, *B. K.*, p. 342 以下。
(126) Mannhardt, *B. K.*, p. 347 以下。Witzschel 前掲書 p. 203.
(127) Reinsberg-Düringsfeld 前掲書 p. 253 以下。
(128) 前掲書 p. 262. Mannhardt, *B. K.*, p. 353 以下。
(129) Mannhardt, *B. K.*, p. 355.
(130) 本書四〇頁。

(131) Reinsberg-Düringsfeld 前掲書 p. 93. Mannhardt, *B. K.*, p. 344.

(132) Mannhardt, *B. K.*, p. 343 以下。

(133) Dyer 前掲書 p. 270 以下。

(134) Mannhardt, *B. K.*, p. 344 以下。Cortet 前掲書 p. 160 以下。Désiré Monnier, *Traditions populaires comparées*, Paris, 1854, p. 282 以下。L. J. B. Bérenger-Féraud, *Reminiscences populaires de la Provence*, Paris, 1885, p. 1 以下。

(135) 本書九八頁。

(136) Reinsberg-Düringsfeld 前掲書 p. 265 以下。Mannhardt, *B. K.*, p. 422.

(137) Monnier 前掲書 p. 304. Mannhardt, *B. K.*, p. 423.

(138) Brand 前掲書 i. 233 以下。Mannhardt, *B. K.*, p. 424.

(139) E. Sommer, *Sagen, Märchen und Gebräuche aus Sachsen und Thüringen*, Halle, 1846, p. 151 以下。Mannhardt, *B. K.*, p. 431 以下。

(140) この風習は、一八七〇年から七一年の戦争で捕虜になったフランス人から、マンハルトが聞いたものである。Mannhardt, *B. K.*, p. 434.

(141) 前掲書 p. 434 以下。

(142) 前掲書 p.435.

(143) M. Martin, "A Description of the Western Islands of Scotland," in Pinkerton's *Voyages and Travels*, iii. 613. Mannhardt, *B. K.*, p. 436.

(144) John Ramsay of Ochtertyre, *Scotland and Scotsmen in the Eighteenth Century*, ed. Alexander

Allardyce, Edinburgh and London, 1888, ii. 447.

(145) Adalbert Kuhn, *Märkische Sagen und Märchen*, p. 318 以下。Mannhardt, *B. K.*, p. 437.

(146) Mannhardt, *B. K.*, p. 438.

(147) Monnier 前掲書 p. 283 以下。Cortet 前掲書 p. 162 以下。Mannhardt, *B. K.*, p. 439 以下。

第五節　古代の樹木崇拝

以上に見てきたのは、現代のヨーロッパ農民の風習において、樹木霊や植物霊がどのように表象されているか、であった。ヨーロッパ全土におよぶそれらの風習が、驚くほど類似しまた驚くほど執拗に残存していることから、われわれにはつぎのように結論することが可能になる――かつて樹木崇拝は、ヨーロッパの先史アーリヤ人の宗教において重要な要素だったのであり、樹木を崇拝する儀式や式典は、あらゆる地域に共通する卓越的な均一性を備えており、春や夏至の祝祭でヨーロッパの農民によって現在も行われている、もしくはつい最近まで行われていた儀式や式典と、本質的に異なってはいない。というのも、これらの儀式は、内部に古色蒼然たる特徴を備えており、それが太古に通じる内的特徴である点は、それらの儀式が抱く、他の地に住む未開民族の儀式との類似によって確認され得るからである。(一) それゆえ、このように民衆の風習に一致が見られることから、ヨーロッパの先史アーリヤ人と同様、ギリシア人とローマ人が、ヨーロッパの農民によって現在も行われているものと類似した形態の樹木崇拝を行っていたと推論することは、さほど無謀ではない。古代文明の全盛時代、崇拝が野蛮な迷信と野卑なお祭り騒ぎの領域に留まっていたことは、われわれの場合もそうであったように、疑い得ないことである。したがって、そのような民衆の儀式の痕跡が、古代文学にほとんど記録されていないということも驚くにはあたらない。これは、近代のその種の儀式について、近代ヨーロッパの上品な文学作品にはほとんどその痕跡を見ることができないのと同じである。否定的な議論を、二つのうち片方だけによりいっそうあてはまるものとすることは許されないのである。しかし、類推から導き出される仮説を確かなものとする証拠は十分に残されている。その証拠の多くはW・マンハルトによって収集されたものであり、彼のいつもながらの博識と判断力によって分析されている。[12] ここではギリシアの祝祭を引用するにとどめよう。それは、往古のイングランドの五月祭に相当する、古典的な例と思われる。

プラタイアイ〔ギリシア中東部ボイオティア地方の南部にあったアテナイの同盟都市〕のボイオティア人は、二、三年おきに、「小ダイダラ」と呼ばれる祭りを催した。祭りの日、人々は古くからあるオークの森に出かけて行くが、そこに生えた木々は非常に太いものであった。森では地面のうえに茹でた肉を置き、その周りに鳥が集まるのを見る。ワタリガラスが一羽、肉片を運びオークの木にとまるのが見られれば、人々はついて行き、その木を切り倒す。この森の木は花嫁衣装を着せられた神体となり、花嫁付き添いの女性と並んで、去勢牛の引く荷車に乗せられる。引かれて行く先は、河神アソポスの川の土手であったらしい。その後町まで戻ってくるが、この荷車には群集が付き従い、笛を吹いたり踊ったりする。祭りの後神体は片付けられ、六十年に一度の「大ダイダラ」の祝典まで保管される。この大きな祭りでは、それまでの「小ダイダラ」の祝典で集められてきたすべての神体が荷車に乗せられ、厳粛な行列によってアソポスの川まで運ばれ、つぎにキタイロン山〔ギリシア南東部の山。アッティカとボイオティアの境界上に位置する〕の頂上まで運ばれる。ここで、四角い木片を組み合わせて祭壇を作り、そのうえに残材を積み重ねる。この祭壇では動物が生贄として焼かれ、また祭壇自体が、神体とともに炎で焼き尽くされる。炎は驚異的な高さまで立ち上り、何マイルも離れたところから目にできた、とのことである。この祝祭の起源については、つぎのように説明されている。昔ヘラがゼウスと口論し、ヘラはひどく腹を立ててゼウスのもとを去った。彼女を呼び戻そうとしてゼウスは、自分が河神アソポスの娘、妖精のプラタイアと結婚しようとしている、と公表する。ゼウスは、ヴェールをかぶり花嫁衣装を着た像を木で作らせ、これを去勢牛の引く荷車で運ばせた。怒りと嫉妬で我を忘れたヘラは、荷車に飛びかかり、偽の花嫁のヴェールを引き裂くが、その結果これが自分を騙すための企みであったとわかる。彼女の怒りはいまや笑いに変わり、ヘラは夫ゼウスと和解する。(3)

この祝祭は、ヨーロッパのいくつかの春の祝祭や夏至の祝祭と、それなりに類似している。われわれが見てきたように、ロシアの聖霊降臨節では、村人が森に行き、カバノキを切り倒し、女性の衣装を着せ、歌や踊りとともに村に持ち帰る。三日目にその木は川に投げ入れられる。(4) またボヘミアの場合、洗礼者ヨハネの祝日前夜に村の若者たちが森でモミかマツの高い木を切り、高台に立て、花輪や花束やリボンで飾り、その後燃やすのであった。(5) このように木を燃やす理由はいずれ述べることにするが、この風習自体は、近代のヨーロッパでも珍しいものではない。ピレネー山脈のいくつかの地域では、五月祭で高くほっそりとした木が切り倒され、洗礼者ヨハネの祝日前夜まで保管される。この場合木は丘の頂上まで転がされて行き、そこに立てられて火が放たれる。(6) アングレーム〔アングーモア地方シャラント県の都市〕では、六月二十九日の聖ペトロの祝日に、葉の繁る高いポプラの木が、市場に立てられ燃やされる。(7) コーンウォールでは、「かつて、洗礼者ヨハネの祝日前夜に大きな篝火が焚かれた。中央には大きな夏の柱（summer pole）が据えられ、その周りに燃料となるものが山積みにされる。柱の頂上には大きな灌木が据えられた」。(8) かつてダブリンでは、五月の朝、少年たちが出かけて行き「五月の灌木」（May-bush）を切り、町に持ち帰った。これもその後燃やされた。(9)

おそらく、ボイオティアの祝祭も同じ種類に属する祭儀であったろう。この祝祭で表されているのは、植物の神々が、春もしくは夏至の季節に結婚することであり、これは近代ヨーロッパにおいて、五月の王と女王、五月の領主と奥方によって表されるものと同じである。ボイオティアの儀式では、ロシアのそれと同じように、女装された木が、イングランドのメイポールと五月の女王にあたるものをひとつで表現している。いずれの儀式にせよ、それは単なる見世物や芝居がかった展示会などではないし、あるいは少なくとも、本来はそうでなかったということを忘れてはならない。それはある効果を生み出すための呪術なのであり、その効果が劇的に表現されているのである。春の植物の再生が、眠り人を起こすことによって表現されるのであれば、その表現が実際に意図するのは、葉や花の生育を早めることである。植物の神々の結婚が五月の王と女王によって表現されるのであれば、このように表される神々が、実際にその儀式によっていっそう多産になる、という考え方がここにはある。要するにこれら春や夏至の祝祭は、いずれも共感呪術の筆頭にくるものなのである。この呪術によってもたらされることが期待されている結果が、劇的に表現されているのであり、そしてこの表現行為そのものが、望まれている結果をもたらす――あるいは少なくともその産出に貢献する――と信じられているのである。ダイダラの場合、ヘラがゼウスと喧嘩し怒って去っていったという物語は、おそらく、季節の不順と穀物の不作を神話的に表現したものと解釈してよいだろう。同様の損害は、娘プロセルピナを失った後のデメテルの怒りと隠遁に帰せられたこともあった。[10] さて、ひとつの祝祭の始まりは、しばしば、特定の時代に起こった災禍を語る神話物語によって説明されるが、その災禍を避けることこそが、その祝祭の真の目的となっている。したがって、その祝祭の歴史的起源を説明する神話を知れば、われわれはしばしばそこから、その祝祭が行われる真の意図を推測することが可能である。それゆえ、ダイダラの起源が、穀物の不作とその結果としての飢饉を語る物語によって説明されていれば、この祝祭の真の目的は、そのような災害の発生を防ぐことであった、と推断してよい。そして、仮にこの祝祭に関するわたしの解釈が正しければ、その目的を達成するには、植物の生産にもっとも関わりの深い神々の結婚を劇的に表現すればよい、と考えられたのである。[11] ゼウスとヘラの結婚は、ギリシアの様々な土地において、毎年の祝祭で劇的に表現された。[12] したがって、これらの儀式の性質と意図を、わたしが先にプラタイアイのダイダラの祝祭に帰したものと同じと見ることは、控え目に言っても無理のない推測であろう。換言すれば、これらの祝祭におけるゼウスとヘラは、五月の領主と奥方の、ギリシアにおける等価物だったのである。ホメロスの描いた瑞々しいヒヤシンスとクロッカスの上に横たわるゼウスとヘラの鮮やかな図柄は、[13] ミルトンの描いた、西風ゼファー〔ゼフュロス〕と曙の女神オーロラ〔アウロラ、エオス〕の戯れる姿にも似て、「一年に一度五月祭の日に出会う男女のごとく」〔ミルトンの詩"L'Allegro"より〕、おそらくは実生活から活写されたものであった。

　同種の性格がいっそうの確信を持って主張できるのは、アテナイで毎年春の「花の月」(Flowery Month = Anthesterion) に行われた、ディオニュソスに妃を娶らせるという結婚の儀式である。[14] というのも、後述するように、ディオニュソスは本質的に植物の神であり、アテナイの妃とは、純粋に宗教的もしくは祭司的な機能を果たすものであったからだ。[15] それゆえ、毎年行われる彼らの春の結婚では、ディオニュソスは「五月の王」にほかならず、妃はまた「五月の女王」にほかならなかった。結婚の式典で妃に付き添う女性たちは、「五月の女王」の花嫁付き添い人に相当するものであったろう。[16] また、詩人や画家たちに好まれる物語、見捨てられ眠り続けるアリアドネが、ディオニュソスに起こされ彼と結婚する物語は、五月祭にフランス・アルプスの農民たちによって行われる小演劇にきわめて類似しているので、[17] 植物神としてのディオニュソスの性質を考えれば、われわれにはそれが、フランスの祝祭に相当する春の祝祭の記述であるとみなさざるを得ない。実際、ディオニュソスとアリアドネの結婚は、クレタ島では毎春演じられていた、とプレラーは考えている。[18]実のところ彼の挙げる例は要領を得ていないのだが、その見解自体には蓋然性がある。仮にここで比較を行うことが正しければ、フランスの祝祭とギリシアのそれとの主要な違いは、前者においては眠れる者が見捨てられた花婿であり、後者の場合は見捨てられた花嫁だという点であろう。人間の空想がアリアドネの婚姻の冠を見て取った[19]天上のその一群の星々は、「五月の女王」を演じるギリシアの娘が冠る花輪が、天空で変貌を遂げただけだったのかもしれない。

概して、近代の風習からの類推、および古代の祭儀と神話が提供する事実から、われわれはつぎのように結論してよい。ヨーロッパの農民たちが行う春と夏至の祝祭によって明らかとなった、太古の樹木崇拝の形式は、先史時代においてギリシア人とローマ人が行ったものと同じである。ならば、これらの樹木崇拝の形式は、われわれの探求の主題であるところの、アリキアの祭司職を説明する助けとなるのだろうか？　わたしはそうであると信じている。第一に、アリキアの木立の女神ディアナの属性は、樹木霊や森の神のそれである。彼女の聖所は木立の中であったし、実際あらゆる木立が彼女の聖所であった。[20]そして彼女は、しばしば碑文の中で、森の神シルウァヌスと結びつけられている。[21]樹木霊のように、彼女は陣痛に苦しむ女性を助ける。アリキアの木立に見つかった願掛けの供物から判断する限り、このように女性の助けとなる点で、ディアナはアリキアの木立で高名を馳せていたようである。[22]また彼女は、野生動物の保護者でもあった。[23]これはちょうど、フィンランドで森の神タピオが、森を歩き回る野生動物を護ると信じられていたのと同じである。動物たちはタピオの家畜と考えられていた。[24] また、サモギティア族は、森の鳥や獣を神聖視したが、これは、動物たちが森の神の保護下にあったゆえであることは疑いを容れない。[25] さらには、家畜たちはディアナに護られていたという記述もあり、[26] これは、家畜を護るのがシルウァヌスと考えられていたことと同じである。[27] しかし、われわれがこれまで見てきたように、家畜への特別な影響力は、森の霊が持つものとされている。フィンランドでは、牛の群れは、牛舎にいるときも森で迷っているときも、森の神々の庇護を受けた。[28] 最後に、ふつふつと湧き出でる聖なる泉や、アリキアの木立で絶え間なく灯されていたらしい炎には、[29] あるいは、森の神々がその他の属性を備えていたことの痕跡を見て取ってもよい。すなわち、雨を降らし、太陽を輝かせる力である。[30] この最後の属性はおそらく、なぜネミのディアナの伴侶である神ウィルビウスが太陽であると信じられていたかを説明していよう。[31]

したがって、アリキアの木立における祭祀は、本質的に樹木霊もしくは森の神の崇拝であった。だが、われわれが行ってきたヨーロッパの習俗の検証から明らかになったのは、樹木霊がしばしば生きている人間によって表されるということであり、その人間は樹木霊の化身とみなされ、土を肥やす力があるとみなされた、ということである。そしてまた、以前われわれが行った太古の信仰の調査が明らかにしたのは、神が生きた人間の姿を取ることは、未開民族の間では一般的である、ということであった。またさらに、樹木霊の化身と信じられている生きた人間は、しばしば王と呼ばれ、この点でも、彼はまさしく樹木霊を表すものであった。というのも、ギルギット族の聖なるシーダーは、先に見たとおり、「恐ろしい王」と呼ばれているのである。(32) また、タピオと呼ばれる、フィンランド人の森の主神は、茶色の鬚《あごひげ》を生やし、モミの球果でできた山高帽をかぶり、木に生える苔でできた上着を着た老人として表され、「森の王」、「林地の主」、「森の黄金の王」と称された。(33) ならば、アリキアの木立の「森の王」は、「五月の王」や「草の王」等々と同じく、樹木霊もしくは植物霊の化身ではなかったか？　彼の称号や聖なる職務、そして木立の中という彼の住まいは、すべてがこの結論を導き出すものであり、このことは、彼の黄金の枝との関わりによっても確かなものとされる。というのも、「森の王」を襲撃できるのはただ、黄金の枝を折り取った男だけであり、王の命は、その枝ないし枝の生えた木が無傷でいる限りにおいて、襲撃の危険から免れているのであった。したがって、ある意味で王の命は、木の命と緊密に関係している。それゆえ王と木の関係は、木と一体もしくは木に内在している樹木霊が、木と結んでいる関係に、ある程度類似している。樹木霊が「森の王」と「黄金の枝」の両方で表されること（というのも、「黄金の枝」が、きわめて特殊な姿で現れ出た木立の神の命とみなされていたことには、ほぼ議論の余地がないからである）は驚くにあたらない。なぜなら、これまでのところでわれわれは、樹木霊が少なからず二重に表象されること、最初は木もしくは枝により、つぎには生きた人間により、表象されることを見てきたのであった。

したがって、王であり祭司であるという二重の性格や、黄金の枝との関係、木立の神という厳密に林地に属する性格を考えれば、概して「森の王」は、「五月の王」や北ヨーロッパでこれに相当するものと同様、樹木霊の生きた化身と考えられた、とひとまず仮定してよいだろう。そのような者であるから、彼は、雨や陽光をもたらし、穀物を実らせ、女性に子を授け、鳥獣の群れを増やすといった、一般に樹木霊自体に帰せられる、奇跡の力を備えていると考えられたのである。これほどまでに過大な力を備えた高名な人物となれば、かなり重要な存在であったに違いなく、事実彼の影響力は、広大な範囲に及んでいたものと見受けられる。というのも、ローマを取り囲む平原がいまだ、ローマ同盟を形成していた小部族の間で分配されていた時代、アルバノの山の聖なる木立は、彼らから共通の崇敬と保護を集めた場所として知られていたからである。[34] そしてまたわれわれはつぎのように考えてもよい——ちょうどカンボジアの王が、はるか遠く、ほの暗い熱帯雨林の奥地まで、火と水を司る神秘の王たちに供物を送ったように、広大なローマ平原の隅々から、イタリアの巡礼者たちの目と脚はこの地に向かった。そこでは、アペニノ山脈の作り出すほのかに青いスカイラインと遠方の紺碧の海を背にして、アルバノの山が巡礼者たちの目前にくっきりと浮かび上がった。それこそが、ネミの神秘の祭司、「森の王」の住まう場所だったのである。

（1）本書一〇七頁以下、および一一四頁。

(2) とくに Mannhardt, *A. W. F.* を見よ。

(3) パウサニアス、ix. 3. プルタルコス、エウセビオス『福音の準備』iii. 1 以下に関する注釈。

(4) 本書一一五頁。

(5) 本書一一七頁。

(6) Mannhardt, *B. K.*, p. 177.

(7) Mannhardt, *B. K.*, p. 177 以下。

(8) John Brand, *Popular Antiquities of Great Britain*, i. 318. Mannhardt, *B. K.*, p. 178.

(9) William Hone, *Every-Day Book*, ii. 595 以下。Mannhardt, *B. K.*, p. 178.

(10) パウサニアス、viii. 42.

(11) かつてロシアのウォトヤク族は、不作の年が続くことを嘆き、その災禍の原因を、神々のひとりケレメット (Keremet) が、未婚ゆえに怒っているからだと考えた。そこで人々は、花嫁を家に連れ帰るときのように、華やかに飾られた荷馬車に乗り、聖なる木立に向かって行列した。聖なる木立では一晩中宴が開かれ、翌朝は芝生を一片四角く切り取り、家に持ち帰った。この件を報告している筆者はつぎのように語る。「この婚姻の儀式で何が意図されているのか、想像することは容易ではない。おそらく、Bechterew が考えるように、ケレメットを、優しく多産な大地であるムキルシン (mukylčin) と結婚させ、彼女が彼に良い影響を与えることが意図されたのだろう」。—— Max Buch, *Die Wotjaken*, p. 137.

(12) クレタ島のクノッソスの例については、ディオドロス、v. 72 を見よ。サモス島については、ラクタンティウス『神的教理』(Lactantius, *Opera*, ed. J. G. Walchius, Leipzig, 1715, *Divinae Institutiones*) i. 17 を見よ。アテナイについてはフォティオス (Photius, *Lexicon*, ed. S. A. Naber, Leyden, 1864-1865)、

"*ἱερὸν γάμον*" の項を見よ。また *Etymologicum Magnum*, ed. F. Syllburg, Editio Nova, Leipzig, 1816 の "*ἱερομνήμονες*" の項、p. 468. 52 を参照せよ。

(13) 『イリアス』xiv. 347 以下。

(14) デモステネス『ネアイラ』(*Contra Neaeram*) § 73 以下、p. 1369 以下。ヘシュキオス (Hesychius, *Lexicon*, ed. M. Schmidt, Editio Altera, Jena, 1867)、"*Διονύσου γάμος*" および "*γεραραί*" の項。*Etymologicum Magnum*, "*γεραῖραι*" の項。ポルクス (Julius Pollux, *Onomasticon*, ed. G. Dindorf, Leipzig, 1824 ; ed. Im. Bekker, Berlin, 1846)、viii. 108. August Mommsen, *Heortologie*, Leipzig, 1864, p. 357 以下。K. F. Hermann, *Lehrbuch der gottesdienstlichen Alterthümer der Griechen*, second ed., Heidelberg, 1858, § 32. 15, § 58. 11 以下。

(15) 本書二一八頁。

(16) 本書一三四頁。

(17) 本書一三五頁以下。

(18) L. Preller, *Griechische Mythologie*, third ed., Berlin, 1875, i. 559.

(19) ヒュギヌス『天文学』(Hyginus, *Astronomica*, ed. Bern. Bunte, Leipzig, 1874) i. 5.

(20) ウェルギリウス『農耕詩』iii. 332, "nam, ut diximus, et omnis quercus Jovi est consecrata, et omnis lucus Dianae" に関するセルウィウスの注釈。

(21) W. H. Roscher, *Ausführliches Lexikon der griechischen und römischen Mythologie*, Leipzig, 1884 - , c. 1005.

(22) 本書二一三頁。この性質を持つディアナについては Roscher 前掲書 c. 1007 を見よ。

(23) Roscher 前掲書 c. 1006 以下。

(24) M. Alex. Castren, *Vorlesungen über die finnische Mythologie*, St. Petersburg, 1853, p. 97.

(25) Matthias A. Michov, "De Sarmatia Asiana atque Europea," in Simon Grynaeus's *Novis Orbis regionum ac insularum veteribus incognitarum*, p. 457.

(26) リウィウス、i. 45. プルタルコス『ローマ問題』4.

(27) ウェルギリウス『アエネイス』viii. 600 以下。セルウィウスの注釈も参照せよ。

(28) Castren 前掲書 p. 97 以下。

(29) 本書二三頁。

(30) 本書一〇四頁以下。

(31) 本書二四頁。

(32) 本書一〇九頁。

(33) Castren 前掲書 pp. 92, 95.

(34) *Historicorum Romanorum Fragmenta*, ed. H. Peter, p. 52.

第二章　魂の危機

ああ、愛しいさだめない魂、
おまえにはあまりに不安で悲痛なもの！

——ハイネ

〔Heinrich Heine, *Neue Gedichte*, "Verschiedene" 中の "Seraphine" と題された詩、第三連より〕

第一節　王と祭司のタブー

前章でわれわれが見てきたのは、初期の社会において、しばしば王や祭司が、超自然的な力を与えられている、もしくは神の化身である、と考えられたことである。その結果、自然の移り行きは多かれ少なかれ王や祭司の支配下にあるとみなされ、そのため王や祭司は、悪天候や穀物の不作やその他同類の惨禍の責任を負わされる。ここまでのところでは、王の自然に対する力は、臣民や奴隷たちに対する力と同じように、明確な意志によって行使される、と仮定されているように見える。それゆえ、旱魃や凶作や疫病や嵐が起これば、人々はこの災いを、彼らの王の怠慢もしくは罪であるとし、王にしかるべき罰を下す。鞭打ちや縛めという罰の場合もあれば、改悛の兆しが見られないと、廃位や死の罰が下される場合もある。だがときには、自然の移り行きが、なるほど王に依存しているとはみなされても、部分的には王の意志から独立していると考えられる場合もある。王の人格は、こう言ってよければ、宇宙のダイナミックな力の中心と考えられており、そこから放たれる力の放物線は、天空のあらゆる方角へと伸び広がってゆくものである。このため彼の動きはいかなるものであれ——たとえば掌を返したり、片手を上げたりという動きは——即座に、自然の一部に影響を及ぼし、これに深刻な被害をもたらすかもしれない。王は、世界のバランスがその上で保たれている、支柱の先端なのであり、彼の側にわずかな歪みが生じれば、微妙に保たれている均衡は崩れてしまう。それゆえ王は最大の注意を払い、また王に対しても最大の注意が払われなければならない。王の全生命は、もっとも微細な部分に至るまで統制の取れたものでなければならず、そのため彼の振る舞いは、それが自発的なものであれ不本意なものであれ、確立されている自然の秩序を、乱しあるいは転覆させる可能性がある。この類に属する君主の典型が、日本の霊的な皇帝「ミカド」もしくは「ダイリ」である。これは、神々や人間を含んだ全宇宙を支配する、太陽の女神の化身である。一年に一度、すべての神々はこの皇帝に表敬訪問し、その宮廷で一ヵ月間を費やす。この一ヵ月は「神無し」という意味の名で呼ばれ〔もちろん神無月のことである〕、どの寺院にも神々は不在と考えられるので、だれも寺院〔神社〕に詣でることはない[二]。

以下は「ミカド」の生活様式についておよそ二百年前に記述されたものである。[2]

「今日でさえ、この一族の血を引く皇子たちは、生きながらにしてもっとも神聖な人間とみなされ、また生まれながらの法皇とみなされる。これが玉座につく皇子である場合はなおさらそうである。また、このような有利な概念を臣民の心に抱かせておくために、この聖なる人間たちに対しては尋常ならざる配慮がなされねばならず、他国の慣習に照らして考えてみるならば、愚かで見当違いとも思われるほどのことを行うのが義務づけられている。二、三の例を挙げておくのがよいだろう。彼は、自分の足を地面につけることが、自らの権威と聖性を大いに侵害するものであると考えている。このため、どこへ外出するにも、男たちの肩に乗せて運ばれなければならない。ましてや、戸外の空気にこの聖なる人間を曝すなどもってのほかであり、日の光はその頭に降り注ぐ価値などないと考えられている。身体のあらゆる部分に聖性が宿ると考えられているため、あえて髪を切ることも髭を剃ることも爪を切ることもしない。しかしながら、あまりに不潔にならないよう、彼は夜眠っている間に体を洗われる。なぜなら、眠っている間に身体から取り去られたものは、盗まれたものであって、そのような盗みは、その聖性や権威を害することにはならないからである。太古の時代には、彼は毎朝数時間玉座についていなければならなかった。皇帝の冠をかぶり、ただ像のようにじっと座っている。手足も頭も目も、それどころか身体のいかなる部分も動かすことはない。これは、自らの領土の平和と安定を保つことができるのは彼自身と考えられたからで、不運にも体の向きをどちらかに向けたりすれば、あるいはまた領地のいずこかの方角を長時間眺めていたりすれば、国を滅ぼすほどの不作や大火もしくはなんらかの大きな災いが間近に迫っている、と解釈されたからである。しかしその後、守護神は皇帝の冠であり、その不動性が領土の平和を保つという新たな解釈がなされたため、皇帝の身体のほうは煩わしい義務から解放し、怠惰と快楽のみに捧げられるのが得策である、と考えられるようになった。それゆえ現在では、冠が毎朝数時間、玉座の上に置かれる。食物は毎回新しい鍋で調理され、新しい皿で食卓に並べられる。鍋も皿もこざっぱりとした清潔なものだが、平凡な陶器に過ぎない。これは、一度使われただけで捨てられ、あるいは割られるからで、さほどの出費にならないようにである。俗人の手に渡ることを恐れるので、大概は割られる。というのも、万一俗人がこの聖なる皿で食事をしようものなら、食物はその俗人の口と喉を膨れ上がらせ燃え上がらせてしまうと、本気で信じられているからである。ダイリの神聖な衣服についても、同様の悪しき力が宿ると恐れられている。皇帝がはっきりと許可や命令を下していないときに俗人がこれを身につければ、俗人は体のあらゆるところが膨れ上がり、痛みだす」。ミカドに関するさらに古い記述も、同様の趣旨で以下のように述べている。「彼が地面に足をつけることは、不面目きわまる零落と考えられた。太陽と月は彼の頭上を照らすことさえ許されなかった。身体から出る余分なものも、彼の場合は一切取り除かれることなく、髪も髭も爪も切られることはなかった。彼が食べるものは何でも、新しい器で調理された」(3)。

これと類似した祭司的、あるいはむしろ神的な王は、より野蛮なレベルで、アフリカの西海岸に見出される。南ギニアの、パドロン岬（Cape Padron）に近いシャーク・ポイント（Shark Point）には、祭司的な王ククル（Kukulu）が、たったひとりで森の中に住んでいる。彼は女性に触れることもなければ、自分の家を離れることもない。それどころか椅子から離れることすらなく、眠るときも座ったままでなければならない。というのも、彼が横になれば、風は止み船は航行できなくなるからである。彼は嵐を司るほか、概して大気の健全な状態、安定した状態を維持する。(4) 西アフリカのコンゴの王国には、「チトメ」（Chitome）もしくは「チトムベ」（Chitombe）と呼ばれる至高の大祭司がおり、黒人たちはこれを、地上の神であると同時に天上においてもあらゆる力を揮う神とみなしている。このため、彼らがその年の新しい収穫物を味わうときには、その前にまずこの大祭司に初物の実りを捧げる。この掟が守られなければ様々な不幸に襲われる、と彼らは恐れている。この大祭司が自らの住まいを離れ、管轄する他の地を訪れる際には、その不在期間、すべての夫婦は厳格な節制を守らなければならない。というのも、いかなる不節制な行いも大祭司の命取りになると考えられているからである。そして彼が自然死を被ることになれば、世界は消滅する——彼ひとり自らの力と美徳によって支えてきた大地が、たちまち滅んでしまう、と信じられている。(5) 新大陸で半ば野蛮な生活を送っていた民族にも、スペインがここを征服した当時は、日本に類似した聖職政治ないし神権政治が存在していた。そのいくつかについては、すでに述べてきたとおりである。(6) だが、南メキシコのサポテカ族の大神官は、「ミカド」により近い性質を呈していたように思われる。王に匹敵する力を有したこの大神官は、王国の主要都市のひとつヨッパ（Yoppa）を、絶対的な支配権により統治していた。彼の集めた崇敬はどれほど高く評価してもしすぎることはない、と言われている。神とみなされ、大地は彼を包み込むほどの価値もなく、太陽も彼に降り注ぐ価値はなかった。もし大地に足が触れようものなら、彼は自らの神聖を汚すことになった。彼を乗せた籠を肩に担ぐ官吏たちは、高貴な一族の者たちであった。彼は周囲の何ものにも視線を向けてやることはなかった。謁見する者たちは皆地面に顔を落とすが、これは、たとえ彼の影だけでも目にしようものなら死が襲いかかる、と恐れていたからである。サポテカ族の祭司たちは一様に、ある節制の掟を守らなければならず、とりわけ大神官はそうであった。だが「毎年皆が宴と舞踊で祝う特定の祝祭日には、大神官も酒に酔うことが習慣となっていた。天にも地にも属していないように見受けられるこのような状態のときに、神々への奉仕に身を捧げた聖なる処女たちのうち、もっとも美しい娘が、彼のもとに連れてこられた」。もし娘の産んだ彼の子が男であれば、この息子は皇子として育てられた。長子は父を継いで神官の座についた。[3]この大神官に帰せられた超自然的な力が、どのようなものであったかははっきりしていない。だがおそらくは「ミカド」や「チトメ」のそれに類似したものであったろう。

日本であれ西アフリカであれ、自然の秩序やさらには世界の存在自体が、王もしくは祭司の生命と緊密な関係にあると考えられている土地では、王や祭司が臣民たちにより、無限の祝福と無限の危険の源とみなされていたことは明白である。一方で人々は、大地の恵みを育成する雨や陽光、船を港に運ぶ風、さらには足元の大地の存在自体についてまで、この王や祭司に感謝を捧げる。だが彼の与えるものはまた、彼が与えることを拒絶できるものでもある。つまり、自然が彼の存在に依存している度合いはあまりに高く、彼が中心に置かれている自然の諸力の体系のバランスはあまりに微妙であるために、彼の側でのわずかな歪みも、大地を根底から揺るがしかねない震動を引き起こす。そして王のわずかながらの不本意な振る舞いによって自然が掻き乱されるのであれば、容易に想像されるのは、彼の死が引き起こすかもしれない自然界の激動である。先に見たとおり、チトメの死は世界の崩壊を含意していた。それゆえ、人々が自分たちの王や祭司に対して、掟を厳格に守るよう要請するのは、王のなんらかの軽率な振る舞いによって、あるいはそれ以上に王の死によって、自分たちが危険に晒されるかもしれないという安全上の配慮からであることは明らかである。掟の遵守は、王自身の安全に不可欠であると同時に、結果的には人々と世界の安全にとっても不可欠なのである。初期の王国は、人々が単に君主のためだけに存在している専制政治であった、という考え方は、われわれが現在考察している君主制にはまったくあてはまらない。むしろ逆に、初期の王国の君主は、臣民のためだけの存在である。王の命が価値あるものであるのは、王がもっぱら人々のために、自然の移り行きに秩序を与えることによって、自らの地位に与えられた義務を果たす限りにおいてである。したがって、王がその義務を果たせなくなるや否や、人々がそれまで彼に惜しみなく与えてきた保護や献身や宗教的敬意は、たちまちにして止み、憎しみと軽蔑に変わる。屈辱的な廃位を被り、殺されずに逃亡できればありがたいほどである。人々によって神と崇められていた男が、翌日には罪人として殺される。だがこのように人々の振る舞いが変化することには、なんら気紛れや矛盾はない。むしろその振る舞いはまったく首尾一貫している。彼らの王が彼らの神であるならば、王はまた彼らの保護者であり、保護者でなければならない。王が彼らを保護しないのであれば、保護する別の者にその地位を譲らなければならない。しかしながら、王が人々の期待に答えている限りは、人々が彼に与える配慮、および人々が彼自身に強要する配慮に、限界はない。この種の王は、厳かな礼儀作法に取り囲まれて生きる。禁止と戒律の網の目に取り囲まれているのであり、それが意図しているのは、彼の権威に寄与することではなく、ましてや彼の慰安に寄与することではない。むしろ、自然の調和を乱し、彼自身のみならず人々を、さらには宇宙を、全面的な破局に陥れる振る舞いから、彼を遠ざけることが意図されているのである。彼の慰安に寄与するどころか、これらの戒律は、あらゆる行動を束縛することにより彼の自由を抹消し、人々にとっては守るべきものとしてある彼の命自体を、しばしば本人にとっては重荷と悲しみに過ぎないものへと、変えてしまうのである。

　超自然的な力を与えられているロアンゴの王たちについては、王が強ければ強いほど、彼の守らなければならないタブーも多くなる、と言われている。それは、立ったり歩いたり、食べたり飲んだり、また眠ったり目覚めたりという、あらゆる王の行動を規定するものである。[8] 玉座を継承する者は、幼少の頃からこれらの規定に服従する。しかし、成長するにつれて守らなければならない節制や儀礼は増え続け、「ついに玉座に上る頃には、儀式とタブーの大海の中に見失われてしまうのである」(9)。以前見たとおり(10)、エジプトの王たちは神々として崇められた。彼らの日課は細部にわたって厳密・不変の掟に律されていた。ディオドロスはつぎのように語っている(11)。「エジプトの王たちの生活は、その他の、無責任で自分のしたいことをする君主の生活とは異なっている。公的な義務のみならず日常生活についてまで、彼らは法によってあらゆることが決められている。……王は、昼も夜も決まった時間に、自らしたいことではなく、王の務めと定められていることを行わなければならない。……決められているのは、公の仕事を行ったり裁きの座に就いたりという時間だけではない。歩く時間や入浴する時間、妻と寝る時間までもが決められている。要するに、日常の行為の一切が規定されていた。慣習法は質素な食餌を命じていた。王の食してよい肉は仔牛とガチョウだけで、ブドウ酒は、定められた量だけ飲むことが許された」。祭司たちに定められたタブーについては(12)、ローマの神官フラメン・ディアリスの生活を律した掟が顕著な例である。先に見たとおり、ネミのウィルビウス崇拝は、ひとりのフラメンによって執り行われたが、彼が「森の王」そのひとであるかもしれず、その生活様式はローマのフラメンのそれに類似していた可能性がある。そこで、われわれにはその掟がとりわけ興味深いものとなる。フラメン・ディアリスの掟とはつぎのようなものだった。馬に乗ってはならず、馬に触れてもならない。武装した軍隊を見てはならず、壊れていない指輪をつけてはならず、衣服のどこにも結び目をつけてはならない。聖なる炎を除いて、彼の家から火を取ってはならない。彼は小麦粉や酵母を入れたパンに触れてはならない。山羊、犬、生肉、豆、キヅタには、触れてはならないし、その名を口にしてもならない。ブドウの木の下を歩いてはならない。寝台の脚は泥で汚れていなければならない。髪は自由人の男によって真鍮の刃物でのみ切ることが許され、切られた髪や爪は、縁起の良い木の下に埋められなければならない。彼は死体に触れてはならず、また死体が焼かれた場所に立ち入ってはならない。祝祭日に仕事がなされるのを目にしてはならない。かぶり物なしで野外に出てはならない。囚われの身の男が彼の家に連れてこられたら、その縛めは解かれなければならず、縄は天井の穴を通して引き上げられ、戸外の道に垂らしておかなければならない。また、彼の妻であるフラミニカも、ほぼ類似した掟と、これに加えて彼女だけに課せられた掟を、守らなければならなかった。「ギリシア式」と呼ばれる種類の階段は三歩以上上ってはならない。特定の祝祭では、髪を梳いてはならない。彼女の履く靴の革は、自然死を遂げた動物のものであってはならず、殺されたかもしくは生贄に捧げられた動物の革でなければならない。彼女が雷を耳にした場合、自分で償いの供犠を行うまで、彼女自身が触れられてはならないものとされた(13)。

王や祭司の職務に付随する煩わしい戒律は、当然の結果をもたらすに至った。だれもがこの任に就くことを拒んだため、これは空位となりがちであった。あるいは任に就く者がいても、その重さゆえに生気のない人間、幽閉された隠遁者に成り下がり、その無気力な姿からは、世を治める力など欠落し、その権力はしばしば、無名ながらも現実的な支配力を行使することで満足できる、より強固な男たちの手に渡ることとなった。いくつかの国では、この至上の力の分裂が深まり、霊的な権力と世俗の権力が、完全に、永続的に分離してしまった。昔からの王族は純粋に宗教的な機能を保持し、一方世俗の統治権は、より新しく精力的な血族の手に委ねられたのである。

例を挙げよう。すでに見たとおり、[14] カンボジアでは、炎の王と水の王の王位は、しばしば気のすすまない候補者に無理やり継承されねばならなかった。またサヴェッジ島では、ついにだれもその危険な栄誉を受け継ぐことに応じなくなったため、君主制は事実上終わりになった。[15] 西アフリカのいくつかの地域では、王が死ぬと、後継者を決めるために密かに親族会議が開かれる。後継者と決まった男は突如捕らえられ、縛られ、呪物置場に投げ入れられる。王位を継ぐことに同意するまで、そこに監禁されるのである。ときとしてこの後継者も、王位が自分に押しつけられるというこの栄誉を、回避する手段を見つけ出すことがある。たとえばある獰猛な族長は、彼を王位に就けようというい かなる試みに対しても、断固力で対抗しようと、つねに武装して歩き回ったことで知られている。[16] 早くから日本のミカドたちは、至上の権力という栄誉と重荷を自分の幼い子どもに譲り渡すという、便宜的な手段に訴えていたらしい。この国で長く俗世の権力を握ることになる大君〔将軍〕が登場したのも、あるミカドが三歳の息子のために自ら退位したことが原因である。ひとりの簒奪者が、ミカドとなった幼い皇子からその主権をもぎ取った。そこでミカドの大義を擁護したのは、気骨と実行力に富む男、〔源〕頼朝であった。頼朝はその簒奪者を倒し、ミカドにその「影」を回復してやった。つまりは権力という「実体」を、頼朝自身が確保したのである。頼朝は自らが勝ち取った権威を子孫に譲り、こうして代々に亘る大君の創始者となった。十六世紀後半にもなると、大君は実行力のある有能な統治者となった。だが大君たちも、ミカドのそれと同じ運命に見舞われる。大君が、同様に慣習と法の入り組んだ網の目に捕らえられ、単なる傀儡に堕し、城から動くこともなくなり、永遠に続くかのごとき空虚な宴に明け暮れる一方で、実質的な行政は、国策会議によって執り行われたのである。(17) トンキンでも、君主制は似たような経緯を辿った。前任者と同様優柔不断で怠惰な生活を送っていた王は、マック(Mack)という名の野心溢れる策士に王位を奪われた。彼は漁師から大官吏(Grand Mandarin)になったのである。しかし王の弟トリン(Tring)は、この簒奪者を斥け、王を復位させ、だがその代わりに、あらゆる権力を握る将軍としての威厳を、自らとその子孫たちに確保したのだった。それ以後、ドーヴァ(dova)と呼ばれる王たちは、君主の称号と華やかさは与えられたものの、統治することはなくなった。彼らが王宮で隠遁生活を送る一方、(18) 世襲の将軍が、真の政治権力の一切を握ったのである。息子が誕生すれば退位するという、チョーヴァ(chova)と呼ばれるタヒチの王たちが一様に守っていた風習も、ときおりミカドが行っていた慣例と同様、おそらくは王位という退屈な重荷を他の者に負わせようという意図から発したものであろう。息子は生まれると即座に国王であると宣言され、それまで父親が受けていた敬意を払われることになる。他の地域と同様タヒチにおいても、君主はあわただしく拘束してくる制度の奴隷だったからである。[19] いまひとつのポリネシアの島マンガイアでは、宗教的な権威と行政上の権威が、それぞれ別の者の手に握られていた。精神面での役割は代々世襲の王が果たす一方、世俗の行政は、折に触れて戦闘に勝った指導者に委ねられた。しかしながらその任命は、王によってなされなければならなかった。後者は最上の土地を割り当てられ、日々供え物として捧げられる選び抜かれた最上の食べ物を受け取った。[20] 皇帝と法皇の間で権威を分け合うというアメリカ大陸での例は、すでにメキシコとコロンビアの古い歴史の中に見てきたとおりである。[21]

(1) *Manners and Customs of the Japanese in the Nineteenth Century : from recent Dutch Visitors to Japan, and the German of Dr. Ph. Fr. von Siebold*, London, 1841, p. 141 以下。

(2) Engelbert Kaempfer, "History of Japan," in John Pinkerton's *Voyages and Travels*, vii (London, 1811), 716 以下。

(3) François Caron, "Account of Japan," in Pinkerton's *Voyages and Travels*, vii. 613. また以下とも比較せよ。B. Varenius, *Descriptio regni Japoniae et Siam*, Cambridge, 1673 (first ed. published by Elzevir at Amsterdam in 1649), p. 11, Nunquam attingebant (quemadmodum et hodie id observat) pedes ipsius terram : radiis Solis caput nunquam illustrabatur : in apertum aerem non procedebat, etc.

(4) Adolf Bastian, *Die deutsche Expedition an der Loango-Küste*, i. 287 以下。また Varenius 前掲書

p. 353 以下も参照せよ。

（5） J. B. Labat, *Relation historique de l'Éthiopie Occidentale*, i. 254 以下。

（6） 本書七五頁および七九〜八〇頁。

（7） Brasseur de Bourbourg, *Histoire des nations civilisées du Mexique et de l'Amérique-Centrale*, Paris, 1857-1859, iii. 29 以下。H. H. Bancroft, *The Native Races of the Pacific States of North America*, ii. 142 以下。

（8） Bastian 前掲書 i. 355.

（9） O. Dapper, *Description de l'Afrique*, p. 336.

（10） 本書八〇頁以下。

（11） *Bibl. Hist*. i. 70. 〔ディオドロス *Bibliotheca* の意か。第一章第二節の註（71）を参照のこと。〕

（12） 本書二四頁。

（13） アウルス・ゲリウス、x. 15. プルタルコス『ローマ問題』109-112. プリニウス『博物誌』xxviii. 146. ウェルギリウス『アエネイス』i. 179, 448, iv. 518 に関するセルウィウスの注釈。マクロビウス『サトゥルナリア』i. 16, 8 以下。フェストゥス（ed. Müller)、p. 161A. さらなる詳細は以下を参照せよ。Joachim Marquardt, *Römische Staatsverwaltung*, second ed., Leipzig, 1885, iii. 326 以下。

（14） 本書八四頁。

（15） 本書七八頁。

（16） Bastian 前掲書 i. 354 以下、および ii. 9, 11.

（17） *Manners and Customs of the Japanese in the Nineteenth Century*, p. 199 以下および p. 355 以下。

(18) Jerome Richard, "History of Tonquin," in Pinkerton's *Voyages and Travels*, ix (London, 1811), p. 744 以下。
(19) Rev. William Ellis, *Polynesian Researches*, iii, p. 99 以下 (ed. 1836)。
(20) W. Wyatt Gill, *Myths and Songs of the South Pacific*, p. 293 以下。
(21) 本書七五頁および一六七〜六八頁。

第二節　魂の本質

しかし、神なる王もしくは祭司に課せられたタブーの目的が、その生命を保つことであるのならば、タブーの遵守はどのようにこの目的を達成するものと考えられたのか、という疑問が湧く。この点を理解するには、王の生命を脅かす危険、それらのタブーによって回避できると考えられた危険が、どのような性質のものであるかを知らなければならない。したがって、われわれはつぎのように問うてみなければならない。古代の人間が死によって理解していたものは何か？　死をどのような原因に帰していたのか？　そして、どうすれば死に太刀打ちできると考えていたのか？

一般に蛮人は、非動物界の生成過程を、その現象の内部もしくは背後で作用している生きた存在によって生み出されるものと仮定することで、理解している。そして生命という現象自体もまた、これと同じように理解されている。一匹の動物が生きて動いているのは、それを動かしている小さな生き物が、内部に存在するからに過ぎない、と蛮人は考える。ひとりの人間が生きて動いているのも、彼が、自分を動かしている小さな人間を内部に備えているからに過ぎないのだ。この動物の内部の動物、人間の内部の人間が、魂である。そして、動物や人間の活動が魂の存在によって解釈されるのと同じように、眠りや死といった休止は、魂の不在によって解釈される。つまり、眠りや忘我《トランス》は一時的な、死は永続的な、魂の不在状態なのである。それゆえ、死が永続的な魂の不在であるならば、死に太刀打ちする方法は、魂が体から離れないようにするか、離れても戻ってこれるようにすることである。これらのいずれかの目的を果たせるよう蛮人たちが用いた予防措置が、禁制もしくはタブーという形になる。それは、魂が確実に存在し続けるように、もしくは確実に戻ってこれるようにと意図された掟にほかならない。ようするに、タブーとは救命具もしくは救命要員なのだ。以下ではこの概論を、具体例によって詳述してゆく。

あるヨーロッパ人の宣教師は、オーストラリアの黒人たちに向かって言った、「わたしは、あなたがたが考えているようにひとりではなく、ふたりいるのです」。これを聞いて彼らは笑った。宣教師は続けて言った、「好きなだけ笑ってください。わたしは、ひとりの自分の中に、ふたりの自分がいると言っているのです。あなたがたが目にしているこの大きな体はひとつです。その中に、目に見えないもうひとりの小さな自分がいるのです。大きな体のほうは、死ねば埋められます。でも、小さな体のほうは、大きな体が死んだときに、飛び去って行くのです」。これを聞いて何人かの黒人は答えた、「そうだ、そうだ。わたしたちもふたりの自分を持っている。わたしたちも、胸の中に、小さな体を持っている」。死ぬとその小さな体はどこへ行くのかと訊ねられて、藪の中へ行くと答えた者や、海の中へ行くと答えた者、また知らないと答えた者がいた。[1] ヒューロン族（北米インディアン）は、魂には頭と胴体、手と足があると考えた。つまりは、自分をそのまま小さくしたものを考えていた。[2] エスキモーは、「魂はそれが属している体と同じ形をしているが、より捉えがたく空気のような性質を備えている」と考える。[3] 小人が人間に類似しているのと同じくらい、魂はその身体に類似しているので、太った体や痩せた体があるのと同じように、太った魂や痩せた魂がある。[4] 重い体や軽い体、背の高い体や低い体があるのと同じように、重い魂や軽い魂、背の高い魂や低い魂がある。スマトラ島の西に位置するニアス島では、だれもが生まれる前に、どのくらいの背丈、どのくらいの体重の魂がよいかを訊ねられ、望みどおりの背丈や体重を備えた魂が割り当てられる、と考えられている。これまで割り当てられた中でもっとも重い魂は十グラムであった。人間の生命の長さは、魂の背丈に比例する。したがって、幼くして死んだ子どもの魂は背の低い魂であったことになる。[5] しかしながら、以下に見るように、ときとしての人間の魂は、人間の姿ではなく、動物の姿で考えられることもある。

魂は一般に、身体の自然に開いている箇所、とくに口や鼻腔から抜け出るものと考えられている。このため、セレベス島ではときとして、病人の鼻と臍《へそ》と足に釣り針がつけられる。万一魂が抜け出そうとすれば、これで魂を引っ掛けて固定しようというわけである。[6] ハイダ族の呪医が用いる「道具」のひとつに、空洞の骨がある。呪医はこの中に、離れて行こうとする魂を閉じ込め、持ち主に返してやる。[7] マルケサス諸島の人々は、死にかけている人間に対して、死なないように、魂が抜け出ることを阻止しようと、口と鼻を塞ぐ。[8] インドのヒンドゥー教徒たちは、だれかが人前で欠伸をすれば、つねに親指をパチリと鳴らす。こうすれば、魂が開いた口から出てゆくのを防げると信じるからである。[9] 南米のイトナマ族〔ボリビア北東部のインディオ〕は、死にかけている者の目と鼻と口を塞ぐ。彼の霊魂が出てきて、他の人々を攫ってゆかないようにである。[10] セレベス島南部では、出産で女の魂が抜け出すことを防ぐために、助産婦が妊婦の体に、できるだけきつく帯を巻く。[11] またセレベス島のアルフォア族（the Alfoers）は、子どもが生まれそうになると、赤子の魂が生まれてすぐに抜け出し迷子にならないようにと、鍵穴に至るまで家の開いている箇所一切を、注意深く塞ぐ。壁の隙間やひび割れもすべて塞がれる。また、屋内や屋外にいる動物たちも、すべて口を縛られる。動物が赤子の魂を飲み込んでしまわないようにである。同じ理由から、家にいる者たちは全員、妊婦自身さえも、出産の間は口を閉じていなければならない。そこで彼らにつぎのような質問をしてみた。赤子の魂がだれかの中に入って行かないようにであるならば、なぜ鼻を塞ぐことはしないのか？ 答えはこうであった。息は鼻から吸われるのみならず、吐かれもするので、魂はそこに落ち着く間もなく放出されるのである。[12]

しばしば魂は、天外に飛び立とうとしている鳥と考えられる。この考え方はおそらく、大概の言語の中にその痕跡をとどめており、[13] 詩の中の隠喩として永らえている。しかしながら現代のヨーロッパの詩人たちにとって隠喩であるものは、その蛮人の祖先たちにとっては、まったく理にかなった大真面目なものであったし、また現在でも多くの人々にとってはそうであり続けている。マレー人はこの考え方を押し進め、実行を伴う結論に達した。もし魂が羽根の生えた鳥であるならば、米で注意を引くことができ、そうすることでその危険な飛翔を妨げることができるかもしれない。かくしてジャワ島では、赤子を初めて地面に下ろすときには（未開人はこれをとりわけ危険な瞬間とみなしているらしい）、鶏籠の中に入れ、母親は、牝鶏を呼ぶようにコッコッと鳴き真似をする。[14] スマトラのバッタ族は、男が危険な仕事から戻ってくると、米粒をその頭の上に置く。この米粒は「パディルマ・トンディ」（padiruma tondi）、すなわち「魂（トンディ）を留めておくための手段」と呼ばれる。またジャワ島でも、米は大きな危険から逃れてきた人々や、死んだと思われていたのに予期せずして戻ってきた人々の頭上に置かれる。セレベス島では、花婿の魂は結婚で飛び立ちやすいものと考えられ、このため、その魂が留まるようにと、彩色された米が花婿にふり掛けられる。また、一般にセレベス島南部の祝祭では、その祝祭で祝われる人物の頭上に米が撒かれるが、これは、彼を妬んだ悪霊がその魂を誘い出そうとするとりわけ危険なときであるから、その魂を引き留めておくための措置である。[16]

眠っている者の魂は体から抜け出して、夢で見ているまさしくその場所に、実際に赴くものであると考えられている。だが魂のこのような不在にはいくつかの危険が伴っている。仮になんらかの原因により、魂が体から永遠に離れたままになってしまえば、魂を奪われた者は死ななければならないからである。[17] 眠れる者の魂を拘留する原因は数多い。たとえば、その魂は別の眠れる者の魂と出会い、二つの魂が争いあうこともある。ギニアの黒人が朝骨の痛みで目覚めたとすれば、彼は眠っている間に自分の魂が、別の眠れる者の魂に殴られたのだと考える。[18] あるいは、眠れる者の魂は、死んだばかりの人の魂と出会い、それに連れ去られることもある。アルー諸島〔ニューギニアの南西にある群島〕では、家で死人が出れば、家人たちはその夜は眠らない。死者の魂はいまだ家の中にいると考えられ、彼らは夢の中でそれに会うことを恐れるからである。[19] また、眠れる者の魂は、物理的な要因で帰還を妨げられることがある。サンタル族〔インド中部のビハール州に住む部族〕の人々はつぎのように語っている。ひとりの男が眠りに落ちたが、大変喉が渇いてきたので、トカゲの姿をしたその魂が彼の体を離れ、飲料水の入った水差しの中に入った。ちょうどそのとき、水差しの持ち主はこれに蓋をしてしまった。これでその魂は体に戻ることができなくなり、男は死んでしまった。男の友人たちが遺体を焼く準備をしていて、だれかが水を飲もうと水差しの蓋を取った。これでトカゲは逃げ出すことができ、彼の体の中に戻り、男は即座に蘇った。男は起き上がり、友人たちに、なぜ泣いているのかと訊ねた。友人たちは、おまえが死んだと思い、いままさにおまえの遺体を焼こうとしていたのだ、と語った。男は、水を飲もうとして井戸の底に降りたのだが、なかなか出てこれなくなり、いまようやく戻ったところだ、と語った。こうして一切が明らかとなったのである。[20] 似たような物語はトランシルヴァニアにもあり、つぎのように伝えられている。十八世紀、ミユールバッハで行われた魔女裁判での陳述——ひとりの女が、男二人を雇って自分のブドウ園で働かせた。正午を過ぎて彼らはいつものように休もうと身を横たえた。一時間後、男たちは起きてその女も起こそうとしたが、できなかった。彼女は口を大きく開け動かなくなっている。日が沈む頃に男たちは戻ってきたが、それでもまだ彼女は死体のように横たわっていた。ちょうどこのとき、大きなハエがブーンと音をたてて飛んできたので、一方の男がこれを捕まえ、革の小袋に閉じ込めた。それからまたその女を起こそうとしたが、できなかった。その後ハエを逃がすと、ハエはまっすぐ女の口の中に飛んで行き、彼女は目を覚ました。これを見て男たちは、彼女が間違いなく魔女であると確信したのだった。[21]

太古の人々の間では一般に、眠っている者は起こさないのが決まりとなっている。これは、体を離れている魂が、戻る機会を逸してしまわないようにである。魂のいないときに起こされれば、人は病気になってしまう。どうしても起こす必要があるときには、魂に戻る時間を与えられるよう、徐々に徐々にと、ゆっくり起こしてゆかなければならない。[22] ボンベイ〔ムンバイ〕では、眠っている男の顔に幻想的な色使いで模様を描いたり、眠っている女に口髭を描くなど、眠れる者の外見を変えることは、殺すことと同じと考えられている。なぜなら、魂が戻ってきたときに、もとの体がどれであるか分からなくなり、その者が死んでしまうからである。[23] セルビア人は、眠れる魔女の魂が、しばしば蝶の姿をして体を離れると考えている。魂がいない間に足と頭の向きを逆にすれば、蝶の姿をした魂は体内への入り口である口を探し出すことができず、魔女は死んでしまうのである。[24]

しかし、人間の魂が体を離れるためには、かならずしも眠っている必要はない。目覚めているときにも離れることはあるし、そのため病気となり、あるいは（その不在が長引けば）結果的に死に至る。たとえばモンゴル人は、ときとして病気を、魂の不在ゆえに起こるものと解釈する。魂が体に戻りたくないか、戻る道を探せずにいると考える。そこで、魂を戻すためには、まず体をできるだけ魅力的なものにしなければならず、つぎに、魂に帰り道を教えてやらなければならない。体を魅力的なものにする方法としては、病人の最上の服ともっとも価値の高い所有物を、病人の傍らに置く。病人は体を洗われ、香を焚かれ、できる限り安楽な状態に置かれる。それから友人たち皆で、病人の名前を呼び、魂に戻るよう説得しながら、彼の小屋の周りを三度回る。魂が帰り道を見つけられるようにと、病人の頭から小屋の戸口まで、彩色された紐を張る。ローブを着た祭司は、地獄の数々の恐怖と、魂が勝手気ままに体を離れたために引き起こされる数々の危険が列挙されたリストを、読み上げる。つぎに祭司は集まった友人たちと病人のほうに向き直り、「やってきたか?」と訊ねる。皆ははいと答え、戻ってきた魂に頭を下げ、病人のほうに種を投げる。魂に帰路を教えた紐は巻き取られ、病人の首に巻かれる。病人はこれを七日間ずっと巻いておかなければならない。いまだその体になじんでいない魂が、また飛び立ったりしないように、だれも病人を怖がらせたり傷つけたりしてはならない。(25) インドにはつぎのような物語がある。ひとりの王が、死んだブラフマンの体に自らの魂を入れた。そしてひとりの傴僂が、魂のいなくなったその王の体に、自らの魂を入れた。これで傴僂は王となり、王はブラフマンとなった。だが傴僂は、自分の魂を死んだオウムの体に入れられるかどうか、その技量を見せてくれと唆され、この機に乗じて王はまんまと自分の身体を取り戻す。(26) またもうひとつのインドの物語では、ブラフマンが、王の死体に自らの魂を入れて王を生き返らせる。一方ブラフマンの遺体は焼かれ、これでブラフマンの魂は、王の体に留まることを余儀なくされる。[27]

魂の離脱は、かならずしも自発的なものではない。死霊や悪霊や妖術師により、自らの意志に反して身体から引き離される場合がある。このためビルマのカレン族〔ミャンマーの東部と南部に住む〕は、葬列が家の傍を通り過ぎるときには、子どもたちを特殊な紐で家の特定の場所に縛りつける。子どもらの魂が体を離れて、通り過ぎる遺体に入らないようにするためである。遺体が見えなくなるまで、子どもらはこうして縛られたままでいる。[28]そして遺体が墓穴に横たえられると、土をかぶせる前に、会葬者と友人たちが墓を取り囲んで立つ。だれもが、片手には縦に割った竹、片手には小さな棒を持つ。そして皆で竹を墓に突き刺し、その竹の溝を棒でなぞる。ここを通れば簡単に墓から這い出してこれると、死者の魂に指し示すのである。土がかけられるときには、竹は取り除かれる。魂が竹の中に入っているといけないし、また不注意に墓の中に捨て置かれて、土に埋もれてしまってはならないからである。人々がこの場を離れるときには、魂に一緒に来てくれと頼み、竹を運び去ってゆく。[29]さらに、墓から戻るときには、カレン族はだれもが、木の枝で作った小さな鉤を用意する。帰る際に、ときどき自分の魂に向かってついて来いと叫び、鉤で自分の魂を引っ掛けるような動作をし、その後鉤は土の中に埋める。これは、生きている者の魂が、死者の魂のもとに留まることを防ぐためである。[30]ビルマ人は、母親が幼い子を残して死ぬと、「蝶」となった子どもの魂が母の魂を追いかけるので、その魂を連れ戻さなければ子どもは死ぬ、と考える。そのためひとりの女魔術師を呼び、子どもの魂を連れ戻してもらう。彼女は遺体の隣に鏡を一枚置き、鏡の上に羽のように軽い綿毛を一片置く。鏡の傍らで、両手を広げて一枚の布を持ち、母親に向かいことばを荒げて、「蝶」すなわち子どもの魂を、連れて行かないよう、送り返すよう懇願する。軽い綿毛が鏡の表面から滑り落ちると、彼女はそれを布で捕らえて、優しく幼子の胸の上に置く。これと同じ儀式は、ときとして、仲良しの二人の子どものうちのひとりが亡くなった場合も行われる。死んだ子の魂が、遊び友達の魂を霊界に連れ去ろうとしている、と考えられるためである。これは妻を亡くした夫や夫を亡くした妻に対しても行われる場合がある。[31] 東インド諸島のカイザー島(Island of Keisar)では、夜間墓の近くに行くことは無分別であると考えられている。死霊が通りかかる人の魂を捕らえるからである。[32] キー諸島(Key Islands)の人々が信じるところでは、祖先たちの魂は、食べ物が与えられないと、怒って人々の魂を拘留し病気にさせる。そこで人々は墓に食べ物を供え、祖先たちに、病人の魂を戻してほしい、そしてまた、その魂が途中で彷徨っているのであればすぐに家に送り届けてほしい、と頼む。[33]

セレベス島西部のボーラング・モンゴンド(Bolang Mongondo)という地域では、一切の病気が、病人の魂を運び去った祖先の霊のせいにされる。それゆえ病人の魂を連れ戻し、その苦しんでいる者に魂を回復してやることが目論まれる。ある目撃者は、病める少年に対して試みられた治療法を、つぎのように伝えている。医者として振る舞う女祭司たちが、布で人形を作り、ひとりの老女が真っ直ぐに持った槍の先に、この人形を縛りつける。人形の周りで女祭司たちは踊り、呪文を唱え、犬を呼ぶときのようにチュッチュッという声を出す。つぎに老女は槍の先を少し下げ、女祭司たちが人形に届くようにする。このときにはすでに、その魔術によって病気の少年の魂が人形の中に入った、と考えられている。そこで女祭司たちは用心深く爪先立ちでこの人形に近づき、それまで宙にはためかせていた色とりどりの複数の布で、この魂を捕らえるのである。それから女祭司たちはこの魂を少年の頭の上に置くのだが、これは、魂が入っていると考えられる布の中に、少年の頭を包み込むという方法が取られる。そして彼女たちは非常に厳かに、しばらくじっと立ったまま、患者の頭に自分たちの手を乗せておく。突然、ピクリと体をひきつらせると、女祭司たちは何かを囁き、頭を振り、布が取り去られる。魂が逃げてしまったのだ。女祭司たちはこれを追う。家の周りをぐるぐると駆け回りコッコッと声を出しながら追う身振りは、まるで牝鶏を飼育場に追い込むかのようである。ついに階段の下で魂を捕まえると、女祭司たちはそれを元通り持ち主に返してやる。[34] これと非常に類似した方法を用いるのはオーストラリアの呪医で、彼はときとして、病人の彷徨える魂を人形に入れ、この人形を患者の胸に押し当てることで、魂を回復してやる。[35] ロイヤルティ諸島〔太平洋南西部。ニューカレドニアの東部に位置する〕の一島、ウエア（Uea）では、死者たちの魂は、生きている者の魂を盗み取る力を備えていると信じられていたらしい。人が病気になると、魂の呪医が、大勢の男女を引き連れて墓地に行く。ここで男たちは横笛を吹き、女たちは優しく口笛を吹いて、魂を家へと誘う。これをしばらく続けた後、彼らは行列を作って家路につく。その間もずっと横笛を吹き続け、女たちは口笛を吹き続け、彷徨える魂を家に連れて帰るために、掌を広げて穏やかに導いてゆく。病人の家の戸口に来ると、彼らは魂に向かって、大声で、病人の体に入るよう命じるのだった。[36] マダガスカルでは、人が病気で魂を失うと、友人たちがその家の墓に行き、そこに穴を掘り、病人の父親の魂に向かって、魂をなくしてしまったあなたの息子のために魂をひとつくれ、と頼んだ。頼み終えると彼らは、穴にボンネットをぴしゃりとかぶせ、ボンネットの中に魂を包み込む。これを病人のもとへ持ってゆき、病人はこのボンネットを頭にかぶる。こうして彼は新しい魂を受け取るか、以前からの自分の魂を取り戻すことになった。[37]

人の魂の誘拐は、しばしば悪霊たちの仕業とされた。ヴェトナム人の信じるところでは、人が悪霊に出会って話し掛けると、悪霊はその人の息と魂を吸い込んでしまう。[38] ダヤク族の者は、ひとりで歩いていた森を出ようとするときには、かならず悪霊たちに、自分の魂を返してくれと頼む。森の悪魔が抜き取ってしまったかもしれないからである。というのも、魂の誘拐は、持ち主がその喪失に気づかないうちに起こっているかもしれず、目覚めていようが眠っていようが起こってしまうことだからである。[39] モルッカ諸島では、人の具合が悪くなると、なにかの悪魔がその住処である木か山か丘に、その人の魂を連れ去ったのだと考える。妖術師が悪魔の住居を指し示すと、患者の友人たちは調理した米や果物、魚、生卵、鶏、雛、絹のローブ、黄金、腕輪などを、そちらのほうに運ぶ。この食べ物をきちんと並べると、彼らはつぎのような祈りを唱える。「ああ、悪魔よ、わたしたちはあなたにこの捧げ物を持ってきました。食べ物、衣装、黄金などです。これを受け取り、患者の魂を解放してください。その患者のためにわたしたちは祈っているのです。魂をその体に返してやってください。そうすれば今病んでいるあの男も、すっかり回復することでしょう」。それから彼らは食べ物を少し食べ、患者の魂の代価として鶏を解き放つ。生卵もそこに置き去りにするが、絹のローブと黄金と腕輪は持ち帰る。家に戻るや否や、彼らは持ち帰った捧げ物を盛った平たい皿を病人の枕もとに置き、彼に向かってつぎのように言う。「さあ、これでおまえの魂は解放された。だからおまえはこの世で、白髪が生えるまで元気に生きてゆけるだろう」[40]。同じ地域に関するより新しい報告書が伝えるところでは、患者の友人は、失われた魂がいると考えられる地点に捧げ物を置いた後、三度患者の名前を呼び、「一緒に来い、一緒に来い」と言う。そして一枚の布の中に魂を捕らえたという身振りをしながら帰ってゆく。この友人は左右を向いてはならず、だれに出会っても話し掛けてはならず、真っ直ぐに患者の家に向かわなければならない。戸口に立つと、病人の名を呼び、帰ってきたかどうかを訊ねる。家の中から帰ってきたという返事を聞くと、彼は中に入り、魂を捕まえた布を患者の喉にあてがい、「さあ、おまえは家に帰ってきたぞ」と言う。またときには代用品も用いられる。華やかな衣装ときらびやかなティンセルに包まれた人形が、患者の魂と引き換えに悪霊に捧げられ、つぎのように唱えられる。「あなたが連れ去った醜いものをわたしたちに返し、代わりにこの美しいものを受け取ってください」[41]。同様に、モンゴル人はカバノキの樹皮で馬を作り、人形を作る。そして悪

霊に、患者の代わりにこの人形を受け取り、この馬に乗って立ち去ってくれと頼む。(42)

とりわけ新居に入ったばかりの人々は悪霊を恐れる。セレベス島のアルフォア族の場合、新築祝いの席で、祭司が家人の魂を取り戻すための儀式を執り行う。祭司は供犠の祭壇に袋を吊るし、神々の名を記したリストを朗誦する。厖大な量のリストであるため、祭司は休みなく一晩を費やしてこれを行う。朝になると祭司は神々に卵一個といくらかの米を捧げる。これでこの家族の魂は、袋の中に集められたとみなされる。そこで祭司はこの袋を取り、家の主人の頭の上に置き、「これでおまえには魂がある。明日もまた(魂よ)出かけてゆくがよい」と言う。それから祭司は、妻やその他の家族に対しても、同じ儀式、同じことばを繰り返す。(43) 同じくアルフォア族の間で、病人の魂を取り戻すひとつの方法は、椀を窓から帯で吊るすことである。これで魂を捕らえようと探り、椀に入ればこれを手繰り寄せる。(44) また彼らの間では、祭司が布の中に捕らえた病人の魂を持ち帰る際、ひとりの娘が祭司の前を歩きながら大きなヤシの葉を傘のように彼の頭上にかざしている。これは、雨が降って祭司とその捕らえた魂を濡らさないためである。また、他の魂たちが捕まった魂を奪い返そうとするのを阻止するために、ひとりの男が剣を振り回しながら祭司の後に続く。(45)

サモア人はつぎのような物語を語る。二人の若い魔術師が、ある族長が大病で臥している家を通り過ぎたとき、山の神々の一団が、家の戸口に座っているのを目にした。神々は死にかけている族長の魂を順に手渡ししていた。その魂は葉に包まれており、家の中にいる神々から、戸口にいる神々に手渡されていた。神のひとりがこの魂を、魔術師のひとりに手渡した。夜だったので、暗闇で彼を神と勘違いしたのだ。これで神々は全員が立ち上がり、去っていった。だが魔術師の手には族長の魂が残された。朝になり、数人の女たちが、有名な医者を連れてこようと、贈り物の極上の莚を持って出かけて行った。魔術師たちが岸に座っていると、その女たちが通り過ぎたので、魔術師たちは言った。「わたしたちにその莚をよこしなさい。そうすればわたしたちがその人を治してあげよう」。こうして彼らは族長の家に行った。族長の病は重く、顎は垂れ下がり、死ぬ間際であるように見えた。だが魔術師たちは葉の包みを解いて、その魂をもう一度族長の中に戻した。すると族長はたちまち晴れやかな気分となり、生気を取り戻したのである。(46)

スマトラのバッタ族は、生きている者の魂は、動物の体に乗り移ることがあると考えている。たとえば、ときとして医者は、家禽の体から患者の魂を取り出してくれと要求される。魂が、悪霊によって鶏の中に隠されてしまったというのである。(47)

ときには失われた魂が、目に見える姿で連れ戻される。メラネシアでは、隣人が死にかかっていることを知るひとりの女性が、家の中で、蛾が羽ばたくようなサラサラという音を聞いた。まさにこの瞬間彼女は、嘆き悲しむ声で、魂が飛び去ったことを知った。彼女は宙をひらひらと舞うものを両手で捕まえ、これを持って、魂を捕まえたと叫びながら走った。だが、遺体の口の上で両手を開いたものの、隣人が息を吹き返すことはなかった。(48)

セイリッシュ・インディアンすなわちオレゴンのフラットヘッド・インディアン（Salish

とは本来、セイリッシュ語群のインディアン諸族を指し、フラットヘッドはその一部である〕の信じるところでは、人間の魂はしばし体を離れることがあり、これは死をもたらすものではなく、また当人はこの喪失に気づかない。だが失われた魂はすぐに見つけ出して当人の体に戻さねばならず、さもなければその人は死んでしまう。魂をなくした者の名は夢の中で呪医に告げ知らされる。呪医は急いでこの受難者に報告する。概して多くの男たちが同時に同じ喪失の被害を被る。全員の名前が呪医の夢の中で明かされるのだ。そこで皆がこの呪医に頼んで魂を取り戻してもらう。この魂を失った男たちは、一晩中、村の小屋を一軒一軒回り、踊り歌う。夜明けが近づくと、彼らは離れたところにある一軒の小屋に入る。小屋は真っ暗になるよう閉めきられる。つぎに小屋の屋根に小さな穴を開け、呪医は羽根の束を使ってその穴に魂を掃き入れる。この魂は骨などのかけらの姿をしており、呪医はこれを一枚の莚の上に受け止める。つぎに火が焚かれ、呪医はその明かりで魂を選り分ける。呪医は最初に死者たちの魂をわきへ除ける。通常これが数個混じっており、もし死者の魂を生きている者に入れようものなら、入れられた者は死んでしまうからである。つぎに、呪医はそこにいる者たち全員の魂を見つけ出し、全員を自分の前に座らせ、骨か木もしくは貝の破片の姿をした魂をひとつずつ取り出し、持ち主の頭の上に置く。そして多くの祈りを唱え、体をひきつらせながら、頭の上でそれを叩く。するとついにはその魂が、心の中まで下りてゆき、再びあるべき場所に収まるのである。(49) アンボン〔インドネシア東部、モルッカ諸島の島〕の妖術師は、悪霊に拘留された魂を取り戻すために、木から枝を折り取って、何かを捕らえようとするかのようにこれを前後に振りながら、病人の名前を呼ぶ。病人のもとへ戻ると、妖術師は病人の頭と体をその枝で打つ。枝の中には失われた魂が入っているものと考えられており、そこから病人の中に魂が戻ってゆくのである。(50) バル諸島〔インドネシアのティモール島の東北東に位置する島群〕では、悪霊への捧げ物は大木（wokiorai）の根元に置かれる。そしてこの木から葉を一枚取り、患者の額と胸にあてる。失われた魂は葉の中に入ったのであり、こうして持ち主のもとへ戻されるのである。(51) 同じ海に浮かぶ他の島々では、男が森から病気で戻ってきて口がきけなくなっている場合、大きな木々を住処とする悪霊たちがその魂を取ってしまったのだ、と考えられる。そこで食べ物(52)が捧げ物として木の下に置かれ、こうすることで魂は、一片の蠟となって家に戻ってくる。サラワクのダヤク族の間では、祭司が失われた魂をカップの中に呼び入れる。ここに入った魂は、新参者には髪の毛の一房と見えるのだが、この共同体の者には、小型の人間に見える。これが、祭司によって患者の頭の天辺の穴に、押し込まれることになっている。(53) ニアス島では、病人の魂は、妖術師だけに見えるホタルの姿で取り戻される。妖術師は一枚の布でこれを捕らえ、患者の額の上に置く。(54)

また、魂を体から抜き取ったり彷徨わせたりする者は、かならずしも死霊や悪霊ばかりでなく、人間、とりわけ妖術師である場合がある。フィジー諸島では、罪人が罪を白状することを拒めば、族長がスカーフを持ってこさせ、これで「悪党の魂を攫う」。このスカーフを一目見ると、あるいはスカーフのことを口にするだけで、罪人は普通罪を白状する。

というのも、もし白状しない場合、スカーフを彼の頭の上ではためかせ、魂をその中に捕らえ、注意深く折り畳んで族長の丸木舟の先端に釘付けにするからである。魂を失うと、罪人はやせ衰え死んでしまうのである。[55] かつてデンジャー島〔太平洋中央部クック諸島の北西端にあるデンジャー諸島の主島。別名プカプカ島〕の妖術師は、魂を捕らえる罠を仕掛けることを常としていた。罠は頑丈な組紐でできており、およそ十五フィートから三十フィートの長さで、両端には異なる大きさの輪がついている。これは異なる大きさの魂を捕まえられるようにであり、太めの魂のために大きな輪が、細めの魂のために小さな輪がある。妖術師が恨みを抱いている男が病気になった場合、妖術師はこの罠を病人の家の近くに仕掛け、その魂が飛び去るのを見守る。鳥か昆虫の姿をした魂がこの罠に捕らえられると、男は間違いなく死ぬのである。[56] セネガンビアのセレレ族（the Sereres）の場合、敵に復讐したいと思っている男は、族長であり祭司であるフィタウレ（Fitaure）のもとへ行き、贈り物でこれを説得して、敵の魂を呼び出し、大きな赤い土器の壺に入れてもらう。そしてこれを、一本の清められた木の下に置く。こうして壺の中に魂を閉じ込められた男は、まもなく死ぬことになる。[57] コンゴの黒人にはつぎのように考えている者たちがいる。魔法使いは人間の魂を捕らえることができるので、人々の魂を象牙の中に閉じ込め、これを白人に売る。白人は自国で、この黒人の魂たちに海中での仕事をさせる。沿岸で働く数多くの男たちは、こうして捕らえられた者たちであると信じられている。このため、ここの人々が交易に赴く際には、しばしば懸念の面持ちで、死んだ親族たちを探してあたりを見

回すのである。このように奴隷として魂が売られてしまった男は、「即座にではないにせよ、やがては」死んでしまう。(58)

ハワイにいた妖術師は、生きている人間たちの魂を捕らえ、これを瓢箪に閉じ込めて、食べ物として人々に与えた。妖術師たちは、捕まえた魂を両手で締め上げて、人々が密かに埋葬された場所を白状させたのだった。(59)カナダのインディアンの場合、魔術師が人を殺したいと思えば、彼は使い魔を派遣して、石などの姿をした犠牲者の魂を持ってこさせた。魔術師はこの魂を、剣か斧で血が存分に出るまで打ち、血が出れば、その魂の持ち主であった人間は衰弱して死ぬことになった。(60)アンボンの呪医は、患者の魂が悪霊によって連れ去られ、もはや回復できないほどであると確信すると、他の人間から抜き取られた魂で埋め合わせようとする。このために呪医は夜間一軒の家に行き、「だれかいるか?」と訊ねる。家人がうかつにも返答しようものなら、呪医は戸口の前の地面から一塊の土を取る。返答した者の魂は、その中に入ってしまったと考えられるのである。呪医はこの土塊を患者の枕もとに置き、ある種の儀式を執り行って、盗んだ魂を患者の体に移し入れる。そして帰宅すると呪医は、魂が本来の持ち主のもとへ戻らぬようにと、銃を二発発射して威嚇する。(61)カレン族の魔術師は、眠れる者の彷徨える魂を捕らえ、それを死者の体内に移す。そのため後者は息を吹き返し、前者は死ぬ。だが今度はその眠れる者の友人たちが、別の眠っている者の魂を盗んでくるよう魔術師と契約する。すると、最初の者は息を吹き返し、つぎの眠れる者が死ぬことになる。こうして、死と復活の無限の連続が起こる。(62)

ブリティッシュ・コロンビアのナス川沿いに住むインディアンは、呪医が誤って患者の魂を飲み込んでしまうことがあると考える。そうしてしまったと考えられた呪医は、別の呪医たちによって患者の前に立たされる。ひとりの呪医が彼の指を彼の喉に押し込み、別のひとりが拳で彼の腹を揉み、そしてもうひとりの呪医が彼の背中を平手で打つ。結局のところ彼の中に患者の魂はいなかったということになれば、同じ作業を他のすべての呪医に対しても行い、これが無駄ということになれば、患者の魂は呪医長の箱の中に入っていると結論される。そこで呪医の一団は呪医長の家を訪問し、箱を出してくれと要求する。呪医長が箱を出し、その中身を新しい莚の上に並べると、呪医たちは呪医長を捕らえ、頭を床に開いた穴の中に入れ、両足を持って吊り上げる。この姿勢で彼らは呪医長の頭を洗う。「この洗浄式で出た水は一切捨てられることなく、病人の頭に注がれることになる」[63]。

魂を呼び戻し回復するその他の例は、註に挙げておくので参照されたい[64]。

しかし、蛮人を悩ます魂の危機は、これまで列挙してきたものにとどまらない。蛮人はしばしば、自分の影や鏡像を、自分の魂であるとか、あるいはそうでなくとも、自分の命に関わるなんらかの重要な部分であると考える。それゆえ、蛮人にとっては必然的に、それが危険の原因となる。というのも、自分の影が踏まれたり叩かれたりあるいは刺されたりすれば、蛮人は自分の体に危害が加えられたと感じるし、影が自分と完全に切り離されてしまえば（このようなことがあると蛮人は考えるわけだが）死んでしまうからである。ウェタール島〔モルッカ諸島中の島〕の呪術師は、影を槍で突いたり剣で切り刻むなどして、人を病気にすることができる。[65] シャンカラは、インドで仏教徒を滅ぼした後、ネパールに旅したと伝えられるが、そこで彼はダライ・ラマと意見を違えてしまった。シャンカラは自分の超自然的な力を証明しようと宙に舞い上がった。だが彼が上空に上りつめたとき、ダライ・ラマはその影が地面で揺れていることに気づき、これに短刀を突き立てた。するとシャンカラは落ちて首を折ってしまった。[66] ババル諸島では、悪霊は人間の影を強く掴んだり、殴ったり傷つけたりすることで、人間の魂を支配する。[67] メラネシアにあるいくつかの石は、人間の影がそこに落ちると、石の悪霊がその人の魂を抜き取る、とされている。[68] アンボンとウリエーズ（Uliase）〔現代の地図ではUliasersと表記されている〕という二つの島は、赤道近くであるため、正午になるとほとんど影ができない。このため、正午に家から出てはならないという掟がある。外に出ようものなら、人は自分の魂である影を失ってしまう、と考えられているからである。[69] マンガイアの人々は、強い戦士トゥカイタワ（Tukaitawa）の物語を語る。この戦士の力は、影の長さによって大きくもなれば小さくもなる。朝は一番長い影が落ちるので、彼の力は最大である。だが正午に近づくにつれ影は短くなり、彼の力も失せてゆく。正午きっかりにはついに力は最小となってしまう。それから午後影が長くなってくると、彼の力も戻ってくる。ひとりの英雄がトゥカイタワの力の秘密を発見し、正午に彼を殺したのだった。[70] 熱帯地方以外の土地においてさえも、正午に影が減じるという事実は、たとえ迷信じみた恐怖を現実に生み出した形跡はないにせよ、そのような恐怖心に貢献していた可能性がある。正午という時間は、古代および近代のギリシア人やトランシルヴァニアのルーマニア人をはじめとして、様々な人々が、迷信的な畏怖の念を抱いて考えるものである。[71] われわれはまた、なぜギリシア人が正午を、影のない死者たちへの供犠の時間としたか、ここにその理由を認めてよいかもしれない。[72] アラビアの古代の人々が信じるところでは、ハイエナが人間の影を踏めば、人間は話す力と動く力を奪われる。また、月夜に屋根に上った犬が地面に影を落とし、ハイエナがこれを踏めば、犬は縄で引かれたように屋根から落ちる。[73] これらの例で明らかなことは、影は、魂と同等ではないにせよ、少なくとも、人間や動物の命に関わる部分とみなされたということである。それゆえ影に危害を加えれば、人間や動物はあたかも身体そのものに危害を加えられたように感じる。アルカディアのリュカイオン山にあるゼウスの聖域に入る者はだれでも、影を失い一年以内に死ぬと考えられたのだった。[74] 影が生命や魂と同等に扱われるもっとも明確な例はおそらく、南東ヨーロッパで今日まで行われているいくつかの風習である。現代のギリシアでは、新築の建造物の基礎ができると、牡鶏か牡羊か仔羊を殺し、その血を礎石の上に流して、その後この動物を礎石の下に埋める。この生贄の目的は、建物に力と安定を与えることである。だがときには、動物を殺す代わりに、建築者がひとりの男を礎石のほうへと誘い、男の体か体の一部もしくは男の影を、密かに尺で測る。そしてこの尺を礎石の下に埋める。[75] あるいは、男の影の上に礎石を置く。こうすれば男は一年以内に死ぬと信じられている。ブルガリア人にもいまだに似たような風習がある。人間の影が手に入らない場合、最初に手に入った動物の影を測るのである。[76] トランシルヴァニアのルーマニア人は、こうして影を閉じ込められた者は四十日以内に死ぬ、と考えている。このため、建築中の建物の傍を通り過ぎれば、「影を取られないように気をつけろ！」という警告の叫びを耳にすることだろう。つい先ごろまで、壁を補強するのに必要な影を建築家たちに売る、影商人なるものがいたほどである。[77] 以上の例では、影を測った尺が影そのものと等価とみなされ、これを埋めることは人間の命もしくは魂を埋めることと同じであり、そのためこれを奪われた者は死ぬことになる、とされている。したがってこの風習は、構築物に力と耐久性を与えるため、生きた人間を壁に埋め込んだり、新たな建造物の礎石の下に押しつぶしたりという、古い風習の代用なのである。

ある人々が人間の魂は影の中にあると考えたように、別の（あるいは同じ）人々はそれが、水や鏡に映る姿の中にあると考える。たとえば「アンダマン諸島（ベンガル湾南東部に位置する列島）の人々は、自分の影ではなく、鏡のようなものに映った姿を、自分の魂と考える」[78]。フィジー諸島の人々は、人間には明るい魂と暗い魂の二つがあり、暗い魂が黄泉の国へ行き、明るい魂が水や鏡に映る、と考えた。[79] ニューギニアのモトゥモトゥ族は、鏡にはじめて自分の姿を見て、それが自分の魂であると考えた。[80] 鏡像としての魂は、人の外部に存在しているゆえに、影としての魂が被るものとほぼ同じような危険に晒されている。影が突き刺されることがあるように、鏡像も刺されることがある。アステカ族（一五一九年コルテスに征服されたメキシコの先住民族）が妖術師を家に近づけない方法は、水差しに短刀を入れ、戸口の後ろに置いておくことであった。妖術師が入ってくると、水の中で自分の鏡像が短刀に刺し貫かれているのを見て、非常に驚き逃げ帰って行くのだった。[81]ズールー族が暗い水溜りを覗き込もうとしないのは、その中にいる獣が人の鏡像を奪い、そのために死んでしまうと考えるからである。[82]バスト人〔バストゥ人の旧称。南アフリカのバントゥー系の種族ソト族〕は、ワニが、人の鏡像を水の中に引き摺り込み殺してしまう力を持っている、と言う。[83]メラネシアのサドル島（Saddle Island）には、「その中を覗き込んだ者は死んでしまう」という水溜りがあり、「悪意に満ちた霊が、水に映った影を使ってその人の命を捕らえてしまう」。[84]

ここに至ってわれわれは、古代インドと古代ギリシアにおいて、なぜ水の中に自らの鏡像を覗き込んではならないとされていたか、なぜギリシア人が、水に映った自らの姿を見るという夢を、死の前兆と考えたかを、理解できることになる。[85]彼らは、水の精霊が人の鏡像（魂）を水の中に引き摺り込み、魂を抜き去って殺してしまう、と恐れたのだ。おそらくはこれが、美しいナルキッソスの古典的な物語の起源であったろう。ナルキッソスは、水に映った自らの姿を見たために、恋い焦がれて死んでしまうのであった。自らの美しい姿に恋をして死んでしまったという説明は、おそらく、この話の古くからある意味が忘却された後に考え出されたものであろう。同じような古代の信仰は、色あせた形ではあるが、イングランドの迷信の中にも残存している。水の妖精を見た者はだれであれ、恋をして死んでしまうというものである。

ああ、月は永久に照らしている。
男が決して見てはならないものを見せるために。
わたしは水の流れの上にひとりの乙女を見た。
彼女は美しかった！

わたしはしばらくの間、見ようと立ち止まった。
彼女が歌おうとするなら、唇が半ば開いてくれるだろうと。
水は彼女の顔を包みこんだ。
多くのせせらぎとともに。

わたしの命が消えて行くのがわかる。
恋い焦がれても無駄であることは知っている。
わたしは死すべき肉体でできているのに、
彼女は神なる存在なのだから！

さらにここでわれわれは、家に死者が出たとき、鏡を覆ったり壁に向けたりという、広く行われている風習の意味も、説明することができる。ここで恐れられているのは、鏡像という形で人から出てきた魂が、死者の霊によって連れ去られることである。死者の霊は一般に、埋葬まではその家の中に留まっていると考えられるからである。するとこの風習は、まさしくアルー諸島の風習と同種のものである。アルー諸島では、眠っているうちに体から出た魂が、夢の中で死者の霊と出会って連れて行かれることを恐れるため、家に死者が出ると一睡もしないのであった。[86] オルデンブルク〔ドイツ北西部〕では、だれかが死んだ後、人が鏡で自分の姿を見れば、その人もまた死んでしまう、と考えられている。このため家中の鏡がすべて白い布で覆われる。[87] ドイツのいくつかの地方では、人が死ぬと鏡のみならず光り輝くもの（窓や時計など）の一切が覆われるが、[88] これが人の姿を映すからであることは疑いを容れない。人が死ぬと鏡を覆ったり壁に向けたりするという同様の風習は、イングランドやスコットランドやマダガスカルにもある。[89] ボンベイのスンニー派イスラーム教徒は、死にかけている人の部屋の鏡を布で覆い、死んで遺体が埋葬のために運び去られるまで、布を取り払うことはない。また寝室の姿見も、夜休む前に覆われる。[90] 病人が自分の姿を鏡で見てはならない理由、それゆえ病室の鏡が覆っておかれる理由も、[91] 明白である。病気のときには、魂が容易に飛び去るものであるから、鏡に映し出すことによって体から魂を放出させることはとりわけ危険である。したがってこの掟は、病人を寝かせないという、いくつかの民族が守っている掟に正確に対応している。[92] つまり、眠っている間に魂は体から放出されるのであり、戻ってこないという危険がつねにあるからである。「分離派教徒〔ラスコーリニキ。十七世紀に典礼改革を拒否してロシア正教から分離した保守派〕の意見では、鏡とは悪魔の発明した忌まわしいもの」[93] だが、これはおそらく、鏡には魂を映し出して抜き取り、簡単に捕らえてしまう力がある、と考えられたからである。影や鏡像について言えることはまた、肖像についても言える。肖像はしばしば、描かれた人の魂が入っていると信じられる。この信仰を抱いている人々は、当然のことながら自分の像を写し取られることを忌み嫌う。というのも、肖像が魂であるならば、あるいは、少なくとも描かれた人の命に関わる部分であるならば、その肖像を持っている人はだれであれ、その原物に対して致命的な影響を及ぼし得ることになる。たとえば南アメリカのカネロ・インディオ（Canelos Indians）は、写真に撮られると魂を抜かれると考える。二人のインディオは、写真を撮られたので非常に驚き、翌日わざわざ戻ってきて、自分たちの魂が取られてしまったのは本当かと訊ねたほどであった。[94] ジョーゼフ・トムソン氏が、東アフリカのワテイタ族（the Wa-teita）の数人を写真に収めようとすると、彼らはトムソン氏が自分たちの魂を取ろうとしている呪術師であると考え、もしトムソン氏が自分たちの像を手に入れれば、自分たちはまったく彼の言いなりになってしまう、と考えた。[95] ヴィート公はあるインディアンの肖像を描こうとしたが、インディアンは描かせようとしなかった。自分の死を招くことになると信じていたからだった。[96] マンダン族〔スー族の一種族〕もまた、自分の肖像が他人によって描かれれば、まもなく死ぬことになると考えた。彼らは少なくとも、画家からその絵を、一種の解毒剤もしくは担保として譲り受けることを欲した。[97] 同様の信仰はいまだにヨーロッパの各地に残っている。四、五年前のこと、ギリシアのカルパトス島の老女たちは、似顔絵を描かれたといって大変怒った。その結果やつれ果てて死ぬことになる、と考えたからであった[98]。ロシアには、輪郭を描かれることに反対する人々がいる。描かれれば一年以内に死ぬ、と恐れるのである[99]。スコットランド西部には、「不運を招くという理由で似顔絵を描かれることを拒む」人々がいる。彼らは、「写真を撮られた後二度と健康を取り戻さなかった何人かの友人の例を挙げるのだった[100]」。

(1) *Journal of the Anthropological Institute of Great Britain and Ireland*, vii, p. 282.
(2) *Relations des Jésuites, 1626-1672* (Canadian reprint, Quebec, 1858), 1634, p. 17 ; 1636, p. 104 ; 1639, p. 43.
(3) Henry Rink, *Tales and Traditions of the Eskimo*, trans. from the Danish, Edinburgh and London, 1875, p. 36.
(4) W. Wyatt Gill, *Myths and Songs of the South Pacific*, p. 171.
(5) H. Sundermann, "Die Insel Nias und die Mission daselbst," in *Allgemeine Missions-Zeitschrift*, bd. xi. October 1884, p. 453.
(6) Dr. B. F. Matthes, *Over de Bissoes of heidensche priesters en priesteressen der Boeginezen*, Amsterdam, 1872 (reprinted from the *Verhandelingen der Koninklijke Akademie van Wetenschappen*, Afdeeling Letterkunde, Deel vii.), p. 24.
(7) G. M. Dawson, "On the Haida Indians of the Queen Charlotte Islands," in *Geological Survey of Canada, Report of Progress for 1878-1879*, Montreal, 1880, pp. 123B, 139B.

（8） Theodor Waitz, *Anthropologie der Naturvölker*, vi. 397 以下。

（9） *Panjab Notes and Queries*, ii. No. 665.

（10） Alcide D'Orbigny, *L'Homme américain* (*de l'Amérique Méridionale*), Paris, 1839, ii, p. 241. *Transactions of the Ethnological Society of London*, N.S., iii, p. 322 以下。Adolf Bastian, *Die Culturländer des alten Amerika*, i, p. 476.

（11） B. F. Matthes, *Bijdragen tot de Ethnologie van Zuid-Celebes*, The Hague, 1875, p. 54.

（12） W. F. A. Zimmermann, *Die Inseln des Indischen und Stillen Meeres*, Berlin, 1864-1865, ii, p. 386 以下。

（13） たとえばギリシア語には **ποτάομαι**, **ἀναπτερόω** 等の語彙がある。

（14） G. A. Wilken, "Het animisme bij de volken van den Indischen Archipel," in *De Indische Gids*, June 1884, p. 944.

（15） 前掲書同箇所。

（16） Matthes 前掲書 p. 33. Matthes, *Over de Bissoes of heidensche priesters en priesteressen der Boeginezen*, p. 9 以下。Matthes, *Makassaarsch-Hollandsch Woordenboek*, Amsterdam, 1859, "Kôerróe" の項、および "soemâñgá" の項、pp. 41, 569. これら二つの語について、前者は家禽を呼ぶときに発する音を意味し、後者は魂を意味する。この文献に記述されている儀式は、ápakôerróe soemâñgá と表現されている。

（17） Shway Yoe, *The Burman, his Life and Notions*, London, 1882, ii, p. 100.

（18） Rev. J. Leighton Wilson, *West Afrika* (German translation), p. 162 以下。

(19) J. G. F. Riedel, *De sluik-en kroesharige rassen tusschen Selebes en Papua*, p. 267. 眠れる者の魂が別の霊に拘留され、その結果病気になるということについては、Bastian が *Der Vœlker des œstlichen Asien*, ii, p. 387 note で引用した Mason も参照のこと。

(20) *The Indian Antiquary*, 1878, vii, p. 273. Bastian, *Die Völkerstämme am Brahmaputra*, p. 127. ヒンドゥー教徒の語るこれに類似した話（魂がトカゲの姿をしているとは言われていない）は、以下の文献にもある。*Panjab Notes and Queries*, iii. No. 679.

(21) Miss E. Gerard, *The Land beyond the Forest*, ii, p. 27 以下。オランダにも類似した物語がある。J. W. Wolf, *Niederländische Sagen*, Leipzig, 1843, No. 251, p. 344 以下。ヘルモティムス（Hermotimus）とグントラム王（King Gunthram）の物語群も、同じ部類に属する。後者の場合、王の魂は小さな爬虫類の姿で口から出てくる。アリステアス（Aristeas）の魂は、ワタリガラスの姿をして口から出てくる。プリニウス『博物誌』vii. 174. ルキアノス『蝿の讃美』7. パウルス・ディアコヌス『ランゴバルド王国史録』iii. 34. 東インドにも同じ種類の物語があり、眠っている者の魂がコオロギの姿をして鼻から出てくる。G. A. Wilken 前掲書 p. 940. シュヴァーベンの物語では、娘の魂が白いネズミの姿をして口から這い出してくる。Anton Birlinger, *Volksthümliches aus Schwaben*, i, p. 303.

(22) Shway Yoe, *The Burman, his Life and Notions*, ii, p. 103. Bastian, *Der Vœlker des œstlichen Asien*, ii, p. 389. Blumentritt, "Der Ahnencultus und die religiösen Anschauungen der Malaien des Philippinen-Archipels," in *Mittheilungen der Wiener Geographischen Gesellschaft*, 1882, p. 209. Riedel, *De sluik- en kroesharige rassen tusschen Selebes en Papua*, p. 440. Riedel, "Die Landschaft Dawan oder West-Timor," in *Deutsche geographische Blätter*, x, p. 280.

(23) *Panjab Notes and Queries*, iii. No. 530.
(24) W. R. S. Ralston, *Songs of the Russian People*, p. 117 以下。
(25) Adolf Bastian, *Die Seele und ihre Erscheinungswesen in der Ethnographie*, Berlin, 1868, p. 36.
(26) Theodor Benfey, *Pantschatantra*, Leipzig, 1859, p. 124 以下。
(27) *Katha Sarit Ságara*, trans. C. H. Tawney, Calcutta, 1880, i, p. 21 以下。
(28) Rev. E. B. Cross, "On the Karens," in *Journal of the American Oriental Society*, iv (1854), p. 311.
(29) A. R. M'Mahon, *The Karens of the Golden Chersonese*, London, 1876, p. 318.
(30) Rev. F. Mason, D. D., "Physical Character of the Karens," in *Journal of the Asiatic Society of Bengal*, Calcutta, 1866, part ii, p. 28 以下。
(31) Captain C. J. F. S. Forbes, *British Burma*, London, 1878, p. 99 以下。Shway Yoe, *The Burman*, ii, p. 102. Bastian, *Der Vœlker des œstlichen Asien*, ii, p. 389.
(32) Riedel, *De sluik-en kroesharige rassen tusschen Selebes en Papua*, p. 414.
(33) 前掲書 p. 221 以下。
(34) N. Ph. Wilken en J. A. Schwarz, "Het heidendom en de Islam in Bolaäng Mongondou," in *Mededeelingen van wege het Nederlandsche Zendelinggenootschap*, 1867, xi, p. 263 以下。
(35) James Dawson, *Australian Aborigines*, p. 57 以下。
(36) W. Wyatt Gill, *Myths and Songs of the South Pacific*, p. 171 以下。
(37) G. A. Wilken 前掲書 p. 937.
(38) A. Landes, "Contes et légendes annamites," No. 76 in *Cochinchine française : excursions et*

reconnaissances, No. 23, p. 80.

(39) M. T. H. Perelaer, *Ethnographische Beschrijving der Dajaks*, Zalt-Bommel, 1870, p. 26 以下。

(40) François Valentyn, *Oud en nieuw Oost-Indiën*, iii, p. 13 以下。

(41) Van Schmidt, "Aanteekeningennopens de zeden, gewoonten en gebruiken, benevens de vooroordeelen en bijgelovigheden der bevolking van de eilanden Saparoea, Haroekoe, Noessa Laut, en van een gedeelte van de zuidkust van Ceram," in *Tijdschrift voor Neêrlands Indië*, 1843, dl. ii, p. 511 以下。

(42) Bastian, *Die Seele und ihre Erscheinungswesen in der Ethnographie*, p. 36 以下。 J. G. Gmelin, *Reise durch Sibirien*, ii, p. 359 以下。

(43) P. N. Wilken, "Bijdragen tot de kennis van de zeden en gewoonten der Alfoeren in de Minahassa," in *Mededeelingen van wege het Nederlandsche Zendelinggenootschap*, 1863, vii, p. 146 以下。 なぜ祭司が、魂を取り戻した後、再び立ち去るように言うのかは、定かではない。

(44) J. G. F. Riedel, "De Minahasa in 1825," in *Tijdschrift voor Indische Taal- Land- en Volkenkunde*, xviii, p. 523.

(45) N. Graafland, *De Minahassa*, i, p. 327 以下。

(46) Turner, *Samoa, a Hundred Years ago and long before*, p. 142 以下。

(47) J. B. Neumann, "Het Pane- en Bila-Stroomgebied op het eiland Sumatra," in *Tijdschrift van het Nederlandsch Aardrijkskundig Genootschap*, ii. de Serie, dl. iii, Afdeeling : meer uitgebreide artikelen, No. 2 (Amsterdam, 1886), p. 302.

(48) R. H. Codrington, D. D., "Religious Beliefs and Practices in Melanesia," in *Journal of the Anthropological Institute of Great Britain and Ireland*, x (1881), p. 281.

(49) Horatio Hale, *The United States Exploring Expedition, Ethnography and Philology*, Philadelphia, 1846, p. 208 以下。またつぎも参照せよ。Ch. Wilkes, *Narrative of the United States Exploring Expedition*, iv, p. 448 以下。

(50) Riedel, *De sluik- en kroesharige rassen tusschen Selebes en Papua*, p. 77 以下。

(51) 前掲書 p. 356 以下。

(52) 前掲書 p. 376.

(53) Spenser St. John, *Life in the Forests of the Far East*, second ed., 1863, i, p. 189. ときに魂は、綿の実に類似していることもある（同書同箇所）。また同書 i, p. 183 も参照せよ。

(54) J. T. Nieuwenhuisen en H. C. B. von Rosenberg, "Verslag omtrent het Eiland Nias en deszelfs Bewoners," in *Verhandelingen van het Bataviaasch Genootschap van Kunsten en Wetenschappen*, xxx, Batavia, 1863, p. 116. H. von Rosenberg, *Der Malayische Archipel*, Leipzig, 1878, p. 174.

(55) Thomas Williams, *Fiji and the Fijians*, i, p. 250.

(56) W. Wyatt Gill, *Myths and Songs of the South Pacific*, p. 171. Gill, *Life in the Southern Isles*, London, N. D., p. 181 以下。

(57) L. J. B. Bérenger-Féraud, *Les Peuplades de la Sénégambie*, p. 277.

(58) Rev. W. H. Bentley, *Life on the Congo*, London, 1887, p. 71.

(59) Bastian, *Allerlei aus Volks- und Menschenkunde*, Berlin, 1888, i, p. 119.

(60) *Relations des Jésuites, 1626-1672*, 1637, p. 50.

(61) Riedel, *De sluik- en kroesharige rassen tusschen Selebes en Papua*, p. 78 以下。

(62) Rev. E. B. Cross, "On the Karens," in *Journal of the American Oriental Society*, iv, p. 307.

(63) J. B. McCullagh in *The Church Missionary Gleaner*, xiv. No. 164 (August 1887), p. 91. 同じ説明はつぎの文献にもある。"North Star" (Sitka, Alaska, December 1888), in *Journal of American Folk-lore*, ii (1889), p. 74 以下。マッカラー氏の説明（これは詳細に語られている）のうち、この風習を語る後半部は、さほど明晰とは言えない。呪医長の箱の中に魂が見出せなかった場合、呪医たちは呪医長が飲み込んでしまったと考えるらしいが、これは他の呪医たちが最初に仮定したことと同じである。この仮定を確かめるために、彼らは呪医長の両足を持って魂を吐き出させようとした。そして呪医長の頭を洗った水が失われた魂を含んでいると考えられるので、患者に魂を回復するために、その水が患者の頭に注がれるのである。すでに見てきたように、取り戻された魂は、しばしば病人の頭に運び入れられる。

(64) J. G. F. Riedel, *De Topantunuasu of oorspronkelijke Volksstammen van Central Selebes* (overgedrukt uit de *Bijdragen tot de Taal- Land- en Volkenkunde van Nederlandsch-Indië*, 5e volgr. i.), p. 17. J. B. Neumann, "Het Pane- en Bila-Stroomgebied," in *Tijdschrift van het Nederlandsch Aardrijkskundig Genootschap*, ii. de Serie, dl. iii., Afdeeling : meer uitgebreide artikelen, No. 2 (1886), p. 300 以下。Priklonski, "Die Jakuten," in Bastian's *Allerlei aus Volks- und Menschenkunde*, ii, p. 218 以下。Bastian, *Der Vœlker des œstlichen Asien*, ii, p. 388, iii, p. 236. Bastian, *Die Völkerstämme am Brahmaputra*, p. 23. Bastian, "Hügelstämme Assam's," in *Verhandlungen der Berliner Gesellschaft für Anthropologie, Ethnologie, und Urgeschichte*, 1881, p. 156. Shway Yoe, *The Burman*, i, p. 283 以

下、ii, p. 101 以下。G. M. Sproat, *Scenes and Studies of Savage Life*, London, 1868, p. 214. Rev. J. Doolittle, *Social Life of the Chinese*, ed. Rev. Paxton Hood, London, 1868, p. 110 以下。Thomas Williams 前掲書 i, p. 242. Rev. E. B. Cross, “On the Karens,” in *Journal of the American Oriental Society*, iv, p. 309 以下。A. W. Howitt, “On some Australian Beliefs,” in *Journal of the Anthropological Institute of Great Britain and Ireland*, xiii（1884), p. 187 以下。Howitt, “On Australian Medicine-Men,” in *Journal of the Anthropological Institute of Great Britain and Ireland*, xvi（1887), p. 41. E. P. Houghton, “On the Land Dayaks of Upper Sarawak,” in *Memoirs of the Anthropological Society of London*, iii（1870), p. 196 以下。L. Dahle, “Sikidy and Vintana,” in *Antananarivo Annual and Madagascar Magazine*, xi.（1887）p. 320 以下。C. Leemius, *De Lapponibus Finmarchiae eorumque lingua, vita et religione pristina commentatio*, Copenhagen, 1767, p. 416 以下。以前友人のW・ロバートソン・スミス教授は、「エゼキエル書」xiii. 17 で非難されている、魂を狩るという風習が、ここまでに挙げてきたものと同種であろうと示唆してくれた。

(65) Riedel, *De sluik- en kroesharige rassen tusschen Selebes en Papua*, p. 440.

(66) Bastian, *Der Vœlker des œstlichen Asien*, v, p. 455.

(67) Riedel 前掲書 p. 340.

(68) Codrington 前掲書 p. 281.

(69) Riedel 前掲書 p. 61.

(70) Gill, *Myths and Songs of the South Pacific*, p. 284 以下。

(71) Bernhard Schmidt, *Das Volksleben der Neugriechen*, Leipzig, 1871, p. 94 以下および p. 119 以下。

Jacob Grimm, *Deutsche Mythologie*, fourth ed., ii, p. 972. C. L. Rochholz, *Deutscher Glaube und Brauch*, Berlin, 1867, i, p. 62 以下。Miss E. Gerard, *The Land beyond the Forest*, i, p. 331.

(72) アリストファネス『蛙』293に関する注釈。

(73) [アリストテレス]『聞き及んだ驚くべき事物』(*De Mirabilibus Auscultationibus*) 145 (157) 〔実際はアリストテレス作ではないとする説が有力〕。*Geoponica* (ed. J. N. Niclas, Leipzig, 1781), xv. 1. 後半の部分にある"*κατάγει ἑαυτήν*"という記述は、文脈から、必然的に"*κατάγει αὐτόν*"と修正されなければならない。この点はまた、S. Bochart が翻訳して引用した Damīrī のつぎの箇所からも明らかである。*Hierozoicon* (editio Tertia, Leyden, 1692), i. c. 833, "cum ad lunam calcat umbram canis, qui supra tectura est, canis ad eam [scil. hyaenam] decidit, et ea illum devorat." また以下も参照せよ。W. Robertson Smith, *The Religion of the Semites*, i, p. 122.

(74) パウサニアス、viii. 38, 6. ポリュビオス、xvi. 12, 7. プルタルコス『ギリシア問題』39.

(75) Bernhard Schmidt 前掲書 p. 196 以下。

(76) Ralston 前掲書 p. 127.

(77) W. Schmidt, *Das Jahr und seine Tage in Meinung und Brauch der Romänen Siebenbürgens*, Hermannstadt, 1866, p. 27. Gerard 前掲書 ii, p. 17 以下。

(78) E. H. Mann, *On the Aboriginal Inhabitants of the Andaman Islands*, London, N. D., p. 94.

(79) Williams 前掲書 i, p. 241.

(80) Rev. James Chalmers, *Pioneering in New Guinea*, London, 1887, p. 170.

(81) Bernardino de Sahagun, *Histoire générale des choses de la Nouvelle-Espagne*, traduite par D.

Jourdanet et R. Siméon, Paris, 1880, p. 314. 中国人は、家の中で偶像に真鍮の鏡を吊るす。これは、悪霊が家の中に入ってきて、鏡に映った自分の姿を見、驚いて去って行く、と考えられているからである（*China Review*, Hongkong, ii, p. 164)。

(82) Rev. Canon Henry Callaway, *Nursery Tales, Traditions, and Histories of the Zulus*, Natal and London, 1868, p. 342.

(83) Arbousset et Daumas, *Voyage d'Exploration au Nord-est de la Colonie du Cap de Bonne-Espérance*, p. 12.

(84) Codrington 前掲書 p. 313.

(85) *Fragmenta Philosophorum Graecorum*, ed. F. G. A. Mullach, Paris, 1875, i. 510. Artemidorus, *Onirocritica* (ed. R. Hercher, Leipzig, 1864), ii. 7. *Laws of Manu* (trans. G. Bühler, Oxford, 1886), iv. 38.

(86) 本書一八三頁。

(87) A. Wuttke, *Der deutsche Volksaberglaube*, second ed., Berlin, 1869, § 726.

(88) 前掲書同箇所。

(89) *Folk-lore Journal*, iii, p. 281. T. F. Thiselton Dyer, *English Folk-lore*, London, 1884, p. 109. James Napier, *Folk-lore, or Superstitious Beliefs in the West of Scotland within this Century*, Paisley, 1879, p. 60. Rev. William Ellis, *History of Madagascar*, London, N. D., preface dated 1838, i, p. 238. *Revue d'Ethnographie*, v, p. 215.

(90) *Panjab Notes and Queries*, ii, p. 906.

(91) *Folk-lore Journal*, vi, p. 145 以下。*Panjab Notes and Queries*, ii, No. 378.

(92) *Journal of the Anthropological Institute of Great Britain and Ireland*, xv, p. 82 以下。

(93) W. R. S. Ralston, *Songs of the Russian People*, p. 117. しかしながらこの意見は、もっぱらピューリタン的なものであるかもしれない。W・ロバートソン・スミス教授によれば、分離派教徒の特異性は、多くの場合過度のピューリタニズムに由来する。

(94) Alfred Simson, "Notes on the Jivaros and Canelos Indians," in *Journal of the Anthropological Institute of Great Britain and Ireland*, ix (1880), p. 392.

(95) Joseph Thomson, *Through Masai Land*, London, 1885, p. 86.

(96) Maximilian, Prinz zu Wied, *Reise in das Innere Nord-Amerika*, Coblenz, 1839-41, i, p. 417.

(97) 前掲書 ii, p. 166.

(98) "A Far-off Greek Island," in *Blackwood's Magazine*, February 1886, p. 235.

(99) Ralston 前掲書 p. 117.

(100) Napier 前掲書 p. 142. 同種のさらなる例についてはつぎを参照せよ。Dr. Richard Andree, *Ethnographische Parallelen und Vergleiche*, Neue Folge, Leipzig, 1889, p. 18 以下。

第三節　王と祭司のタブー（承前）

魂についての原始的な考え方、および魂が晒される危険については、以上で十分であろう。このような考え方は、ひとつの民族もしくはひとつの国に限られるものではなく、詳細は様々に異なるものの、世界中に見出せるものであり、またこれまで見てきたとおり、今日のヨーロッパにおいても残存しているものである。これほどまで根深く、またこれほどまで広範囲に及ぶ信仰であれば、かならずや、初期の王制が鋳造される際の鋳型を、形作ることに貢献したはずである。というのも、あらゆる個人が、これほどまで多方面から訪れる危険に際して自らの魂を救い出すことに腐心していたとすれば、王その人はどれほど注意深く護衛されていたことであろうか。王の生命には、万民の幸福のみならず万民の存在までもがかかっていたのであり、またそれゆえにその生命を守ることは万民共通の関心であった。それゆえわれわれは、原始の社会において万民が自らの魂を守るために用いた手段よりもはるかに多様で細心な警戒ないし防衛手段から成る制度が、王の生命を守っていた、と知ることができるだろう。事実、初期の王の生命は、これまで見てきたとおり、また以下ではさらに詳しく見てゆくとおり、複数の規則からなるきわめて厳格な掟によって管理されていた。ならばわれわれは、これらの規則こそがまさしくその防衛手段——それが王の生命を守るために用いられているところを見出し得る、とわれわれが先験的な論拠に基づいて期待するところの防衛手段——であると、推測できないだろうか。これらの規則自体の検討が、この推測の正しさを立証してくれる。というのも、この検討から、王たちが守っていた規則のいくつかは、個々人が自らの魂の安全への配慮から守ってきた規則と、一致していることが見て取れるからである。そしてまた、王に特有のものと思われる規則さえ、すべてではないにせよその多くが、それは王の防衛手段ないし救命手段にほかならないという仮説によって、もっとも十全に説明され得るからである。そこで以下では、これら王の規則もしくはタブーのいくつかを列挙することにしよう。それぞれについて、その規則が本来意図していたところに適切な光が当たるよう、注釈・解説を加えることにする。

王のタブーの目的は王をあらゆる危険の源から隔離することであるから、その結果は概して、王に隠遁生活——その隠遁の度合いは、王の守るべきタブーの数と厳重さ次第だが——を強いることになる。さて、あらゆる危険の源のうち、蛮人がもっとも恐れるのは呪術と妖術であり、蛮人はいかなる異邦人に対しても、この邪悪な魔法を行うのではないかと疑いの目を向ける。それゆえ、自発的にであれ不本意にであれ異邦人が発するこの破壊的な霊気に対抗せよというのが、蛮人の思慮分別が下す初歩的な命令となる。このため、ある地域に入ることを異邦人に許可する前に、あるいは少なくとも、その地域の住民と自由に交流することを許可する前に、しばしば土地の原住民は、ある種の儀式を執り行って、異邦人から呪術の能力を取り上げようとする。異邦人から発するものと信じられている破壊的な霊気を妨げようとし、原住民たちが取り囲まれることになる汚染された外気を、いわば消毒しようとするのである。たとえば南太平洋のナヌメア島（the island of Nanumea）では、船で別の島々からやってきた異邦人の集団は、島民とのコミュニケーションを許してほしければまず、全員もしくは代表の数人が、島の四つの神殿すべてに連れて行かれ、自分たち異邦人が持ち込んでいるかもしれないいかなる病も背信も、神が遠ざけてくれるようにと祈りを捧げなければならなかった。祭壇には肉の供え物も捧げられ、神を称える歌と踊りが捧げられた。これらの儀式が行われている間、祭司たちおよびこれに付き添う者たちを除いて、島民全員が姿を隠していた。(1) アフリカの高峰キリマンジャロは、近隣の部族からは危険な悪霊の住む山と信じられているが、この登頂の試みから戻ってきたニュー氏とその一隊は、この部族が住む国境にさしかかるや否や、住民たちによって魔法を解く儀式を施された。彼らがふり掛けられたのは、「専門家の手によって調合された水薬で、これには悪しき力を中和し、邪悪な霊の魔力を取り去る効力がある、と信じられていた」(2)。西アフリカのヨルバ〔本来 Yoruba はギニア地方に住む部族の名であり、Yorubaland となれば、これは現在のナイジェリア南西部にあったかつての王国である〕の内陸部では、町の城壁を守る衛兵は、しばしばヨーロッパ人旅行者を止め、日暮れまで入国させない。異邦人を昼間に入国させれば、悪魔がその後ろについて入ってくる、と恐れるからである。(3) ボルネオ島のオト・ダノム族（the Ot Danoms）の場合、領土に入ってくる異邦人は、原住民に一定の金額を払うことが習慣となっている。この金銭は、この地の土と水の精霊たちに、動物（水牛や豚）の生贄を捧げるために使われる。これは、精霊たちに異邦人の存在を承諾させるための、そしてまた、精霊たちが土地の人々に恩恵を施すことをやめないで、稲の実りなどを祝福してくれるようにと説得するための、生贄である。[4] ボルネオ島のある地域の男たちは、ひとりのヨーロッパ人旅行者がやってきたとき、自分たちが病気にされないよう、彼を見ることを恐れ、また妻子たちにも彼に近づかないよう警告した。好奇心を抑えることのできなかった男たちは、悪霊たちを宥めるために家禽を殺し、その血を体に塗った。[5] ラオスでは、異邦人をもてなす前に、家の主人は先祖の霊に供犠を捧げなければならない。さもなければ先祖の霊は怒り、家人たちに病をもたらすのである。[6] ムンタワイ諸島〔インドネシア、スマトラ島西岸にある細長い列島群〕では、子どものいる家に異邦人が入るときには、父親か家族の一員が、子どもたちの髪につけている装飾品を取り、異邦人に手渡す。異邦人はこれを両手でしばらく握った後、返却する。こうすることで、異邦人を目にすることが及ぼす悪しき影響から、子どもらを守ることができる、と考えられている。[7] シェパード島では、乗組員の上陸を許可してもらうために、モーズビー船長が儀式を受け、魔術を解かれなければならなかった。船長が海岸に飛び移ると、「悪魔の男」(devil-man) が彼の右手を取り、ヤシの葉の束を船長の頭上で振った。それから「彼はその束をわたしの左手に持たせ、わたしをしっかりと捕らえたまま、小さな緑の小枝を口にくわえた。そして、いかにも大儀そうにその小枝を口から引き抜いた。悪しき霊を抜き取っていたのだ。これが終わると、すぐに追い払おうとするかのように、激しく小枝を吹き飛ばした。そこで今度はわたしが一本の小枝を歯に銜えると、彼は同じ手順を繰り返した」。つぎに二人して、地面に立ててある、曲がった先端に葉の縛りつけてある二本の棒の周りを走った。さらにいくつかの儀式を執り行った後、悪魔の男は最後に、モーズビー船長の肩の高さまで（両手を船長の肩に置いて）何度か飛び跳ねた。「それはあたかも、自分が悪魔を攻略し、いまや踏みつけて地面に押し込めようとしているのだ、と示しているかのようであった」[18]。北米インディアンの場合、「異邦人、とりわけ白人の異邦人は、しばしば悪霊たちを引き連れている、と考える。悪霊は災いを生み、また災いを喜ぶので、彼らはこれを非常に恐れている。呪医長の義務のひとつは、この悪霊たちを追い払うことである。わたしはときおり、自分が知られていない、つまり自分が来ることなど予期されていないインディアン・キャンプに、馬で乗り入れたり、あるいはそこを通過したりした。そこで出くわしたものは背の高い半裸の蛮人であり、いくつかの小屋に丸く取り囲まれた場所の真中に立ち、抑揚のない読経のような鼻声で、一連の意味不明のことばを叫んでいるのだった」[19]。クルヴォーは南米の旅行中に、アパラチ・インディアンの村に入った。彼が到着するとすぐに、何人かのインディアンが彼に、ヤシの葉に包んで縛った無数の黒いアリを持ってきた。これは嚙まれると痛みの走る種である。つぎに村中の老若男女が彼の前に現れ、彼は村人全員の顔や太股等にアリを乗せ、嚙ませなければならなかった。ときおり、彼のアリの処方が優しすぎると、村人は「もっと強く！」と声を上げた。村人たちは、まるでイラクサで鞭打たれたかのような小さな腫れ物が、肌にたくさんできないことには満足しなかった[10]。この儀式の目的を明らかにしてくれるのが、アンボン島とウリエーズ島で行われている風習である。ここでは、ショウガやチョウジといった刺激の強い香辛料を、よく嚙んで病人にふり掛ける。これは、人々に取りついているかもしれない病の悪霊を、針で刺すような痛みによって追い払おうとするものである[11]。ボルネオ島とセレベス島の原住民たちも、同様の意図で、危険な霊に乗り移られたと思われる者の頭や体に、米をふり掛ける。そして鶏を一羽連れてきて、頭や体にかかった米を啄ばませる。鶏は米と一緒に、イガのように皮膚に付着した霊や死霊を取り去ってくれるのである。これはたとえば、葬式に参列し、そのため死者の霊に取りつかれていると思われる人々に対して行われる[12]。同様にバスト人は、遺体を墓地まで運んだ後、手の親指の先から人差し指の先までナイフで傷をつけ、傷口に魔法の薬を擦りこむ[13]。これが肌に付着しているかもしれない霊を取り去るためであることは疑いを容れない。ニアス島の人々は、購入した衣服や武器は、丹念に洗い、磨き上げる。衣服や武器と、それを売ってくれた人々との関係を、一切消し去るためである[14]。異邦人を迎え入れる際にときおり行われる儀式も、その動機となっているものは、異邦人に敬意を表したいという思いよりむしろ、異邦人たちに対する同様の恐怖であろう。だがその意図が直接表明されることはない。アフガニスタンとペルシアのいくつかの地域では、旅行者はひとつの村に入る前に、しばしば動物の生命や食べ物という供え物、もしくは焚き火や香などで迎えられた。近年のアフガン国境使節団は、アフガニスタンの村々を通過する際、しばしば炎と香の歓迎を受けた[15]。ときには盆に載せた燃えさしが、旅行者の馬の足元に放り込まれ、「ようこそ」と言われる。[16] エミン・パシャ〔Emin Pasha 本名エドゥアルト・シュニッツァー Eduard Schnitzer 一八四〇〜九二年。オーストリアの探険家〕が中央アフリカのある村に入ると、すぐに二頭の山羊が生贄に捧げられた。[17] その血が通り道に撒かれ、族長がその血を跨ぎ越えてエミンに挨拶した。カンバーランド小海峡（Cumberland Inlet）〔カナダに Cumberland と名のつく入り江は複数ある〕に住むエスキモーの場合、野営地に異邦人が到着すると、妖術師がこれを出迎える。異邦人は腕を組み、頬がよく見えるように首を傾け、妖術師がこれに一撃を加える。ときにはこれで地面になぎ倒してしまうこともある。つぎに今度は妖術師が頬を出し、異邦人からの一撃を受ける。その後互いにキスをしあって儀式が終わると、異邦人は全員に慇懃なもてなしを受ける。[18] ときとして、異邦人たちとその魔力に対する恐怖があまりに大きいため、どうあっても彼らを受け入れることはできない、という場合がある。たとえば、スピーク〔John Hanning Speke 一八二七〜六四年。アフリカ大陸を探検した英国の探検家〕がある村に到着すると、原住民は彼に対して戸を締め切った。「なぜなら、彼らは白人を一度も見たことがなかったし、白人たちが持っている白い錫製の箱も見たことがなかったからだ。『その箱は略奪をこととするワトゥタ（Watuta）が姿を変えたもので、われわれを殺しに来たのかもしれないではないか。おまえたちを受け入れるわけにはいかない』と彼らは言った。[19] 彼らはいかなる説得にも応じず、そこで一隊はつぎの村に進むほかなかった」。

こうした異国からの訪問者に対して抱かれる恐怖は、しばしば相互に作用するものである。見知らぬ土地に入った蛮人は、自分が魔の土地に踏み込んだように感じる。そこで、その地に取りつく悪霊たちと住民の執り行う呪術に対し、警戒姿勢を取る。たとえばマオリ族［ニュージーランドのポリネシア系先住民］は、見知らぬ土地に入ると、そこが以前から「神聖」(tapu) な地であるといけないので、これを「普通」(noa) のものにするために、いくつかの儀式を執り行った。[20] ミクルホ＝マクライ男爵がニューギニアのマクライ海岸の村に近づいたとき、一緒に連れていた原住民のひとりは、木の枝を折り、わきに寄ってこの枝にしばらく囁きかけた。それから隊のひとりひとりに近寄り、背中に何かを吐きかけて、その枝で何度か叩いた。最後に彼は森に入り、もっとも木が密集したあたりで、この枝を枯葉の下に埋めた。この儀式は、彼らが近づいている村のあらゆる危険から隊を守るためのもの、とされていた。[21] だがおそらく、有害な霊気を人間から枝の中に移し、枝とともに森の奥深くに埋める、という考え方であろう。オーストラリアでは、見知らぬ部族がある地域に招き入れられ、その地の部族の野営地に近づく際には、「異邦人たちのほうが、火を灯した樹皮か燃えている棒を両手に持つ。これは、その地の空気を洗い清めるためだと言う」[22]。同様に、ギリシアの二つの軍隊が一戦を交える際には、聖なるものとされた男たちが、火を灯した松明を持って、それぞれの隊の先頭を行進した。そしてこの松明を二人の隊長の間で宙に投げ上げると、その後は戦いに加わることなく退去した。[23]

また、人は旅行中に接触した異邦人たちから、なんらかの呪術的な害悪を移される、と考えられている。このため旅人は帰宅するとすぐに、ある種の清めの儀式を受けなければならない。さもなければ同じ部族の仲間や友人たちに再び受け入れられることはない。たとえばベチュアナ人は、「呪術や妖術によって、異邦人からなんらかの害悪を移されているといけないので、旅から戻ると頭などを剃り、自らを洗い清める」[24]。西アフリカのいくつかの地域では、長旅から戻った男は、特別な液体で体を洗い、妖術師から額に印をつけてもらうまでは、妻のもとに行くことが許されない。これは、旅先でよその女が旅人にかけた呪文を消すためであり、その呪文は彼を通して村中の女たちに感染するもの、とされている[25]。土地の王から英国に派遣されて後帰国した、インドの二人のヒンドゥー教徒の特使は、異邦人たちとの接触で大変汚染されてしまい、もはや生まれ変わる以外もとの清浄な状態には戻れない、と考えられた。「再生のためには、女か牝牛の姿をした、自然界にある女性的な力を備えた純金の像を作ることが命じられる。再生される人間は、この像の中に入れられ、いつもの川床の道を引かれて行く。大きな純金像では費用が嵩むという場合、聖なる女陰像ヨンニを作るだけでもよい。再生される者はそこを通過するのである」。王の命令によりこのような純金の像が作られ、特使たちはその中から引き摺り出されることで、生まれ変わったのだった[26]。ダマラ族〔南西アフリカ中央部ダマラランドに住むバントゥー族のひとつ〕は、長期の不在から戻ると、効力を持つと考えられている、特定の動物から採られた油を少量処方される[27]。モルッカ諸島のいくつかの地域では、兄弟や若い親族が長旅から戻ってくると、若い娘が水を入れたカラディ（caladi）の葉〔サトイモ科の植物を表すマライ語 keladi のことか〕を持ち、彼を戸口で待ちうける。娘は彼の顔にその水を掛けて歓迎するのである。(28) サヴェッジ島（南太平洋）の原住民は、難破で岸に流れ着いた異邦人はつねにひとり残らず殺したが、のみならず、船で出かけて行き戻ってきた同じ部族の者も、殺したのだった。これは病気を恐れたからである。その後敢えて自ら船に乗り込むようになったのは随分と昔のことであるけれども、いまでも彼らは、旅から戻った者から得た品物は、すぐには使わず藪の中に数週間吊るして隔離しておく。(29)

このような警戒措置が、異邦人が及ぼすと考えられている有害な影響からすべての住民を救うために取られるものであるならば、同種の密かに迫り来る危険から王を救うために、特別な手段が講じられるのを見ても、われわれはもはや驚かない。中世の時代、タタール族のハーンのもとを訪れた外交使節は、ハーンに拝謁を許される前に、二つの炎の間を通り抜けなければならなかった。また彼らが持参した贈り物も、その炎の間を通された。このような風習も、異邦人がハーンに及ぼそうとしているかもしれない呪術的な力は、炎によって浄化されると考えられたからである。(30) カラムバ（Kalamba）（コンゴ川流域に住むバシランゲ族（the Bashilange）の間でもっとも力のあった酋長）のところへ、従属する酋長たちが従者を連れてはじめて――あるいは、それまで謀反を起こしがちであったがこれをあらためて――訪問する際、彼らは男も女もともに、二つの小川で二日に亘って沐浴し、夜間は野外の市場で過ごさなければならない。二度目の沐浴を終えると皆が全裸でカラムバの家へ行き、そこでカラムバは彼らの胸と額に長く白い印を書く。つぎに彼らは市場に戻り、服を着て後、胡椒の試練を受ける。胡椒が全員の目に入れられるが、この間彼らは苦しみながら、ひとりひとりが自分の一切の罪を告白し、課せられるあらゆる質問に答え、いくつかの誓いをたてなければならない。これで儀式が終わると、異邦人たちはもはや自由に、好きなだけこの町に滞在してよい(31)。東アフリカのキレマ(Kilema)では、異邦人が到着すると、遠方から持ってこられたある種の植物ないし樹木から薬が作られ、羊か山羊の血と混ぜ合わされる。異邦人は、この混合物を塗るかふり掛けるかされてはじめて、王への拝謁を許される(32)。アフリカ南東部のモノモタパ(Monomotapa)の王は、毒が塗られていることを恐れ、いかなる外来の素材も身につけることがない(33)。西アフリカのカコンゴ(Kakongo)の王は、ヨーロッパの品物は、金属と武器および木と象牙でできた品を除いて、所有することもなければ触れることさえない。外来の素材を身につけている者は、王に触れることがないよう、王の身体から大変注意深く遠ざけられた(34)。ロアンゴの王は白人の家を見てはならなかった(35)。

蛮人たちの意見では、食べたり飲んだりという行為には、特別な危険が伴っている。というのも、そのような機会には、魂が口から出てゆくかもしれず、また敵がいればその呪術によって、魂が抜き取られるかもしれないからである。それゆえこのような危険に対してはいくつかの予防措置が取られる。たとえばスマトラのバッタ族についてはつぎのように言われている。「魂は身体を離れることがあるので、魂を一番必要としているときにこれが彷徨い出るということがないよう、彼らはつねに注意を払う。だが魂の彷徨を阻止できるのは、人が家にいるときのみである。祝宴になると家中が閉め切られるが、これは魂

(tondi) がそこに留まり、目の前に並んだ好物を享受できるようにである」[36]。フィジー諸島の人々は、自分に悪事を企んでいると思われる人間がいるところでは食事をしなかった。また食事の際には食べ残しを出さないよう注意した[37]。マダガスカルのザフィマネロ族(the Zafimanelo) は、食べるときには家の戸に鍵をかけるので、彼らの食事を目にした者はいない[38]。ワルア族 (the Warua) は、食べたり飲んだりしているところはだれにも見せようとせず、とりわけ異性に対しては絶対見ることを許さない。「わたしは、ひとりの男に飲むところを見せてもらうために、金を払わなければならなかった。だが男が飲んでいるところを女に見せることは、許してもらえなかった」。ポンベ〔中央アフリカ・東アフリカの雑穀で造られる酒〕を一杯提供されると、彼らはしばしば、飲んでいるところを見られないよう一枚の布を被らせてくれ、と頼む。また、すべての男女は自分で料理をしなければならない[39]。このためだれもが自分専用の火を持たなければならない。以上が一般の人々の行う普通の予防措置であるならば、王たちが行う予防措置は常軌を逸したものになる。ロアンゴの王は、食べたり飲んだりしているところを見られてはならず、人や動物はこれを見れば死罪となる。可愛がっていた犬が王の食事中に部屋に入ってきたため、王はこれをその場で殺すことを命じた。あるとき、王の十二歳になる息子が、うっかり王が飲むところを見てしまった。王は即刻、息子を美しく着飾らせ宴を催してやるよう命じた。そしてその後息子を四つ裂きの刑に処し、この者は王の飲むところを目にした、という告示とともに町中を引き回した。「王は、飲みたくなれば一杯のブドウ酒を持ってこさせるが、これを持ってきた者は片手に鈴を持っている。そして王にカップを差し出すや否や、王から顔をそむけその鈴を鳴らす。この鈴の音でその場にいる者たちは全員が地にひれ伏し、王が飲み終わるまで顔を伏せたままでいる。……王が食事をするときもほぼ同様である。王には食事のための家が一軒あり、食べ物はその家でベンサ（bensa）というテーブルに並べられる。王はこの家に入ると戸を閉め、食べ終わると戸をノックして出てくる。このため王が飲んだり食べたりするところを見る者はだれもいない。だれかがそれを見れば、王は即座に死んでしまうと信じられているからである」[40]。近隣のカコンゴの王が守るべき規則もこれに類似している。臣民のだれかが王の飲むところを目にすれば、王は死んでしまうと考えられた[41]。ダホメー〔アフリカ西部の国ベニンの旧称〕の王の食事を目にすることは死に値する罪である。きわめて特殊な機会に王が公衆の面前で何かを飲むという場合、王はカーテンの後ろに隠れるか、頭の周りにハンカチーフを巻く。そしてすべての者は地にひれ伏し顔を上げてはならない[42]。ムアトー・ジャムウォ（Muato Jamwo）（コンゴ川流域の大君主）が飲み食いするところを見た者はだれでも、かならず死刑に処せられた[43]。トンガの王が食事をするときには、だれもが王に背を向けた[44]。ペルシアの王の宮殿には、向かい合う二つの食堂があり、一方の食堂では王が、他方の食堂では客人が食事をした。王は戸口に張られたカーテン越しに客人たちを見ることができるが、客人たちは王を見ることはできなかった。概して王はたったひとりで食事をするが、ときには妻や息子たちが王に同席し、ともに食事をすることもあった[45]。

しかしながら以上の例では、魂が出てゆくことを妨げるというよりも、おそらくは、悪しき霊気が体内に入ることを妨げることが意図されていよう。アフリカのスルタンたちが行う、ヴェールで顔を隠すという風習も、前者よりはむしろ後者の目的を持つものと考えられる。ダルフール〔スーダン西部の州で、一八七四年にエジプトに征服されるまではダルフール王国であった〕のスルタンは一枚の白いモスリンを頭に何回もぐるぐると巻いて顔を覆う。まず口と鼻を覆い、つぎに額、そして最後に目だけが見える状態になる。王の権力の印として顔をヴェールで覆うという同様の風習は、中央アフリカのその他の地域でも行われているという。(46) ワダイ〔十六世紀アフリカ中部に成立し、奴隷貿易で栄えたイスラーム王国。現在はチャド東部〕のスルタンはつねにカーテン越しに話す。腹心と少数の寵愛を受けた者以外、彼の顔を見ることはない。(47) サハラ砂漠のトゥアレグ族〔サハラ地方のイスラーム遊牧民〕の場合、男はだれもが(ただし女性はそうはしない)顔の下半分、とりわけ口を、つねに覆っている。ヴェールは食べるとき、寝るときでさえ、外されることはない。(48) サモアでは、家の護り神が亀である男は、亀を食べてはならなかった。隣人が亀を切って調理するのを手伝うときには、この男は包帯を巻いて口を隠さなければならなかった。これは胎児の亀が口から体内に入り、中で育って彼を殺してしまわないようにである。(49) 西ティモールでは、人が話をするときは右手で口を覆う。悪霊が体内に入らないよう、そしてまた、話の相手が、呪術によって話し手の魂に危害を加えないようにである。(50) ニューサウスウェールズ〔オーストラリア南東部の太平洋岸の州〕では、部族の密儀により成年となったばかりの黒人の若者は、(この段階では彼の魂は危険な状態にあるので)しばらくの間、女性のいるところではつねに口を布で覆っておかなければならない。[51] 英語では「ひどくおびえる、びっくり仰天する」という意味で「心を口の中に入れておく」(have one's heart in one's mouth)という言い方をするが、文明化された人々の間にもあるこういった慣用表現を見ても、生命や魂が口や鼻腔から抜け出して行くという考え方が、いかに自然なものであるかがわかるだろう。[52]

同様の予防措置はさらに拡大し、ときには、王が生涯宮殿を離れることを禁じられる場合もある。あるいは仮に離れることを許されても、臣民たちは王が戸外にいるところを見てはならない。西アフリカのシャーク・ポイントの祭司的な王が、家を離れてはならず、それどころか椅子さえも離れてはならず、眠るときも座ったままでなければならなかったことは、先に見たとおりである。[53] ロアンゴの王は、即位後は宮殿に閉じ込められ、離れることは許されない。[54] 西アフリカのイボ族(ナイジェリア南東部の黒人部族)の王は、「町へ行くために家から一歩踏み出すにも、神々を宥めるための人間の生贄が捧げられなければならない。このため王は家屋敷の敷地から一歩も出ることはない」。[55] エチオピアの王たちは神々として崇められたが、ほとんど宮殿に閉じ込められたままであった。[56] アラビアの香料の国シバ(現在のイエメンと考えられる)の王たちは、宮殿から出ることが許されなかった。[57] もし出ようものなら、暴徒が石を投げて王を殺したのだった。だが宮殿の頂上には窓があり、そこに一本の鎖が取り付けてあった。自分は酷く苦しめられていると考える者がこの鎖を引けば、王はこれに気づいてその者を中に呼び入れ、裁きを下すのだった。[58] 同様に朝鮮の王たちも、今日に至るまで、その身体は神聖とされ、「ほとんど神と同じ栄誉」が与えられており、十二歳から十五歳くらいまで宮殿に閉じ込められる。訴訟人が王の裁きを望む場合には、ときとして宮殿に面した山の上に大きな篝火を灯す。王はこれを見て、その訴訟を知るのである。[59] トンキンの王は、一年に二度か三度、宗教的な儀式を執り行うために戸外に現れることが許されていた。だが人々が彼を見ることは許されなかった。王が現れる前日には、王の通る道には近寄らないようにという告示が、都市と農村の全住民に出された。女たちは家の中にいなければならず、姿を見せた者は死刑となった。命令に従わなかった者は、それがたとえ無知・不案内からであっても、その場で処刑された。かくして王は、自らの軍隊と王に随行する士官たち以外には、見えない存在だったのである。[60] マンダレイ〔ビルマ中部イラワディ河畔の町〕では、修理の行き届いた高さ六フィートの頑丈な格子の柵が、城壁に囲まれた都市やその他郊外のすべての道に張り巡らされ、王はいつでもその道を通ることができた。この柵は民家から二フィートほど離れたところに造られており、王や妃のひとりが外出するときには、人々はみなこの柵の反対側で待っていなければならなかった。行列が出発した後に柵の外に出て儀官に捕らえられた者は、だれもが厳しく取り扱われ、鞭打ちの刑で済めば幸運と考えたほどであった。格子の穴越しに見ることも許されておらず、さらには花をつけた低木が、ところどころでこの柵の隙間を塞いでいた。[61]

また、人が食べ残したものや食事に使った皿などを通して、その人に魔術による危害が加えられる場合もある。たとえば、オーストラリア南部のナリニエリ族（the Narrinyeri）の考えるところでは、人が自分の部族の聖獣（すなわちトーテム）を食べ、敵がその肉の一部を手に入れれば、この敵は食べた者の中に収まった聖獣を大きくして、食べた者を死に至らしめる。このため自分のトーテムにあたるものを食べるときは、すっかり食べてしまうか、さもなければ残りを隠すか粉々にするよう気を配る。[62] ニューヘブリディーズ諸島のひとつタナ島（Tana）では、人々は食べ物の残りを、埋めるか海に捨てる。それが「病の造り手たち」の手に渡らないようにである。というのも、病の造り手が、たとえばバナナの皮といった残飯を見つければ、これを拾ってゆっくりと火で炙る。炙られている間に、バナナを食べた者は病に苦しむことになる。そこで彼は病の造り手に遣いをやり、皮を炙るのは止めてくれるようにと、贈り物を捧げるのである。[63] それゆえ、ロアンゴの王が皿の上に食べ残したものには、だれも触れてはならない。これは地面に穴を掘って埋められる。また王の器で何かを飲むことも許されない。[64] 同様に、ギニアのフィダ（Fida）の王の使ったカップやグラスでものを飲むことも許されていない。「王はつねに自分専用のカップを持っている。また彼がそれまで使っていた物でも、一旦他の者の唇に触れれば、王は二度とこれを使うことがない。たとえそれが火で洗浄できるよう金属でできたものであってもである」。[65] セレベス島のアルフォア族には、レリーン（Leleen）と呼ばれる祭司がひとりいる。その務めは米の育成であるように見受けられる。職務は種米が撒かれる一ヵ月前に始まり、刈り入れが終われば終了する。この期間、彼はいくつかのタブーを守らなければならない。他のだれかと一緒にものを食べたり飲んだりしてはならず、また自分専用の器以外で飲むことも許されていない。(66)

ミカドの食べ物が毎日新しい鍋で調理され、新しい皿に盛られたことは、先に述べたとおりである。鍋も皿も、一度使われただけで割られるか捨てられるため、平凡な陶器であった。大概の場合は割られたが、これはもし他のだれかがこの聖なる皿で食事をすれば、その口と喉は膨れ上がり燃え上がる、と信じられていたからであった。ミカドの衣類も、その許可なくして袖を通した者には、同様の悪しき結果が及ぶと考えられていた。体じゅうが膨れ上がり痛みだすというのである。(67) このような、ミカドの器や衣類を用いることで降りかかると考えられた忌まわしい結果を考えると、われわれには、これまで注目してきた神なる王もしくは人間神としての性質について、もうひとつ別の側面が見えてくる。神なる人間は、祝福の源であると同時に、危険の源でもあるのだ。つまり、それは守られなければならない存在であるのみならず、避けられるべき存在でもある。あまりに繊細であるため触れられただけで変調をきたしてしまうその聖なる有機体は、強い霊力を充電されている存在でもあるから、これに触れたものはなんであれ、放出される霊力によって致命的な結果に晒される。したがって人間神の隔離は、それ自身のためであると同時に、他の人々の安全にとっても、是非とも必要なことなのである。その神性は火と同じく、適度に抑制されている限りは絶え間ない祝福を与えてくれるものの、軽はずみに触れるものや境界を踏み越えるものがあれば、なんでも焼き尽くし破壊してしまう。それゆえ、タブーを破れば悲惨な結果が待っていると考えられることになる。違反者とは、聖なる火に手を突き出してしまった者なのであり、火は違反者をその場で縮みあがらせ、焼き尽くすのである。タブーのひとつの例をとって考えてみよう。身分の高い、きわめて神聖な存在とされていたニュージーランドの酋長は、たまたま路傍に夕食の残りを残してきてしまった。ひとりの頑丈で腹を空かせた奴隷が、酋長の去った後そこを通りかかり、食べ残しの夕食を見つけ、だれにも尋ねずにこれを食べてしまった。食べ終えるや否や奴隷は、恐怖に震える目撃者から、おまえが食べたのは酋長の食べ物だったのだと告げられた。「わたしは不運な違反についてはよく知っていました。その奴隷は勇敢さでは傑出しており、部族のいくつかの戦争で名を上げていました。……この破滅的な知らせを聞くや否や、男はきわめて異常な痙攣と腹部の差込に襲われ、ついには止むことなく、同日の日暮れ頃死んでしまいました。彼は人生の盛りを迎えた強靭な男でした。もしパーケハーの（＝ヨーロッパの）〔本来 pakeha は、ニュージーランドのマオリ語で、マオリを祖先に持たない「白人」を指す〕自由思想家が、その男はなにも酋長のタープー（＝タブー）〔tapu もマオリ語で taboo に同じ〕で殺されたわけではない、などと言えば——これは触ることで食べ物に感染してしまったのでしたが——、これに耳を貸す者は、これほど明らかで直截な証拠も理解できないその無知・無能さに、軽蔑の念を覚えることでしょう」[68]。これは唯一の例ではない。ひとりのマオリの女性がある果実を食べ、後になってそれがタブーの場所で採られた果実であると知らされた。そしてこのため、神聖を汚された酋長の魂はおまえを殺すだろうと声高に非難された。これが午後のことで、その翌日の十二時に彼女は死んだ(69)。マオリ族をよく知る観察者はつぎのように言う。「タープー（＝タブー）とは恐ろしい武器である。強靭な若者がタープーを冒したその日に死ぬのをわたしは見てきた。犠牲者たちは、力が水のように流れ出て、死んでしまうのである(70)」。あるマオリの酋長の火口箱は、人を殺す道具であった。酋長がこれをなくし、別の男がこれを見つけてパイプに火をつけるのに用い、後で以前の持ち主がだれであったかを知り、恐怖で死んでしまったのだった。またニュージーランド高地地方のある酋長の衣類は、酋長以外でこれを身につける者は皆殺してしまうとされている。ある宣教師は、ひとりの酋長が、重くて持ち運べないと思った毛布を断崖から投げ捨てるところを見た。宣教師が、木にかけておいて今後やってくる旅行者が使えるようにしなかったのはなぜかと尋ねると、酋長はつぎのように答えた。「この断崖から投げ捨てたのは、別の者が持ってゆくことを恐れたからだ。というのも、もし他の者が使えば、わたしのタープーゆえに（つまり、自分との接触で毛布に感染し、その毛布から別の者に感染してしまう、自分の霊力ゆえに）その者を殺してしまうからだ(71)」。

したがって、蛮人がこういった人間神たちを、危険な部類に属するものとみなすことは驚くに値しないし、またそれゆえに、この部類に属する別のものに対する禁制も、人間神について課せられている禁制とまったく同じというのも、実に自然なことである。たとえば、マオリ族は、死体に触れることで自らを穢してしまった者を大変危険な状態にあると考え、これを入念に遠ざけて隔離してしまう。だがこの穢れた人間たちに関して守られるタブー（たとえば、彼らは食べ物に手で触れてはならず、彼らの使った器は他の人々が使ってはならない）は、聖なる酋長に関して守られているタブーと同じなのである[72]。また概して、ある種の人々の衣服や器等の使用の禁止、およびこの禁を犯したために起こると考えられている結果も、その所有者が神聖とみなされている人物であろうが、それが穢れている、汚染されているとされる人物であろうが、まったく同じである。聖なる酋長の触れた衣類が、これに触れた者たちを殺すとされるように、月経中の女性が触れたものもまた同様である。あるオーストラリアの黒人は、妻が月経期に自分の毛布で寝ていたことを発見し、妻を殺し、自分自身も恐怖で二週間後に死んだ[73]。それゆえ、オーストラリアの女たちが月経期に男の使う品に触れることは、死刑に値する禁止事項とされている。女たちはまた、出産に際しても隔離され、隔離期間に彼女たちが使った器はすべて燃やされる[74]。北米インディアンのいくつかの部族でも、月経期の女たちは男の使用する道具に触れることを禁じられている。彼女らが触れれば大いに穢れてしまい、そのためこれを使えばなんらかの災いか不運に見舞われる、とされている[75]。アラスカのエスキモーの男たちは、産褥に就いている女が使用した皿をある種の呪文で清めないことには、これを使って飲み食いすることはない[76]。北米のティネー・インディアン（the Tinneh Indians）の場合、初潮期に隔離された娘たちが食事に使った皿は「他の者が使ってはならず、もっぱら彼女らだけの使用に供される[77]」。また、北米インディアンのいくつかの部族では、敵を殺した男たちは不浄な状態にあるとみなされ、殺した後かなりの期間、自分のものでない皿で食べたり飲んだりはしないし、自分のものでないパイプを吸うこともない。また他の者たちも、彼らの皿やパイプを使おうとはしない。この期間、彼らは一種の隔離状態で生活し、この期間が終わると、その隔離期間に彼らが使った皿とパイプはすべて燃やされる。[78] カフィル族〔南アフリカのバントゥー族〕の場合、割礼を受けた少年たちは特別な小屋で隔離生活を送り、傷が癒えると、少年たちがこの隔離期間に使ったすべての器と、それまで身につけていた少年用の外套が、その小屋と一緒に燃やされる。[79] 若いインディアンの戦士がはじめて戦に出かけるときには、彼が飲んだり食べたりする器は、他の者が触ってはならない。[80]

このように、神なる王や酋長や祭司が守るべきもの、殺人に際して守るべきもの、産褥に就く女が守るべきもの等々の、儀式的に清浄を保つための規則は、いくつかの点で類似している。われわれには、これら様々な部類に属する人々は、性格や置かれている条件がまったく異なっているように思える。つまり、神聖と呼ぶべき人々もいれば、不浄だ、汚染されている、と言ってよい人々もいる。だが蛮人たちは、そのような道徳的な区別を行わない。神聖と穢れの概念は、蛮人の精神においていまだ分化していない。蛮人にとって、このような人々が共通に持っている特徴といえば、それが危険人物であるということ、危機的な状況にあるということであり、そのような人々が置かれている危険、もしくはそのような人々が他人に及ぼすかもしれない危険は、霊的ないし超自然的なもの、つまりは想像的なもの、と呼ばれなければならない。だがその危険は、想像的なものであるからといって現実味が劣るわけではない。想像とは、重力と同じくらい現実に人間に作用するものであり、青酸の一服と同じくらい確実に、人間を殺すことがある。恐れられている霊的危険が人々に及ばないよう、もしくはその人々から発散されないよう、その人々を他の人間たちの世界から隔離しておくことが、タブーを守る目的なのである。このようなタブーは、いわば絶縁体のように作用する。その人々が負わされた霊的な力が放置されないよう、もしくは外部の世界との接触によって害を及ぼさないよう、その力を切り離しておくための絶縁体である。(81)

タヒチの王もしくは女王の身体には、だれも触れてはならなかった。(82)またカンボジアの王にも、いかなる目的からであろうと、王が命じたのでなければ触れてはならない。一八七四年七月のこと、王は乗物から放り出され、意識を失って地面に倒れたが、従者はだれひとり王に触れようとはしなかった。そこにひとりのヨーロッパ人がやってきて、傷ついた君主を宮殿まで運んだのであった。(83)朝鮮の王にも、だれも触れてはならない。王が親切心から臣民のひとりに触れれば、その触れられた部分は神聖なものとなり、こうして栄誉を与えられた人物は目に見える印（概して赤い絹の紐）を生涯身につけなければならない。とりわけ鉄は、王の身体に触れてはならないものである。一八〇〇年、チェン・ツォン・タイ・オアン王は背中にできた腫瘍のために死んだ。ランセットで切開すれば、おそらく命を救うことができただろうが、だれもこれを使うことなど思いもよらなかった。言い伝えによると、ある王は唇の膿瘍でひどく苦しんでいたが、医者はひとりの道化を呼び、道化のおどけた行為で王は心底笑い、そのため膿瘍は弾け飛んだとのことである。[84] ローマ人とサビニ人の祭司は、鉄ではなく青銅の剃刀か鋏で髭を剃らなければならなかった。[85] ローマのアルウァレス神官団の聖なる木立に鉄製の彫刻道具が持ち込まれるときには、つねにその償いの意味で、仔羊か豚の生贄が捧げられた。この供犠はまた、彫刻道具が墓地から運び出されるときにも行われた。[86] クレタ島で、メネデモス（Menedemos）に生贄を捧げる際には、鉄を使わなかった。これは、トロイア戦争でメネデモスが、鉄の武器で殺されたから、と言われている。[87] プラタイアイのアルコン（執政官）は鉄に触れてはならなかった。だが一年に一度、プラタイアイの戦い〔ギリシア軍がペルシア軍に勝利した紀元前四七九年の戦闘〕の戦没者を記念する行事では、牡牛を生贄に捧げるために剣を手にすることが許された。[88] 今日でも、ホッテントット族の祭司は、動物を生贄に捧げる場合や少年に割礼を施す場合、けっして鉄の刃物ではなく石英の破片を使用する。[89] アリゾナ州のホピ族〔アリゾナ州北東部に住むプエブロ・インディアン〕の間では、石の短刀や手斧などはもはや一般的に使用されることはなくなったが、宗教的な儀式では用いられる。[90] 黄金海岸の黒人たちは、呪物を崇拝する場合、身体からいかなる鉄や鋼も取り払う。[91] スコットランドで浄火を燃やす男たちは、体からすべての金属を取り去らなければならなかった。[92] バーグヘッドでは、クラヴィー〔clavie—*OED* では、暖炉の上に張るまぐさ clavel の異型とされている〕（クリスマスの季節に用いる、暖炉に飾る輪 fire-wheel の一種〔だが fire-wheel という語のこのような使い方は異例である〕）を作る際、ハンマーを使用してはならない。打ちつけることは、石で行わなければならない(93)。ユダヤ人の場合、エルサレムで神殿を建造する際には、鉄の道具は用いられなかった。また祭壇を造る際もそうであった(94)。ローマの古い木造の橋（ポンス・スブリキウス）は神聖と考えられ、造られるときも修理されるときも、鉄や青銅を用いてはならなかった(95)。フルフォ（Furfo）のユピテル・リベル〔リベルは古代イタリアの実りの神。ディオニュソス、バッコスと同一視された〕の神殿は、鉄の道具で修理されてもよい、と法によって特別に定められていた(96)。キュジコス〔小アジア北西部の古代ギリシアの都市〕の会議堂は釘を一本も使わない木の建造物で、複数の梁は取替えが利くように組み合わされていた(97)。総督評議会員でもあった故ヴィイヤナグラム王子（Raja Vijyanagram）は、ヒンドゥー教インド人の王子の中では、もっとも蒙の啓《ひら》けた尊敬に値する王子と語られているが、領内に建物を造る際には、鉄を使用することを許さなかった。鉄を用いれば、その後かならず天然痘やその他の伝染病が発生する、と信じていたからである(98)。

このような鉄に対する迷信的な反感はおそらく、世の中では鉄がいまだ新奇なものであった時代、そして新奇なものであるゆえに多くの人々から疑いと嫌悪の目で見られていた時代にまで、遡ることができるだろう。新しいものはなんであれ、蛮人には畏怖と恐怖の念を呼び起こしがちである。近年ボルネオを開拓した人はつぎのように言っている。「このドゥスン人〔ボルネオ島北東部のサバに住むダヤク族〕というのが、自分たちの国に何か新しいものがやってきたりすると、彼らの身に起こることは何であれ——良いことであれ悪いことであれ、幸運なことであれ不運なことであれ——そのせいにする。奇妙な迷信である。たとえば、最近わたしたちがここで経験した例年にない極端な暑さも、わたしがキンドラム（Kindram）に住んでいることが原因だというのだ」[99]。鉄のすき刃がはじめてポーランドに持ち込まれると、その後凶作の年が続いた。このため農場主たちは凶作の原因を鉄のすき刃にあると考え、これを廃棄して木のすき刃に替えたのであった[100]。一般に見られる新奇なものに対する嫌悪は、つねに宗教の領域で強烈なものとなるのであり、このため、まずは王や祭司が鉄に対して迷信的な嫌悪感を抱き、つぎには王や祭司たちによってこの嫌悪感が神々に帰せられるというのも、なるほど納得がゆく。あるいはこの嫌悪感は、たとえばポーランドで鉄のすき刃に疑惑が向けられたように、一連の凶作期といった偶然の要因によって、強められるものであるかもしれない。だが、神々や聖職者の間で鉄が不興を被ることには、別の側面もある。鉄が霊にとっては嫌なものと考えられているという、まさにこの事実が、男たちに武器を持たせる。場合によっては霊に対抗してくれる武器である。霊たちは、この不快な金属に守られている人間や物には近づこうとしないほど、鉄を大いに嫌っていると考えられるので、鉄はもっぱら、人に呪いをかける死霊やその他危険な霊に対する護符として、用いられることになるだろう。そして事実、鉄はしばしばそのように用いられている。たとえばスコットランドの漁師たちは、海に出ているときにたまたまひとりが神の名をみだりに口にすれば、これを最初に聞いた者が「冷たい鉄」（"Cauld airn"）と叫び、これを聞いて乗組員全員が一番近くにある鉄の道具を摑み、しばらくの間両手でしっかりと持っていた(101)。モロッコでは、鉄は悪霊に対する偉大な護り手と考えられている。このため病人の枕の下には普通、ナイフや短剣を置く(102)。インドでは、「死者の口に火を入れる儀式を執り行う会葬者は、一片の鉄を持っている。それは鍵であったりナイフであったり、あるいはただの鉄片の場合もある。隔離されている期間（というのも、この男は一定期間不浄なものとして扱われ、他の者に触れられてはならず、他の者と飲み食いを共にすることも許されず、着替えることもない(103)）、彼は邪悪な霊を遠ざけておくために、この一片の鉄を身につけるのである。カルカッタのベンガル人の場合、官庁に勤める者であっても、自分で喪主の経験をした者は、指に小さな鍵をつけていた(104)」。かつてスコットランドの北東部では、だれかが死んだ直後は、釘や針金といった一片の鉄を、家の中にあるバターやチーズや肉やウイスキーといった、一切の食料品に突き立てた。これは「死が食料の中に入り込まないように」であった。この予防措置を怠れば、食べ物や飲み物はたちまち腐敗してしまう、と言われた。たとえばウイスキーは、牛乳のように白くなることが知られていた(105)。こういったインドのヒンドゥー教徒やスコットランド人の風習に見られるように、人の死後に鉄が護符として用いられる場合、護符が向けられている相手は、死者の霊である(106)。

ビルマ〔ミャンマー〕のゼングウィーの北方には祭司としての王がおり、ソティー族(the Sotih)から霊的および世俗的な最高権威として崇められている。この住まいにはいかなる武器も刃物も持ち込むことは許されていない(107)。この掟はおそらく、様々な民族が人が死んだ後に守っている風習によって、説明できるだろう。つまり、死者の霊が近くにいると考えられる限り、尖った刃物がその霊を傷つけないよう、人々はこれを使わないようにするのである。たとえばトランシルヴァニアのルーマニア人は、人が死ぬと、死体が家の中に置かれている間は、刃物の刃を上に向けて放置しないよう注意を払う。「さもなければ死者の魂は、刃の上にねじ伏せられてしまう」からである。[108] 死後七日間、遺体がまだ家の中に置かれている間は、中国人はナイフや針を使わない。また箸さえも使わないので、食事も手摑みで行う。[109] アラスカのイヌイト（エスキモー）の場合、死後四日間、村の女たちは縫い物をしないし、五日間、男たちは斧で木を切ることをしない。[110] かつて古代プロイセン人およびリトアニア人は、葬儀後の三日目、六日目、九日目、十四日目に、食事を作って戸口に立ち、死者の魂を招き入れた。食事の際には黙して食卓を囲み、ナイフは用いなかった。給仕する女たちも、ナイフを用いることはなかった。もし食べ物がいくらかでも食卓から零れ落ちれば、これは拾い上げられることなく、食べさせてくれる生きた親戚縁者や友人を持っていない孤独な魂たちのために、放っておかれた。食事が終わると、祭司は箒を持って家から魂を掃き出し、つぎのように言った。「愛しい魂たちよ、飲み食いは済んだろう。もう行くがよい」。[111] セレベス島南部では、死んだ王の爪を切るにはナイフの背を、髪を梳かすときには櫛の背を使う。[112] ドイツ人の語るところでは、ナイフは刃を上に向けて放置されてはならない。これは、神や霊たちがそこに住んでいるから、もしくは、神や天使たちの顔を切ってしまうからである。[113] このように見てくると、われわれには、なぜビルマの大祭司の家に、刃物が一本も持ち込まれてはならないかが理解できる。他の多くの祭司的な王と同様、ビルマの大祭司もおそらくは神とみなされていた。したがって、当然のことながら彼の神聖な霊は、切られる危険や傷つけられる危険に晒されてはならない。とりわけその霊は、いつなんどき身体を離れ空中に舞い上がって見えなくなるかもしれず、あるいはまた、何かの使命で遠くの地へ飛んでゆくかもしれないからである。

すでに見たとおり、フラメン・ディアリスは、生肉に触れることは禁じられていたし、その名を口にすることすら禁じられていた。[114] パラオ諸島では、ある村が襲われひとりの首が持ってゆかれると、殺された男の親族はタブーとなり、その亡霊の怒りから逃れるために、親族は特定の決まりに従わなければならない。家の中に閉じ籠り、生肉に触れてはならず、祈禱師が呪文をかけたキンマを嚙む。こうすれば、殺された男の亡霊は、殺人者を探しに敵の国に去って行く。[115] このタブーはおそらく、動物の魂や霊は血の中に宿るという、共通した信念に基づいていよう。タブーとされた者たちは危険な状態にあると信じられているので——たとえば殺された男の親族は、その怒れる亡霊の攻撃を受けやすい——、とりわけ彼らを隔離して霊と接触させないことが必要となる。そのため、生肉に触ることが禁じられるのである。だがいつものことながら、タブーというのは、一般的な規則が特定の状況下で特殊な強さを帯びたものにすぎない。言い換えれば、タブーの遵守が特に強いられるのは、そのタブーを適用することがとりわけ要求されている状況下においてである。だがそのような特殊な状況から離れてしまっても、禁止事項のほうは、さほど厳密にではないにせよ、日常生活での普通の規則として、守られることになる。たとえば、エストニア人の中には、血を口にしようとしない者たちがいる。血の中には動物の魂が宿っており、それが血を食した者の体内に入ると信じられているからである。[116] 北米インディアンのいくつかの部族は、「宗教上のある強力な原則に則り、いかなる動物の血も、断固として食することはない。そこには獣の命と魂が宿っているからである」。このインディアンたちは、「一般に、殺したばかりの鹿肉は（調理する前に）何度か煙と炎をくぐらせる。これは供犠のためであると同時に、彼らにとって食べることがもっとも忌まわしいものとされている、獣の血や命や霊を、焼き尽くすためである」。[117] インディアンのスレーヴ族〔カナダ北部のグレートスレーヴ湖とトラウト湖の間のマッケンジー川上流域に居住するアサパスカ族系インディアン〕やヘア族（Hare Indians）やドグリブ族〔グレートベア湖とグレートスレーヴ湖の間に居住するアサパスカ族系インディアン〕の多くは、獲った鳥獣の血を食することにはためらいを感じる。スレーヴ族の場合、猟師は動物の腹部の血を集め、雪の中に埋める。[118] ユダヤ人の猟師は、殺した獲物の血を抜き、その血を土で覆った。彼らは血を口にすることはなかった。動物の魂もしくは生命は血の中に宿っている、もしくは血そのものである、と信じていたからである。[119] 同じ信仰はローマ人にもあった。[120] またアラブ人にもあり、[121] ニューギニアのパプア人のいくつかの部族にもある。[122]

王家の者の血を地に零してはならないという掟は、多くの土地に見られる。このため、王もしくはその家族のひとりが殺されねばならない場合、処刑の様式には、その血が大地に落ちないよう工夫がなされる。一六八八年のこと、シャムの王に軍隊の最高司令官が謀反を起こし、王を処刑した。これは「王家の犯罪者たちに対する方法、すなわち、死に値する罪を犯した王の血を引く諸侯たちが処刑される方法で、行われた。鉄の大釜に入れ、擂粉木《すりこぎ》で粉々に砕くのである。これは、王家の血を一滴たりとも地に零してはならないからであり、彼らの宗教によれば、神聖な血を土と混ぜ合わせて汚すことは、大いなる不敬と考えられたからである(123)」。その他シャム人の王家の者の処刑方法には、餓死、窒息死などがある。真紅の布で体を引っ張り、悪臭を放つ「ビャクダン」の棒を胃に押し込む(124)。あるいは最後に、大きな石を詰めた皮袋の中に入れ、縫い合わせて、川に投げ入れる。ときには川に投げ込む前に、ビャクダンの棍棒で首を折る(125)。フビライ・ハーンは、謀反を起こした叔父のナヤンを破りこれを捕らえると、絨毯に包んであちらこちらに放り投げるという方法で処刑した。「フビライ・ハーンは、皇帝の家系の血を地に零すことも、それを天の目に晒し、太陽の前に晒すことも、望まなかったからである(126)」。「修道士リコルドは、タタール族の一般原則についてつぎのように述べている。『ひとりのハーンは、王位を獲得するために別のハーンを処刑するが、血が零れないよう細心の注意を払う。というのも、偉大なるハーンの血が地面に落ちることは、きわめて不謹慎とされているからである。そのため、なんとか窒息させる方法を取る』。ビルマの宮廷にも同様の感覚が広く行き渡っており、王家の血を引く諸侯たちに対しては、血を流さない特殊な処刑方法が用いられる(127)」。トンキンでは、処刑の方法は通常斬首であるが、王家の血を引く者の処刑は絞首である。[128] アシャンティ〔現在ガーナ中央部の州〕では、王家の血は一滴も流されてはならない。王家の者が重罪を犯せば、ダー川（the river Dah）で水死の刑に処せられる。[129] マダガスカルでは、貴族の血は流されてはならない。このため四人のキリスト教徒の貴族が処刑されたときには、生きたまま焼かれたのだった。[130] ウガンダの若い王が成年に達すると、継承のためにとっておかれる二、三人を除いて、弟たちは皆焼き殺される。[131] 王家の血を流すことに対する抵抗感は、そもそも血を流すことに対する、あるいは少なくとも、それが地面に流れることに対する一般的な抵抗感が、とりわけ強まったものに過ぎないように思われる。マルコ・ポーロの語るところによれば、当時カーンバリク〔フビライ・ハーンが一二六七年に建設した元の首都〕（現在の北京）では、不審な時刻に通りで見つかった者は捕らえられ、また軽犯罪を犯したことがわかると棒で打たれた。「この罰でときには死ぬ者もいたが、血を流すことを避けるためにこの方法が取られていた。というのも、彼らのバクシーたち（Bacsis）〔インドのムガル朝の主計官 bakshi から？〕が語るところでは、人間の血を流すことは不吉なのである」。[132] 一六六〇年、王政復古でクリスチャン船長〔William Christian 一六〇八〜六三年〕がマン島政府によって銃殺されたとき、血が地面に落ちないよう、彼は白い毛布で覆われたところに立たされた。[133] 未開民族の間でも、同じ部族の者の血が流されなければならないときには、血が地面に落ちることは許されず、仲間の部族民の体で受けとめられる。たとえばいくつかのオーストラリアの部族の場合、割礼を受ける少年たちは、部族民が体で組んだ台の上に横たわる。[134] また成人の儀式で少年が歯を抜かれる際には、少年はひとりの男に肩車される。こうして血は男の胸に流れるが、その血を拭き取ってはならない。[135] オーストラリアの黒人たちは、頭痛などの痛みを取るために、互いに血を採り合うが、血が地面に落ちないよう細心の注意を払い、その血を互いにふり掛けあう。[136] すでに見たとおり、オーストラリアの雨乞いの儀式では、雨の模倣とされる血が、部族民たちの体で受けとめられる。[137] セレベス島南部では、出産に際して、奴隷の女がひとり、家（これは地面の上に立てられた数本の柱で支えられている）の縁の下に立ち、頭に乗せた盥《たらい》で、竹の床の間からしたたり落ちる血を受けとめる。[138] 血を流すことに対する抵抗感は、いくつかの民族の場合、動物の血に対しても生じる。東アフリカのワニカ族は、食用に家畜を殺す際、「血を流さないよう、石か棍棒で動物を打ち殺す」[139]。ダマラ族の場合、食用として殺される家畜は絞め殺される。だが生贄に捧げられるときには、槍で突き殺される。[140] しかしアフリカの大概の牧畜部族と同様、ワニカ族もダマラ族も、めったなことでは家畜を殺さない。家畜は一般に、ある種の聖性を与えられているものだからである。[141] イースター島の住民たちも、食用に動物を殺す際には、血を流さずに、失神させるか煙で窒息させる。[142] 血を地面に零すことに対する抵抗は、おそらくつぎのような信仰で説明できるだろう。すなわち、魂は血の中に宿るものであり、それゆえ血が零れた地面は、かならずタブーなもの、神聖なものとなってしまう、という信仰である。ニュージーランドでは、大酋長の血がたまたま一滴でもその上に零れ落ちたものは、何であれタブーとなる。つまりは大酋長にまつわる神聖なものとなる。たとえば、ある原住民の一団が、立派な新しいカヌーに乗ってひとりの酋長のもとを訪れた。酋長はそのカヌーに乗り込んだが、乗り込む際に、木のとげが彼の足に刺さってしまった。血がカヌーに零れたため、カヌーは即座に酋長のための神聖なものとなった。カヌーの持ち主は飛び下り、酋長の家の向こう岸にカヌーを引いてゆき、そこに放置した。またたとえば、ある宣教師の家を訪れた酋長は、家に入る際、梁に頭をぶつけ、血を流してしまった。以前ならばその家は、この酋長のものになっていただろう、と原住民は語った。[143] あらゆるものに適用されるタブーの場合、つねに生じてしまうことだが、部族民の血を地の上に流すことの禁止は、酋長や王にとりわけ厳しく適用される。したがって、一般の人々の間ではもはや守られなくなった後でも、酋長や王の場合には、長らくこの禁制が守られることになるのである。

すでに見たとおり、フラメン・ディアリスはブドウ棚の下を歩いてはならなかった。[144] この禁制の理由はおそらく、以下のようなものであろう。これまでのところで明らかになったように、植物は、切られると血を流す、命ある存在とみなされている。ある種の植物から滲み出る赤い樹液は、その植物の血液と考えられている。[145] ブドウの果汁はしたがって、当然のことながらブドウの木の血液とみなされる。[146] そして、つい先ほど述べたように、魂はしばしば血の中に宿ると考えられるので、ブドウの果汁はブドウの木の魂とみなされ、あるいはその魂を宿すもの、とみなされる。この信仰は、ブドウ酒の持つ、酔わせるという効果によって強められる。というのも、未開民族の概念からすれば、酩酊や狂気といった異常な精神状態の一切は、ある霊が人の中に入ることで引き起こされるからである。言い換えれば、そのような精神状態は、憑依もしくは霊感という形で理解される。したがって、ブドウ酒は以下の二つの明確な理由に基づいて、霊もしくは霊を宿すものとみなされる。第一に、それが赤い果汁であるゆえに植物の血液と同じものと考えられる、という理由、第二に、それが酔わせる、すなわち霊感を与えるものである、という理由である。それゆえ、もしフラメン・ディアリスがブドウ棚の下を歩けば、房の中に入ったブドウの木の霊は彼の頭の間近まで迫り、その頭に触れるかもしれず、彼のように永遠のタブーとなっている[147]者にとって、それはきわめて危険な事態となる。この禁制を以上のように解釈することはおそらく、つぎの二点を示すことができれば可能となる。第一に、実際いくつかの民族がブドウ酒を血とみなし、酩酊を血を飲むことで生み出される霊感と同じものとみなしていた、という点、第二に、血もしくは生きた人間が頭の上にいるという状態は、とりわけタブーとされている者たちにとっては、しばしば危険な事態とみなされる、という点である。

第一点については、プルタルコスがつぎのように伝えている。昔からエジプトの王たちは、ブドウ酒を飲むこともなければ、これを神酒として神々に捧げることもなかった。これは彼らが、ブドウ酒を、かつて神々と闘った者たちの血と考えていたからであり、ブドウ酒とはその腐りゆく肉体から迸り出たものと考えていたからである。また酩酊の狂乱状態とは、神々の敵の血で満たされている状態である、という迷信があった[148]。アステカ族は、プルケというこの土地で造られる果実酒〔リュウゼツランの一種マゲイで作られる〕を、悪しきものとみなした。その影響で男たちが野蛮な振る舞いに及ぶためである。だがこの野蛮な振る舞いも、酔った男自身の行為ではなく、その男に取りつき霊感を吹き込んだ、酒の神の行いと信じられた。またこの霊感という考え方は大真面目に信じられていたので、だれかがこの酔った男を悪く言い侮辱すれば、自らの信奉者の中に姿を現したこの酒の神に対する無礼のかどで、処罰を免れなかった。インディオが酒に酔うのは、素面《しらふ》であれば確実に罰せられるような犯罪を、なんら罰を受けずに行うためであると考えられる、とサアグンは述べているが、なるほどこれも無根拠とは言えない[149]。こうなると、未開人の間では、ブドウ酒によってもたらされる酩酊すなわち霊感は、動物の血を飲むことでもたらされる霊感とまったく同じものとされていたように見える[150]。魂もしくは生命は、血の中に宿るものであり、そしてブドウ酒とはブドウの木の血なのである。動物の血を飲んだ者はだれであれ、動物の魂すなわち神の魂に霊感を吹き込まれるのであった。神は、すでに見たように[151]、動物が殺される前にその中に入る、としばしば考えられたからである。同様に、ブドウ酒を飲む者はだれであれ血を飲む者であり、そうすることで人は、ブドウの神の魂もしくは霊を、自らの中に取り込むのである。

第二の点、血の下もしくは生きた人間の下を通り過ぎることに対する恐怖に関しては、オーストラリアの黒人の中には、傾いている木の下や柵の横木の下でさえも、通ることを恐れる者がいる、との報告がある。この黒人たちによれば、ひとりの女がその木や柵の上にいたかもしれず、彼女の流した血が木や柵の上に落ち、それが自分たちの上に落ちてくるかもしれない、というのが恐怖の理由である。[152] ソロモン諸島のひとつ、ウギ島（Ugi）では、男は、たとえ可能であっても、木が倒れて道を塞いでいるその下を、けっしてくぐろうとしない。自分の前に女がそれを踏み越えたかもしれない、というのが理由である。[153] ビルマのカレン族は「家の縁の下に入ろうとしない。とりわけ女たちのいる家はそうである。また枝が特定の方向に向かって垂れている木の下や、倒木の太い側の端の下なども、通ろうとしない」。[154] シャム人は、女性の衣類が掛かっている縄の下を通ることは不吉と考える。そしてそこを通ってしまった者が悪しき結果を回避するには、大地の霊のために礼拝所を建てなければならない。[155]

おそらくは上述のすべての例に見られる掟が、血との接触、とりわけ女性の血液との接触に対する恐怖から発している。同様の恐怖から、マオリ族の男は、生まれた家の壁にはけっして背中をもたせかけようとしない。[156] 女性の血は男にとってきわめて不吉な力を持つものと信じられているからである。オーストラリア南部のエンカウンター・ベイ〔湾の名であるが、湾に隣接する集落にもこの名がある〕の部族の場合、少年たちは、女の血を見ると早く白髪になり、力は早々に衰えてしまう、と警告される。[157] ブーアンディク族（the Booandik）の男たちは、女の血を見れば敵と戦えなくなり、殺されてしまうと考える。戦いで太陽に目をくらまされると、男たちはその後、最初に会った女にかならず棍棒の一撃を加える。[158] ウェタール島では、大人の男か少年が女性の血に近づくと、戦闘やその他の不運な仕事に巻き込まれ、その不運を回避しようとどれほど警戒しても無駄である、と考えられている。[159] セラム島の人々も、女性の血を見た男たちは戦闘で負傷する、と信じている。[160] 同じく南アフリカのオヴァヘレロ族（ダマラ族）も、お産直後の床に就いている女を目にすれば、虚弱者となり、戦闘に出向けば撃たれてしまう、と考えている。[161] エストニアの信仰では、女性の血を見た男は発疹に苦しむことになる。[162]

また、ブドウの木や女の血といった、危険な物体の下を通らない理由は、頭と接触することを恐れるからである。というのも、未開人にとって頭はとりわけ神聖なものである。頭に特別な聖性が与えられていることは、ときとして、それが侮辱や軽蔑にとりわけ敏感な霊の座る場所であるという信仰から説明される。たとえばカレン族は、ツォー（tso）と呼ばれるものが頭の上部に住んでおり、それがそこに座っている限り、七つのケラー（Kelahs）という感情の化身の尽力で、人が災いに遭うことはない、と考える。「だがもしツォーが不注意であったり弱っていたりすれば、なんらかの危害がその人に及ぶ。このため頭には十分気を配り、ツォーが喜ぶような装いを施そうと最大限に骨を折る」。[163] シャム人は、人間の頭には、これを守るクーアン（Khuan）もしくはチョム・クアン（Chom Kuan）と呼ばれる守護霊が住んでいる、と考える。この霊は、あらゆる種類の危害から注意深く守ってやらなければならない。このため、剃髪や散髪という行為には多くの儀式が伴うことになる。クーアンは、名誉という点には非常に敏感で、自分の住んでいる頭が見知らぬ者の手に触れられれば、死ぬほど侮辱されたと感じる。バスティアン博士〔Adolf Bastian 一八二六〜一九〇五年。ドイツの民族学者〕は、シャムの王の弟と会見した際、ある種の医学上の見解を説明するために、この皇子の頭を触ろうと手を上げた。このとき、身を低くしていた廷臣たちの唇からは陰険で威嚇するような呟きが湧き起こり、それは博士が礼儀を守らなかったという警告であった。シャムでは、高位の者に対して、頭に触れること以上の侮辱はないからである。もしシャム人が他の者の頭に足で触れれば、二人ともがそれぞれ、不運を避けるために、大地の霊の礼拝所を建てなければならない。頭の守護霊はまた、頻繁に洗髪されることを好まない。洗髪はこの守護霊を害するかもしれず、迷惑をかけるかもしれない。ビルマの王の洗髪は、川の真中から汲まれた水で行われる非常に厳粛な儀式であった。バスティアン博士がマンダレイのビルマ人について教わったのは、この土地出身の教授からであったが、この教授が月に一度と定められている洗髪を行う際には、つねに三日間は不在であった。洗髪という作業を行うには、その準備と回復にそれだけの時間が費やされたのである。バスティアン博士には毎日洗髪する習慣があったので、ビルマ人の教授はこれに対しても大いに意見したのだった。(164)

またビルマ人は、だれかが、とりわけ女性が、自分の頭の上にいることを、一種の侮辱と感じる。このためビルマ人の家はかならず一階建てである。家は地面の上に立てられた数本の柱で支えられており、何かが床の隙間から縁の下に落ちた場合、召使いをそこに取りに行かせるには、バスティアン博士も説得に苦労したのだった。ラングーン〔ミャンマーの首都ヤンゴンの旧称〕では、祭司が病人の傍らに呼ばれた場合、祭司は階段は上らずに、梯子を上って窓から入る。階段に行くには踊場の下を通らなければならないからである。

ラングーンのある信心深いビルマ人は、船室で仏像をいくつか見つけたので、これを高額で引き取りたいと申し出た。甲板を歩く船員たちが、仏像の上を歩くことでこれを侮辱しないようにである。(165)同様にカンボジア人も、人間の頭に触ることは大変無礼であると考える。なかには、何かが頭上からぶら下がっている場所には入って行こうとしない者もいる。カンボジア人でもっとも身分の低い者でさえ、人の住んでいる部屋の下にはけっして暮らそうとしない。このため家は一階建てである。政府でさえもこの先入観には敬意を払っており、たとえ家が地面から高い位置に建てられていても、囚人をその床の下に留置することはない。(166)同じ迷信はマレー人の間にも存在する。昔ある旅行者がつぎのように報告している。ジャワ島では、人々は「頭に何もかぶらず、また頭の上には何もあってはならないと言う。……もしだれかが人の頭に手を置けば、置いた者を殺すことだろう。彼らは何層もある家を建てることはない。互いに頭の上を歩かないようにである」。(167)このことはポリネシアの全域でも大変はっきり現れている。たとえばマルケサス諸島の酋長ガッタネワ(Gattanewa)については、つぎのように言われている。「その頭に触れること、あるいはなんであれその頭の上にあることは、神聖冒瀆である。彼の頭の上を通り過ぎることは、けっして許されない侮辱である。ガッタネワは、いや彼の一族全員が、いつも閉じられている門をくぐること、戸のある家に入ることを潔《いさぎよ》しとしない。すべては彼らが意のままに入れるよう、開いていなければならない。彼は人の手によって持ち上げられた物の下はけっして通ることがなく、可能ならばその周りを回ったり、跨ぎ越えたりする。わたしはしばしば、彼が、われわれの水桶が並んでいる間を通ろうとして、張り巡らされた柵の周りをぐるりと歩いてくるのを目にした。門を通るくらいならば、命の危険を冒してまでも、石のぐらつく壁に攀じ登ることを選ぶのである」[168]。マルケサスの女たちは船の甲板を歩こうとしないことで知られた。下にいるかもしれない酋長たちの頭上を通ることを恐れたからである[169]。だが頭が神聖なのはマルケサス諸島の酋長たちだけではなかった。マルケサスのすべての人間の頭がタブーなのであり、他の者によって触れられたり踏み越えられたりしてはならなかった。寝ている子どもの頭は父親さえも跨ぎ越すことはなかった[170]。トンガ王の頭上にいることは、だれにも許されなかった[171]。ハワイ（サンドイッチ諸島）では、酋長の家やその庭の壁に上った者は死刑に処せられた。その影が酋長の上に落ちた者も、死刑であった。頭を白く塗ったり花輪で飾ったり、あるいは濡れた頭をしている者が、酋長の家の影に踏み込めば、死刑に処せられた[172]。タヒチでは、王や妃の上方に立ったり、その頭の上に手をやったりした者は、死刑になることがあった[173]。タヒチの子どもは、いくつかの決まった儀式が行われるまでは、タブーとされた。つまり、その儀式が行われるまでは、子どもの頭に触れた物はなんであれ神聖なものとされ、子どもの家にある、それ専用に作られた横木で囲われた聖所に保管された。一本の木の枝がその子どもの頭に触れれば、その木は切り倒された。そしてこれが倒れる際に別の木に当たり、樹皮を貫くなどの害を与えれば、この木もまた、不浄で利用に適さないものとして切り倒された。特定の儀式が行われた後は、こういった特殊なタブーも終わる。だが、タヒチ島人の頭はつねに神聖なものであった。頭に何かを乗せて運ぶことはけっしてなかったし、頭に触れることは罪であった。[174]マオリ族の酋長の頭も大変神聖なものであり、「自分の指で頭に触れただけでも、酋長は即座にその指を鼻にあてがい、指についてしまった聖性を吸い込まなければならなかった。こうすれば頭の聖性はもとの場所に戻るというわけである」。[175]いくつかの条件のもとでは、タブーとされた人物は自分の頭に触れることを完全に禁止される。たとえば北アメリカでは、年頃になったティネー族の娘と、クリーク同盟〔米国東南部のアラバマ州、ジョージア州、フロリダ州にいた、おもにマスコギ語族に属するインディアン諸族の同盟〕に属し成人の儀式を行われる年齢にある少年、およびはじめて征途につく若い戦士は、指で頭を掻くことが禁止されており、掻くための棒を与えられる。[176]だがマオリ族の話に戻ろう。頭の聖性のためには、「酋長は口で火を吹いてはならなかった。息は神聖なものであり、自らの聖性が火に伝わってしまう。そして燃えさしは奴隷や別の部族の男が持ち去るかもしれず、また炎は料理のような別の目的のために用いられ、このため酋長の死を招くかもしれないからである」。[177]神聖な人物が、櫛やその他の頭に触れた物を、食べ物が調理される場所に置き去りにすること、また唇で触れた水差しで他の者に飲ませてしまうことは、不道徳な行為とされている。このため、酋長が水を飲みたくなれば、けっして水差しに口をつけてはならず、口の近くで両手を丸め、そこに他の者から水を注いでもらい、こうしてはじめて口に流し込むことが許される。彼がパイプに火をつけたければ、炉辺から火を移された燃え木は、パイプを灯した後すぐに捨てられなければならない。彼の口に触れたパイプはすでに神聖なものとなっているからである。また石炭も、パイプに触れたために神聖なものとなる。もし聖なる燃え殻が、一粒でも皆の使う炉火の中に入れば、この炉火もまた神聖なものとなり、これ以後二度と調理には使われなくなる。[178] マオリ族の酋長たちも、他のポリネシア人と同様、人々が頭上を通ることを恐れて船室には入りたがらない。[179] マオリ族は、なんであれ食用の動物の肉が頭上からぶら下がっている家に入った者たちには、恐ろしい災難が待っている、と考えた。「天井からぶら下がっている死んだ鳩や豚肉は、番兵以上に災いから守ってくれた」。[180] わたしの考えが正しければ、とりわけ動物の食用肉が頭上にあることを嫌がるのは、神聖なものである頭がその動物の霊と接触することを恐れるからである。これはちょうど、神聖なものである頭がブドウの木の霊と接触することを恐れるゆえに、フラメン・ディアリスがブドウの木の下を歩いてはならなかったのと同じである。

触れれば由々しき罪とされるほど、頭が神聖と考えられている場合、髪を切ることが細心の注意を要する困難な作業となるのは明らかである。未開人から見ると、この作業につきまとう困難と危険には二種類ある。第一は頭の霊を侵害するという危険であり、散髪の際にこの霊が危害を加えられ、自分を苦しめた人間に復讐するかもしれない。第二は、刈られた髪を処理することに伴う困難である。つまり、蛮人は自分の身体の一部であったものなら何でも、自分自身との間に共感的な繋がりがあると考え、それは、たとえ物理的な繋がりが失せた後でも存続する、と考える。それゆえ、刈られた髪や切られた爪など、切り取られた身体の一部に降りかかる危害には、自らも苦しめられるのではないか、と考えるのである。したがって蛮人は、これら自らの切り取られた一部を、偶然の事故によって害される可能性のある場所や、彼を傷つけようもしくは殺そうとしてその身体の一部に魔法をかけるような、悪意ある人間の手に渡る可能性のある場所には、けっして放置しないよう気を配る。このような危険はだれにでもあるものとされるが、神聖とされる者の場合、普通の者以上に、この危険に対する恐怖は大きくなる。このため、取られる予防措置はそれ相応に厳重なものとなる。もちろん、危険を回避するもっとも単純な方法は、髪をまったく切らないことである。危険の大きさが尋常ではないと考えられる場合、この方法が取られる。フランク族の王たちは髪を切ることが許されていなかった。[181]ハイダ族の呪医は、髪を切ることも梳かすことも許されないので、つねに長くもつれた髪をしている。[182] セレベス島のアルフォア族の場合、レリーンという田を守る祭司は、自身の特別な役割を果たす期間、すなわち、種米が撒かれる一ヵ月前から稲の刈り入れが終わるまでの期間、髪を切ってはならない。[183] セラム島では、男たちは髪を切らない。結婚した男が髪を切れば妻を亡くすことになるだろうし、若い男が髪を切れば気力・体力が失われるだろうからである。[184] ティモールラウト諸島〔ティモール島の東北東にある島群、別名タニンバル諸島〕では、セラム島と同じ理由で、結婚した男は髪を切ってはならない。だが寡男《やもお》と旅行中の男は、一匹の鶏もしくは豚を生贄に捧げれば、切ってもよい。[185] この地域では旅行中の男は特別に髪を切ることが許されているが、他の地域では、異国に旅行中の男は、帰還まで髪を切らずにおく習慣があった。これはおそらく、見知らぬ者たちの中に逗留している旅行者は、以前述べたように、その者たちによる呪術を被る危険に晒されている、と考えられているからである。つまり、彼らが旅行者の切られた髪を手に入れれば、これを使って彼を破滅に追いやる可能性がある。エジプト人も、旅行中は帰宅まで髪を切らなかった。[186]「ターイフ(Taif)では、旅から戻った男が最初にやるべきことは、ラッバ(Rabba)のもとへの訪問と散髪であった」。[187]危険な遠征中に髪を切らずにおく習慣は、たとえ一時的にせよ、ローマ人の間にもあったように見える。[188]アキレウスは、その黄色い髪を切らなかった。これは彼の父親が、もし息子が海の向こうの戦から帰還すれば、スペルケイオスの川にその髪を捧げる、と誓いを立てたからであった。[189]また、復讐の誓いを立てた男も、その誓いを遂げるまでは髪を切らずにいることがある。たとえばマルケサス諸島人については、つぎのような話がある。「彼らはときおり、頭頂の一房だけを残して剃髪し、この房を垂らすか結んで束ねておく。だが結んで束ねておくのは、たとえば近い親族の死に対する復讐を誓うなど、厳かな誓いを立てた者だけがすることである。このような場合、束ねられた髪は、その約束を遂げるまでけっして切られることがない」。[190]かつて六万人のサクソン人が、敵に復讐を遂げるまでは髪も切らず髭も剃らないと誓いを立てた。[191]かつてハワイでは、タブーが三十年以上も続いた、と言われている。「その間、男たちは髭などを切り揃えることが許されなかった」。[192]ナジル人《びと》(古代イスラエル人の中で特別の誓願を守りヤハウェ信仰の純化を目指した苦行者)は、ナジル人としての誓いを立てた期間は、髪を切ってはならなかった。「聖別の誓いを立てている期間、剃刀を頭に当ててはならない」[193]。あるいはこの場合、タブーとなっている人間の頭に鉄で触れることに、とりわけ異議が唱えられていたのかもしれない。前述したとおり、ローマの祭司たちは青銅の刃物で髭を剃った。子どもの爪は生まれて一年間は切ってはならず、どうしても切る必要がある場合は母親か乳母が噛み取らなければならない、という掟がヨーロッパで生まれたのも、おそらくは同じ感覚によるものであろう[194]。というのも、世界中至る所で、幼い子どもはとりわけ超自然的な危険に晒されていると考えられており、子どもを守るためには特別な予防措置が取られるからである。言い換えれば、子どもは数多くのタブーの中に置かれるものであり、上述の掟はそのひとつである。「インドのヒンドゥー教徒の間では、第一子は生後六ヵ月になってはじめて爪を切られるというのが一般的であるようだ。第一子でなければ一年や二年は放っておかれる」[195]。北米インディアンのスレーヴ族やヘア族やドグリブ族は、女子の爪は四歳になるまで切らない[196]。ドイツのいくつかの地域では、生まれた最初の年に子どもの髪を梳かすと、その子どもは不幸になる、と考えられている[197]。あるいはまた、男子の髪は七歳になる前に切られると、その子は勇気を持たなくなる、ともされている[198]。

しかしながら髪を切る必要が生じた場合には、この作業に伴うと考えられる危険を少なくするために、予防措置が取られる。マオリ族の場合、散髪では多くの呪文が唱えられた。たとえば、散髪に使われる黒曜石のナイフを聖別するための呪文がひとつ唱えられ、また、散髪がもたらすものと信じられている雷と稲光を避けるための呪文が別に唱えられた[199]。

「髪を切ってしまった者は、即座にアトゥア（Atua＝霊）の管理下に置かれる。家族や部族の者との接触は断たれる。自分の食事にも自分で触れることはない。他の者が彼の口に運ぶ。彼は数日間はいつもの仕事に従事することができず、また友と交わることもできない」[200]。髪を切る者もまた、タブーとされている。彼の手は神聖である頭と接触したのであるから、その手で食べ物に触れてはならず、また他の仕事に携わってはならない。聖なる炎で調理された食事を、他の者に食べさせてもらうのである。彼は翌日までこのタブーから解放されることがない。翌日、彼は聖なる炎で調理されたジャガイモかシダの根で手を擦り磨く。つぎに、この食べ物は彼の女系の一族の長《おさ》のもとに運ばれ、その女性がこれを食べる。こうして彼の手はタブーから解放される。ニュージーランドのいくつかの地域では、散髪は一年でもっとも神聖とされる日に行われた。この日は近所中から多くの人々が集まった[201]。カンボジアの王の散髪は一種の国事である。祭司たちは理髪師の指に、大きな石のついた古い指輪を複数嵌める。これらの石には、王に好意を持つ霊たちが宿る、と考えられている。散髪の最中には、ブラフマンたちが、悪しき霊たちを追い払うためにけたたましい音楽を奏で続ける[202]。ミカドの髪と爪は、ミカドが眠っている間だけ切ることができたが[203]、これはおそらく、眠っている間はミカドの魂が身体から抜け出ており、大鋏でこの魂を傷つける可能性は低いからであろう。

　だが髪と爪が無事に切られた後でさえ、その処理という厄介な問題が残る。そのもとの持ち主は、自分の切られた部分に及ぶいかなる危害も、自らに及ぶと信じているからである。たとえば、高熱を患っていたあるオーストラリアの娘は、その病気の原因を、数ヵ月前ひとりの若者が彼女の後ろに回り髪を一房切り取ったことにある、と考えた。彼女は、その若者が髪を地面に埋め、それが今では腐っているのだ、と確信していた。「自分の髪は今頃どこかで腐っているのであり、このため自分のマーム・ブー・ラー（Marm-bu-la＝腎臓の脂）が衰え、髪が完全に腐りきった頃には自分も死んでしまう」と彼女は語った。[204] マルケサス諸島のある酋長は、ギャンブル中尉につぎのように語った。自分はひどい病に冒されているが、これはハッパー族（the Happahs）が、自分を殺そうとして髪を一房盗み、プランテーン〔熱帯地方産バショウ科の多年生草本〕の葉に包んで埋めたからである。これを聞いてギャンブル中尉は彼と議論を始めたが、無駄であった。髪とプランテーンの葉が取り戻せなければ自分は死ぬしかない、と言うのだった。そしてこれを取り戻すために、彼はハッパー族に自分の財産の大部分を差し出した。彼は頭と胸と脇腹に、非常な痛みがあると訴えていた。[205] オーストラリアの黒人の男が妻を捨てたい場合、男は妻の寝ている間にその髪を一房切り、これを投げ槍に結びつける。そしてこれを持って近隣の部族のもとを訪れ、そこの友人にこれを与える。友人は毎夜キャンプファイアーの前でこの投げ槍を地面に突き立てる。槍が倒れれば、妻が死んだことの印なのである。[206] この魔力の働き方については、ミラジュリ（Mirajuri）族の男がハウイット氏に語ったつぎの言が説明となる。「いいかね、黒人の呪医がある男の所有物を手に入れ、これを他のものと一緒に火で炙り、これに歌いかければ、火はその男の臭いを手に入れるから、可哀想なことにそいつをやっつけてしまうのだ」[207]。ドイツでよく知られた言い伝えでは、鳥が人間の髪の毛を見つけるとこれで巣を作るので、髪の持ち主は頭痛に悩まされる[208]。ときには頭に発疹ができるとも言われる[209]。また、切られた髪や梳かれて落ちた髪は、雨や雹、雷や稲光を生み出して天候を乱す、とも考えられている。ニュージーランドで散髪のときに、雷や稲光を避けるために呪文が唱えられたことは先に述べたとおりである。ティロルでは、魔女は雹や雷雨を作り出すのに、切られた髪や梳かれて落ちた髪を使う、と考えられている[210]。トリンギット族〔アラスカ南部のアメリカ・インディアン〕は、嵐が起こると、これは娘の梳かれた髪が家の外にあったからだ、と考えた[211]。ローマ人も同様の見解を抱いていたようで、船上では嵐のとき以外髪や爪を切ってはならない、というのが原則であった[212]。つまり、災害はすでに起こってしまっているからである。西アフリカでは、チトムベのマニすなわちジュムバ（Jumba）が死ぬと、人々は大挙してその遺体のもとに駆け寄り、髪と歯と爪を引きちぎった。これは雨乞いの呪術のために取っておかれるもので、彼らはこれ以外雨を降らせる方法はないと考えていた。アンジコ族のマココ（the Makoko of Anzikos）は、宣教師たちに、雨乞いの呪術のために半分鬚《あごひげ》を分けてくれと頼んだ[213]。ヴィクトリア〔オーストラリア南東部の州のことか〕のいくつかの部族では、旱魃のときに妖術師が人間の髪を燃やした。旱魃でない限り髪を燃やすことはなかったが、これは洪水を恐れてのことであった。また川の水位が下がると、妖術師は水の量を増やすために、川に人間の髪を入れた[214]。

髪や爪は、危害に遭わないよう、また妖術師に危険な用い方をされないよう、どこか安全な場所にしまっておくことが必要になる。このためモルジヴ〔インド洋中北部〕の原住民は、切った髪と爪は丹念に拾い集め、少量の水とともに埋葬地に埋める。「けっして踏まれたり火に投げ入れられたりしないようにである。というのも彼らによれば、それは身体の一部なのであり、したがって身体と同様に埋葬される必要があるのである。実際彼らは、これをきれいに木綿に包む。また彼らの多くは、神殿やモスクの門で髭を剃られることを好む」(215)。ニュージーランドでは、刈られた髪は、「偶然にであれ意図的にであれ、だれかに触れられないように」大地の神聖とされる地点に置かれた(216)。酋長の刈られた髪は丹念に集められ、近隣の埋葬地に安置された(217)。タヒチ人は、刈った髪を神殿に埋めた(218)。フラメン・ディアリスの切られた髪と爪は、縁起の良い木の下に埋められた(219)。ウェスタに仕える巫女たちの髪は、ニレの古木にぶら下げられた(220)。ドイツでは、刈られた髪はしばしばニワトコの藪の下に埋められた(221)。オルデンブルクでは、切られた髪と爪は布に包まれ、新月の前の三日間ニワトコの木の洞の中に置かれ、その後洞は塞がれる(222)。ノーサンバーランド〔イングランド最北の州〕西部では、赤子のはじめて切られた爪をトネリコの木の下に埋めれば、その子は優れた歌い手になると考えられている(223)。アンボンでは、赤子に最初にサゴ粥〔サゴとはサゴヤシの髄から製した澱粉〕を食べさせる前に、父親が赤子の髪を一房切り、これをサゴヤシの木の下に埋める(224)。アルー諸島では、子どもがひとりで走れるようになると、女の親族がその髪を一房切り、バナナの木の上に置く(225)。ロティ島〔インドネシアの小島〕では、子どものはじめて手にする髪が自分の髪でなく、またそれが刈られたものでない場合、その子どもは弱く病弱になる、と考えられている。このため、生後およそ一ヵ月になると、大きな儀式として赤子の散髪が行われる。この儀式に呼ばれた友人たちは皆、家に入ると赤子のところに行き、その髪を少量ずつ刈り、水が満杯に入ったココヤシの殻の中に落とす。その後父親もしくは他の親族が、その髪を掬い集めて、葉でできた小さな袋に詰める。そしてヤシの木に登りこれを木の頂上に結びつける。つぎにヤシの葉を大きく揺らし、木から降り、だれとも口をきかずに家に帰る。(226)アラスカのユーコン準州のインディアンは、切った髪と爪を捨てることはなく、小さく束ねて、たとえば木の叉のような、動物に害される恐れのない場所に置く。というのも「彼らは、そういった残滓が動物に荒されれば病気になる、という迷信を抱いているからである」(227)。切られた髪や爪は、しばしば秘密の場所に埋められ、それはかならずしも神殿や墓地とはかぎらない。これも、今述べたような点を危惧するからである。シュヴァーベンでは、切られた髪は、太陽と月がけっして照らない場所に埋めなければならないので、岩の下などの地面に埋められる。(228)ダンツィヒ〔ポーランド北部グダンスクのドイツ語名〕では、袋に詰めて敷居の下に埋められる。(229)ソロモン諸島のひとつウギ島でも、男たちは髪を地面に埋める。髪が敵の手に渡り、これで呪術を行って彼らに病や災いをもたらすことがないようにである。(230)ゼンド・アヴェスター〔Zend と Avesta を合わせた古代ペルシアのゾロアスター教経典〕は、切られた髪と爪は離れ離れに掘られた複数の穴に埋め、それぞれの穴の周りには金属のナイフで三つか六つか九つの溝をつけるよう指示している。[231]『グリヒャ・スートラ』(Grihya-Sūtras)では、生後一ヵ月、三ヵ月、五ヵ月、七ヵ月の終わりに切った赤子の髪は、草で覆われている地か川の近くに埋めるよう規定されている。[232] 中央アフリカのマディ族〔ナイル川上流、ウガンダのアルバート湖北方に住む黒人〕もしくはモル族も、切った爪は地面に埋める。[233] 自らの身体の一部が敵の手に渡ることに対する恐怖は、カフィル族の場合さらに強いものになっている。彼らは切った髪と爪を神聖な場所に埋めるのみならず、だれかが人の頭を掃除してやる際、見つけた虱は取っておき、「本来の所有者に注意深く引き渡す。彼らの理論によれば、虱は、それまで付着していた人間の血液から生きる支えを得ていたので、万一別の人間に殺されれば、殺した者は隣人の血を所有することになり、両の手になんらかの超人的な力を抱くことになる、というのである」。[234] 中央アフリカのワンヨロ族(the Wanyoro)は、切った髪と爪をすべて大切にベッドの下に蓄え、後に高く繁った草むらに撒く。[235] 北ギニアでは、切られた髪と爪は入念に隠される(どこにであるかは書かれていない)。これは「以前の持ち主を破滅させるための呪物として用いられないようにである」。[236] ボーラング・モンゴンド(セレベス島)では、赤子の最初に切った髪の毛は、熟していないココヤシの実に入れられ、通常は家の表の軒下にぶら下げられる。[237]
ときとして、切られた髪と爪が保存されるのは、呪術師の手に渡ることを防ぐためでなく、肉体が復活するときのために取っておきたいから、という場合がある。いくつかの民族は、この肉体の復活を期待している。たとえばペルーのインカ族は、「切られた爪や、刈られた髪、櫛で梳かれて落ちた髪を、非常に大切に保存する。壁の穴や壁龕に収め、もし落ちたりすれば、これを見つけた者はだれであれ、拾い上げてもとの場所に戻す。わたしはしばしば、様々な機会を捉えて様々なインディオたちに向かい、なぜそうするのかを尋ねた。彼らがなんと言うか興味があったからだ。そして彼らの答えはいつも、つぎのことばであった。『生まれた者は皆、再び息を吹き返さねばならないことを知れ』(彼らには復活を表す語彙がない)。『魂たちは、かつて体に所属していた一切とともに、墓場から起き上がってこなければならない。それゆえ、そのときが訪れ自分の髪と爪を探すのに大いに慌てふためいたりということがないよう、わたしたちはそれをひとつの場所に置く。そのほうが、集めるときはるかに便利なのだから。唾を吐くときも、わたしたちは可能な限りつねに、ひとつの場所に吐くよう気をつけている』[238]」。切られた髪を壁の穴に埋めるというこの習慣は、チリではいまだに守られており、髪を捨てるなど不謹慎きわまりないものと考えられている[239]。同様にトルコ人もけっして切った爪を捨てることはなく、壁や板の裂け目に大切に保管する。これも、復活の際に必要と信じられているからである[240]。エストニア人には、手の爪と足の爪を懐中にしまっている者がいるが、これは、最後の審判の日に、求められればすぐに差し出せるようにである[241]。中央アフリカのフォー族(the Fors)は、他人の爪を切ることを嫌う。万一切られた爪が失われ、持ち主の手に戻らない場合は、その人の死後、なんとかその埋め合わせをしなければならなくなるからである。切られた爪は地面に埋められる[242]。ヨーロッパのいくつかの地域では、切られた髪が魔女に使用されないためには、髪を捨てる前にこれに唾を吐けばよい、と考えられている。[243] 護身の呪術として唾を吐くことは、広く知られている。

妖術師の手に落ちないようにと、切られた髪を燃やす人々もいる。パタゴニア人およびヴィクトリアのいくつかの部族がそうである。[244] 南アフリカのマコロロ族（the Makololo）は、これを密かに燃やすか埋めるかする。[245] ときにはティロルの人々も同じことを行う。[246] ポメラニア〔バルト海沿岸部のオーデル川からヴィスワ川に至る地域の歴史的名称。後のポメレリアと分かれた。現在大部分がポーランド領、一部がドイツ領〕でも、切られた髪、梳かれて落ちた髪は燃やされ、またリエージュ〔ベルギー東部の州、またはその州都〕でもそうされる場合がある。[247] ノルウェーでも、切られた爪は燃やされるか埋められるが、これは、妖精やフィンランド人がこれを見つけて、家畜を撃つための銃弾に作り変えないようにである。[248] 髪や爪をこのように燃やして破壊してしまうことは、明らかに思考の矛盾を孕んでいる。切り離された身体の一部が妖術師によって用いられないようにというのが、その破壊の目的であることははっきりしている。しかし、髪や爪と、それが切り離された人物との間に、共感的な繋がりが仮定されていないことには、髪や爪がそのように用いられる可能性もない。そして仮にこの共感的な繋がりがなおも存在しているのならば、その切り離された部分が、当の人間になんら危害を及ぼすことなく燃やし尽くされてしまうというのは、明らかに不可能なのである。

おそらくはあまりに長く論じてきたこの問題から離れる前に、ロティ島での幼い子どもの散髪に関して、どのような動機があるのかに注目しておくのが良いだろう。[249]この島では、最初に生え始めた髪は、赤子にとって危険なものとみなされている。そのため、散髪には危険を回避するという目的がある。理由は以下のようなものであろう。赤子はほとんど世界中でタブーなもの、危険なものと考えられているので、このタブーを除去するためには、赤子の身体の一部から切り離された部分を破壊することが必要となる。身体の一部は、いわばタブーのウィルスに感染しているので、それ自体が危険なものとなるからである。かくして赤子の髪を切ることとは、タブーとされた人物の使った器を破壊することと等価となる。[250]この見解は、一部のオーストラリアの部族民が行っている風習から導き出される。出産する女性がその隔離期間に使用した器はすべて燃やされるが、のみならず、産後に母親の髪の一部も燃やされる。[251]ここで女の髪を燃やすことが、彼女の使った器を燃やすことと同じ目的を持っていることは明らかであろう。つまり、器が燃やされるのは、それが危険な感染を被っているとみなされるからであるが、髪もまた同様である、とわれわれは仮定せねばならない。ここからわれわれは、多くの民族が赤子の最初の散髪に重きを置き、またその作業に入念な儀式が付随していることも納得できる。[252]またなぜ男は旅から戻ると髪を刈り込むかも理解できる。[253]すでに見たとおり、旅行者はしばしば異邦人との接触で危険な感染状態に陥るとみなされ、したがって故国に戻れば、自分の部族の者と自由に交わることが許可される前に、まずは様々な清めの儀式を受けなければならない。[254]わたしの仮説では、髪を刈ることは単にこれら浄化や殺菌の儀式のひとつに過ぎない。願をかけた後に髪を切ることも、同じ意味を持つものであろう。それは、感染によってタブーや聖性や不浄（これらはみな、未開人にとっては同じひとつの概念であるものを、別のことばで表現しただけである）という危険な状態に陥ったものを、人間から取り除く方法である。願をかけている間、人はそのような危険に苛まれるのである。同様に、インドのヒンドゥー教徒の地域では、川の土手に巡礼する際、大罪を犯した者や良心の呵責を覚えている者は、専門の散髪師に頭をすっかり剃ってもらった後、聖なる川に身を浸す。こうして「彼らは、積年の罪をすべて洗い落とし、新たな人間として生まれ変わるのである」。(255)

予期されるとおり、蛮人の迷信は食物の問題の周りに集中的に発生する。たとえば蛮人は、動植物を大量に食することを控える。これはそれ自体健康に良いことだが、蛮人の考えるところでは、なんらかの理由で、それが食する人間にとって危険であったり致命的であったりするからである。このような食事制限の例は非常になじみのあるものであり、また枚挙に暇のないほどである。だが、一般の人間が、様々な食べ物についてそれを口にすることに迷信的な恐怖を抱き、このように食事を控えるとなれば、王や祭司のような聖なる人物、タブーとされる人物に科せられるこの種の制約は、なおさら数が多くまた厳格なものとなる。すでに見たとおり、フラメン・ディアリスはいくつかの動植物を食べてはならず、さらには名指すことさえ禁じられていた。またエジプトの王たちが食べてよい肉は、仔牛とガチョウに限られていた。(256) ロアンゴ沿岸地方の、ガンガ（Ganga）と呼ばれる呪物崇拝を行う祭司たちは、様々な動物や魚を食べてはならず、さらには目にすることも禁じられている。このため彼らの食べてよい肉はきわめて限定されている。鮮血を飲むことはあっても[257]、しばしば薬草と根茎だけで生きるのである。ロアンゴの王位継承者は、幼少の頃から豚肉を食べることを禁じられる。また非常に幼い頃から、人前でコラの木の実を食べることを禁じられる。年頃になると祭司から、自分で殺し調理したものでない限り鶏を食べてはならないと教えられる。このように、年を取るごとに継承者のタブーは増してゆく[258]。フェルナンド・ポー島〔ビアフラ湾にある赤道ギニア領の島ビオコの旧称〕では、王は就任後、人々の普段の食べ物である、タロイモ（サトイモ科アラム属の無茎植物）、鹿、ヤマアラシを食することを禁じられる[259]。マニプール（ビルマとの国境に面した東インドの一地域）のムラム族（the Murrams）の場合、「酋長の食べる動植物に数多くの禁制があり、それゆえ、酋長とは非常に苦痛な地位であるに違いない、とムラム族の者たちは語る[260]」。なぜ特定の食べ物が部族全体もしくは一部の者に禁じられているのか、その根本的な理由を語るためには、概して、その部族の歴史と信仰について、われわれが現在有している以上に、はるかに詳細な知識が必要となる。そのような禁制を生み出した普遍的な動機が、タブーの制度全体を基礎づけているものと同じもの、すなわち、部族と個人の保存であることは、疑いを容れない。

王と祭司のタブーのリストをさらに膨らませて行くことは容易い。だが実例としては以上で十分であろう。タブーという主題のこの項を終えるにあたっては、最後に、これまでの探求でわれわれのもとにもたらされた、一般的な結論を簡潔に述べておかなければならない。これまで見てきたように、野蛮もしくは未開の社会ではしばしば、人々が迷信によって、自然全般の成り行きに影響力を持つとみなす人間たちが見出される。そのような人間たちは、それゆえ神として扱われ崇拝される。これらの人間神たちが、人々の生活や未来に対して、現世的な支配力をも抱いているのか、あるいはむしろ、その機能は純粋に霊的、超自然的なものであるのか、言い換えれば、彼らは神であると同時に王であるのか、あるいは単に神であるだけなのか、この違いは、ここではほとんど関係がない。われわれが扱わなければならない根本的な事実は、彼らに仮定されている神性である。人間神は、その神性ゆえに、これを崇拝する人々にとっての誓約となり保証となる——人類の生存がかかっている自然界の現象を、存続させまた秩序正しく連続させるための、誓約であり保証である。それゆえ当然のことながら、そのような人間神の生命と健康は、自らの幸福のみならず命までもがこの人間神に結びついている人々にとっては、大変気がかりな問題となる。人間神はおのずと、人々によって掟に従うよう強いられる。それは、死という最後の病をも含む、肉体が引き受けざるを得ない病を回避するために、古代人の知恵が考え出した掟である。これらの掟は、考察の結果明らかになったように、一般原則にほかならない。つまり、未開人の見解に従えば、通常の思慮分別を持つだれもが、その地で長く生きていたいのならば守らなければならない、一般原則なのである。しかし、普通の人々の場合その掟を守るか否かは個人の選択に任されているのだが、人間神の場合、高位からの追放、ひいては死という罰則によって、その遵守が強要されている。彼の崇拝者たちは、彼の生命にあまりに多くの利害を負っているため、彼が自らの生命に無責任であることを許せないからである。それゆえ、あらゆる奇異な迷信や旧世界の一般原則、ならびに蛮族の哲学者たちが大昔巧妙に練り上げた由緒ある格言は、冬の夕べ農家に暖を取りに集まった孫・曾孫たちに向かい、いまだ老女たちがその炉辺で、高価な宝として分け与えているものである。その古風な幻想の一切、頭の中でもつれ合った蜘蛛の巣の一切が、往古の王、人間神の通り道の周りに紡ぎ出された。彼は蜘蛛の罠にかかった蝿のようにその中に絡み取られ、風習という縒糸の中で手足を動かすこともできなかった。「空気のように軽く、だが鉄輪のように強い」それは、何度も何度も互いに交差しながら出口なき迷路を形づくり、遵守の網の目の中に彼をしっかりと捕縛する。そこから彼を解放できるものはただ、死か廃位のみであった。

このように、過去を研究する者にとっては、往古の王たち、祭司たちの生活は示唆に富んでいる。そこには、世界がいまだ若かった時代に英知とみなされた一切が要約されていた。それはだれもが自らの生活をそれに準えて形づくろうとする、完璧な生活様式であった。未開の哲学によって描き出された輪郭に沿って、厳密な正確さで築き上げられた欠点のない模範であった。その哲学は、われわれには粗雑で誤ったものに思えるかもしれないが、そこに論理的な整合性という価値がある点を否定することは不当であろう。小さな存在すなわち魂が、生きている人間の内部に、とはいえその人間とはまったく別個に、存在している――生命の原理をこのように捉えることから出発して、この哲学は、人生の実用的な手引となる、一連の規則体系を導き出した。それは概して十分つじつまの合う体系であり、実に完璧で調和の取れた統一体を形づくっている。この体系の欠点は、なるほど致命的な欠点ではあろうが、推論の筋道にあるのではなく、前提のほうにある。生命の本質に関する概念のほうにあるのであり、その概念から引き出された的外れな結論にあるのではない。だが、われわれが容易にその誤りを看破できるからといって、これらの前提を馬鹿げたものとして一蹴することは、非哲学的であると同時に恩知らずな行いであろう。われわれの現在立っている土台は、幾世代も前から築き上げられてきたものであり、われわれが現在到達しているこの地点——それは結局のところ、さほど意気揚々たるものではないのだが——に、なんとか辿り着こうとして人類がこれまで費やしてきた、長く痛ましい努力を、われわれはただ、ぼんやりと認識できるに過ぎないのである。われわれは名もなき忘れ去られた労役者たちに感謝せねばならない。主として彼らの忍耐強い思索と飽くなき努力こそが、今日のわれわれを形づくったのである。人類の共有する知の蓄えに、ひとつの時代が、ましてやひとりの人間が、新たに付け加えることのできる知の量はわずかである。それゆえ、そこに付け加え得ることこそわれわれの特権であるかもしれないのに、そのほんのわずかに加えられたものを自慢し、一方ではその大量の蓄えを無視するということは、忘恩であるのみならず愚かで不誠実な行いということになる。確かに、現代さらには古典古代という時代がわが民族全体の進歩になした貢献は、いまのところ、過小評価してもさほどの危険はない。しかし、われわれがこの限界を踏み越えたとき、事態は異なってくる。しばしば、軽蔑と嘲り、もしくは憎悪と告発が、蛮人とその方法に対して与えられた唯一の報酬であった。しかし、われわれが感謝の念を持って称えねばならない恩人たちは、その多くが、おそらくはそのほとんどが、蛮人たちであった。というのも、結局のところ、われわれの蛮人との類似点は、相違点よりもはるかに多いのだ。そしてわれわれが蛮人と共通に抱いているもの、真実かつ有益なものとしてわれわれが大切に保持しているものを、われわれはわれわれの蛮人の父祖たちに負っているのである。彼らはその根本的と思われた概念を、経験によって獲得し、代々の継承によってわれわれに伝えてくれたのだが、われわれはその概念を、独創的で直感的なものとみなしがちなのである。われわれは遺産の相続人に似ている。幾世代にも亘って伝えられてきたために、もはや最初にそれを築いた者がだれであるかも忘れられている遺産である。当面の所有者はこの遺産を、世の初めから自分の民族が所有していた、独創的で不変のものとみなす。だが考察と探求がわれわれに納得させてくれることは、われわれ自身のものと考えていたものの多くを、われわれは先祖たちに負っているということであり、そして、先祖たちの誤りは無節操な考えや狂乱のことばではなく、単に仮説であるに過ぎないということである。これらの仮説は、提起された当時はそのようなものとして正当化されていたが、経験がより豊かになった時点で、不十分であったと判明する。いくつもの仮説に絶えず検証を続け、誤りを排除して行くことではじめて、真実が導き出される。結局のところ、われわれが真実と呼ぶものは、もっとも効果的に機能することの判明した、ひとつの仮説に過ぎないのである。

それゆえ、われわれより野蛮な時代と民族の、意見や慣習を検討する際には、彼らの誤りを、真実の探求の途上では避け難かった躓きとして、寛大に見据えるのがよい。そしてわれわれもまた、いつの日か自らに必要となるであろう寛大さという恩恵を、いまは彼らに与えておくのがよいのである。Cum excusatione itaque veteres audiendi sunt.〔大目に見ながら、古人の声を聞くがよい。〕

(1) Turner, *Samoa, a Hundred Years ago and long before*, p. 291 以下。
(2) Charles New, *Life, Wanderings, and Labours in Eastern Africa*, London, 1873, p. 432. また同書 p. 400, 402 も参照せよ。キリマンジャロの悪霊についてはつぎを参照せよ。Krapf, *Travels, Researches, and Missionary Labours during an Eighteen Years' Residence in Eastern Africa*, p. 192.
(3) Pierre Bouche, *La Côte des Esclaves et le Dahomey*, Paris, 1885, p. 133.
(4) C. A. L. M. Schwaner, *Borneo, Beschrijving van het stroomgebied van den Barito*, Amsterdam, 1853-1854, ii, p. 77.
(5) 前掲書 ii, p. 167.
(6) Aymonier, *Notes sur le Laos*, p. 196.
(7) Rosenberg, *Der Malayische Archipel*, p. 198.
(8) Captain John Moresby, *Discoveries and Surveys in New Guinea*, London, 1876, p. 102 以下。
(9) Colonel R. I. Dodge, *Our Wild Indians*, Hartford, Connecticut, 1886, p. 119.

(10) J. Crevaux, *Voyages dans l'Amérique du Sud*, Paris, 1883, p. 300.

(11) Riedel, *De sluik- en kroesharige rassen tusschen Selebes en Papua*, p. 78.

(12) Perelaer, *Ethnographische Beschrijving der Dajaks*, p. 44, 54, 252. Matthes, *Bijdragen tot de Ethnologie van Zuid-Celebes*, p. 49.

(13) H. Grützner, "Über die Gebräuche der Basutho," in *Verhandlungen der Berliner Gesellschaft für Anthropologie, Ethnologie und Urgeschichte*, 1877, p. 84 以下。

(14) Nieuwenhuisen en Rosenberg, "Verslag omtrent het Eiland Nias en deszelfs Bewoners," in *Verhandelingen van het Bastaviaasch Genootschap van Kunsten en Wetenschappen*, xxx, p. 26.

(15) *Journal of the Anthropological Society of Bombay*, i, p. 35.

(16) E. O'Donovan, *The Merv Oasis*, London, 1882, ii, p. 58.

(17) *Emin Pasha in Central Africa, being a Collection of his Letters and Journals*, London, 1888, p. 107.

(18) *Narrative of the Second Arctic Expedition made by Charles F. Hall*, ed. Prof. J. G. Nourse, U. S. N., Washington, 1879, p. 269 note.

(19) J. A. Grant, *A Walk across Africa*, Edinburgh and London, 1864, p. 104 以下。

(20) Edward Shortland, *Traditions and Superstitions of the New Zealanders*, second ed., London, 1856, p. 103.

(21) N. von Miklucho-Maclay, "Ethnologische Bemerkungen über die Papuas der Maclay-Küste in Neu-Guinea," in *Natuurkundig Tijdschrift voor Nederlandsch Indie*, xxxvi (1876), p. 317 以下。

(22) R. Brough Smyth, *The Aborigines of Victoria*, i, p. 134.

(23) エウリピデス『フェニキアの女たち』1377 に関する注釈。この男たちは軍神アレスの遣いであり、つねに戦闘の義務は免れていた。

(24) Rev. John Campbell, *Travels in South Africa, being a Narrative of a Second Journey in the Interior of that Country*, ii, p. 205.

(25) Ladislaus Magyar, *Reisen in Süd-Afrika in den Jahren 1849-1857*, Buda Pesth and Leipsic, 1859, p. 203.

(26) *Asiatick Researches*, vi, p. 535 以下、4 vo ed.（p. 537 以下。8 vo ed.）

(27) C. J. Andersson, *Lake Ngami*, second ed., London, 1856, p. 223.

(28) François Valentyn, *Oud en nieuw Oost-Indiën*, iii, p. 16.

(29) Turner, *Samoa, a Hundred Years ago and long before*, p. 305 以下。

(30) De Plano Carpini, *Historia Mongolorum quos nos Tartaros appellamus*, ed. D'Avezac, Paris, 1838, cap. iii, § iii, p. 627, cap. ult., § i, x, p. 744, Appendix, p. 775. "Travels of William de Rubriquis into Tartary and China," in Pinkerton's *Voyages and Travels*, vii, p. 82 以下。

(31) Paul Pogge, "Bericht über die Station Mukenge," in *Mittheilungen der Afrikanischen Gesellschaft in Deutschland*, iv (1883-1885), p. 182 以下。

(32) J. L. Krapf, *Travels, Researches, and Missionary Labours during an Eighteen Years' Residence in Eastern Africa*, p. 252 以下。

(33) Dapper, *Description de l'Afrique*, p. 391.

(34) Proyart, "History of Loango, Kakongo, and other Kingdoms in Africa," in Pinkerton's *Voyages and Travels*, xvi, p. 583. Dapper 前掲書 p. 34. J. Ogilby, Africa, p. 521. また以下も参照せよ。 Bastian, *Die deutsche Expedition an der Loango-Küste*, i, p. 288.

(35) Bastian 前掲書 i, p. 268.

(36) J. B. Neumann, "Het Pane-en Bila-Stroomgebied op het eiland Sumatra," in *Tijdschrift van het Nederlandsch Aardrijkskundig Genootschap*, ii. de Serie, dl. iii, meer uitgebreide artikelen, No. 2, p. 300.

(37) Thomas Williams, *Fiji and the Fijians*, i, p. 249.

(38) Rev. J. Richardson, "Tanala Customs, Superstitions and Beliefs," in *The Antananarivo Annual and Madagascar Magazine, Reprint of the First Four Numbers*, Antananarivo, 1885, No. ii, p. 219.

(39) Lieut. V. L. Cameron, *Across Africa*, London, 1877, ii, p. 71, in *Journal of the Anthropological Institute of Great Britain and Ireland*, vi (1877), p. 173.

(40) "Adventures of Andrew Battel," in Pinkerton's *Voyages and Travels*, xvi, p. 330. Dapper 前掲書 p. 330. Bastian, *Die deutsche Expedition an der Loango-Küste*, i, p. 262 以下。 R. F. Burton, *Abeokuta and the Cameroons Mountains*, London, 1863, i, p. 147.

(41) Proyart's "History of Loango, Kakongo, and other Kingdoms in Africa," in Pinkerton's *Voyages and Travels*, xvi, p. 584.

(42) J. L. Wilson, *West Afrika*, p. 148 (German trans.). John Duncan, *Travels in Western Africa*, London, 1847, i, p. 222. また以下も参照せよ。 W. Winwood Reade, *Savage Africa*, London, 1863, p. 543.

(43) Paul Pogge, *Im Reiche des Muata Jamwo*, Berlin, 1880, p. 231.

(44) Captain James Cook, *Voyages*, London, 1809, v, p. 374.

(45) Heraclides Cumanus in Athenaeus, iv. 145B-D.

(46) Mohammed Ibn-Omar El-Tounsy, *Voyage au Darfour*, traduite de l'Arabe par le Dr. Perron, Paris, 1845, p. 203. *Travels of a Arab Merchant*［Mohammed Ibn-Omar El-Tounsy］in Soudan, abridged from the French（of Perron）by Bayle St. John, London, 1854, p. 91 以下。

(47) Mohammed Ibn-Omar El-Tounsy, *Voyage au Ouadây*, Paris, 1851, p. 375.

(48) H. Duveyrier, *Exploration du Sahara : les Touareg du Nord*, Paris, 1864, p. 391 以下。ルクリュ『新世界地理』xi, p. 838 以下。James Richardson, Travels in the Great Desert of the Sahara, London, 1848, ii, p. 208. アラビア人の場合、ときに男たちはヴェールで顔を覆う。Wellhausen, *Reste arabischen Heidentumes*, p. 146.

(49) Turner, *Samoa, a Hundred Years ago and long before*, p. 67 以下。

(50) Riedel, "Die Landschaft Dawan oder West-Timor," in *Deutsche Geographische Blätter*, x, p. 230.

(51) A. W. Howitt, "On some Australian Ceremonies of Initiation," in *Journal of the Anthropological Institute of Great Britain and Ireland*, xiii（1884）, p. 456.

(52) また以下の表現も参照せよ。ディオン・クリュソストモス『演説集』（Dio Chrysostom, *Orationes*, ed. L. Dindorf, Leipsic, 1857）xxxii. i. 417, "*μόνον οὐκ ἐπὶ τοῖς χείλεσι τὰς ψυχὰς ἔχοντας*." ペトロニウス『サテュリコン』63, "mihi anima in naso esse, stabam tanquam mortuus." セネカ『自然研究』iii. praef. 16, "in primis labris animam habere."

(53) 本書一六七頁。

(54) Bastian, *Die deutsche Expedition an der Loango-Küste*, i, p. 263. ただし戦争で行進したということは記録されている(同書 i, p. 268 以下)。

(55) S. Crowther and J. C. Taylor, *The Gospel on the Banks of the Niger*, London, 1859, p. 433. 同書の p. 379 には、王が「一年に一度公衆の前に姿を現わすこと」に関する言及があるが、これは「家屋敷の敷地」内でのことであったろう。

(56) ストラボン、xvii. 2, 2にはつぎのような記述がある。*σέβονται δ' ὡς θεοὺς τοὺς βασιλέας, κατακλείστους ὄντας καὶ οἰκουροὺς τὸ πλέον.*

(57) ストラボン、xvi. 4, 19. ディオドロス、iii. 47.

(58) Heraclides Cumanus in Athenaeus, 517 B-C.

(59) Ch. Dallet, *Histoire de l'Église de Corée*, Paris, 1874, i, xxiv-xxvi. 王は、稀にではあるが宮廷を離れることがある。その場合前もって人々には告示がなされる。すべての戸は閉められ、家長はだれもが敷居の前に跪き、手には箒と塵取りを持たなければならない。すべての窓、とりわけ上方にある窓は、細長い紙で目張りされなければならない。これはだれかが王を上から見下ろさないようにである。W. E. Griffis, *Corea, the Hermit Nation*, London, 1882, p. 222.

(60) Jerome Richard, "History of Tonquin," in Pinkerton's *Voyages and Travels*, ix, p. 746.

(61) Shway Yoe, *The Burman*, i, p. 308 以下。

(62) *Native Tribes of South Australia*, p. 63. Rev. G. Taplin, "Notes on the Mixed Races of Australia," in *Journal of the Anthropological Institute of Great Britain and Ireland*, iv (1875), p. 53.

(63) Turner, *Samoa, a Hundred Years ago and long before*, p. 320 以下。

(64) Dapper 前掲書 p. 330.

(65) W. Bosman, "Description of the Coast of Guinea," in Pinkerton's *Voyages and Travels*, xvi (1814), p. 487.

(66) P. N. Wilken, "Bijdragen tot de kennis van de zeden en gewoonten der Alfoeren in de Minahassa," in *Mededeelingen van wege het Nederlandsche Zendelinggenootschap*, xi (1863), p. 126.

(67) Kaempfer, "History of Japan," in Pinkerton's *Voyages and Travels*, vii, p. 717.

(68) *Old New Zealand*, by a Pakeha Maori, London, 1884, p. 96 以下。

(69) W. Brown, *New Zealand and its Aborigines*, London, 1845, p. 76. 同種のさらなる例については、同書 p. 77 以下を参照せよ。

(70) E. Tregear, "The Maoris of New Zealand," in *Journal of the Anthropological Institute of Great Britain and Ireland*, xix (1890), p. 100.

(71) Rev. Richard Taylor, *Te Ika a Maui, or New Zealand and its Inhabitants*, second ed., London, 1870, p. 164.

(72) A. S. Thomson, *The Story of New Zealand*, London, 1859, i, p. 101 以下。*Old New Zealand*, by a Pakeha Maori, p. 94, 104 以下。

(73) *Journal of the Anthropological Institute of Great Britain and Ireland*, ix, p. 458.

(74) Rev. William Ridley, "Report on Australian Languages and Traditions," in *Journal of the Anthropological Institute of Great Britain and Ireland*, ii (1873), p. 268.

(75) Alexander Mackenzie, *Voyages from Montreal through the Continent of North America*, London, 1801, cxxiii.

(76) *Report of the International Polar Expedition to Point Barrow, Alaska*, Washington, 1885, p. 46.

(77) "Customs of the New Caledonian Women," in *Journal of the Anthropological Institute of Great Britain and Ireland*, vii, p. 206.

(78) Samuel Hearne, *Journey from Prince of Wales's Fort in Hudson's Bay to the Northern Ocean*, London, 1795, p. 204 以下。

(79) L. Alberti, *De Kaffers aan de Zuidkust van Afrika*, Amsterdam, 1810, p. 76 以下。 H. Lichtenstein, *Reisen im südlichen Afrika*, Berlin, 1811-1812, i, p. 427.

(80) *Narrative of the Captivity and Adventures of John Tanner, during Thirty Years' Residence among the Indians*, prepared for the Press by Edwin James, M. D., London, 1830, p. 122.

(81) タブーの本質についてはとくに以下を参照せよ。 W. Robertson Smith, *The Religion of the Semites*, i, p. 142 以下、 p. 427 以下。

(82) Rev. William Ellis, *Polynesian Researches*, iii, p. 102.

(83) J. Moura, *Le Royaume du Cambodge*, i, p. 226.

(84) Ch. Dallet, *Histoire de l'Église de Corée*, i. xxiv. 以下。 Griffis, *Corea, the Hermit Nation*, p. 219.

(85) マクロビウス『サトゥルナリア』v. 19, 13. ウェルギリウス『アエネイス』i. 448 に関するセルウィウスの注釈。 Joannes Lydus (ed. I. Bekker, Bonn, 1837), *De mensibus*, i. 31.

(86) *Acta Fratrum Arvalium*, ed. G. Henzen, Berlin, 1874, pp. 128-135. Marquardt, *Römische Staat*-

sverwaltung, second ed., iii (*Das Sacralwesen*), p. 459 以下。

(87) オウィディウス『イビス』に関する、古代の注釈者によるカリマコスへの言及。また以下も参照せよ。Bloomfield 編カリマコス (Cllimachus), p. 216. Chr. Aug. Lobeck, *Aglaophamus*, Königsberg, 1829, p. 686.

(88) プルタルコス「アリスティデス伝」二一行。この記述は W. Wyse 氏に負っている。

(89) Theophilus Hahn, *Tsuni-‖Goam, the Supreme Being of the Khoi-Khoi*, London, 1881, p. 22.

(90) Captain J. G. Bourke, *The Snake Dance of the Moquis of Arizona*, London, 1884, p. 178 以下。

(91) Miss C. F. Gordon Cumming, *In the Hebrides*, p. 195.

(92) James Logan, *The Scottish Gael or Celtic Manners*, ed. the Rev. Alex. Stewart, Inverness, N. D., ii, p. 68 以下。

(93) Cumming 前掲書 p. 226. Miss E. J. Guthrie, *Old Scottish Customs*, London and Glasgow, 1885, p. 223.

(94) 「列王記上」vi. 7.「出エジプト記」x. 25.

(95) ハリカルナッソスのディオニュシオス『ローマ古史』iii. 45, v. 24. プルタルコス「ヌマ伝」9. プリニウス『博物誌』xxxvi. 100.

(96) *Acta Fratrum Arvalium*, ed. Henzen, p. 132. *Corpus Inscriptionum Latinarum*, Berlin, 1862-　, i. No. 603.

(97) プリニウス前掲書同箇所。

(98) *The Indian Antiquary*, x (1881), p. 364.

(99) Frank Hatton, *North Borneo* (1886), p. 233.

(100) Alexander Guagninus, "De ducatu Samogitiae," in *Respublica sive Status regni Poloniae, Lituaniae, Prussiae, Livoniae, etc.*, Leyden (Elzevir), 1627, p. 276. Johan Lasicius, "De diis Samogitarum caeterorumque Sarmatarum," in *Respublica sive Status regni Poloniae, Lituaniae, Prussiae, Livoniae, etc.*, p. 294 (p. 84, ed. W. Mannhardt, in *Magazin herausgegeben von der Lettisch-Literarischen Gesellschaft*, bd. xiv., Mitau, 1868).

(101) Guthrie 前掲書 p. 149. Ch. Rogers, *Social Life in Scotland*, London, 1886, iii, p. 218.

(102) A. Leared, *Morocco and the Moors*, London, 1876, p. 273.

(103) 読者は、会葬者たちに課せられるタブーが、王に課せられるタブーとどれほど類似しているかが、おわかりになるだろう。この類似の理由は、これまで述べてきたことから明白である。

(104) *Panjab Notes and Queries*, iii. No. 282.

(105) Rev. Walter Gregor, *Notes on the Folk-lore of the North-East of Scotland*, London, 1881, p. 206.

(106) この点は *Panjab Notes and Queries*, iii. No. 846 に明白に述べられている。また、護符としての鉄については、以下も参照せよ。F. Liebrecht, *Des Gervasius von Tilbury Otia Imperialia*, Hanover, 1856, p. 99 以下。Liebrecht, *Zur Volkskunde*, p. 311. L. Strackerjan, *Aberglaube und Sagen aus dem Herzogthum Oldenburg*, Oldenburg, 1867, § 233. A. Wuttke, *Der deutsche Volksaberglaube*, second ed., § 414 以下。Sir Edward B. Tylor, *Primitive Culture*, second ed., London, 1873, i, p. 140. Mannhardt, *B.K.*, p. 132 note.

(107) Bastian, *Der Völker des östlichen Asien*, i, p. 136.

(108) Miss E. Gerard, *The Land beyond the Forest*, i, p. 312. W. Schmidt, *Das Jahr und seine Tage in Meinung und Brauch der Romänen Siebenbürgens*, p. 40.

(109) Archdeacon J. H. Gray, *China*, London, 1878, i, p. 288.

(110) W. H. Dall, *Alaska and its Resources*, London, 1870, p. 146. Dall, in *American Naturalist*, xii, p. 7.

(111) Jo. Meletius, "De religione et sacrificiis veterum Borussorum," in *De Russorum Muscovitarum et Tartarorum religione, sacrificiis, nuptiarum, funerum ritu*, Spires, 1582, p. 263. Chr. Hartknoch, *Alt und neues Preussen*, p. 187 以下。

(112) Dr. B. F. Matthes, *Bijdragen tot de Ethnologie van Zuid-Celebes*, p. 136.

(113) W. J. A. von Tettau und J. D. H. Temme, *Die Volkssagen Ostpreussens, Litthauens und Westpreussens*, Berlin, 1837, p. 285. Grimm, *Deutsche Mythologie*, fourth ed., iii, p. 454. また同書 p. 441 および p. 469 も参照せよ。 Joseph Virgil Grohmann, *Aberglauben und Gebräuche aus Böhmen und Mähren*, Prague and Leipsic, 1864, p. 198.

(114) プルタルコス『ローマ問題』110. アウルス・ゲリウス、 x. 15, 12.

(115) J. Kubary, *Die socialen Einrichtungen der Pelauer*, Berlin, 1885, p. 126 以下。

(116) F. J. Wiedemann, *Aus dem inneren und äusseren Leben der Ehsten*, St. Petersburg, 1876, p. 448, 478.

(117) James Adair, *History of the American Indians*, London, 1775, p. 134, 117.

(118) Émile Petitot, *Monographie des Dènè-Dindjié*, Paris, 1876, p. 76.

(119) 「レビ記」xvii. 10-14. 英訳聖書十一節で“life”と訳されているヘブライ語は、「魂」も意味する（改訂版英訳聖書の注記による)。また「申命記」xii. 23-25 も参照せよ。

(120) ウェルギリウス『アエネイス』v. 79 に関するセルウィウスの注釈。また iii. 67 の注釈も参照せよ。

(121) Wellhausen, *Reste arabischen Heidentums*, p. 217.

(122) A. Goudswaard, *De Papoewa's van de Geelvinksbaai*, Schiedam, 1863, p. 77.

(123) Alexander Hamilton, "A New Account of the East Indies," in Pinkerton's *Voyages and Travels*, viii, p. 469. また以下も参照せよ。W. Robertson Smith, *The Religion of the Semites*, i, p. 349, note 2.

(124) De la Loubere, *A New Historical Account of the Kingdom of Siam*, London, 1693, p. 104 以下。

(125) Mgr. Pallegoix, *Description du royaume Thai ou Siam*, Paris, 1854, i, p. 271, 365 以下。

(126) *The Book of Marco Polo*, trans. by Col. H. Yule, second ed., London, 1875, i, p. 335.

(127) 前掲書同箇所。

(128) S. Baron, "Description of the Kingdom of Tonqueen," in Pinkerton's *Voyages and Travels*, ix, p. 691.

(129) T. E. Bowdich, *Mission from Cape Coast Castle to Ashantee*, New Edition, London, 1873, p. 207.

(130) Rev. J. Sibree, *Madagascar and its People*, London, 1870, p. 430.

(131) C. T. Wilson and R. W. Felkin, *Uganda and the Egyptian Sudan*, i, p. 200.

(132) *The Book of Marco Polo*, i, p. 399.

(133) Sir Walter Scott, note 2 to *Peveril of the Peak*, ch. v.

(134) *Native Tribes of South Australia*, p. 230. E. J. Eyre, *Journals of Expeditions of Discovery into*

Central Australia, London, 1845, ii, p. 335. R. Brough Smyth 前掲書 i, p. 75 note.

(135) Lieut.-Colonel D. Collins, *An Account of the English Colony of New South Wales*, London, 1798, p. 580.

(136) *Native Tribes of South Australia*, p. 224 以下。G. F. Angas, *Savage Life and Scenes in Australia and New Zealand*, London, 1847, i, p. 110 以下。

(137) 本書四一〜四二頁。

(138) Dr. B. F. Matthes, *Bijdragen tot de Ethnologie van Zuid-Celebes*, p. 53.

(139) Lieutenant Emery, in *Journal of the Royal Geographical Society*, iii, p. 282.

(140) C. J. Andersson, *Lake Ngami*, p. 224.

(141) Charles New, *Life, Wanderings, and Labours in Eastern Africa*, p. 124. Francis Galton, "Domestication of Animals," in *Transactions of the Ethnological Society of London*, N.S., iii (1865), p. 135. 家畜が神聖とされたこととの起源については、なによりもつぎの文献を参照されたい。W. Robertson Smith, *The Religion of the Semites*, i, p. 263 以下、277 以下。

(142) L. Linton Palmer, "A Visit to Easter Island," in *Journal of the Royal Geographical Society*, xl (1870), p. 171.

(143) Rev. Richard Taylor 前掲書 p. 164 以下。

(144) プルタルコス『ローマ問題』112. アウルス・ゲリウス、x. 15, 13.

(145) 本書九九頁以下。

(146) W. Robertson Smith 前掲書 p. 213 以下も参照せよ。

(147) アウルス・ゲリウス、x. 15, 16 には、Dialis cotidie feriatus est とある。

(148) プルタルコス『イシスとオシリス』6. これと明白に類似している神話は、いくつかのエジプトで書かれた文献の中に保存されている。Adolf Erman, *Ägypten und ägyptisches Leben im Altertum*, p. 364 を参照せよ。

(149) Bernardino de Sahagun, *Histoire générale des choses de la Nouvelle-Espagne*, traduite par Jourdanet et Siméon, p. 46 以下。

(150) 本書六五頁以下。

(151) 本書六六頁。

(152) Edward M. Curr, *The Australian Race*, Melbourne and London, 1886-1887, iii, p. 179.

(153) H. B. Guppy, *The Solomon Islands and their Natives*, London, 1887, p. 41.

(154) Rev. E. B. Cross, "On the Karens," in *Journal of the American Oriental Society*, iv (1854), p. 312.

(155) Bastian, *Die Völker des östlichen Asien*, iii, p. 230.

(156) この理由についてはつぎを参照せよ。Shortland 前掲書 p. 112 以下、p. 292.

(157) *Native Tribes of South Australia*, p. 186.

(158) Mrs. James Smith, *The Booandik Tribe*, Adelaide, 1880, p. 5.

(159) Riedel, *De sluik- en kroesharige rassen tusschen Selebes en Papua*, p. 450.

(160) 前掲書、p. 139, 209.

(161) Rev. E. Dannert, "Customs of the Ovaherero at the Birth of a Child," in (*South African*) *Folk-lore Journal*, ii (1880), p. 63.

(162) F. J. Wiedemann 前掲書 p. 475.

(163) Cross 前掲書 p. 311 以下。

(164) Bastian 前掲書 ii, p. 256, iii, p. 71, 230, 235 以下。

(165) Bastian 前掲書 ii, p. 150. Father Sangermano, *Description of the Burmese Empire*, reprinted at Rangoon, 1885, p. 131. Captain C. J. F. S. Forbes, *British Burma*, p. 334. Shway Yoe, *The Burman*, i, p. 91.

(166) J. Moura 前掲書 i, p. 178, p. 388.

(167) Duarte Barbosa, *A Description of the Coasts of East Africa and Malabar in the Beginning of the Sixteenth Century*, trans. H. E. J. Stanley, Hakluyt Society, London, 1866, p. 197.

(168) David Porter, *Journal of a Cruise made to the Pacific Ocean in the U. S. Frigate "Essex,"* New York, 1822, ii, p. 65.

(169) Vincendon-Dumoulin et Desgraz, *Iles Marquises ou Nouka-Hiva*, p. 262.

(170) G. H. von Langsdorff, *Reise um die Welt*, Frankfort, 1812, i, p. 115 以下。

(171) James Cook 前掲書 v, p. 427.

(172) Jules Remy, *Ka Mooolelo Hawaii, Histoire de l'Archipel Havaiien*, Paris and Leipzig, 1862, p. 159.

(173) Ellis 前掲書 iii, p. 102.

(174) Captain James Wilson, *Missionary Voyage to the Southern Pacific Ocean*, London, 1799, p. 354 以下。

(175) Rev. Richard Taylor 前掲書 p. 165.

(176) "Customs of the New Caledonian Women," in *Journal of the Anthropological Institute of Great Britain and Ireland*, vii, p. 206. Benjamin Hawkins, "A Sketch of the Creek Country," in *Collections of the Georgia Historical Society*, iii, pt. i, Savannah, 1848, p. 78. A. S. Gatschet, *A Migration Legend of the Creek Indians*, vol. I, Philadelphia, 1884, p. 185. *Narrative of the Captivity and Adventures of John Tanner, during Thirty Years' Residence among the Indians*, p. 122. J. G. Kohl, *Kitschi-Gami*, Bremen, 1859, ii, p. 168.

(177) Rev. Richard Taylor 前掲書同箇所。

(178) Edward Shortland, *The Southern Districts of New Zealand*, London, 1851, p. 193. Shortland, *Traditions and Superstitions of the New Zealanders*, p. 107 以下。

(179) D'Urville, *Voyage autour du monde et à la recherche de La Pérouse, exécuté sous son commandement sur la corvette "Austrolabe" : histoire du voyage*, ii, p. 534.

(180) R. A. Cruise, *Journal of a Ten Months' Residence in New Zealand*, London, 1823, p. 187. D' Urville 前掲書 ii, p. 533. Shortland, *The Southern Districts of New Zealand*, p. 30.

(181) Agathias, *Historia* (ed. B. G. Niebuhr, Bonn, 1828), i. 3. Grimm, *Deutsche Rechtsalterthümer*, p. 239 以下。

(182) G. M. Dawson, "On the Haida Indians of the Queen Charlotte Islands," in *Geological Survey of Canada, Report of Progress for 1878-79*, p. 123 B.

(183) P. N. Wilken, "Bijdragen tot de kennis van de zeden en gewoonten der Alfoeren in de Minahassa," in *Mededeelingen van wege het Nederlandsche Zendelinggenootschap*, vii (1863), p. 126.

(184) Riedel, *De sluik- en kroesharige rassen tusschen Selebes en Papua*, p. 137.

(185) 前掲書 p. 292 以下。

(186) ディオドロス、i. 18.

(187) W. Robertson Smith, *Kinship and Marriage in Early Arabia*, Cambridge, 1885, p. 152 以下。

(188) ヴァレリウス・フラックス『アルゴ船遠征物語』(Valerius Flaccus, *Argonautica*, ed. Aemil. Baehrens, Leipsic, 1875), i. 378 以下につぎの記述がある。"Tectus et Eurytion servato colla capillo, Quem pater Aonias reducem tondebit ad aras."

(189) ホメロス『イリアス』xxiii. 141 以下。

(190) Porter 前掲書 ii, p. 120.

(191) Paulus Diaconus, *Historia Langobardorum*, ed. G. Waitz, Hanover, 1878, iii. 7.

(192) Ellis 前掲書 iv, p. 387.

(193) 「民数記」vi. 5.

(194) J. A. E. Köhler, *Volksbrauch, Aberglauben, Sagen und andre alte Überlieferungen im Voigtlande*, Leipsic, 1867, p. 424. William Henderson, *Notes on the Folk-lore of the Northern Counties of England and the Borders*, London, 1879, p. 16 以下。Fr. Panzer, *Beitrag zur deutschen Mythologie*, Munich, 1848-1855, i, p. 258. Ignaz Zingerle, *Sitten, Bräuche und Meinungen des Tiroler Volkes*, second ed., Innsbruck, 1871, No. 46, No. 72. J. W. Wolf, *Beiträge zur deutschen Mythologie*, Göttingen and Leipsic, 1852-1857, i, p. 208 (No. 45), p. 209 (No. 53). O. Knoop, *Volkssagen, Erzählungen, Aberglauben, Gebräuche und Märchen aus dem östlichen Hinterpommern*, Posen, 1885, p. 157 (No. 23). Edm.

Veckenstedt, *Wendische Sagen, Märchen und abergläubische Gebräuche*, Graz, 1880, p. 445. Josef Haltrich, *Zur Volkskunde der Siebenbürger Sachsen*, Vienna, 1885, p. 313. E. Krause, "Abergläubische Kuren und songstiger Aberglaube in Berlin und nächster Umgebung,"in *Zeitschrift für Ethnologie*, xv (1883), p. 84.

(195) *Panjab Notes and Queries*, ii. No. 1092.

(196) George Gibbs, "Notes on the Tinneh or Chepewyan Indians of British and Russian America," in *Annual Report of the Smithsonian Institution*, 1866, p. 305. W. H. Dall, *Alaska and its Resources*, p. 202. インディアンたちの申し立てる理由（娘たちの爪をもっと早く切ってしまうと、怠け者になり、ヤマアラシのクイルワーク〔ヤマアラシの針や鳥の羽柄を使った装飾工芸〕の刺繍ができなくなる）は、おそらく後から考え出されたものである。ヨーロッパでも、類似した風習には、このように後から理由づけがなされている（一般的なものとしては、子どもが泥棒になるから、というものである）。

(197) Knoop 前掲書同箇所。

(198) Wolf 前掲書 i, p. 209 (No. 57).

(199) Taylor 前掲書 p. 206 以下。

(200) Richard A. Cruise, *Journal of a Ten Months' Residence in New Zealand*, p. 283 以下。また以下も参照せよ。D' Urville 前掲書 ii, p. 533.

(201) Shortland, *Traditions and Superstitions of the New Zealanders*, p. 108 以下。Taylor 前掲書同箇所。

(202) Moura 前掲書 i, p. 226 以下。

(203) 本書一六五頁を見よ。

(204) R. Brough Smyth 前掲書 i, p. 468 以下。

(205) Porter 前掲書 ii, p. 188.

(206) James Dawson, *Australian Aborigines*, p. 36.

(207) A. W. Howitt, "On Australian Medicine-Men," in *Journal of the Anthropological Institute of Great Britain and Ireland*, xvi (1887), p. 27. また以下も参照せよ。E. Palmer, "Notes on some Australian Tribes," in *Journal of the Anthropological Institute of Great Britain and Ireland*, xiii (1884), p. 293. James Bonwick, *Daily Life and Origin of the Tasmanians*, London, 1870, p. 178. James Chalmers, *Pioneering in New Guinea*, p. 187. J. S. Polack, *Manners and Customs of the New Zealanders*, London, 1840, i, p. 282. Bastian, *Die Völker des östlichen Asien*, iii, p. 270. Langsdorff, *Reise um die Welt*, i, p. 134 以下。A. S. Thomson, *The Story of New Zealand*, i, p. 79, p. 116 以下。Ellis 前掲書 i, p. 364. Zingerle 前掲書 No. 178.

(208) Ernst Meier, *Deutsche Sagen, Sitten und Gebräuche aus Schwaben*, p. 509. Panzer 前掲書 i, p. 258. J. A. E. Köhler 前掲書 p. 425. August Witzschel, *Sagen, Sitten und Gebräuche aus Thüringen*, p. 282. Zingerle 前掲書 No. 180. Wolf 前掲書 i, p. 224 (No. 273).

(209) Zingerle 前掲書 No. 181.

(210) Zingerle 前掲書 No. 176, No. 179.

(211) Aurel Krause, *Die Tlinkit-Indianer*, Jena, 1885, p. 300.

(212) ペトロニウス『サテュリコン』104.

(213) Bastian, *Die deutsche Expedition an der Loango-Küste*, i, p. 231 以下。Bastian, *Ein Besuch in San Salvador*, Bremen, 1859, p. 117.

(214) W. Stanbridge, "On the Aborigines of Victoria," in *Transactions of the Ethnological Society of London*, N.S., i (1861), p. 300.

(215) François Pyrard, *Voyages to the East Indies, the Maldives, the Moluccas, and Brazil*, trans. Albert Gray, Hakluyt Society, London, 1887, i, p. 110 以下。

(216) Shortland, *Traditions and Superstitions of the New Zealanders*, p. 110.

(217) Polack 前掲書 i, p. 38 以下。

(218) Captain James Wilson 前掲書 p. 355.

(219) アウルス・ゲリウス、x. 15, 15.

(220) プリニウス『博物誌』xvi. 235. フェストゥス、"capillatam vel capillarem arborem" の項を見よ。

(221) A. Wuttke, *Der deutsche Volksaberglaube*, second ed., § 464.

(222) W. Mannhardt, *Germanische Mythen*, Berlin, 1858, p. 630.

(223) William Henderson 前掲書 p. 17.

(224) Riedel 前掲書 p. 74.

(225) Riedel 前掲書 p. 265.

(226) G. Heijmering, "Zeden en gewoonten op het eiland Rottie," in *Tijdschrift für Neêrlands Indië* (1843), dl. ii, pp. 634-637.

(227) Dall 前掲書 p. 54. F. Whymper, "The Natives of the Youkon River," in *Transactions of the*

Ethnological Society of London*, N.S., vii (1869), p. 174.

(228) Ernst Meier 前掲書 p. 509.

(229) Mannhardt 前掲書 p. 630.

(230) Guppy 前掲書 p. 54.

(231) Fargaard, xvii.〔一九一五年版の書誌でもこの書の詳細は不明〕

(232) *The Grihya-Sûtras*, trans. H. Oldenberg, Oxford, 1886, vol. I, p. 57.

(233) Dr. R. W. Felkin, "Notes on the Madi or Moru Tribe of Central Africa," in *Proceedings of the Royal Society of Edinburgh*, xii (1882-84), p. 332.

(234) A. Steedman, *Wanderings and Adventures in the Interior of Southern Africa*, London, 1835, i, p. 266.

(235) *Emin Pasha in Central Africa, being a Collection of his Letters and Journals*, p. 74.

(236) J. L. Wilson, *West Afrika*, p. 159 (German trans.).

(237) N. P. Wilken en J. A. Schwarz, "Allerlei over het land en volk van Bolaäng Mongondou," in *Mededeelingen van wege het Nederlandsche Zendelinggenootschap*, xi (1867), p. 322.

(238) Garcilasso de la Vega, *Royal Commentaries of the Yncas*, First Part, bk. ii. ch. 7 (vol. I, p. 127, trans. Markham).

(239) *Mélusine*, 1878, c. 583 以下。

(240) *The People of Turkey*, by a Consul's Daughter and Wife, London, 1878, ii, p. 250.

(241) Boecler-Kreutzwald, *Der Ehsten abergläubische Gebräuche, Weisen und Gewohnheiten*, St. Peters-

burg, 1854, p. 139. F. J. Wiedemann 前掲書 p. 491.

(242) Dr. R. W. Felkin, "Notes on the For Tribe of Central Africa," in *Proceedings of the Royal Society of Edinburgh*, xiii (1884-86), p. 230.

(243) Zingerle 前掲書 No. 176, No. 580. *Mélusine*, 1878, c. 79.

(244) G. C. Musters, "On the Races of Patagonia," in *Journal of the Anthropological Institute of Great Britain and Ireland*, i (1872), p. 197. James Dawson 前掲書 p. 36.

(245) David Livingstone, *Narrative of Expedition to the Zambesi*, London, 1865, p. 46 以下。

(246) Zingerle 前掲書 No. 177, No. 179, No. 180.

(247) Ulrich Jahn, *Hexenwesen und Zauberei in Pommern*, Breslau, 1886, p. 15. *Melusine*, 1878, c. 79.

(248) Elard Hugo Meyer, *Indogermanische Mythen*, ii. *Achilleis*, Berlin, 1877, p. 523.

(249) 本書二六五〜六六頁。

(250) 本書二三三頁、二三六頁以下。

(251) Rev. William Ridley 前掲書 p. 268.

(252) 以下を参照せよ。G. A. Wilken, *Über das Haaropfer und einige andere Trauergebräuche bei den Völkern Indonesiens*, reprinted from the *Revue Coloniale Internationale*, Amsterdam, 1886-1887, p. 94 以下。H. Ploss, *Das Kind in Brauch und Sitte der Völker*, second ed., Leipsic, 1884, i, p. 289 以下。

(253) 本書二五九〜六〇頁。

(254) 本書二二三頁以下。

(255) Monier Williams, *Religious Thought and Life in India*, p. 375.

(256) 本書一七一～七二頁。

(257) Bastian, *Die deutsche Expedition an der Loango-Küste*, ii, p. 170. 血は霊感を得るための媒体として飲まれる場合がある。本書六五頁以下を見よ。

(258) Dapper 前掲書 p. 336.

(259) Thomas J. Hutchinson, *Impressions of Western Africa*, London, 1858, p. 198.

(260) G. Watt, "The Aboriginal Tribes of Manipur," in *Journal of the Anthropological Institute of Great Britain and Ireland*, xvi (1887), p. 360 に引用される、Colonel W. J. M'Culloch の言。

第三章　神殺し

しかし、秘密を暴かれるべき迷信が他にも存在する。……これら異端の宗教においても、神聖とされている人間が殺されるのである。

――フィルミクス・マテルヌス『異教の過ちについて』第六章〔Firmicus Maternus, *De errore profanarum religionum*, c. 6. なお、一九一五年版の書誌には、C. Halm ed., Vienna, 1867 が挙げられている〕

第一節　聖なる王を殺すこと

永遠の持続という観念を欠いている場合、未開人は当然のことながら、神々も人間同様、死を免れないものであると考える。かつてグリーンランド人たちは、風が彼らのもっとも強力な神を殺せると考え、またその神は犬に触れると確実に死ぬ、と考えていた。キリスト教の神の話を聞いたとき、彼らはその神がけっして死なないのかと何度も尋ね、死なないと知らされて大いに驚き、それはさぞ偉大な神に違いない、と言った。(1) ドッジ大佐の質問に答えたある北米のインディアンは、世界は「部族主神」(Great Spirit) によって作られたと述べた。どの部族主神のことか、良い主神であるか、悪い主神であるかと尋ねられて、彼はこう答えた、「ああ、それはどちらでもないさ。この世を作った部族主神はずいぶん前に死んでしまった。今日まで長く生きられるはずがないじゃないか」[2]。フィリピン諸島のある部族は、スペインの征服者たちに、創造主の墓はカブニアン山〔Mount Cabunian となっているが、Cabusilan Mountain のことであるかもしれない〕の頂上にある、と語った[3]。ホッテントット族の神もしくは聖なる英雄である、ヘイツィ・エイビブ(Heitsi-eibib)は、何度か死んでは蘇った。その複数ある墓は、概して山間の狭い道に見ることができる[4]。ギリシアの大神ゼウスの墓は、キリスト紀元の初期の頃まで、クレタ島を訪れる人々に公開されていた[5]。ディオニュソスの遺体は、デルフォイの、アポロンの黄金像の隣に埋められ、その墓には「セメレの息子ディオニュソス、ここに死して横たわる」という銘が刻まれていた[6]。アポロン自身がデルフォイに埋められたという説もある。その墓の銘を刻んだのはピュタゴラスであり、彼はこの神が大蛇に殺され、三脚台の下に埋葬された経緯を公にした、と言われている[7]。クロノスはシチリアに埋められ[8]、またヘルメス、アフロディテ、アレスの墓は、それぞれエルムポリス〔キクラデス諸島のシロス島東岸にある港町〕、キプロス、トラキアで公開されていた[9]。

このように、偉大な目に見えない神さえ死ぬと考えられている以上、人間の肉体や血液の中に住まう神が、死という運命を免れていると考えられるわけもない。さて、すでに見たように、未開の人々はときとして、自らの安全と、さらにはこの世の存続さえも、人間神もしくは神の化身である人間の生命に、結びついていると信じている。それゆえ当然のことながら、彼らは自らの生命を守るために、その人間神の生命維持に最大限の配慮をする。だがどれほど世話をやき予防措置を取ろうとも、人間神が年を取り、弱り、果ては死んでしまうことを、防ぐことはできない。崇拝者たちはこの悲しい必然性に対して覚悟を決め、最善の努力をしてこれに向き合わなければならない。危険は恐るべきものである。つまり、自然の成り行きがこの人間神の生命にかかっているのであれば、彼の力が徐々に弱まり、最後には死という消滅を迎えることには、どれほどの破局が予想されることだろうか？　これらの危険を回避する方法はひとつしかない。人間神が力の衰える兆しを見せ始めたならばすぐに、殺すことである。そうして彼の魂は、迫り来る衰弱により多大な損傷を被るより早く、強壮な後継者に移しかえられなければならないのである。こうして人間神を、老齢や病で死なせる代わりに殺してしまう。このほうが好都合であることは、蛮人たちにしてみれば明らかである。というのも、人間神がいわゆる自然死によって死んでしまえば、蛮人たちから見てそれは、彼の魂が、自らの意志でその身体を離れ、帰還を拒絶していることを意味するからである。あるいはまた、より一般的には、悪霊や妖術師によって身体から抜き取られたか、さもなければ、少なくとも、それが彷徨っている間に拘留されてしまったことを意味する。[10]いずれにせよ人間神の魂は、崇拝者たちからは失われたことになる。そしてその魂とともに、彼らの繁栄は過ぎ去り、彼らの存在自体が危うくなる。たとえ彼らが、死にゆく人間神の魂を、口や鼻から出てきたところを捕らえ、後継者の中に移しかえたとしても、彼らの目的を遂げることにはならない。なぜなら、そのように病で死にかけている以上、魂は衰弱と消耗の最終段階にある身体から、必要にかられて去って行くのであり、ならばそのような魂は、移しかえられた別の身体にも、虚弱な存在を持ち込んだままでい続けることになるからである。これに対して、殺してしまえば、まず第一に崇拝者たちは、逃げ出す魂を確実に捕らえ、適切な後継者にしかと移しかえることが可能になる。そして第二に、人間神の持つ自然力が衰える前に彼を殺すことで、崇拝者たちは、人間神の衰弱で世界が衰退するという危険を、確実に排除できるのである。それゆえすべての目的は適えられる。人間神を殺し、その魂を、まだ盛時のうちに強壮な後継者に移しかえることにより、あらゆる危険は回避される。

老齢や病による緩やかな死よりも非業の死のほうを好む理由のいくつかは、人間神のみならず一般的な人間にもはっきりと当てはまる。たとえばマンガイア人はつぎのように考える。「自然死を遂げた人々の魂は、非常に弱く脆い。それは、彼らの身体が崩壊してしまったからだ。一方戦いで殺された人々の魂は、強靭で活力がある。彼らの身体は病で衰えることがなかったからである（一一）」。それゆえ、男たちはときとして殺しあうことを好み、また弱る前に殺されることを好む。老齢や病で朽ち果て衰弱するのではなく、来世で彼らの魂が、現在の身体を離れるときと同様、爽快で活力に満ちた状態で、新たな始まりを迎えられるようにである。またたとえばフィジー諸島では、「自己を犠牲に供することはけっして稀ではない。彼らはいまの生命を離れれば、それ以後永遠に存在できると信じているのである。この信仰が、自発的な死によって老衰や不具の状態を回避しようという、強力な動機となっている」[12]。また別の観察者は、フィジー諸島人についてさらに詳しくつぎのように述べている。「老人がすすんで自らの命を絶とうとする風習は、もっとも驚くべき慣わしであるが、これはまた、来世に関わる迷信とも関連している。彼らは、精神的かつ肉体的能力を、死んだときと同じ状態で保有したまま、楽土に入る喜びを享受できると信じている。ようするに、精神的な生は、肉体的な存在が終わりを迎えたところで始まると信じている。この見解に沿えば、当然のことながら彼らは、精神的・肉体的な力が、老齢によって生の喜びを享受できないほどまでに弱まってしまう前に、この変化を被ることを欲する。この動機にはかならず、戦士たちの民族にあっては、肉体的な弱さに対する軽蔑というものが付随しているし、また、もはや自らを守ることのできない人々を待ち受けている、虐待と侮辱というものも付随している。それゆえ男が、年齢の進行に伴う自らの力の衰えを知ると、そしてまた、この生に課せられた義務を果たし、来るべき喜びに浸るということが、やがて自分には適わなくなると感じると、男は親族を呼び集め、自分はもはや弱り果てた無用者であり、おまえたち皆がわたしを恥じていることもわかるので、わたしは埋葬されることを決意した、と語るのである」。そこで彼らは日を決めて集まり、彼を生きたまま埋めるのである[13]。ヴァテ島（太平洋南西部ヴァヌアツ中部にある島。別名エファーテ島）（ニューヘブリディーズ諸島）では、老人は自らの意志で、生きたまま埋められた。老酋長は、生きたまま埋められるのでなければ、その一族の不名誉と考えられた[14]。

アッシリアのユダヤ人の一部族、カマント族（the Kamants）については、つぎのように報告されている。「彼らは人が自然死を遂げることをけっして許さない。親族のひとりが死にそうになると、村の祭司を呼び、その喉を掻き切ってもらう。これを怠ると、死者の魂は祝福された者たちの館に入れない、と信じている」[15]。

だが、ここでわれわれがとくに注目すべきは、聖なる王もしくは祭司という、人間神の死である。すでに見たように、コンゴの人々は、彼らの大祭司チトメが自然死を迎えることになれば、世界は死滅し、もっぱら彼の力と功徳によってのみ維持されていた大地は、即座に消滅する、と信じていた。したがって彼が病に倒れたり死にそうに見えたりすれば、その後継者となる運命にある男は、縄か棍棒を持って大祭司の家に入り、これを絞め殺すか殴り殺すのであった[16]。メロエ［スーダン中北部、ナイル川の東岸にあった古代都市］のエチオピア人の王たちは神として崇拝された。だが祭司たちは、そうすべきと判断すればいつでも、王に遣いを送り、死ぬことを命じ、その命令は神々の託宣であると主張できた。王たちはこの命令につねに従順であり、エジプト王プトレマイオス二世と同時代の人間である、エルガメネス（Ergamenes）の治世時代まで、そうであった。ギリシアの教育を受け、これによって同国人の迷信から解放されたエルガメネスは、勇を奮って祭司たちの命令を無視し、一団の兵士とともに「黄金の神殿」（Golden Temple）［インドのシーク教総本山「黄金寺院」とは別］に入り、祭司たちを切り殺したのであった[17]。中央アフリカのウンヨロ（Unyoro）王朝の王は、いまだに、重病で倒れあるいは老齢で衰弱すれば、直ちに自身の妻たちによって殺される。古くからの預言によると、王が自然死を遂げた王朝は途絶えてしまうからである。[18]コンゴ川上流のキバンガ（Kibanga）の王の場合、死期が近いと見えると、妖術師たちが王の首に縄を巻き、徐々に絞めつけて死に至らしめる。[19]ズールー族には、王に皺が増えてきたり白髪が生えてきたりすると直ちに殺す、という慣わしがあったらしい。少なくとも以下の記述についてはこれが言える。十九世紀初頭、悪名高きズールー族の暴君チャカの宮殿にしばらく滞在していた者が認めた記録である。「わたしに対する王の怒りが尋常ならざる激しさに達したのは、主としてあのヘアー・オイルという馬鹿げた薬がきっかけであった。フェアウェル氏が王に、それは年齢を感じさせるいかなる兆候も取り去れる特効薬であるという考えを植えつけてしまったのだ。はじめてそのような調剤が手に入ると聞いたときから、王はこれを入手したいとの望みを表明していた。そして折あるごとに王は、わたしたちに向かいそれがほしいということを強調した。とりわけわたしたちが遠征に出かける際には、この薬を持ってこいという特別な命令が下された。ここに、ズールー族の野蛮な風習のひとつを見ることができるだろう。つまり、ズールー族が王を選んだり票決したりする際、その候補者には皺や白髪があってはならない。それはいずれも、好戦的な人々の君主となるには相応しからぬ明白な特徴であるからだ。また同様に不可欠であるのは、彼らの王が、統治にはそぐわない無能な人間となった証拠を、けっして示してはならないということである。それゆえ王には、可能な限り長く、その兆しを隠しておくことが重要になる。チャカは白髪が生え出すことを大いに気にするようになっていたのである。白髪はすなわち、彼が現世を離れる準備をせねばならないことの印となる。白髪にはつねに、君主の死が後続するのである」。[20]

現在のズールーランド〔南アフリカ共和国クワズールー・ナタール州北東部のインド洋に面する地区〕の北部、ソファラ（Sofala）のカフィル族の王朝では、二世紀前〔十七世紀末〕まで、王がなんらかの身体的欠陥を被れば直ちにこれを殺す、という風習が一般的であった。カフィル族に関して前述したとおり、[21]ソファラの王たちは人々に神とみなされ、必要に応じて雨や陽光を与えてほしいと懇願される存在だった。だがそうは言っても、たとえば歯が一本抜けるといった、わずかな身体的欠陥さえ、この人間神を殺すには十分な理由とみなされた。この点は、ある老歴史家による以下の記述から知ることができる。「セダンダという名の王の領地は、クイテヴァ〔ソファラ川に国境を接した国の王〕の領地に隣接している。レプラに侵されたこの王は、暗黙のうちに、この国の法に従って毒を飲むことを決意した。自分の病は不治であり、もしそうでなくとも、臣民の目には自分が、もはやだれであるかもわからなくなるほど忌まわしく映るだろうと思ったからである。それゆえ彼は後継者を任命した。彼もまた、臣民に対する模範としてあらゆることに奉仕すべき君主は、その容姿においてさえいかなる欠陥も負ってはならず、また、偶然なんらかの欠陥を被ることになれば、そのときは生きる価値も領地を治める価値も失われる、と考えていた。彼は、この法を破った者として非難されながら生きるよりも、この法に準じて死ぬことを選んだのだった。だが、歴代のクイテヴァのひとりは、それほど実直にこの法を守ろうとはしなかった。彼は歯を一本失ったが、先王たちの慣例には従いたくないと思い、臣民に対し、自分は前歯を失ったが、これは臣民たちが自分を見て、これがわたしであるとはっきりわかるようにである、との公示を出した。同時に、臣民の幸福のために必要である自らの存在を尊び、自分はできるだけ長く生き、長く統治する決意をした、と宣言した。このとき彼はまた、先王たちの慣例を声高に非難した。自らの身体が不慮に被った事故で、自らに死の判決を下すなど、先王たちは不謹慎であり、いやそれどころか狂気である、と非難し、また、たとえ自然の成り行きが自分を死に至らしめるときでさえ、自分が死に屈服せねばならないことは大いに遺憾である、と率直に告白したのである。さらに彼は、理性を持つ者、ましてや君主であれば、だれも時の大鎌に先んずるべきではない、と述べた。そしてこの死の法を廃棄し、以後後継者は皆、正気であれば自分の先例に従うよう命じ、新たな法を定めたのであった」[22]。

このソファラの王はそれゆえ、エチオピアの王エルガメネスと同じように、大胆な改革者であったということになる。そこでわれわれはつぎのように推測することができるだろう――エチオピアの王を殺してよい根拠は、ズールーとソファラの王に見られたように、身体的な欠陥や衰えの兆候といった、王の外見であった。祭司たちが王の処刑を主張するために神託を権威として持ち出したのは、なんらかの身体的欠陥を負った王が統治していては、大いなる災禍が訪れることになる、と考えられていたからである。これはちょうど、スパルタに下された神託が「不具の治世」、すなわち不具の王による治世を戒めていたのと同じである。[23]以上の推測は、つぎの事実によって確かなものとなる。王を殺す風習が廃止される以前、長い間エチオピアの王は、体の大きさ、強さ、容姿の美しさで選ばれていた。[24]今日でも、ワダイのスルタンは、見た目に明らかな身体的欠陥を持っていてはならない。またアンゴイの王の場合、歯が折れていたり詰め物で治療されていたり、あるいは古い傷跡があったりという欠点がひとつでもあれば、王冠を戴くことはできない。[25]したがって、とりわけアフリカの他の例を目にしたわれわれは、当然つぎのように推測して良い――エチオピアの君主になんらかの身体的欠陥や老齢の兆しが現れれば、それは処刑の合図になった――。後の時代になると、エチオピアの王が身体のいずれかの部分を欠損すると、彼の廷臣全員が、同じ部分の切除を被った、と記録されている。[26]だがこの掟はおそらく、身体的欠陥ゆえに王を殺すという風習が廃止されたときに、新たに設けられたものであろう。たとえば歯を一本失ったからという理由で王に死ぬことを強要するよりも、臣民のほうが歯を失わなければならないわけである。こうすれば、臣民のほうが王に優っているという不愉快な状態もないことになる。この種の掟はいまだに、同じ地域のダルフールのスルタンたちの宮廷では守られている。スルタンが咳をすれば、他の者はみな上の歯茎に舌を当て、ツ、ツ、という音を立てる。スルタンがくしゃみをすれば、そこに集まった者は全員がヤクの鳴き声のような音を出す。スルタンが馬から落ちれば従者は全員が同じように落ちなければならず、もしひとりでも鞍に跨ったままの者がいれば、それがいかに高位の者であれ、地に横たえられて鞭打たれる。[27]中央アフリカのウガンダの王の宮廷では、王が笑えば皆が笑い、王がくしゃみをすれば皆がくしゃみをする。王が風邪をひけば皆が風邪をひいたふりをするし、王が散髪するときには皆も散髪する。[28] セレベス島のボニ(Boni)の宮廷には、王が行うことはなんであれ、廷臣全員が行わなければならないという掟がある。王が立てば皆が立ち、座れば皆も座る。王が馬から落ちれば廷臣たちも馬から落ちる。王が沐浴すると廷臣も皆沐浴するが、通りがかりの者たちもまた、服を着たまま水に入らなければならない。良い服であれ悪い服であれ、たまたまそのとき着ていた服で、入るのである。[29] だが、神聖な人間の死の問題に戻ろう。古代プロイセン人たちは、神々の名において彼らを統治している支配者を至上の君主と考え、これは「神の口」(Kirwaido)の名で知られていた。彼自身が体の衰えや病を患っていると感じたとき、もし後世に自らの名声を残したいと思えば、棘の藪と藁で大きな山を作らせ、そこに登って人々に長い説教を行う。彼らに向かい神々に仕えることを勧め、自分はこれから神々のもとに行き、皆のために語ると約束する。そして、聖なるオークの木の正面で燃えている永遠の炎から火を取り、これで藪と藁の山に火を放ち、自らそこに入って焼死したのである。[30]
これまで述べてきた例では、聖なる王もしくは祭司がその任に就いていることを人々から許されているのは、なんらかの外見的欠陥、健康の衰えや老化を示す目に見える兆候が現れ、それゆえに彼がもはや聖なる務めを果たすには相応しくないと人々に警戒されるまでのことであった。だがそのような兆候が現れるまでは、殺されることはない。しかしながらいくつかの民族は、衰えのわずかな兆候さえ、それが現れるのを待っていたのでは安全ではないと考え、王がまだ十分に強壮であるうちに殺すほうがよい、と考えたらしい。それゆえ王の統治してよい期間が定められ、期限が来れば王は死ななければならなかった。その期間は、在位中に肉体的な衰えが始まる可能性を十分排除できるよう、短く定められていた。インド南部のいくつかの地域では、期間は十二年と定められていた。たとえば、ある高齢の旅行家によると、クウィラケア（Quilacare）地方には「祈りを捧げるための非ユダヤ人の館（Gentile house）なるものがあり、ここには彼らが大変重んじている一体の偶像が安置されており、これを称える大きな祭りが十二年ごとに行われる。非ユダヤ人の者は皆、定期に行われる記念祭としてここを訪れるのである。この寺院は多くの土地を抱えているので歳入も多く、そのため非常に大きな祭りとなる。この地域には王がひとりいて、その治世は祝祭と祝祭の間である十二年間を超えることがない。王の生き方はつぎのとおりである。十二年が終わると、この祝祭日に無数の群衆が集まり、多額の金を費やしてブラフマンに食物を捧げる。王は木の足場を作らせ、これを絹の垂れ幕で覆わせる。この日王は貯水池に沐浴に行くが、これは音楽も奏でられる大きな儀式となる。その後王は偶像のもとへ行き、これに祈りを捧げ、足場に登る。そして万民が見守るなか、研ぎ澄まされたナイフを取り出し、まず鼻、つぎに耳、そして唇、といった順であらゆる身体の部位を切り落とし、自分でできる限りの肉体を切り落とす。多くの血が流れて気を失ってしまわないうちに、切り取った部位は大急ぎで投げ捨てられ、最後に自ら喉を搔き切る。こうして王は自らを偶像のための生贄とする。そして、だれであれつぎの十二年間王として君臨し、このように偶像への愛に殉じたいと望む者は、この場でこの光景をじっと見据えていなければならない。人々はこの場所で、それができた男をつぎの王として立てるのである」[31]。

マラバル海岸〔インド南西岸〕のサモリン（Samorin）すなわちカリカットの王も、以前は十二年の治世が終わると公衆の面前で自ら喉を掻き切った。だが十七世紀の終わりには、この掟はつぎのように変更された。「現代のサモリンたちは新しい風習に従っている。十二年の終わりに王の治世の完了を記念する祝祭の始まりが告げられる。広々とした平地には彼のためにテントがひとつ張られ、十日から十二日間、飲めや歌えの盛大な祭りが催され、昼も夜も祝砲が轟く。そして祭りの最後に、命がけで王位を狙う四人の客人は三万から四万の衛兵と戦ってそのテントに入り、サモリンを殺す。サモリンを殺した男が、この王国を継承するのである。たまたまこの記念祭に当たった一六九五年、このテントはカリカットの南に約十五リーグ〔およそ七十二キロメートル〕下った、王の領地内の港町、ペナニー（Pennany）〔おそらくポナーニ Ponnāni のことであろう〕の近くに張られていた。命がけで王位を狙う者はたったの三人しかおらず、それも剣を手にして衛兵の標的になり、倒されてしまった。多くを殺し多くに傷を負わせた後に、自らも死んでしまったのである。王を狙った命知らずの男のひとりは十五か十六歳の甥で、衛兵が攻撃を受けている最中は伯父である王の近くで守りについていた。そして王が倒れるのを見ると、若者は衛兵の間を縫ってテントに入り、王の頭に一撃を加えようとした。王の頭上で燃えていた真鍮のランプがその一撃を妨げていなかったら、若者は確実に王を殺していたことだろう。だがもう一度一撃を下す前に、若者は衛兵たちに殺されてしまった。そういうわけで、いまでも同じサモリンが統治していることだろうとわたしは思う。あの時わたしはたまたまこの海岸を訪れたわけだが、二、三日間は昼も夜も立て続けに銃声が聞こえたのだった」(32)。

いくつかの土地の人々は、ひとりの王が一年以上、肉体的にも精神的にも強靭であり続けるとは思えないらしい。そのため一年の治世が終わると王を殺し、新たな王を立ててつぎの一年の治世を委ね、一年後にはまたその王を殺す。少なくとも、以下に挙げる証言からはこのような結論が導き出される。歴史家のベロソス〔紀元前三〇〇年頃に活躍した、ベル神の神官〕はバビロンの祭司として幅広い知識を備えていたが、彼によると、バビロンでは毎年サカイア(Sakaia)と呼ばれる祭りが催された。これはロウスの月(the month of Lous)の十六日に始まり、五日間続いた。この五日間、主人と召使いは立場を交換し、召使いが命令を下し主人がこれに従う。死を宣告された囚人がひとり、王の衣装を着せられ、玉座に就けられる。彼には思い通りの命令を下すことが許された。食べ物であれ、飲み物であれ、また快楽を得ることであれ許され、王の内妻と寝ることも許可された。だがこの五日間が終わると、囚人は王の衣装を剝がれ、鞭打たれ、磔刑に処せられるのだった(33)。ひょっとするとこの風習は、祭り騒ぎの季節に不幸な犯罪者を犠牲にして行われた、単なる残忍な冗談に過ぎない、と説明されていたかもしれない。だがひとつの事情が、この解釈を決定的に斥ける――偽の王には、王の内妻たちを享楽する許可が与えられるということである。東洋の専制君主のハーレムが、その嫉妬深さにより王以外だれも近づけない場所とされていたことを考えれば、われわれは、この専制君主が、そこに入る許可をとりわけ死を宣告された犯罪者に与えるとは、よほど重大な理由がない限りあり得ないことである、と確信できるだろう。その重大な理由は以下のようにしか考えられない。すなわち、死を宣告された男は、王の身代わりとして死ぬ。だから、その代理を完璧なものとするために、束の間の統治期間、彼は王の一切の権利を享受する必要があったのである。この代理という方法にはなんら不思議はない。例の掟――身体的な衰えを示すなんらかの兆候が現れたり、あるいは定められた期間が終わるときには、王は殺されなければならないという掟――が、王たちにとっては、遅かれ早かれ廃棄もしくは変更したくなる掟であったことは確かである。先にエチオピアとソファラの例で見たとおり、蒙を啓かれた君主たちはこの掟を大胆に斥けた。またカリカットでは、十二年間の最後に王を殺すという古い風習は、そのときひとりの男が王を襲撃することが許され、万一これを殺せた場合に限って王になれる、という許可に変わった。もっとも、この許可はあくまで形式的なものに過ぎない。その時期になると王は、衛兵で警護を固めることに意を尽くすからである。そして、その厳格な古い掟を変更するもうひとつの方法が、最後に挙げたバビロンの風習である。王を殺す時期が近づいてくると(バビロンの場合治世は一年間だけで終わったように思われる)、王は数日間王位を辞し、その間代わりに一時的な王が統治し、そして殺される。最初この一時的な王は無実の人間、たぶん王の一族の者であったろう。だが文明の発達につれて、無実の人間を犠牲に供することは人々の反感を買うようになり、その結果死を宣告された犯罪者が、束の間の、命と引き換えの支配権を与えられる。結局のところわれわれが見出すのはもうひとつの例、死に行く犯罪者という、死に行く神の表象である。というのも、これは忘れてならないことだが、王は神の資格で殺されるのであり、その死と復活は、聖なる命を損なわずに永続させる唯一の方法であり、それが人民と世界の救済のためには不可欠なものと考えられているからである。

いくつかの地域では、この古い風習に変更を加えた形式は、さらに穏やかなものになっている。いまだに王は毎年短期間で退位し、その地位はおよそ名目的な君主の手に渡るが、その君主の束の間の在位期間が終わっても、彼が殺されることはない。ときおり見られるのは、擬似的な処刑の儀式がいまだに生き残り、実際に殺されていた時代を偲ばせる、という例である。いくつかを挙げよう。毎年メアクの月(the month of Méac)(二月)に、カンボジアの王は三日間退位した。この期間、王はいかなる権力も揮うことはなく、王の印璽に触ることも、支払われる収益を受け取ることもなかった。彼の代わりに、スダック・メアク(Sdach Méac)すなわち「二月の王」と呼ばれる一時的な王が君臨した。この臨時の王の地位は、王家の遠い血筋にあたる一族で世襲されており、実際の王位のように父から子、兄から弟へと受け継がれてきた。占星術師の決めた吉日に、この王は官吏たちに囲まれて凱旋の行進を行う。王家の駕籠に乗り、王家の象の上に置かれ、これに兵士たちが付き添う。兵士たちは、シャム、ヴェトナム、ラオスなどの、近隣諸国の人々を表象するために、それ相応の衣装に身を包んでいた。黄金の冠の代わりに尖った白い帽子をかぶり、ダイアモンドの散りばめられた黄金の笏の代わりに粗野な木の笏を持った。彼に三日間の支配権を渡し、またこの期間に集まる一切の収益を与えてくれた（もっともこの風習はそのうち省略されてしまったが）真の王に表敬訪問した後、彼は行列をなして王宮の周囲を回り、首都の街路を進む。三日目に、いつもの行列の後、一時的な王は、象たちが「米の山」を踏むよう命じる。これは稲の束で覆われた竹の足場である。人々は稲を集め、豊作を願ってそれぞれが少量ずつ家に持ち帰る。いくらかが王のもとにも運ばれ、王はこれを調理させて僧侶たちへの捧げものとした。[34]

シャムでは、第六月の月齢六日（四月の下旬）に、一時的な王が任命され、三日間王の特権を享受する。真の王はこの間宮廷に閉じ籠っている。一時的な王は多数の従者を各方面に送り、商店街や開いている店で見つかる物はなんでも押収してくるよう命じる。三日間のうちに港に到着したものであれば、船であれ平底帆船であれ彼のもとに押収されるので、これは買い戻さなければならなくなる。王は町の中心部にある畑に行き、そこに、金箔で覆われた鋤が、華やかに飾られた数頭の牡牛に引かれて運び込まれる。鋤が聖別され牛たちが香を擦り込まれると、偽の王はその鋤で九つの畝を作り、宮廷の老婦人たちがその後に続きながら、この季節で最初に採れた種を蒔いてゆく。九つの畝が出来上がるとすぐに、それまで見ていた群集は畑に突入し、蒔かれたばかりの種を奪い合う。これを種米と混ぜ合わせると豊作に恵まれる、と信じているからである。つぎに牡牛たちは軛を外され、米、トウモロコシ、胡麻、サゴ、バナナ、サトウキビ、メロン等々が牛たちの前に並べられる。牛が最初に食べたものが、翌年高値をつけると考えられている。だがなかには、逆にそれが凶兆であると解釈する人々もいる。この間、一時的な王は右足を左膝に乗せて木に凭れ掛かっている。このように片足で立っていることから、彼は一般に「片足跳びの王」(King Hop) として知られている。だがその正式名称はファヤ・フォラセップ (Phaya Phollathep)、すなわち「天の万軍の主」である。(35) 彼は一種の農耕大臣であり、畑や米などに関する一切の論争が彼のもとに寄せられる。さらに、彼が王の役を務めるもうひとつの儀式がある。第二月(これは寒い季節に当たる)に行われ、三日間続く儀式である。彼は「ブラフマンの寺」(Temple of the Brahmans) の正面にある広場まで行進する。ここにはメイポールのように飾り立てられた数多くの棒が立ち並び、そこにブラフマンたちがぶら下がる。彼らがぶら下がりあるいは踊っている間、「天の万軍の主」は片足で椅子の上に立っていなければならない。この椅子は漆喰の塗られた煉瓦製で、白い布で覆われ、つづれ織りが掛けられている。彼は、金箔の貼られた天蓋のある木枠で支えられ、二人のブラフマンが両脇に立ちこれを支える。踊っているブラフマンたちは水牛の角を取り、これに銅の大鍋から水を汲んで人々にふり掛ける。これは幸運を運び、人々に平和で穏やかな生活、健康と繁栄に恵まれた生活をもたらすものと考えられている。「天の万軍の主」が片足で立っていなければならない時間はおよそ三時間である。これは、「デヴァッタたち (the Devattas) と霊たちの真意を証明するため」と考えられている。もし片足を下ろしたら、「彼は財産を没収されねばならず、彼の一族を王の奴隷としなければならない。というのも、それは凶兆と考えられ、国にとっては破滅の前兆、王位にとっては不安定の前兆になる、と信じられているからである。しかししっかりと立っていられれば、彼は悪霊たちに勝利したと考えられ、少なくともうわべだけは、さらなる特権――この三日間に港に入る船はすべて捕らえてその積荷を取ることができ、また町で開いているすべての店に入って好きな物を何でも持ち去ることができる、という特権――を与えられるのである(36)」。

エジプト北部では、コプト人の計算する太陽暦の元日――これは九月十日にあたる――、概してナイル川の水位は最高点に達する。このとき、正規の政府は三日間機能を停止し、すべての町がそれぞれに自らの統治者を選ぶ。一時的な君主は丈の高い一種の道化帽子をかぶり、長い亜麻色の髭をつけ、奇妙なマントを羽織る。手には君主の地位を示す杖を持ち、書記や死刑執行人等々の扮装をした人々に付き添われ、本来の統治者の館まで行進する。後者は自ら退位し、偽の王は玉座に就き、法廷を開く。その裁決には、統治者や彼に仕える役人たちさえ従わなければならない。三日後、偽の王は死刑を宣告される。彼が身を包んでいた堅い外衣が火葬にされ、その灰の中から、偽の王を演じた農民が這い出してくる(37)。

ときとして一時的な王は、毎年ではなく、それぞれの王の治世の始まりに一度だけ王位に就くという場合がある。たとえばスマトラのジャンビ〔スマトラ島南東部の港町〕王国では、新しい王の治世の始まりには、人民のひとりが一日だけ王位に就き王権を揮う、という風習がある。この風習の起源はつぎの伝説によって説明されている。かつて王家には五人の兄弟がいたが、上の四人はみな、様々な身体的欠陥を理由に王冠を戴くことを辞退したので、一番下の弟が王位に就くことになった。しかし、長男は一日だけ王位に就いた。そして自分の子孫たちには、以後すべての王権の始まりに、同様の特権が与えられることを取り決めたのである。かくして一時的な王の地位は、王家の血をひく一族に世襲されている。[38] ビラスプル〔インド中部マディヤ・プラデーシュ州東部の市〕には、ラージャが死ぬと、ひとりのブラフマンが、死んだラージャの手から米を食べ、その後一年間王位に就く、という風習があるらしい。この一年が終わると、ブラフマンは贈り物を受け、王領から追放され、戻ることを禁じられるように見える。「ここでは、死んだラージャの手からキール(khîr)(米と牛乳)を食べたブラフマンの中に、ラージャの魂が入ったと考えられているのだろう。というのも、このブラフマンはどうやら、一年中注意深く見守られ、遠くへ行くことが許されていないように見えるからである」。カングラ〔インド北部ヒマーチャル・プラデーシュ州の町〕周辺の山岳地帯にも、同様の、あるいは類似した風習があるらしい。[39] ケルンテンの王の任命式では、ひとりの農夫が——その一族は代々この職務についてきたのだが——、広い谷間の牧草地の真中に立つ大理石の上に登った。彼の右には黒い牝牛が、左には醜い牝馬が立つ。田舎の群集が彼の周りに集まる。そしてここに未来の王が、農夫の衣装を着て羊飼いの杖を持ち、廷臣や行政官たちに付き添われて近づいてくる。

この姿を認めて農夫は叫ぶ。「こいつは誰だ、これほどまで誇らしげにやってくるのは?」人々は答える。「この土地の君主だ」。そこで農夫は、六十ペンスと牝牛と牝馬、および税金の免除を受けることを条件に、大理石の座を王に明け渡すよう説き伏せられる。だがこの場所を明け渡す前に、農夫は王の頰を一発軽く殴った。(40)

問題となるつぎの実例に移る前に、上記の一時的な王に関するいくつかの点にはとくに注目しておく必要がある。まず、カンボジアとシャムの例は、一時的な代理人に移しかえられるのが、とりわけ王の神聖な機能もしくは超自然的な機能である、という事実を明確にしてくれる。この点は、シャムの一時的な王が、片足を上げ続けることによって悪霊たちに勝利し、下ろせば国の存在を危うくする、という信仰から明らかである。またカンボジアの「米の山」を踏む儀式と、シャムの畝掘りと種蒔きの儀式は、踏まれた稲や蒔かれた種のいくらかを持ち帰れば豊作に恵まれる、という信仰から明らかなように、豊作をもたらすための呪術である。だが、このように一時的な王に任される、穀物を実らせるという務めは、未開の社会では、王たちが正式に引き受けるべき超自然的な職務のひとつである。偽の王が田の中で、高く掲げられた席で片足立ちしなければならないという掟は、おそらく本来は、稲を高く実らせるための呪術であったろう。少なくとも、古代プロイセン人たちが行ってきた同様の儀式の目的はそれであった。一番背の高い娘が片足で椅子の上に立ち、スカートの折り返しには菓子をふんだんに載せ、右手にはブランデーのコップ、左手にはニレの樹皮かシナノキの樹皮を持ち、神ヴァイツガントス(Waizganthos)に向かって、亜麻が彼女の立っている高さほどまで育ちますように、と祈りを捧げたのだった。その後コップを飲み干すと、彼女はもう一度満たしてもらい、ヴァイツガントスへの捧げ物として大地にブランデーを撒き、この神に付き添う霊たちには菓子を投げる。この儀式の間じゅう彼女が片足で立っていられれば、これは亜麻の実りが良いという吉兆になり、足を下ろしてしまえば、不作の凶兆として恐れられた。[41] シャムの偽の王が畝を掘る金箔の鋤は、[42] エトルリア人たちが町の創立を祝う儀式で用いた、青銅の鋤に相当するかもしれない。たぶんいずれの場合でも、迷信的な理由から、鉄を用いることは禁じられていただろう。[43]

上述の一時的な王に関して注目すべきもうひとつの点は、カンボジアとジャンビの二つの地の場合、それが王家の血縁と信じられている家系の者だということである。一時的な王の起源に関するこの考え方が正しければ、一時的な王がときに真の王と同じ家系であるということは、説明を容易にしてくれる。王が、自分の命の代わりに別人の命を供犠として受け入れてもらうことに初めて成功した際、王はその別人の死が、自分自身の死と同じくらい十分目的に適うものであることを示さなければならなかったろう。一方、王が死ななければならないのは神としてである。それゆえ彼の代わりに死ぬ代理人は、少なくともその時だけは、王の神聖な属性を与えられなければならなかった。すでに見てきたように、シャムとカンボジアの一時的な王がまさにこれに当たる。彼らは、未開の社会では王の特別な属性であるところの、超自然的な職務を与えられた。だが神の性質を持つ王を、その息子ほど十分に表象できる者はいない。息子は父の持つ神の霊感を分有している、とみなされたことだろう。それゆえ、王のために、そして王を通してすべての人民のために、相応しく死を遂げることのできる者は、王の息子をおいて他にあり得なかった。西アジア（ここはまさしくサカイアの祭りが行われる地であり、この祭りにおいて、王の命を救うために別の者が生贄に捧げられたことは明らかである）のセム族には、国が危機に面しているとき、王が自らの息子を人民のために生贄に捧げた、という実例がある。たとえばビュブロスのフィロンは、ユダヤ人に関する著作でつぎのように言っている。「古代の風習では、大いなる危機に直面したとき、町や国の支配者は、恨みを晴らそうとする悪霊たちへの贖いとして、万民のために自らの愛する息子を死なせなければならなかった。こうして捧げられた子どもたちは、神秘的な儀式によって殺害された。たとえば、フェニキア人がイスラエルと呼ぶクロノスは、この地の王であり、彼にはジェオウドという名のひとり息子がいた（「ジェオウド」（Jeoud）はフェニキアのことばで「唯一授かった」という意味を持つ）。敵の軍勢により国は大いなる危機に直面していたので、戦時に彼は、息子に王の衣を着せ、祭壇の上でこれを生贄に捧げたのである」[44]。モアブの王は、イスラエル人に包囲され窮地に追い込まれたとき、王の後継者となるはずだった長男を連れ、城壁の上で燔祭に供した[45]。だがセム族の場合、息子を生贄に捧げる風習は王に限らなかった。疫病や旱魃や敗戦といった大きな惨禍が起こると、フェニキア人はもっとも大切なものをバアルの神に捧げた。「フェニキアの歴史はそのような犠牲に満ち溢れている」とは、ある古代の著述家の言である。[46] カルタゴ人がアガトクレス〔シュラクサイの僭主。紀元前三六一〜二八九年〕の軍に敗れ包囲されたとき、彼らはこの災いを、バアルの怒りゆえのことと考えた。というのも、以前彼らは、この神に自分たちの子どもを生贄に捧げることを常としていたのだが、この頃では、生贄に捧げる子どもを買って育てることにしていたからである。そのため、怒れる神を宥めるために、貴族の子ども二百人が生贄として選び出され、さらに、祖国のため自ら死を志願した者たちのために、生贄の数は三百人以上に膨れ上がった。生贄はひとりずつ、真鍮の像の傾斜した掌に乗せられ、そこから燃えさかる炎の穴に転がり落ちたのである。[47] もしこのとき、たとえば貴族が自分の子の代わりに他人の子を生贄に捧げることを慣わしとしたならば、王もまたそれに従い、これを範例とするのは当然であったろう。最終的にこの風習は、無実の犠牲者の代わりに死刑を宣告された犯罪者を立てる、という緩和された形を取る。ロドス島でバアルに捧げるために毎年行われた、人間を生贄に捧げる儀式で、このような代理の措置が取られたことが知られている。[48]

子ども、とりわけ最初に生まれた子を生贄にする風習は、セム族に限ったものではない。ニューサウスウェールズのいくつかの部族では、すべての女から生まれた最初の子は、宗教的な儀式の一部として部族民により食された。[49] フロリダのインディアンは最初に生まれた男子を生贄に捧げた。[50] 東アフリカのセンジェロ（Senjero）の人々にはつぎのような話がある。多くの家族が「最初に生まれた息子を生贄として捧げなければならない。なぜなら、昔天候不良で夏と冬がごたまぜになり大地の実りが熟さなかったとき、占い師がそうすることを命じたからである。当時首都の入り口には大きな柱が立っていたらしい。王は占い師たちの勧めに従ってこの取り壊しを命じた。これで、季節は再び規則性を取り戻した。このような季節の混乱が二度と起こらないよう、占い師たちは、壊した柱の心棒に人間の血を注ぎ、また玉座にもこれを注ぐよう王に命じた、と伝えられている。それ以来、特定のいくつかの一族は最初に生まれた息子を差し出さねばならず、その息子たちは決められた日に生贄に捧げられた」[51]。ロシアの異教徒たちは、しばしば最初に生まれた子どもを神ペルン〔スラヴの雷神〕への生贄とした[52]。

エジプトにおける偽の王への死刑宣告と、彼のうわべだけの火刑による死〔彼の外衣だけが燃やされたこと〕は、おそらく実際に彼を火刑に処した風習の名残であろう。神聖な人間を火刑に処するという慣習は、いずれその実例を挙げることにする。ビラスプルにおける、一年間王位に就いていたブラフマンの追放は、おそらく彼を処刑することの代用措置である。

上記の神聖な人物を殺すという風習については、神性を備えた人間が殺されれば魂はその後継者に移る、という考え方がその背景にある、あるいは少なくとも、その考え方と容易に結びつき得る風習である、と解釈できる。この魂の伝達については、直接的な証言を持ち合わせていない。したがって現在のところ、この繋がりを確かなものとする証拠が望まれるところである。だがこの殺される神の魂の継承は、たとえ実例によって証明できなくとも、少なくともそのような継承が行われると考えられていた、とだけは言えるだろう。

すでに見てきたように、人の姿を取った神の魂は、しばしばその者の死によって別の化身に乗り移ると仮定されているからである。[53] そしてこれが自然死の場合に起こるのであれば、ましてや非業の死のときに起こらないはずはない、と仮定されることになろう。確かに、死んでゆく者の魂が彼の後継者に乗り移るという考え方は、未開民族には非常に多く見られるものである。ニアス島では、族長の地位は通常、父から長男へと受け継がれる。だが長男になんらかの身体的もしくは精神的欠陥があり、統治する能力がないとなれば、父親は生きている間に、別のどの息子が後を継ぐかを決定する。しかしながら、その継承権を確かなものとするためには、父に選ばれたこの息子は、自分の口か袋を使い、死にゆく族長の最後の息を、その魂とともに捕まえなければならない。この最後の息を捕まえた者は、定められた後継者と同等に、族長になってしまうからである。このため他の兄弟や、ときには通りすがりの者でさえ、死にゆく男の周りに群がって、魂が出てゆくときに捕まえようとする。ニアス島の家屋は地面に立てられた柱の上に高く築かれているので、死にゆく者が床にうつ伏せになっていると、後継を志願する者はこの床に穴を開け、床の下から竹筒を使って族長の最後の息を吸い取る、ということも行われた。族長に息子がいない場合、その魂は袋に入れられ、死者をかたどった像に結びつけられる。これで魂はこの像に入ったとみなされるのである。[54] アメリカ北西部のキャリアー・インディアン (Carrier Indians)、タキリ族 (the Takilis) の場合、遺体が燃やされるときには、祭司が両手の中に死者の魂を捕まえる真似をする。両手を閉じるときには数多くの身振りが伴う。祭司はつぎに、捕らえた魂を死者の後継者に移しかえるために、両手を振って後継者に投げ、手に息を吹きかけて後継者のほうに飛ばす身振りをする。こうして魂が移しかえられた者は、死者と同じ名前と地位を得ることになる。このように、族長の死に際しては、祭司が責任ある重要な位置を占めることになる。祭司が一般に継承の正式な規則に従うことは確かであるものの、やはり彼には、自らの望むように魂を移しかえられるからである。[55] アルゴンキン族〔カナダのオタワ川流域およびケベック地方に住むインディアン〕の場合、母親になりたいと思っている女たちは、死にゆく者の傍らに集まり、出てゆく魂を受けとめ、これに妊娠させてもらおうと望んだ。フロリダのセミノール族〔十八世紀にジョージア、アラバマ地方からフロリダに移り、現在は大部分がフロリダ州南部とオクラホマ州に居住するインディアン〕の場合、お産で母親が死ぬと、子どもはその離れて行く魂を受けとめるために、母親の顔の上に翳された。[56] ローマ人たちは、死にゆく友人の息を自分の口で受けとめ、こうして自らの中に死者の魂を入れた。[57] ランカシア〔イングランド北西部の州〕にはいまだにこれと同様の風習があるとのことである。[58] したがって、聖なる王もしくは祭司が殺されるときには、その魂が後継者の中に入ってゆくものと信じられている、とまずは仮定してよいだろう。

(1) C. Meiners, *Geschichte der Religionen*, i. 48.

(2) R. I. Dodge, *Our Wild Indians*, p. 112.

(3) Blumentritt, "Der Ahnencultus und die religiösen Anschauungen der Malaien des Philippinen-Archipels," in *Mittheilungen der Wiener Geographischen Gesellschaft*, 1882, p. 198.

(4) Theophilus Hahn, *Tsuni-Goam, the Supreme Being of the Khoi-Khoi*, p. 56, p. 69.

(5) ディオドロス、iii. 61. メラ、ii. 7, 112. ミヌキウス・フェリクス『オクタウィウス』(Minucius Felix, *Octavius*, ed. C. Halm, Vienna, 1867) 21.

(6) プルタルコス『イシスとオシリス』35. フィロコルス「断片22」(Philochorus, cited by Athenaeus, in *Fragmenta Historicorum Graecorum*, ed. C. M Müller, i, p. 387)。

(7) ポルフュリオス『ピュタゴラス伝』(Porphyry, *De vita Pythagorae*, ed. Ant. Westermann, Paris [Didot], 1878), 16.

(8) フィロコロス「断片184」(Philochorus, cited by Athenaeus, in *Fragmenta Historicorum Graecorum*, ed. C. M. Müller, ii, p. 414)。

(9) Lobeck, *Aglaophamus*, p. 574 以下。

(10) 本書一七八頁以下を見よ。

(11) Gill, *Myths and Songs of the South Pacific*, p. 163.

(12) Ch. Wilkes, *Narrative of the United States Exploring Expedition*, iii. 96.

(13) Hale, *The United States Exploring Expedition, Ethnography and Philology*, p. 65. また以下も参照せよ。Thomas Williams, *Fiji and the Fijians*, i, p. 183. J. E. Erskine, *Journal of a Cruise among the Islands of the Western Pacific*, London, 1853, p. 248.

(14) Turner, *Samoa, a Hundred Years ago and long before*, p. 335.

(15) Martin Flad, *A Short Description of the Falasha and Kamants in Abyssinia*, Chrishona, near Basle, 1866, p. 19.

(16) J. B. Labat, *Relation historique de l'Êthiopie Occidentale*, i. 260 以下。W. Winwood Reade, *Savage Africa*, p. 362.

(17) ディオドロス、iii. 6. ストラボン、xvii. 2, 3.

(18) *Emin Pasha in Central Africa, being a Collection of his Letters and Journals*, p. 91.

(19) Father Guillemé, "Credenze religiose dei Negri di Kibanga nell'Alto Congo," in *Archivio per lo studio delle tradizioni popolari*, vii (1888), p. 231.

(20) Nathaniel Isaacs, *Travels and Adventures in Eastern Africa*, London, 1836, i, p. 295 以下。また p. 232, 290 以下も参照せよ。

(21) 本書七六頁。

(22) J. Dos Santos, "History of Eastern Ethiopia," in Pinkerton's *Voyages and Travels*, xvi. 684.

(23) プルタルコス「アゲシラオス伝」3.

(24) ヘロドトス、iii. 20. アリストテレス『政治学』iv. 4, 4. アテナイオス (Athenaeus, ed. Aug. Meineke, Leipzig, 1858-1867)、xiii. 566. ニコラウス・ダマスケヌス「断片 142」(Nicolaus Damascenus, in *Fragmenta Historicorum Graeocorum*, ed. C. Müller, iii, p. 463) によると、王に跡取りがいない場合、一番美しく勇敢な男だけが王位に就くことができた。後継の資格があったのは、王の姉か妹の息子とされていた。だがこの限定については、他の典拠には見られない。ゴルディオイ族 (the Gordioi) の場合、一番太っている男が王に選ばれ、シュラコイ族（the Syrakoi）の場合、一番背が高い男か一番長い頭をしている男が王に選ばれた。ゼノビウス（Zenobius, *Proverbia*, in *Paroemiographi Graeci*, vol. i, ed. E. L. Leutsch et F. G. Schneidewin, Göttingen, 1839-1851）、v. 25.

（25） G. Nachtigal, *Sahărâ und Sûdân*, Leipzig, 1889, iii. 225. Bastian, *Die deutsche Expedition an der Loango-Küste*, i. 220.

（26） ストラボン、xvii. 2, 3. ディオドロス、iii. 7.

（27） Mohammed Ibn-Omar El-Tounsy, *Voyage au Darfour*, p. 162 以下。*Travels of an Arab Merchant in Soudan*, p. 78. *Bulletin de la Société de Géographie*（Paris）IVme Série, iv（1852）, p. 539 以下。

（28） R. W. Felkin, "Notes on the Waganda Tribe of Central Africa," in *Proceedings of the Royal Society of Edinburgh*, xiii（1884-1886）, p. 711.

（29） Captain R. Mundy, *Narrative of Events in Borneo and Celebes, from the Journals of James Brooke, Esq., Rajah of Sarawak*, London, 1848, i. 134.

（30） Simon Grunau, *Preussische Chronik*, Herausgegeben von Dr. M. Perlbach, Leipsic, 1876, i, p. 97.

（31） Duarte Barbosa, *A Description of the Coasts of East Africa and Malabar in the Beginning of the Sixteenth Century*, p. 172 以下。

（32） Alexander Hamilton, "A New Account of the East Indies," in Pinkerton's *Voyages and Travels*, viii. 374.

（33） アテナイオス、xiv. 639 C. ディオン・クリュソストモス『演説集』iv. p. 69 以下（vol. i, p. 76, ed. Dindorf）。ディオン・クリュソストモスは典拠を挙げていないが、おそらくベロッソスかクテシアスであろう。アテナイオスの引用したベロッソスに、偽の王の処刑に関する言及はないものの、これが省略された理由はおそらく、その言及がアテナイオスの論旨には相応しくなかったからであろう。アテナイオスの目的は単に、主人が召使いに仕えるという、祝祭の例の一覧を提示することであった。ζωγάνης が処刑されるということは、マクロビウスがさらにつぎのように記述してもいる。『サトゥルナリア』iii. 7, 6, "Animas vero sacratorum hominum quos † zanas Graeci vocant, dis debitas aestimabant,"——ここにある zanas は、おそらく ζωγάνας と読まれるべきであり、以下でもそう読まれている。Liebrecht, in *Philologus*, xxii. 710, および J. J. Bachofen, *Die Sage von Tanaquil*, Heidelberg, 1870, p. 52, note 16. われわれの手にしている典拠から見る限りでは、この風習は、ペルシアがバビロンを支配していた以前に遡ることはない。だがおそらくははるかに古いものであったろう。ディオン・クリュソストモスの文にある ἐκρέμασαν は、「吊るされた」ではなく、「磔刑に処せられた」(もしくは「刺し貫かれた」)と訳すべきである。処刑の意で用いられる語 κρεμάννυμι の、この標準的な意味が、Liddell and Scott's *Greek-English Lexicon* の最新版に掲載されていないのは不思議である。絞首は、自殺には用いられたが、洋の東西を問わず、古代に処刑の方法として用いられることはなかった。Liddell と Scott が「吊るすこと」の意味で挙げている一文(プルタルコス「カエサル伝」2)では、文脈からしてその語義は、明らかに「磔刑に処すこと」である。

(34) Étienne Aymonier, *Notice sur le Cambodge*, Paris, 1875, p. 61. J. Moura, *Le Royaume du Cambodge*, i. 327 以下。一時的な王の一族と王家との関係については、同書 p. 36 以下を参照せよ。

(35) Pallegoix, *Description du royaume Thai ou Siam*, i. 250. Bastian, *Die Völker des östlichen Asien*, iii. 305-309, 526-528. Turpin, "History of Siam," in Pinkerton's *Voyages and Travels*, ix. 581 以下。Sir

John Bowring, LL. D.（*The Kingdom and People of Siam*, London, 1857, i. 158 以下）は、いつものことながら Pallegoix から写し取っている。

（36） Lieut.-Colonel James Low, "On the Laws of Muung Thai or Siam," in *Journal of the Indian Archipelago*, Singapore, 1847, i, p. 339. Bastian, *Die Völker des östlichen Asien*, iii. 98, 314, 526 以下。

（37） C. B. Klunzinger, *Bilder aus Oberägypten, der Wüste und dem Rothen Meere*, Stuttgart, 1877, p. 180 以下。

（38） J. W. Boers, "Oud volksgebruik in het Rijk van Jambi," in *Tijdschrift voor Neêrlands Indië*, iii. (1840), dl. i. 372 以下。

（39） *Panjab Notes and Queries*, i. 674.

（40） Aeneas Sylvius, *Opera*, Bâle, 1571, p. 409 以下。 Jacob Grimm, *Deutsche Rechtsalterthümer*, p. 253. Grimm（彼は Aeneas Sylvius には言及していない）によれば、牝牛と牝馬は、農夫の隣ではなく王の隣に立つ。

（41） Lasicius, "De diis Samagitarum caeterorumque Sarmatarum," in *Respublica sive Status regni Poloniae, Lituaniae, Prussiae, Livoniae, etc.*, p. 306 以下。同、edited by W. Mannhardt in *Magazin herausgegeben von der Lettisch-Literarischen Gesellschaft*, xiv. 91 以下。

（42） マクロビウス『サトゥルナリア』v. 19, 13 以下。

（43） 本書二三九頁以下を見よ。

（44） エウセビオスの『福音の準備』i. 10, 29 以下に引用されるビュブロスのフィロン（Philo of Byblus, in *Fragmenta Historicorum Graecorum*, ed. C. Müller, vol. iii, quoted by Eusebius, *Praeparatio*

Evangelii, i)。

(45) 「列王記下」iii. 27.

(46) ポルフュリオス『キリスト者を駁す』(Porphyry, *De abstinentia*, ed. R. Hercher, Paris [Didot], 1858), ii. 56.

(47) ディオドロス、xx. 14.

(48) ポルフュリオス前掲書 ii. 54.

(49) R. Brough Smyth, *The Aborigines of Victoria*, ii. 311.

(50) W. Strachey, *Historie of travaille into Virginia Britannia*, Hakluyt Society, London, 1849, p. 84.

(51) J. L. Krapf, *Travels, Researches, and Missionary Labours during an Eighteen Years' Residence in Eastern Africa*, p. 69 以下。Krapf 博士は又聞きとしてこの風習を報告しているが、彼の考えるところでは、柱の存在は疑わしいものの、物語の他の部分は、アフリカの迷信と十分一致している。

(52) F. J. Mone, *Geschichte des Heidenthums im nördlichen Europa*, i. 119.

(53) 本書七三頁以下。

(54) Nieuwenhuisen en Rosenberg, "Verslag omtrent het Eiland Nias en deszelfs Bewoners," in *Verhandelingen van het Bataviaasch Genootschap van Kunsten en Wetenschappen*, xxx. 85. Rosenberg, *Der Malayische Archipel*, p. 160. L. N. H. A. Chatelin, "Godsdienst en bijgeloof der Niassers," in *Tijdschrift voor Indische Taal- Land- en Volkenkunde*, xxvi (1880), 142 以下。Sundermann, "Die Insel Nias und die Mission daselbst," in *Allgemeine Missions-Zeitschrift*, xi. 445.

(55) Wilkes 前掲書 iv. 453. Hale 前掲書 p. 203.

(56) Daniel G. Brinton, *Myths of the New World*, second ed., New York, 1876, p. 270 以下。

(57) セルウィウス、ウェルギリウス『アエネイス』iv. 685 に関する注釈。キケロ『ウェレス弾劾』ii. 5, 45. K. F. Hermann, *Lehrbuch der griechischen Privatalterthümer*, ed. H. Blümner, Freiburg i. Baden und Tübingen, 1882, p. 362 note 1.

(58) John Harland and T. T. Wilkinson, *Lancashire Folk-lore*, Manchester and London, 1882, p. 7 以下。

第二節　樹木霊を殺すこと

聖なる王や祭司を殺す風習は、われわれが探求している主題にどのような光を投げかけてくれるのか、という問題が残っている。第一章でわれわれが見てきたのは、森の王が樹木霊または植物霊の化身とみなされている、と考えることのできる理由、および、そのような存在としての彼には、崇拝者たちの信仰により、木々に果実を実らせたり、穀物を育てたりといった超自然的な力が帰せられている、と仮定できる理由であった。それゆえ森の王の生命は、崇拝者たちには大変尊いものと考えられていたに違いなく、そのためおそらくは、入念な予防措置やタブーからなる制度によって、行動を制約されていたことだろう。その予防措置やタブーとは、非常に多くの土地で見られたように、悪霊や妖術師の悪しき力に対して、人間神の生命を守るためのものであった。だが、人である神の命の尊さゆえに、これを老齢による不可避の衰えから守る唯一の方法として、非業の死が必要とされた点も、見てきたとおりである。森の王についても、これと同じ理由が考えられる。つまり、森の王もまた、その中に宿る神の霊が、十分活力に満ちている状態で後継者に移しかえられるよう、殺されなければならなかった。彼がその地位にいられるのは、より強靭な者が彼を殺すまでである、という掟は、神の命を活力に満ちた状態に保つということ、そして、活力が衰え始めればすぐに、その命を適切な後継者に移しかえるということ――

この二つを確実に行うためであった、と考えることができる。なぜなら、彼が自らの強靭な手でその地位を保つことができる限り、その自然力は衰えていないと推測することができるし、一方他の者の手によって打ち負かされたり殺されたりすれば、それは、彼の力が衰え始めているということ、それゆえ老朽化の度合いが少ない別の住まいに神の生命を移しかえる時が来たのだということの、証しとなるからである。森の王は後継者によって殺されなければならないという掟をこのように解釈すれば、ともかくもこの掟は完全に理解可能なものとなる。さらにこの解釈は、チトムベからの類推によって支持し得るものになる。世界の存在はチトムベの命に懸かっているとみなされ、それゆえ彼は、衰弱の兆しを見せればすぐに、後継者によって殺されたのだった。また、時代が下ってカリカットの王位に付け加えられた条件は、森の王の定めと相同的である。ただし、森の王はいつ何時でも後継候補に襲撃される可能性があったが、カリカットの王が襲撃を受けるのは十二年に一度であった。しかし、やってくる者全員からわが身を守れる限りカリカットの王は支配者でいられる、という許可が与えられたのも、王の生命に明確な期限を設けた古い掟を緩和した結果であったから、森の王の場合にも、同様の許可が与えられ、特定の期間が終われば殺されるという古い掟が緩和されて、そのような形になったと推測してよいかもしれない。いずれの例でも、新しい掟は人間神に、最低限命を守る機会を与えた。古い掟では王にその機会はなかった。そして、おそらく人々もまた、人間神が剣によってすべての襲撃から身を守れる限り、その身に致命的な衰弱が始まっていると考える理由はない、と考えることで、このような変更を受け入れたのであろう。

かつて森の王は、特定の期間が終われば、自らの命を守る機会も与えられずに殺されていた、という推測を確信に至らせるためには、例として、北ヨーロッパでは森の王に相当する樹木霊を表象する人間を、定期的に殺すという風習があったことを挙げるのがよいだろう。事実この風習は、農民たちの田舎の祭りにその紛れもない痕跡を留めてきた。いくつか例を挙げよう。

バイエルン南部では、聖霊降臨節になると、樹木霊を表す「プフィングストゥル」(Pfingstl)と呼ばれるものが登場した。これは頭から爪先まで葉と花に覆われている。頭には丈の高い尖った帽子をかぶり、これが肩までを覆い、目のところだけ二つの穴が開いている。帽子は水草の花々で覆われ、シャクヤクの小さな花束が載せられている。上衣の袖もまた水草でできており、体全体はハンノキとハシバミの葉で覆われていた。両脇では少年がひとりずつ、プフィングストゥルの腕を持って行進した。この少年たちは抜き身の剣を持っているが、行列に参加する他の人々も、ほとんどはこれを持っていた。彼らは各家の前で止まり、贈り物を請う。葉に覆われた少年に、人々は物陰から水を掛ける。彼がすっかり水浸しになることで皆が歓喜した。最後に彼は小川に入り、腰のあたりの深さまで歩いて行く。ここで、橋の上に立っていた少年がひとり、彼の首を刎ねる動作を行った。(三)

シュヴァーベンのヴュルムリンゲンでは、聖霊降臨祭明けの月曜日、十二人の少年たちが白いシャツとズボンを着、腰に赤いスカーフを巻いて、ここに剣をぶら下げる。彼らは馬に乗り、二人のラッパ手に導かれ、森に入ってゆく。森では葉に覆われたオークの枝を切り落とし、十二人のうち村から最後に出てきた者を、頭から足先までこの枝葉で覆う。だが脚だけは、もう一度馬に乗れるよう別途に覆う。これにさらに、作り物の頭と顔の乗った、細長い首を付ける。つぎに五月の木が切られる。これは通常、十フィートほどの高さのポプラかブナである。色とりどりのハンカチーフとリボンで装飾されると、これは特別に「五月の運び手」(May-bearer) と呼ばれる者に委ねられる。その後騎馬隊は歌と伴奏に囲まれて村に戻る。この行列には、顔の浅黒い王冠を被ったムーア人の王、「鉄髭博士」、伍長、死刑執行人に扮した者たちがいる。彼らは村の緑地で止まり、それぞれが韻文で演説を行う。死刑執行人は、葉で覆われた男は死を宣告されたと言い、その作り物の首を刎ねる。つぎに騎馬隊は、少し離れたところに立てられた五月の木のところまで競走する。ギャロップで走り抜けながら、大地からこの木をもぎ取ることに成功した者が、その一切の装飾とともにこの木を貰い受けることになる。以上の儀式は、二年か三年に一度行われる。(12)

ザクセンとチューリンゲンには、「野人 (Wild Man) の藪からの追い出し」もしくは「森での野人の捕獲」と呼ばれる、聖霊降臨節の儀式がある。ひとりの若者が葉や苔に覆われ、これが「野人」と呼ばれる。彼は森に隠れ、村の若者たちは彼を探しに森に入る。見つけると、捕虜として森から連れ出し、空砲のマスケット銃で撃つ。彼は死んだふりをして地面に倒れるが、医者に扮したひとりの若者が瀉血すると、彼は息を吹き返す。皆でこれを祝い、彼を荷馬車にしっかりと結びつけ、村に運び込む。村で若者たちは、すべての住人に、どのように野人を捕まえたかを語る。彼らはどの家でも贈り物を受ける。[3] 十七世紀の始め、エルツ山脈〔チェコ北西部のボヘミア地方とドイツのザクセン地方の境界をなす山脈。かつては鉱物資源が豊富で、多くの鉱山町があった〕には、毎年「告解三が日」〔「灰の水曜日」前の三日間〕に行われる以下のような風習があった。「野人」に扮した二人の男――ひとりは粗朶と苔、ひとりは藁に身を包んでいる――が通りを連れ回される。最後に市場に着くと、あちらこちらへ追い回されて、矢を射られ、槍で突かれる。倒れる前に二人は奇妙な身振りを交えてよろめき、人々に向かい、携えていた嚢から血を迸らせる。二人が倒れると、猟師たちが板の上に乗せて、居酒屋まで運ぶ。鉱夫たちはその隣を行進しながら、あたかも獲物の立派な首を取ったかのように、鉱山用具を振り回してヒューヒューと音を立てた。[4] これと非常に類似した「告解三が日」の風習は、現在でもシュルッケナウ(Schluckenau)(ボヘミア)の近郊で行われている。「野人」に扮したひとりの男がいくつかの通りを追いかけ回され、最後に紐の張られた狭い路地に入り込む。彼はその紐で躓き地面に倒れ、追跡者たちに追いつかれ、捕らえられる。死刑執行人が駆け寄り、「野人」が腰の周りに携えていた血の詰まった嚢を、剣で突く。これで「野人」は死んだことになり、流れ出る血はあたりの地面を赤く染める。翌日、「野人」に似せて作られた藁人形が寝藁の上に置かれ、大勢の群集に囲まれて池まで運ばれ、死刑執行人によって池に投げ込まれる。この儀式は「謝肉祭の埋葬」("burying the Carnival")と呼ばれている[5]〔これは、「謝肉祭に行われる埋葬」ではなく、「謝肉祭を埋葬すること」の意である。後には「謝肉祭を絞首刑に処する」という例も紹介されている。

セミック（Semic）（ボヘミア）では、聖霊降臨祭明けの月曜に、王の首を刎ねるという風習がある。扮装した若者の一団は、それぞれが樹皮の腰帯を締め、木の剣を持ち、ヤナギの樹皮のラッパを持っている。王は花々の飾られた樹皮の衣をつけ、頭には花と枝で飾られた樹皮の冠をかぶり、脚にはシダが巻かれ、顔を仮面で隠し、手には笏としてサンザシのしなやかな小枝を持っている。ひとりの若者が、王の足に縛りつけてある紐を引いて彼を村まで導き、他の者たちは踊りながらラッパや口笛を吹く。いずれの農家でも王は部屋中を追い回される。そして騒音と叫びが飛び交うなか、若者の一団のひとりが王の樹皮の衣を剣で打ち据え、その音はあたりに響き渡る。その後祝儀を受けるのである(3)。この例でいくぶん不明瞭になっている断頭の儀式も、ボヘミアの他の地域では、より現実味を帯びた形で挙行されている。たとえばケーニヒグレーツ地方のいくつかの村では、聖霊降臨祭明けの月曜、娘たちが一本のライムの木の下に集まり、若者たちももう一本の木の下に集まる。皆晴れ着を着、リボンで飾り立てている。若者たちは妃のために、娘たちは王のために花冠を編む。王と妃を選ぶと、皆で二人一組になって居酒屋まで行進する。居酒屋のバルコニーからは、触れ役が王と妃の名を公表する。つぎに二人は、音楽の奏でられるなか、その威厳を示す記章を授けられ、花冠をかぶせられる。そこにひとりの男がやってきて判事の席に座り、たとえば家畜を虐待したなど、様々な罪で王を告発する。王は証人を要求し、裁判が始まる。裁判官は、その地位の印としてしなやかな細枝を持ち、裁判の最後に「有罪」か「無罪」の評決を下す。「有罪」の場合裁判官は手に持った細枝を折り、王は白い布の上に跪く。花冠は取られ、ひとりの兵士がその頭に帽子を三つか四つ重ねて載せる。つぎに裁判官は三度大声で「有罪」と宣言し、触れ役には王の首を刎ねるよう命じる。触れ役はこれに従い、木の剣で王の頭の複数の帽子を打ち落とす(7)。しかしわれわれの意図にとってはおそらく、これら擬似的な処刑のうちでもっとも示唆に富んでいるのは、一部上述したところの(8)、ボヘミアの例であろう。ピルゼン地方(ボヘミア)のいくつかの土地では、聖霊降臨祭明けの月曜、王が樹皮の衣を着、花々とリボンで飾り立てられる。金箔の貼られた紙の王冠をかぶり、やはり花々を飾り付けられた馬に跨る。裁判官と死刑執行人、その他の役柄の者たち、これに一団の兵士が続き、皆が馬に乗って王に付き添う。王が村の広場まで乗りつけると、そこには緑の枝で組まれた小屋もしくは東屋が、数本の五月の木の下に立っている。五月の木は切られたばかりのモミで、天辺まで樹皮を剝がれ、花とリボンで装飾されている。すでに述べたように、村の婦人や乙女たちが酷評され、蛙の首が刎ねられた後、騎馬隊はあらかじめ決められた場所に向かって、広い真っ直ぐな道を行く。ここで彼らは二列に並び、王は逃亡する。王はスタートを切ると全力疾走し、多少の猶予を与えられて、これを一団が追跡する。王は捕まらなければ翌年も王でいることができ、夜には居酒屋で、仲間たちに勘定を払ってもらえる。だが追いつかれて捕まってしまうと、王はハシバミの杖で打たれ、あるいは木の剣で打たれて退位を余儀なくされる。そして死刑執行人が「わたしはこの王の首を刎ねてよいか？」と問うと、「首を刎ねよ」と答えが返る。執行人は斧を振りかざし、「一、二、三、王の首を切れ！」という掛け声に合わせて王冠を打ち落とす。見物人たちの声高な叫びが上がるなかで、王は地面にうずくまる。そして棺台に乗せられ、近くの農家に運ばれて行く。(9)

このように擬態で殺される人物の中に、樹木霊もしくは植物霊の表象を認めないわけにはいかない。それは春に自らの姿を現すと考えられているからである。役者たちが身を飾る樹皮や葉や花、また彼らが登場する一年のこの季節は、その人物たちが、われわれが最初の章で検討した「草の王」や「五月の王」や「緑のジャック」あるいはその他の春の植物霊の象徴と、同じ部類に属するものであることを示している。あたかも微塵の疑いをも払拭するためであるかのように、上記二つの例では、(10)殺される男は「五月の木」と直接的な関係に置かれていた。「五月の王」や「草の王」などはそれ自体が樹木霊を表象する人間であったが、「五月の木」の場合、(すでに見たように)それだけでは人間的なものではないからである。それゆえ「プフィングストゥル」を水浸しにすることと、これが腰のあたりまで小川に浸かることは、まぎれもなく、これまで述べてきたものと同様、(11)雨乞いの呪術である。

だが、これらの人物がなるほど春の植物霊を現しているとなると、ではなぜ彼らを殺さなければならないのか、という疑問が起こる。植物霊を殺す目的は何か？ 彼らはいついかなるときにも殺されるが、とりわけその務めがもっとも必要とされる春に殺されるのである。この問いに対する唯一可能な答えは、聖なる王もしくは祭司を殺す風習を説明するものとしてすでに提起しておいた解釈の中にありそうである。有形の死すべき身体に姿を借りた聖なる命は、それがしばしば収められている限りある媒体の弱さゆえに、やがては汚され崩壊してゆくことを免れない。それゆえ、その化身となった人間が年を重ねるごとに、これとかならずや共有することになる日増しの衰弱から、この聖なる命は救われなければならず、そのためには、人間の身体が衰弱の兆しを見せ始める前に、あるいは少なくともその兆しを見せ始めればすぐに、聖なる命をその身体から切り離して、強靭な後継者に移しかえなければならない。このために、神の古い表象は殺し、神の霊をそこから運び出して新しい化身に移すのである。したがって、神を殺すことすなわちその化身である人間を殺すことは、より良い姿の中に神を再生ないし復活させるための、不可欠な手段であるに過ぎない。神の魂の廃絶であるどころか、それをより純粋に、強力に顕示することの、始まりに過ぎないのである。もしこの解釈が、聖なる王や祭司を殺す風習全般について妥当するならば、これは、毎年春に樹木霊、植物霊の表象を殺す風習に、よりいっそう明確にあてはまる。というのも、植物が冬に衰えることは、未開の人間には容易に、植物霊の衰弱と解された。未開人の考えるところでは、植物霊は年を取り弱くなったので、これを殺して刷新せねばならない、より若く新鮮な姿をしたものの中に生き返らせなければならない。したがって、春に樹木霊の表象を殺すことは、植物の生長を促進するための方法とみなされている。というのも、樹木霊を殺すことは、つねに暗黙のうちに(とわれわれは仮定せねばならないが）、またときにはあからさまに、より若く強靭な姿の中にこれを再生ないし復活させることと結びついているからである。たとえばザクセンとチューリンゲンの風習では、「野人」は撃たれた後、医者によって息を吹き返すのであった[12]。ヴュルムリンゲンの儀式では、「鉄髭博士」という人物が登場したが、これもかつてはおそらく、医者の役割を果たしていたことだろう。いまひとつの別の儀式（これについてはほどなく述べる）では、「鉄髭博士」は確かに、死んだ男を蘇らせる身振りを行う。だが神の再生もしくは復活については、いずれさらに詳述することになろう。

上記の北ヨーロッパの人物と、われわれの探求の主題である森の王すなわちネミの祭司との類似点には、十分目を見張るものがある。われわれが北ヨーロッパの覆面仮装者の中に見たものは、樹皮と葉の衣装を着、緑の枝で編まれた小屋とモミの木々の傍に立つ王たちであった。彼らはその木々の下で謁見式を執り行い、まさにイタリアのそれと同じく、自らをまぎれもなく森の王であると宣言するのである。イタリアの森の王のように、彼らは非業の死を遂げる。だがまたイタリアの森の王のように、彼らはしばし自らの腕力と機敏さで死から逃れることもある。というのも、これらいくつかの北ヨーロッパの風習では、王の逃亡と追跡が儀式の顕著な特徴となっており、少なくともひとつの例では、王が追手を振り切ることができれば、王は生命を維持しもう一年王位に就いていられるのであった。この最後の例では、一年に一度命をかけた競走を行うという条件で王位に就いていられるわけだが、これはちょうど、後世のカリカットの王が、十二年に一度襲ってくる者たち全員から自らの命を守り通すことができれば、という条件で王位に就いていたのと同じであり、またネミの祭司が、いつなんどきでも襲撃者から身を守ることができれば、という条件でその地位にあったのと同じである。いずれの例でも、人間神の生命が延長されるにあたっては、闘争や逃亡という過酷な肉体的抗争において、身体的な力が衰えていないこと、それゆえいずれかならず訪れる非業の死が、当面は延期されるということを、明示することが条件になっている。逃亡に関して注目すべきは、森の王の伝説と慣習いずれにも、逃亡ということがはっきり現れている点である。森の王は、その崇拝の伝説上の創始者オレステスの逃亡を記念して、逃亡奴隷（ラテン語では fugitivus）でなければならなかった。[13]それゆえ森の王は、古代の著述家からは「腕は強く足も速い」と語られている。もしかすると、われわれがアリキアの木立の儀式を詳しく知ることができれば、この王はそのボヘミアの同胞と同じように、逃亡して生き延びる機会が与えられていた、とわかるかもしれない。ローマで毎年行われていた祭司的な王の逃亡（ラテン語では regifugium）[14]も、当初は同じ種類の逃亡であったと推測してよい。言い換えれば、つぎのように推測できる——森の王は元来、特定の期間が終われば殺されていた王たち、あるいは、その神性が強く損なわれていないものであることを、強靭な腕力か脚力によって証明することを許されていた王たちの、ひとりであったかもしれない。イタリアの森の王と北ヨーロッパのそれとの間には、もうひとつ類似した点がある。ザクセンとチューリンゲンでは、樹木霊の表象は、殺された後に医者によって息を吹き返す。伝説の語るところでは、これはまさにネミの最初の森の王ヒッポリュトスまたはウィルビウスに起こったことである。最初の森の王は、馬に殺された後医神アエスクラピウスによって息を吹き返したのであった。[15]このような伝説は、森の王を殺すことは、その後継者の中でこれを再生もしくは復活させるための手段に過ぎない、という理論と十分に一致する。

北ヨーロッパにおいて「野人」や王を擬似的に殺すという風習は、実際に殺していた古代の風習の、現代における代用措置と考えることができる。民間の風習が持つ執拗な生命力と、それが文明の発達に伴い、厳かな儀式から単なる見世物や娯楽に成り下がってゆく傾向をよく知る者であれば、この考えが疑わしいと思う者はまずあるまい。北ヨーロッパの文明化された民族の祖先たち(ケルト人、チュートン人、スラヴ人)が、一般に人間を生贄に捧げたことは確かである。[16]それゆえ、先祖たちが実際に行ってきたことを、現代の農民が擬似的に行っていることは驚くに値しない。事実、世界の他の国々では、人間の生贄を真似た行為が、実際の行為の代用であったことをわれわれは知っている。たとえば、バーク船長が老酋長から聞いたところでは、かつてアリゾナ州のインディアンは、冬至の火祭りで人間の生贄を捧げていた。犠牲者は祭司のひとりによって喉を掻き切られ、胸を裂かれ、心臓を取り出された。この風習はメキシコ人によって廃止されたものの、その後も長く、以下のように形を変えて、密かに執り行われた——犠牲となるのは概して若い男で、彼は喉を切られ、血はふんだんに流れるが、呪医がその深い傷に「薬」をふり掛けると、傷はたちまち治り、男は息を吹き返した。[17]またアッティカのハライのアルテミスを祭る儀式では、ひとりの男が喉を切られ、血は迸るものの死ぬことはなかった。[18]ニアス島の族長の葬儀では、奴隷たちが生贄に捧げられる。髪の毛を少し刈られた後、首を刎ねられるのである。概して犠牲となる奴隷たちは、もっぱらこの目的のために買われ、その人数は死んだ族長の富と権力に応じて決められる。だが必要な人数があまりにも多く調達が適わない場合は、族長自身の奴隷が何人か、偽の生贄とされる。語られているところ、信じられているところでは、この偽の生贄たちは、斬首直前のところまで行く。丸太の上に頭を並べ、剣の柄で首を打たれるのである。この恐怖で何人かは正気を失う。[19]インドのヒンドゥー教徒は、ヴィシュヌの崇拝者たちの前でサルやある種の猛禽類やインドコブラを殺したり虐待したりすると、人間を生贄に捧げ今一度蘇らせる真似をして、罪を償わなければならない。犠牲となる者は、腕を深く切られ、血を流し、やがて意識が朦朧としてくると、倒れて死んだふりをする。その後ヴィシュヌの崇拝者の太腿から取られた血をふり掛けられると、息を吹き返す。見物していた群集は、この擬態の死と復活を、まったくもって現実のものと確信してしまう。[20]ときには、生きた人間ではなく像によって、偽の生贄が捧げられる。たとえばインドの法律書、『カリカ・プーラン』(*Calica Puran*)は、ライオン、トラ、人間の生贄が必要なときには、バターか練り粉か大麦の粗挽き粉でライオン、トラ、人間の像を作り、これを代わりに生贄に捧げるよう規定している。[21]インドのゴンド族〔中部インドのデカン地方に住むドラヴィダ系の未開民族〕には、かつて人間を生贄に捧げる者たちがいた。現在では、代わりに藁人形を生贄にしている。[22]ダルトン大佐は、バーガット族（the Bhagats）（ヒンドゥー教徒になったオラオン族）のいくつかの村で、つぎのように教えられた。彼らは「毎年木で人形を作り、服を着せ飾り付けて、マハデオ（Mahádeo）の祭壇に捧げる。祭司として式を執り行う者は、このときつぎのように言う、『おお、マハデオよ、古来のしきたりに従い、われわれはこの男をあなたに生贄として捧げる。相応しい季節に雨を降らせ、多くの実りを与えたまえ』。そして斧の一撃で人形の首は刎ねられ、遺体は埋葬される」[23]。

（1）Fr. Panzer, *Beitrag zur deutschen Mythologie*, i. 235 以下。Mannhardt, *B.K.*, p. 320 以下。
（2）E. Meier, *Deutsche Sagen, Sitten und Gebräuche aus Schwaben*, pp. 409-419. Mannhardt, *B.K.*, p. 349 以下。
（3）E. Sommer, *Sagen, Märchen und Gebräuche aus Sachsen und Thüringen*, p. 154 以下。Mannhardt, *B.K.*, p. 335 以下。
（4）Mannhardt, *B.K.*, p. 336.
（5）Reinsberg-Düringsfeld, *Fest-Kalender aus Böhmen*, p. 61. Mannhardt, *B.K.*, p. 336 以下。
（6）Reinsberg-Düringsfeld, *Fest-Kalender aus Böhmen*, p. 263. Mannhardt, *B.K.*, p. 343.
（7）Reinsberg-Düringsfeld 前掲書 p. 269 以下。
（8）本書一三一頁以下を見よ。
（9）Reinsberg-Düringsfeld 前掲書 p. 264 以下。Mannhardt, *B.K.*, p. 353 以下。

(10) 本書三三七頁および三四〇頁を見よ。

(11) 本書三三六頁以下を見よ。

(12) 本書三三七頁を見よ。

(13) 第一章第三節註（4）。

(14) Marquardt, *Römische Staatsverwaltung*, second ed., iii. 323 以下。

(15) 本書二四頁を見よ。

(16) カエサル『ガリア戦記』vi. 16. Adam of Bremen, *Descriptio insularum Aquilonis*, C. 27. Olaus Magnus, *Historia de gentium septentrionalium variis conditionibus*, Bâle, 1567, iii. 6. Grimm, *Deutsche Mythologie*, fourth ed., i. 35 以下。Mone, *Geschichte des Heidenthums im nördlichen Europa*, i. 69, 119, 120, 149, 187 以下。

(17) J. G. Bourke, *The Snake Dance of the Moquis of Arizona*, p. 196 以下。

(18) エウリピデス『タウリケのイフィゲネイア』1458 以下。

(19) Nieuwenhuisen en Rosenberg, "Verslag omtrent het Eiland Nias en deszelfs Bewoners," in *Verhandelingen van het Bataviaasch Genootschap van Kunsten en Wetenschappen*, xxx. 43.

(20) J. A. Dubois, *Mœurs, institutions, et cérémonies des peuples de l'Inde*, Paris, 1825, i. 151 以下。

(21) "The Rudhirâdhyâyă, or Sanguinary Chapter," translated from the *Calica Puran* by W. C. Blaquiere, in *Asiatick Researches*, v. 376（8vo. ed., London, 1807）.

(22) Dalton, *Descriptive Ethnology of Bengal*, p. 281.

(23) 前掲書 p. 258 以下。

第三節　死神を追放すること

これまでのところでわたしは、ネミの祭司が後継者によって殺されなければならないという掟について、ひとつの解釈を提起してきた。この解釈は、あくまで蓋然性の域を出るものではないし、この風習とその歴史に関するわれわれの乏しい知識では、その域を出ることもできない。だがこの解釈の蓋然性は、この解釈が仮定している思考の動機および形態が、未開社会で機能していたことをどの程度証明できるか、その度合いに比例して、高めてゆくことはできるだろう。これまでわれわれが、もっぱらその死と復活を扱ってきた神は、樹木の神であった。(これは推測であるけれども) 宗教の歴史において、樹木崇拝とはおそらく、猟師と羊飼いの宗教――その神々はおもに動物である――と、農夫の宗教――その崇拝の形式では栽培される植物が主要な位置を占める――の、中間に位置するものとみなし得る。そこで、もしわたしがつぎの点を示すことができれば、わたしのこの解釈の蓋然性はかなりの程度まで高まることだろう。すなわち、殺される神が動物であったなら、神を殺す風習とその復活への信仰は、狩猟と牧畜の段階にある社会に発生した、もしくは少なくともその社会に存在していた。一方、殺される神が穀物であったり、穀物を象徴する人間であったなら、その風習は農耕の段階にある社会に生き残っていた、という点である。以下この章では、この点を示してゆこうと思う。その過程で、いまだ曖昧である部分を解決し、同時に読者が抱くであろう反論に答えてゆきたい。

まずわれわれが中断したところから出発したい。ヨーロッパの農民の春の風習である。すでに述べてきた儀式の他に、神的存在ないし超自然的存在の擬態的死が主要な特徴となっている、類似した二種類の慣例行事がある。これらは一般に、「謝肉祭の埋葬」、および「死神の追い立て」もしくは「追放」として知られている。いずれの風習も、主としてドイツ人とスラヴ人の間で行われている。あるいは少なくとも、その地方のものが一番知られている、と言うべきだろうか。前者の風習は謝肉祭の最終日すなわち告解火曜日（ドイツ語でFastnacht）か、四旬節の初日すなわち灰の水曜日に行われる。後者の風習は一般に、四旬節の第四日曜に行われ、それゆえこの日は「死の日曜日」（ドイツ語でTodten-sonntag）の別名を持つ。だがいくつかの土地では一週間早く行われ、別の土地、たとえばボヘミアのチェコ人の間では、一週間遅れて行われる。もともと「死神の追放」の儀式に日付けは決められていなかったようであり、ツバメが最初に見られた日などの、なんらかの自然現象に基づいて決められたようである。[1]ボヘミアにおける「謝肉祭の埋葬」の形態についてはすでに述べた。[2]以下に述べるシュヴァーベンの形態も明らかにこれに類似している。チュービンゲンの近郊では、告解火曜日に、「告解三が日の熊」と呼ばれる藁人形が作られる。古いズボンを履かされ、首には出来たての黒ソーセージか、血を満たした二本の水鉄砲が入れられる。型どおりの死刑宣告を受けた後、この首が刎ねられ、棺に納められて、灰の水曜日に教会の境内で焼かれる。これが「謝肉祭の埋葬」（ドイツ語では

“die Fastnacht vergraben”）と呼ばれる。(3) トランシルヴァニアのザクセン人の間では、「謝肉祭」が絞首刑に処せられる。たとえばブララー(Braller) では、灰の水曜日か告解火曜日に、白馬二頭と栗毛の馬二頭が、白い布で包まれた藁人形を乗せた橇を引く。藁人形の傍らでは荷車の車輪が回転し続けている。老人に扮装した二人の若者が、嘆き悲しみながらこの橇の後に続く。これ以外の村の若者は、リボンで飾られ、馬の背に跨り、この行列に付き添う。行列の先頭では、常緑樹の枝葉で編まれた冠をかぶった二人の娘が、荷馬車か橇に乗せられている。一本の木の下で裁判が執り行われ、ここで兵士に扮装した若者たちが死刑を宣告する。二人の老人〔に扮した若者〕が藁人形を救おうとし、彼を連れて逃げようとするが、まったく無駄である。藁人形は二人の娘に捕らえられ、死刑執行人に引き渡され、執行人は藁人形を一本の木に吊るす。老人たちはこの木に登り彼を引き下ろそうとするが、これも無駄である。老人たちはつねにころげ落ち、ついには絶望して地面に身を投げ、絞首刑にされた男を嘆き悲しみ、大声で泣く。つぎに、ひとりの役人が演説を行い、「謝肉祭」は、人々の靴を摩り減らしたり、疲れさせ眠くしたりと、人々に害を及ぼしたので、死刑の宣告を受けた、と公言する。(4) レヒライン（Lechrain）の「謝肉祭の埋葬」では、黒衣で女装した男が担架か棺台に乗せられ、四人の男たちに運ばれる。これまた黒衣で女装した別の男たちが彼のことを嘆き悲しむ。彼は村の堆肥の山の前で投げ下ろされ、水を掛けられてびしょ濡れになり、堆肥の山の中に埋められて藁をかぶせられる。(5) 同様に、シェームベルク〔ドイツ南西部、バーデン＝ヴュルテンベルク州の市〕近郊のショルツィンゲン（Schörzingen）では、「謝肉祭の（告解三が日の）道化」が棺台に乗せられ村中を回った。白装束の男が先頭を行き、後には黒装束の悪魔が、繋がれている鎖を引き摺りながら続いた。一行のひとりは贈り物を集めた。行列の後、「道化」は藁と堆肥の中に埋められた[6]。ロットヴァイル〔バーデン＝ヴュルテンベルク州の市〕では、「謝肉祭の道化」は灰の水曜日に泥酔させられ、皆が嘆き悲しむなか、藁の下に埋められる[7]。ヴュルムリンゲンでは、「道化」は藁に包まれた若者によって演じられる。彼は告解火曜日とその前日、「熊」として縄に繋がれ、村中を引き回される。彼はフルートの音に合わせて踊りを踊る。そして灰の水曜日には藁人形が作られ、飼葉桶に乗せられ、太鼓の音と弔いの音楽が奏でられるなか、村から追い出されて野に埋葬される[8]。アルトドルフ〔スイス中部、ルツェルン湖付近の町〕とヴァインガルテン〔この地名はドイツに多数ある〕では、灰の水曜日に、藁人形の「道化」が引き回され、物悲しい音楽の奏でられるなか、水に投げ込まれる。その他シュヴァーベンのいくつかの村では、生きた人間が道化の役を演じ、行列で引き回された後水に投げ込まれる[9]。ヴェストファーレンのバルヴェ（Balwe）では、告解火曜日に藁人形が作られ、皆が歓呼するなか川に投げ込まれる。これは普通「謝肉祭の埋葬」と呼ばれる[10]。告解火曜日の夜、エストニア人は「メツィク」（metsik）すなわち「森の魂」と呼ばれる藁人形を作る。ある年に男物の上着と帽子を着せられると、次の年には女物の頭巾とペチコートを着せられる。この像は長い竿の先に据えられ、皆が喜びの叫びを上げるなか、村の境界を越えて運び出され、森の一本の木の頂上に固定される。この儀式はあらゆる種類の災いを遠ざけるものと信じられている。[11] ときには死んだふりをした人間の復活が演じられることがある。たとえばシュヴァーベンのいくつかの地域では、告解火曜日に医者の「鉄髭博士」が、病人を瀉血するふりをする。これで病人は死んだように地面に倒れるが、医者が管を使って彼に息を吹き込むと、ついには蘇る。[12] ハルツ山地〔ドイツ中部の山地〕では、謝肉祭が終わると、ひとりの男がパンのこね鉢に乗せられ、葬送歌が歌われるなか、墓場まで運ばれる。だが墓の中には、この男の代わりにグラス一杯のブランデーが入れられる。演説が行われた後、人々は村の広場か集会所に戻り、それぞれが葬儀で配られた長い陶製パイプを吸う。翌年の告解火曜日の朝、ブランデーが掘り返され、「蘇った」と言われるこのブランデーを皆で味わい、祭りが始まるのである。[13]
「死神の追放」の儀式は、「謝肉祭の埋葬」と非常によく似た特徴を示している。異なっているのは、「死神」の像が、埋葬されるよりは頻繁に水死させられたり燃やされたりする点、および、「死神」の追放は概してその後に、夏や春や生命の訪れを祝う儀式が行われる、あるいは少なくともその訪れが宣言される、という点である。たとえば、かつてチューリンゲンのいくつかの村では、四旬節の第四日曜に、子どもたちがカバノキの小枝で編んだ小型の人形を持って村中を回った。つぎに、以下のような歌を歌いながら、これを池に投げ込んだ。「わたしたちは牧夫の古い家の後ろから、年老いた死神を追い立てる。わたしたちには夏が来た。そしてクローデン（Kroden）（?）の力は滅ぼされる」。[14] チューリンゲンのある村（ゲーラ近郊のドブシュヴィッツ Dobschwitz）では現在でも、「死

若者たちは藁などの素材で人形を作り、「死神の追い立て」の儀式が毎年三月一日に行われる。若者たちは藁などの素材で人形を作り、村の家々から譲ってもらった古着を着せ、村から運び出して川に投げ込む。村に戻ると若者たちは、この事実を村人たちに語り、報酬として卵やその他の食べ物を受ける。チューリンゲンの別のいくつかの村は、元来スラヴ人の村であるけれども、ここで人形を追い出す際には、つぎの歌詞で始まる歌が歌われる。「さあわたしたちは村から死神を追い出し、村に春を運び込む」[15]。ボヘミアでは、子どもたちが、死神を表す藁人形とともに村のはずれまで行き、そこでこれを燃やしてつぎのような歌を歌う。

さあ、わたしたちは死神を村から追い出して、
新しい夏を村に運び込む。
夏よ、ようこそ、
ようこそ、緑のかわいい小麦[16]!

ターボル（Tabor）（ボヘミア）では、「死神」の人形が町から運び出され、高い岩の上から水中に投げ込まれ、皆はつぎの歌を歌う。

死神は水の中を泳いでいるから、
夏はまもなくここにやってくるだろう。

わたしたちはあなたのために死神を追い出して、
夏を運び込んだ。
だからあなたもそうしてください、ああ聖なるマルケタ（Marketa）よ、
小麦のためにもライ麦のためにも
良い年にしてください。(17)

ボヘミアの他のいくつかの地域では、つぎのように歌いながら「死神」を村のはずれまで運んでゆく。

わたしたちは死神を村から運び出す、
そして新しい年を村に運び込む。
いとしい春よ、わたしたちはあなたを歓迎する、
緑の草よ、わたしたちはあなたを歓迎する。

村のはずれでは薪を組み、そこで藁人形を燃やしながら、これを罵り嘲る。その後村に戻るときにはつぎの歌を歌う。

わたしたちは死神を追放した、

そして命を持ち帰った。
命はこの村に宿をとった、[18]
だから喜びの歌を歌おう。

ニュルンベルク〔ドイツ南部バイエルン州の市〕では、七歳から十八歳までの娘たちが晴れ着を着て、蓋をしていない小さな棺に全身屍衣で覆われて見えなくなった人形を入れ、これを持って町中を歩く。他の者たちは、開いている箱に一本のブナの枝を入れて運ぶ。この枝の先にはリンゴがひとつ結びつけられている。皆はつぎの歌を歌う。「わたしたちは死神を水に沈める。それはいいことだ」[19]。あるいは、「わたしたちは死神を水に沈める。死神を運び入れ、もう一度死神を運び出す」。「死神」をかたどった像は、しばしば恐れられ、あからさまな憎しみと軽蔑をもって扱われる。ラウジッツ〔ドイツ東部とポーランド南西部にわたる、エルベ川上流とオーデル川上流の間の地域〕では、像はときとして一軒の家を窓から覗き込むように置かれる。信じられているところでは、こうされると家の者は金を払って命を買い戻さなければならず、さもなければその家のだれかが年内に死ぬことになる[20]。また像を捨て去った後、運び手たちはときに、「死神」が追いかけてこないようにと走って帰宅する。このときだれかが途中で転んだりすれば、彼はその年のうちに死ぬと信じられている[21]。ボヘミアのフルディム〔現在の東チェコにある市〕では、「死神」の像は十字架で作られる。上部には頭と顔がつけられ、シャツが着せられる。四旬節の第五日曜、少年たちはこの像を近くの小川か池に持ってゆき、一列に並んで水の中に投げ入れる。つぎに少年たちもこれに続いて水に入るが、ひとりが像を捕まえれば、だれもそれ以上水に入っていてはならない。水に入らなかった者や最後まで水に入っていた者は、その年のうちに死ぬことになり、その少年が村までこの「死神」の像を持ち帰らなければならない。その後像は焼かれる。(22)一方、「死神」の像が運び出された家では、その年に死人が出ることはないとされている。(23)またときには、「死神」が追い出された村は、病気や疫病の心配がないとされる。(24)オーストリアのシュレジエン〔オーデル川上・中流域に広がる地域。もとはおもにドイツ領、現在はチェコ東部とポーランド南西部に位置する〕のいくつかの村では、「死の日曜日」の前日の土曜、村から「死神」を追い出すために、像が古い布や干し草や藁で作られる。日曜日には棒や革の鞭で武装した人々が、像の納められている社の前に集まる。つぎに四人の若者が紐でこの像を引き、歓喜の叫びに囲まれながら村を歩く。周りの人々は棒や革の鞭でこの像を打つ。近隣の村に属する広場に到着すると、像を横たえ、存分に棒で打ちのめし、ばらばらにしてあたり一面に撒き散らす。こうして「死神」(25)が追い出された村は、一年間いかなる伝染病にもかかることはない、と信じられている。スラヴォニアでは、「死神」の像は棒で打ちのめされた挙句二つに引き裂かれる。(26)ポーランドでは、麻と藁で作られた像は、「悪魔よ、連れて行け」のことばとともに、池か沼に投げ込まれる。(27)

イタリアとスペインで四旬節の第四日曜に行われている、もしくはかつて行われていた、

「老いた女を鋸で挽く」という風習は、グリムの推測するように、まぎれもなく「死神の追放」が形を変えた風習である。村で最長老の女を表す巨大な像が、カウベルや深鍋や平鍋などを叩くけたたましい騒音のさなか、引き回されて鋸で真っ二つにされた[28]。かつてパレルモ〔シチリア島北西岸の港町〕で行われた儀式はさらに現実味を帯びていた。四旬節の中日〔第四日曜〕、ひとりの老女が荷馬車に乗せられ、町中を引き回された。これに二人の男が、コンパーニャ・デ・ビアンキ (Compagnia de' Bianchi) の衣装を着て付き従った。これは、死刑を宣告された囚人に付き添い、これを慰めることを務めとしていた団体もしくは教団である。町の広場には足場が組まれ、老女がこれに登り、二人の偽の死刑執行人が進み出て、人々が歓声と拍手を送るなか、老女の首を鋸で挽く。というよりはむしろ、あらかじめ老女の首につけておいた、血の詰まった嚢を挽く。血が噴き出し、老女は気を失って死んだふりをする。こういった擬似的な処刑が最後に行われたのは、一七三七年のことであった[29]。フィレンツェでは、十五世紀と十六世紀、「老いた女」はクルミと乾燥したイチジクを詰めた像によって表され、これが梯子の頂上に据えつけられた。この像は四旬節の中日に、メルカート・ヌオーヴォ (Mercato Nuovo) というロッジア〔建物の正面や側面にあって、庭などを見下ろす柱廊〕の下で、鋸で胴体を真っ二つにされた。乾燥した果実が転がり出ると、人々は群がってそれを奪い合った。この風習はいまだに名残をとどめており、腕白な少年たちが行っているのを見ることができる。四旬節中日の朝、たまたま道で通りかかった下層階級の女たちの肩に、紙の梯子をこっそりピンで留めるのである。[30] 似たような風習はローマの少年たちの間にもある。またナポリでは、四月一日に少年たちが布切れを鋸状に切り、これに石膏を塗る。彼らはこの「鋸」を通りがかりの人の背中に投げつけるので、その人の衣服には鋸の印が押されるのである。[31] カラブリア〔イタリア南部の州〕のモンタルトでは、四旬節の第四日曜に、少年たちが籐製の小さな鋸を持って歩き回り、老人たちをからかう。このため老人たちは、この日は家に籠っている。カラブリアの女たちは、この日集まって、イチジクやクリやハチミツなどで宴を開く。これが「老いた女を鋸で挽くこと」と呼ばれている。おそらくは昔フィレンツェで行われていた風習の名残である。[32]

バルセロナではこの日、少年たちが、ある者は鋸を、ある者は薪を、またある者は贈り物を集めるための布を持ち、通りを走り回る。彼らは歌を歌うが、その歌詞は、自分たちは四旬節中日を祝して、鋸で真っ二つにするために、町で一番年寄りの女を探している、という内容である。少年たちは最後にこれを見つけたふりをし、何かを鋸で二つに切り、燃やす。同様の風習は南スラヴ人〔スロヴェニア人、クロアチア人、セルビア人、ブルガリア人など、バルカン半島のスラヴ人。とくにユーゴスラヴィア人〕の間にも見られる。四旬節にクロアチア人は子どもたちに向かい、正午に門の外で老女が鋸で真っ二つにされる、と言う。カルニオラ〔スロヴェニア南部および西部の、イストリア半島の北東にある地域〕にも、四旬節中日には老女が村から連れ出され、鋸で真っ二つにされる、という言い習わしがある。北部のスラヴ人には四旬節中日を祝う表現として“babu rezati”があるが、これも

「老いた女を鋸で挽くこと」という意味である。[33]

上記の儀式では、「死神」の追放に後続する「春」や「夏」や「生命」の回帰は、単に仄めかされるに過ぎないか、せいぜい宣言されるだけである。以下に挙げる儀式では、はっきりとそれが演じられる。ボヘミアのいくつかの地域では、「死神」の像が日没に埋葬される。つぎに娘たちが森に入ってゆき、上部に緑の枝葉を茂らせた若木を切り、女の衣装を着せた人形をこれに吊るす。全体を緑と赤と白のリボンで飾り立て、この「リト」(Lito＝夏)とともに村まで行進する。そして贈り物を集めながらつぎの歌を歌う。

わたしたちは死神を村から追放した。
わたしたちは夏を村に運び込む。[34]

シュレジエンの多くの村では、「死神」の人形を、敬意を持って扱った後に、衣装をはがして罵り、水に投げ入れる。もしくは野でばらばらに引き裂く。つぎに、リボンと彩色された卵の殻と様々な色の布で飾られたモミの木が、少年たちによって通りを運ばれてゆく。少年たちは小銭を集めながらつぎの歌を歌う。

わたしたちは死神を追い出した。
わたしたちは大切な夏を連れ戻す。

夏と五月と
すべての陽気に咲く花々を。(35)

アイゼナハ〔チューリンゲン州の市〕ではかつて、四旬節の第四日曜日に、若者たちが「死神」を表す藁人形を一輪の車輪に結びつけ、丘の頂上まで転がして行った。そして人形に火をつけると、これを乗せたまま車輪を丘から下に転がり落とした。つぎに彼らは高いモミの木を切り、リボンで飾りたて、平地に立てる。男たちはこの木に登り、リボンを取ってくるのである。(36)ラウジッツ北部では、藁とぼろきれでできた「死神」の人形が、最近結婚したばかりの花嫁が身につけたヴェールと、最近死者の出た家の者が身につけたシャツを着せられる。こうして盛装させられた人形は、長い竿の先に結びつけられ、これを一番背が高く力のある娘が全力疾走で運んでゆく。この間他の人々はこの像を棒や石で激しく打つ。打つことのできた者は、この一年死ぬことはない、とされる。こうして「死神」は村から追い出され、水に投げ込まれるか隣村との境界に捨てられる。帰り道ではだれもが緑の枝を折り、陽気に村まで持ってゆくが、村に着くとこれを捨てる。ときには、この人形が捨てられた隣村の若者たちが、自分の村に「死神」を置かれまいと、彼らの後を追いかけ、人形を投げつける。このため二つの村の集団は、ときとして殴り合いの喧嘩になることもある。(37)

上記の例では、「死神」は捨て去られる小さな人形によって表され、「夏」や「生命」はだがときには、「死神」の像そのものに、生命の新たな力が帰せられるようである。一種の復活により、「死神」の像があらゆるものの再生のきっかけとなるのである。たとえばラウジッツのいくつかの地域では、「死神」の追放には女たちだけが関わり、男がこれに干渉することを許さない。女たちは一日中喪服を着て、藁で小型の人形を作り、これに白いシャツを着せる。人形の片手には箒を持たせ、片手には鋏を持たせる。歌を歌いながら、そして石を投げる腕白な少年たちに追いかけられながら、彼女たちはこの人形を村の境界まで運び、そこでばらばらに引き裂く。つぎにモミの木を切り、これにシャツをぶら下げて、歌いながら家に持ち帰るのである。(38) ヘルマンシュタット〔シビウのドイツ語名〕(トランシルヴァニア)近郊の、ある村のザクセン人たちは、キリスト昇天の祝日に以下のような「死神の追放」の儀式を行う。午前中のミサが終わると、学校に通う娘たちは皆、仲間のひとりの家に集まり、「死神」の像を作る。頭と体は脱穀した麦の束を結び合わせた粗雑なもので、これに腕として箒の柄を水平に差し込む。この人形は村の既婚婦人の晴れ着を着せられる。そして午後のミサに行く人々に見えるよう、窓辺に掲げられる。夕べの礼拝が終わるや否や娘たちはこの像を摑み、賛美歌を歌いながら村中を行列してこの像を運ぶ。少年たちはこの行列に入れない。行列が村の端から端までを歩き終えると、人形は別の家に入れられ、衣装を剝ぎ取られる。そして裸になった藁の束は窓から少年たちのほうに投げ捨てられ、少年たちはこれを運び去って近くの川に投げ捨てる。以上がこのドラマの第一幕である。第二幕では、娘のひとりが「死神」の人形の着ていた衣装と装身具を厳かに身に纏い、さきほどと同じ賛美歌が歌われるなか、「死神」の人形と同じように行列で村中を連れ回される。最後にこの主要な役を演じた娘の家で宴が開かれ、儀式は幕を閉じる。やはりさきほどと同じく、少年たちは加わることができない。「民間信仰によれば、この日が終わってはじめて、果実を食することが許される。いまや『死神』が、すなわち不健全なるものが、人々の間から追放されたからである。また『死神』が溺死させられた川も、いまでは公衆の沐浴に相応しいものと考えられる。この儀式を行うことが習慣となっている村では、もしこれが疎かにされれば、若者のひとりが死ぬことになるか、ひとりの娘の貞操が失われることになる、と信じられている(39)」。

上記二つの儀式のうち最初のものでは、「死神」の人形を破壊した後に持ち帰られる木が、前述の風習で「死神」を破棄もしくは破壊した後「夏」や「生命」を表すものとして持ち帰られる木や枝と、等価であることは明らかである。だが「死神」の像が着ていたシャツをその木に移しかえることは、明らかにその木が、破壊された像を新たな形で蘇らせたものであることを示している(40)。このことはトランシルヴァニアの風習にも現れている。「死神」が着ていた衣装を娘が着、「死神」が運ばれてゆくときと同じ歌を歌いながらこの娘を連れて村をゆくことは、この娘が、像として破壊されたばかりの「死神」の、蘇った姿となることが意図されている。それゆえこれらの例が示唆しているのは、上記の儀式でその粉砕が表現されていた「死神」を、われわれが通常「死神」ということばで理解している、純粋に破壊的な動因とみなすことはできない、ということである。春に再生する植物の具体的表現として持ち帰られる木が、破壊されたばかりの「死神」が着ていたシャツを身につけるのであれば、その目的が植物の復活を食い止めたり妨げたりすることでありえないのは確かである。植物を育み生長を促進することが、その目的である以外ない。したがって、いわゆる「死神」という名の破壊されたばかりの存在は、生命を与え活気づかせる力を与えられている、と考えなければならない。「死神」はその力を、植物界に、ひいては動物界にも、授けるのである。「死神」を表す人形に、生命を与える力があるということは、いくつかの土地で行われている風習からも明らかである。「死神」の藁人形をばらばらにし、その断片を穀物の育成のために畑に撒き、あるいは家畜の成長のために飼葉桶に入れる。たとえばシュパッヒェンドルフ（Spachendorf）（オーストリア領シュレジエン）では、「死神」の像を藁と粗朶とぼろきれで作り、野蛮な歌を歌いながら村の外の広場まで運び、焼く。そして焼いている間にも、皆は争ってその断片を取ろうとし、素手で炎に挑むのである。人形の断片を手に入れた者は皆、自分の庭で一番大きな木の枝にこれを結びつけ、あるいは畑に埋める。こうすれば穀物がよく育つと信じられているからである。[41] トロッパウ〔現在のチェコ東部、モラヴィア北部の町〕地方（オーストリア領シュレジエン）では、四旬節の第四日曜、少年たちが藁人形を作り、少女たちがこれに女の衣装を着せ、リボンやネックレスや花輪で飾り立てる。これを長い竿の先につけ、村から運び出す。若い男女の一団がこれに続き、交互に浮かれたり嘆いたりしながら歌を歌う。目的地、つまり村のはずれの野原に到着すると、人形は衣装や装身具を剝がされる。つぎに人々はこれに群がり、ばらばらに引き裂き、断片を手に入れようと摑み合いになる。だれもが人形を編んでいた藁の一握りを得ようとするが、これは、その一握りの藁を飼葉桶に入れれば、家畜の育ちが良くなると信じられているからである。[42] あるいはまた、この藁を牝鳥の巣に入れれば、雌鳥が卵を持ち去ることを防ぎ、大変良い卵を生ませることができる、と考えられている。[43]「死神」の人形に、同じように肥沃にする力があるという考え方は、人形の運び手たちがこれを捨て去った後、出会った畜牛を棒で打てば、この牛を多産にすることができる、という信仰にも表れている。[44] ひょっとするとその棒は、以前「死神」の人形を打つのに用いられた棒であるかもしれない。[45] そうすることで、人形にあるとされる肥沃にする力を、棒が獲得するというわけである。ライプツィヒではかつて、四旬節の中日に、下層の男女が町中を歩いて「死神」の藁人形を運んだ。彼らはこれを若い妻たちに見せ、最後に川に投げ捨てた。こうすることで若い妻たちを多産にし、町を洗い清め、その後一年間は疫病やその他の病から町の住民を守ることができる、と言われていた。[46]「死神」を破壊した後村に持ち帰られる木や枝を、「五月の木」と切り離して考えることはほとんど不可能であろう。持ち帰る運び手たちは、「夏」を持ち込むのだと公言する。[47] それゆえこの木は明らかに「夏」を表している。ときとして「夏の木」に結びつけられる人形は、ちょうど五月が「五月の木」と「五月の貴婦人」[48] の両方で同時に表現されることもあったように、「夏」の二重の表象の片方である。さらに、「夏の木」は「五月の木」のように、リボンなどで飾り付けられる。「五月の木」と同じように、大きければ地面に植えられ、これによじ登る者がある。小さければ、少年・少女たちが歌を歌い金を集めながら一軒一軒に運んで回る。(49) そしてあたかもこの二組の風習の同一性を立証するためであるかのように、「夏の木」の運び手はときに「夏」と「五月」を運び込んでいるのだと宣言する。(50) したがって、「五月」をもたらすことと「夏」をもたらすことは、本質的に同じ風習である。そして「夏の木」は単に、「五月の木」のもうひとつの形態であるに過ぎない。唯一の相違点は、(呼び名は別として)それぞれが運び込まれる時期である。「五月の木」が通常五月一日か聖霊降臨節に取ってこられるのに対し、「夏の木」は四旬節の第四日曜日に取ってこられる。それゆえ、「五月の木」に関する解釈(すなわち、これは樹木霊もしくは植物霊の具体的表現である、という解釈)が正しいものであるならば、「夏の木」もまた同様に、樹木霊ないし植物霊の具体的表現であるに違いない。しかしすでに見てきたとおり、いくつかの例では、「夏の木」は「死神」の像の再生された姿であった。したがってこれらの例では、「死神」と呼ばれる像が、樹木霊もしくは植物霊の具体的表現でなければならなくなる。この推測を確かなものにしてくれるのは、まず第一に、「死神」の像の断片が植物と動物の両方に揮うことができると信じられている、生気を与える力、肥沃にする力である。(51) というのもこの力は、第一章で見たように、樹木霊に特別に備わる性質と考えられているからである。第二に、「死神」の像はときとしてカバノキの小枝やブナの木の枝、脱穀した後の藁の束、もしくは麻で作られることになっており、(52) また、ときには小さな木に吊るされ、それを娘たちが、金を集めながら運び回ることになっている、という点である。[53] これはちょうど「五月の木」と「五月の貴婦人」についてなされたことと同じであり、また「夏の木」とこれに結びつけられる人形についてなされたことと同じである。ようするに、「死神」の追放と「夏」の呼び入れは、少なくともいくつかの例では、春における植物霊の死と蘇生、つまり、先に見たように「野人」殺しと「野人」の復活として演じられるあの死と蘇生の、もうひとつの形態に過ぎない、とみなさざるを得なくなる。[54] 謝肉祭の埋葬と復活も、おそらくは同じ概念を表現するもうひとつの方法である。謝肉祭を象徴するものが、「死神」の像に帰せられているのと同じような力、生気を吹き込み肥沃にする力を所有しているとみなされているのならば、この謝肉祭の象徴を堆肥の山に埋葬することは自然である。実際エストニア人たちは、告解火曜日にいつもながらのやりかたで藁人形を村から運び出すが、この人形を「謝肉祭」とは呼ばず、「森の霊」(メツィク Metsik) と呼ぶ。これが通常の森の霊と同じであることは、これが森の木の頂上に固定され、そのまま一年間そこに置かれ、ほぼ毎日、家畜の群れを守ってくれるようにと祈りと供え物が捧げられることからも、さらにはっきりしてくる。というのも、真の森の霊がそうであるように、メツィクは家畜の守護霊だからである。またときにメツィクは麦の束で作られる。[55] したがってわれわれは、上述の風習で擬人化され、あるいは具体化される存在に、「謝肉祭」や「死神」や「夏」という名称が与えられたのは比較的最近のことであり、また不適切な呼び名でもある、と推測してほぼ間違いない。そのような名称の抽象性こそが、名称の起源が近代にあることを示している。「謝肉祭」や「夏」という、時期や季節の擬人化、あるいは死のような抽象観念の擬人化は、太古のものとはほとんど考えられない。だが儀式それ自体は、歳月を越えたはるか昔の特質を備えている。それゆえわれわれは、具現された観念は、もともとはより単純で具体的な状態にあるものだった、と仮定せざるを得ない。木という概念――ひょっとすると（なかには木という一般概念を表す語のない蛮人たちもいるので）それは特定の種類の木、あるいは特定の一本の木であったかもしれないが――は十分具体的な概念であるから、それが緩やかな一般化を被り、植物霊というより広い概念に到達するための土台となった。しかし植物というこの一般的な概念は、それが姿を現わす季節と容易に混同されてしまう。そこで「夏」や「春」や「五月」が、簡単に、ごく自然に、樹木霊や植物霊の代用となってしまう。また死にかかっている木や死にかかっている植物という具体的な観念は、同じような一般化の過程を経て、徐々に死一般という観念に変わってゆく。そのため、死にかかっている植物や死んでしまった植物を春に（その再生の準備として）運び出す代わりに、手遅れにならないうちに「死」（Death＝死神）そのものを運び出さなければならなくなる。これら春の儀式では、「死／死神」はもともと、冬に瀕死状態になるか死んでしまう植物を意味した、という見解を十分に裏付けてくれるのが、W・マンハルトの著作である。彼は「死／死神」という名の類比から、この見解が熟した麦の霊にあてはまることを確認している。一般に、熟した麦の霊は、死んだものとしてではなく老いたものとして考えられる。それゆえ「老いた男」や「老いた女」という名で呼ばれる。だがいくつかの土地では、収穫の際に最後に刈られた束は、概して麦の霊の座る場所と信じられ、「死んだもの」("Dead One")と呼ばれる。子どもたちが麦畑に入らないよう警告されるのは、「死神」が麦の上に座っているからである。また、トランシルヴァニアのザクセン人の子どもたちがトウモロコシの刈り入れの際に行う遊びでは、トウモロコシの葉ですっかり身を包んだひとりの子どもが「死神」を表す。(56)

上述の春の儀式で具体化される「死神」や「謝肉祭」や「夏」という概念の背後には、より古くより具体的な概念が潜んでいる、という仮説は、つぎの事実によってある程度まで是認されよう。すなわち、ロシアでは「謝肉祭の埋葬」や「死神の追放」に類似した葬送の儀式は、「死神」や「謝肉祭」という名前ではなく、「コストルボンコ」(Kostrubonko)、「コストロマ」(Kostroma)、「クパロ」(Kupalo)、「ラダ」(Lada)、「ヤリロ」(Yarilo)といった、ある種の神話的な像の名のもとで行われる。これらロシアの儀式は、春と夏至の両方で行われる。たとえば「小ロシアでは、コストルボンコと呼ばれる春の神の埋葬を祝うことが、復活祭の季節の風習であった。歌い手たちはひとりの娘の周りに円陣を作り、ゆっくりと回る。娘は死んだように大地に横たわっており、歌い手たちは歩きながらつぎの歌を歌う。

死んだ、われらのコストルボンコが死んだ!

死んだ、われらの愛しき者が死んだ！

この歌は、娘が突如跳ね起きると終わる。そして合唱隊は、大声でつぎのような喜びの歌を歌う。

生き返った、われらのコストルボンコが生き返った！
生き返った、われらの愛しき者が生き返った！(57)」

洗礼者ヨハネの祝日前夜（Midsummer Eve）、藁で「クパロ」の像が作られ、「女の衣装を着せられてネックレスをつけられ花冠がかぶせられる。つぎに木を一本切ってリボンで飾り付け、ある選ばれた場所にこれを立てる。人々が『マレナ』［冬もしくは死］と呼ぶこの木の傍に、藁人形が置かれる。またテーブルも置かれ、これには酒や食べ物が乗せられる。その後大篝火が焚かれ、若い未婚の男女たちがそれぞれカップルを作り、藁人形を抱いてこの火を飛び越える。翌日彼らは木と人形からその装飾を剝ぎ取り、両者を川に投げ入れる(58)」。聖ペトロの祝日（六月二十九日）もしくはそのつぎの日曜、ロシアでは「コストロマの埋葬」あるいはラダまたはヤリロの埋葬が祝われる。かつてペンザ行政区およびシンビルスク行政区では、「埋葬」は以下のように表現された。六月二十八日に大篝火が焚かれ、翌日未婚の娘たちが、コストロマを演じる者をひとり決める。この娘に仲間の娘たちは深くお辞儀をし、娘を板の上に乗せ、川の土手まで運ぶ。ここで皆は彼女に水を浴びせる。一番年長の娘がライムの樹皮で籠を編み、これを太鼓のように叩く。娘たちは村に戻ると、行列や遊戯や踊りで一日を費やした。[59] ムーロム〔ロシア中東部ニジニノブゴロドの南西にある町〕地方では、コストロマは、女の衣装を着て花で飾られた藁人形で表現された。人形は飼葉桶に入れられ、人々は歌を歌ってこれを湖の土手か川の土手に運んだ。到着すると人々は二手に分かれ、一方は人形を攻撃し、もう一方はこれを守る側につく。最後に攻撃者の側が勝利を収め、人形から衣装と装飾を剝ぎ取り、人形をばらばらにし、材料となっていた藁を足で踏みつけ、川に投げ込む。この間守りについていた側は両手で顔を覆い、コストロマの死を嘆くふりをした。[60] コストロマ〔ロシア中部ヴォルガ川に臨む市〕地方では、六月の二十九日か三十日に、ヤリロの埋葬が祝われた。人々は老人をひとり選び、ヤリロを表すプリアポス〔男根で表される豊穣の神〕的な像を入れた小さな棺を、この老人に与える。老人はこれを町の外に運んで行くが、後に続く女たちは、葬送歌を歌いながら身振りで悲しみや絶望を表現する。開けた野に着くと墓が掘られ、皆が声を上げて嘆き悲しむなか、像が埋められた。その後遊戯や踊りが始まるが、これは「太古の時代に異教のスラヴ人たちが行っていた葬送の遊戯を思い出させるものであった」。[61] 小ロシアでは、ヤリロの像は棺に納められ、日没後に町を運ばれた。酔った女たちがこの周りを取り囲み、「彼は死んだ！　死んでしまった！」と嘆きの声を発し続ける。男たちは、あたかも死んだ男を蘇らせようとするかのように、像を持ち上げ、揺する。つぎに男たちは女たちに向かい、「女たちよ、泣くな。わたしは蜜よりも甘いものを知っている」と言う。だが女たちは葬儀のときのように、嘆き歌い続ける、「この人が何をしたというの？とても良い人だった。もう起き上がることはない。ああ、どうしてわたしたちはあなたから離れなければならないのでしょう？あなたのいない人生なんてなんだというのでしょう？ほんの束の間でいいから、起き上がって。でもこの人は起き上がることはない。もう起き上がらない」。そして最後にヤリロは墓に埋葬された。(62)

こういったロシアの風習は明らかに、「謝肉祭の埋葬」や「死神の追放」として知られるオーストリアとドイツの風習と、同じ性質を持っている。したがって後者に関するわたしの解釈が正しければ、ロシアのコストロマやヤリロ等もまた、もともとは植物霊の化身であったに違いなく、その死は、その復活に必然的に先立つものとみなされていたに違いない。死に後続するものとしての復活は、上述の儀式の最初の例、コストルボンコの死と復活で表現されている。これらロシアの儀式のいくつかで、植物霊の死が夏至の頃に祝われる理由は、夏の衰退が、夏至の日、洗礼者ヨハネの祝日に始まるからであるかもしれない。この日以後日は短くなり、太陽は下降の旅路につくからである。

薄暗く陰気な谷間で、
冬の霜は眠りにつく。

このような一年の変わり目には、植物はその最初の、だがいまだほとんど知覚できないほどの、夏の衰退を被るものと考えられたのだろう。未開人たちが、その変わり目の時期こそ、あのような呪術的な儀式に訴えるに相応しい瞬間であると考えたのも、もっともなことである。彼らはその儀式によって、植物の生命の衰えを食い止め、あるいは少なくとも、その復活を確かなものにしようと望んだのだった。

しかし、植物の死がこれら春と夏至の儀式のすべてにおいて表現され、またその復活も、いくつかの儀式において表現されているように見える一方、いくつかの儀式には、この仮説だけでは説明することのほとんど不可能な特徴がある。これらの儀式を特徴づけている、厳粛な葬儀、哀悼、そして弔いの衣装は、確かに情け深い植物霊の死にこそ相応しい。だがしばしば像が追放されるときに伴う歓喜について、また像が襲撃されるときの棒や石について、さらには像に浴びせられる嘲りや罵倒について、われわれはどう考えればよいのか？　この像に対する恐怖は、像を投げ捨てるや否や運び手たちが大急ぎで帰宅することや、像が覗き込んだ家では死人が出るという信仰からも明らかなのだが、この恐怖について、われわれはどう考えればよいのか？　この恐怖は、ひょっとすると、死んだ植物霊にはある種の感染性があり、これに近づくのは危険である、とする信仰から説明できるかもしれない。だがこの解釈は、いささかこじつけめいているのみならず、死神の追放にしばしば付随している歓楽を説明できない。それゆえわれわれは、これらの儀式の中に、二つのはっきりとした、表面上正反対に見える特徴を認めなければならない。つまり、一方には死の悲しみがあり、死者への愛情と尊敬がある。そしてもう一方には、死者への恐怖と嫌悪、そしてそれが死んだことに対する喜びがある。わたしがこれまで示そうと試みてきたのは、これらの特徴のうち、前者がどのように説明され得るかであった。したがってこれ以後わたしが答えを出そうと努めるのは、後者が前者とどれほど緊密に関連してくるかである。

ヨーロッパの風習にこれ以上深く踏み入ることはやめるが、その前に、つぎの点に注目しておくのは良いことだろう。「死神」の追放もしくは神話的存在の追放は、ときとして、追放される人物をなんら目に見える形で表象することなく行われる場合がある。たとえばシュレジエンのゲルリッツ〔現在はドイツ東部ザクセン州の都市〕近郊のケーニヒスハイン(Königshain)では、かつて村人が皆、若者も老人も、藁の松明を持ち「トッテンシュタイン」(Todtenstein＝死の石)と呼ばれる近くの丘の頂上に登った。到着すると松明を灯し、「われわれは死神を追放した。われわれは夏を持ち帰る」と歌いながら家に帰った。(63)アルバニアでは、復活祭前夜、若者が樹脂質の木の松明を灯し、これを振り回しながら行列を作って村を行進する。そして最後に、「さあ、コレーよ、わたしたちはこの松明と同じように、おまえを川に投げ込む。だからおまえは二度と戻ってはこれない」と言いながら、松明を川に投げ込む。この儀式の意図は冬を追い出すためだと言う者たちもいるが、コレー(Kore)は子どもをむさぼり食う邪悪な存在と考えられている(64)〔Koreは「娘」の意で、ギリシア神話ではゼウスとデメテルの娘ペルセフォネ＝プロセルピナを指す〕。

インドのカナグラ（Kânagrâ）地方には、春に若い娘たちが行う風習があり、これは上述したヨーロッパにおける春の儀式のいくつかにきわめて類似している。「ラリ・カ・メラ」（Ralî Ka melâ）すなわちラリの祭りと呼ばれるもので、「ラリ」とは、シヴァもしくはパールヴァティ〔シヴァの配偶神〕を表す、彩色を施された土製の小さな像である。祭りはチャイトの月（三月から四月）のほとんどを費やし、バイサクの月のサンクラント（Sankrânt＝四月）まで続く〔ヒンドゥー暦は第一月から順に次のとおり——Chait（グレゴリオ暦で三〜四月）、Baisakh（四〜五月）、Jeth（五〜六月）、Asarh（六〜七月）、Sawan（七〜八月）、Bhadon（八〜九月）、Asin（九〜十月）、Kartik（十〜十一月）、Aghan（十一〜十二月）、Pus（十二〜一月）、Magh（一〜二月）、Phagun（二〜三月）〕。カナグラ地方全域で人気のある祭りである。この祭りに参加するのはもっぱら若い娘に限られる。三月のある朝、村の若い娘全員がダブ（dâb）の草と花々の入った小さな籠を持ち、決められた場所に行って、持ってきた籠を皆で一箇所に積み重ねる。そしてこの籠の山の周りを丸く取り囲み、歌を歌う。これが十日間毎日続き、最後には草と花の山がかなりの高さに達する。つぎに彼女たちは森に入り、先が三つ叉に別れている枝を二本切る。そしてこれを、三つ叉を下にして花の山の上に置く。こうして二つの三脚ないしピラミッドができる。彼女たちは人形作り師を連れてきて、二本の枝のそれぞれの頂点に二つの土人形を作らせる。一方はシヴァを表し、もう一方はパールヴァティを表す。つぎに娘たちは、シヴァの側とパールヴァティの側の二つのグループに分かれ、型どおりの儀式を一切省略することなく行い、人形たちを結婚させる。結婚式の後娘たちは宴を開くが、その費用は彼女たちが親にせがんだ寄付によって賄われる。そしてつぎのサンクラント（バイサク）に、娘たちは皆で川岸に行き、二つの人形を深い池に投げ込む。彼女たちは、あたかも葬儀であるかのようにその場で嘆き悲しむ。しばしば近所の少年たちが、人形を追って池に潜り、これを拾い上げて振って見せ邪魔をするが、それでも娘たちは泣いている。良い夫に恵まれるように、というのがこの祭りの目的と言われている。(65)

このインドの儀式でシヴァとパールヴァティの神が植物霊と考えられていることは、その像が草と花の山の上に置かれた枝に据えられる事実から、証明できるように思われる。ヨーロッパの風習にしばしば見られるように、ここでも、植物の神は植物と人形の両方によって二重に表現されている。春にこれらインドの神々が結婚することは、ヨーロッパの儀式で、春の植物霊の結婚が「五月の王」と「五月の女王」、「五月の花嫁」と「五月の花婿」等々によって表されることと一致している。(66) 像を水に投げ込みこれを弔うことは、死んだ植物霊（「死神」や「ヤリロ」や「コストロマ」等の名を持つ）を水に投げ込みこれを嘆き悲しむという、ヨーロッパの風習と等価である。またインドでは、しばしばヨーロッパでも見られたように、儀式はもっぱら女性たちによって行われる。この儀式は娘たちに夫を得させる効果がある、という考え方は、植物霊が、活気を与え肥沃にする力を持ち、それは植物の生命に対してのみならず人間や動物に対しても揮われる、と信じられていることから説明できる。(67)

（1） Grimm, *Deutsche Mythologie*, fourth ed., ii. 645. Karl Haupt, *Sagenbuch der Lausitz*, Leipzig, 1862-1863, ii. 58. Reinsberg-Düringsfeld, *Fest-Kalender aus Böhmen*, p. 86 以下。Reinsberg-Düringsfeld, *Das festliche Jahr*, Leipsic, 1863, p. 77 以下。四旬節の第四日曜はまた、四旬節の中日に当たるのでMid-Lent とも呼ばれる。あるいはまた、祈禱書のこの日の祈りの最初の語から、Laetare とも呼ばれる。ローマ暦では、「バラの日曜日」(Domenica rosae) に当たる。

（2） 本書三三八頁を見よ。

（3） E. Meier, *Deutsche Sagen, Sitten und Gebräuche aus Schwaben*, p. 371.

（4） J. Haltrich, *Zur Volkskunde der Siebenbürger Sachsen*, p. 284 以下。

（5） Karl Freiherr von Leoprechting, *Aus dem Lechrain*, Munich, 1855, p. 162 以下。Mannhardt, *B.K*., p. 411.

（6） Meier 前掲書 p. 374. また以下も参照せよ。Birlinger, *Volksthümliches aus Schwaben*, ii. 55.

（7） Meier 前掲書 p. 372.

（8） 前掲書 p. 373.

（9） 前掲書 p. 373, 374.

（10） Adalbert Kuhn, *Sagen, Gebräuche und Märchen aus Westfalen*, Leipzig, 1859, ii. 130.

（11） F. J. Wiedemann, *Aus dem inneren und äusseren Leben der Ehsten*, p. 353.

（12） Meier 前掲書 p. 374.

(13) Heinrich Pröhle, *Harzbilder, Sitten und Gebräuche aus dem Harzgebirge*, Leipzig, 1855, p. 54.
(14) August Witzschel, *Sagen, Sitten und Gebräuche aus Thüringen*, p. 193.
(15) 前掲書 p. 199.
(16) Grimm 前掲書 ii. 642.
(17) Reinsberg-Düringsfeld, *Fest-Kalender aus Böhmen*, p. 90 以下。
(18) 前掲書 p. 91.
(19) Grimm 前掲書 ii. 639 以下。 Mannhardt 前掲書 p. 412.
(20) Grimm 前掲書 ii. 644. K. Haupt 前掲書 ii. 55.
(21) Grimm 前掲書 ii. 640, 643.
(22) Theodor Vernaleken, *Mythen und Bräuche des Volkes in Österreich*, Vienna, 1859, p. 294 以下。 Reinsberg-Düringsfeld 前掲書 p. 90.
(23) Grimm 前掲書 ii. 640.
(24) J. A. E. Köhler, *Volksbrauch, Aberglauben, Sagen und andre alte Überlieferungen im Voigtlande*, p. 171.
(25) Reinsberg-Düringsfeld, *Das festliche Jahr*, p. 80.
(26) Ralston, *Songs of the Russian People*, p. 211.
(27) 前掲書 p. 210.
(28) Grimm 前掲書 ii. 652. H. Usener, "Italische Mythen," in *Rheinisches Museum*, N. F., xxx (1875), p. 191 以下。

(29) Giuseppe Pitrè, *Spettacoli e Feste Popolari Siciliane*, Palermo, 1881, p. 207 以下。
(30) *Archivio per lo Studio delle Tradizioni Popolari*, iv (1885), p. 294 以下。
(31) H. Usener 前掲書 p. 193.
(32) Vincenzo Dorsa, *La Tradizione Greco-Latina negli usi e nelle credenze popolari della Calabria Citeriore*, Cosenza, 1884, p. 43 以下。
(33) Grimm 前掲書 ii. 652. H. Usener 前掲書 p. 191 以下。
(34) Reinsberg-Düringsfeld, *Fest-Kalender aus Böhmen*, p. 86 以下。 Mannhardt 前掲書 p. 156. この風習についてはすでに言及した。本書一二一頁を見よ。
(35) Reinsberg-Düringsfeld, *Das festliche Jahr*, p. 82. Philo vom Walde, *Schlesien in Sage und Brauch*, Berlin, N. D., preface dated 1883, p. 122.
(36) Witzschel, *Sagen, Sitten und Gebräuche aus Thüringen*, p. 192 以下。
(37) Grimm 前掲書 ii. 643 以下。 K. Haupt 前掲書 ii. 54 以下。 Mannhardt 前掲書 p. 412 以下。 Ralston 前掲書 p. 211.
(38) Grimm 前掲書 ii. 644. K. Haupt 前掲書 ii. 55.
(39) E. Gerard, *The Land beyond the Forest*, ii. 47-49.
(40) この風習に関してはマンハルトも同じ見解を取っている。 Mannhardt 前掲書 p. 419.
(41) Vernaleken, *Mythen und Bräuche des Volkes in Österreich*, p. 293 以下。
(42) Reinsberg-Düringsfeld, *Das festliche Jahr*, p. 82.
(43) Philo vom Walde 前掲書 p. 122.

(44) Grimm 前掲書 ii. 640 以下。
(45) 本書三五七頁を見よ。
(46) K. Schwenk, *Die Mythologie der Slawen*, p. 217 以下〔これは一九一五年版の書誌にはない〕。
(47) 本書三六〇頁。
(48) 本書一二一頁および三六〇頁を見よ。
(49) 本書三六〇頁。Grimm 前掲書 ii. 644. Reinsberg-Düringsfeld, *Fest-Kalender aus Böhmen*, p. 87 以下。
(50) 本書三六〇頁。
(51) 本書三六三頁以下を見よ。
(52) 本書三五三、三五六、三六二頁。Grimm 前掲書 ii. 643.
(53) Reinsberg-Düringsfeld, *Fest-Kalender aus Böhmen*, p. 88. ときとして「死神」の像（木は伴わない）は、少年たちが祝儀を集めながら運び回る。Grimm 前掲書 ii. 644.
(54) 本書三三七頁。
(55) Wiedemann 前掲書 p. 353. Holzmayer, "Osiliana," in *Verhandlungen der Gelehrten Estnischen Gesellschaft zu Dorpat*, vii. Heft 2, p. 10 以下。Mannhardt 前掲書 p. 407 以下。
(56) Mannhardt 前掲書 pp. 417-421.
(57) Ralston 前掲書 p. 221.
(58) 前掲書 p. 241.
(59) 前掲書 p. 243 以下。Mannhardt 前掲書 p. 414.

(60) Mannhardt 前掲書 p. 414 以下。Ralston 前掲書 p. 244.
(61) Ralston 前掲書 p. 245. Mannhardt 前掲書 p. 416.
(62) Mannhardt 前掲書同箇所。Ralston 前掲書同箇所。
(63) Grimm 前掲書 p. 644.
(64) J. G. von Hahn, *Albanesische Studien*, Jena, 1854, i. 160.
(65) Lieut.-Colonel Sir Richard C. Temple, in *Indian Antiquary*, xi (1882), p. 297 以下。
(66) 本書一三三頁以下を見よ。
(67) 本書一〇七頁以下。

第四節　アドニス

しかし、植物の死と復活が、近代ヨーロッパの祭りと同じような形で儀式的に祝われることのもっとも広範囲に及んでいた地域は、エジプトと西アジアであるように思われる。エジプト人、シリア人、バビロン人、フリュギア人、ギリシア人は、オシリス、アドニス、タンムズ、アッティス、ディオニュソスの名のもと、植物の衰退と再生を儀式によって表現した。それらの儀式は、古代人たち自身も理解していたように、実質的には同じ儀式であって、その等価物は、現代のヨーロッパの農民たちによる、春と夏至の風習の中に見出される。この神々の性質と崇拝については、これまで多くの博識な著述家たちが詳細に論じてきた。したがってわたしが行うことは、儀式と伝説に見られる、神々の顕著な特質の概略を述べるに留まる。神々の性質に関して、ここで一定の見解を確立しておこうという次第である。まずはアドニスとタンムズから始めよう。

アドニス崇拝はシリアのセム系の民族によって行われ、遅くとも紀元前五世紀には、ギリシア人たちがそれを模倣するようになった。[1] アドニスという名前は、フェニキア語で「主」(lord) を表すAdonからきている。美しい若者で、アフロディテ（セム族のアシュタルテ）から愛されたが、青春の盛りにイノシシによって殺された、と言われる。彼の死は毎年、おもに女性たちによって、号泣で哀悼された。死体に見えるよう衣装を着せられたその像は、葬列によって運ばれ、海か泉に投げ込まれた。[2] いくつかの地域ではその翌日、彼の復活が祝われた。[3] しかしながらこの儀式は、場所によってやり方と行われる季節がいくぶん異なっている。アレクサンドリアでは、アドニスとアフロディテの像が二つの寝椅子の上に置かれる。その隣にはあらゆる種類の熟した果実、菓子、植木鉢で育てられた植物、アニス〔セリ科の一年草〕で編まれた小さな緑の東屋が置かれる。恋人たちの結婚を祝う一日が終わると、その翌日にはアドニスが、喪服を着た女たちによって運ばれる。女たちは解いた髪を垂らし、胸を露わにし、海岸までこれを運んで海に流す。[4] アレクサンドリアでこの儀式が何日に行われたのかははっきり記録されていない。だが熟した果実という言及から、夏の終わりに行われたであろうと推測されている。[5] ビュブロスでは、アドニスの死は毎年弔われ、人々は自らの胸を拳で打ちながら嘆き悲しんだ。しかし翌日には蘇り、崇拝者たちのいるところで天に昇る、と信じられていた。[6] この儀式は春に行われたように見受けられる。というのも、その日付はアドニス川の変色によって決められ、この変色は、近代の探検家たちが観察したところでは、春に起こるものだからである。この季節、雨で山から流れ落ちてきた赤土が、川の水のみならず海のかなりの範囲をも血のように赤く染める。この深紅の源が、レバノンの山でイノシシに傷つけられ死に至るアドニスの、毎年流す血であると考えられたのだった。[7] またアドニスの血からは、赤いアネモネが生え出したと言われる。[8] シリアでは復活祭の頃にアネモネが咲くので、これはアドニスの祭りが――あるいは少なくともその祭りのひとつが――春に行われたことの鮮明な証言となる。

この花の名 anemone はおそらく、ナアマン（Naaman＝「愛しい人」"darling"）から来ている。これはアドニスの形容辞であったらしい。アラブ人はいまだにアネモネを「ナアマンの傷」と呼ぶ。[9]

これらの儀式が、前述のインドとヨーロッパの儀式に類似していることは明らかである。行われる日付がいくぶん疑わしいという点を除けば、とりわけアレクサンドリアの儀式は、インドのそれとほとんど同じと言ってよい。新鮮な果実に囲まれることから見て植物と関わりがあるらしい二人の神々の結婚は、いずれの儀式においても像によって表現され、祝われる。またこれらの像はその後、弔われ水に投げ入れられる。[10] 互いに類似し、また近代のヨーロッパで春と夏に行われる風習にも類似していることから、われわれは当然のことながら、これらの儀式が共通の解釈を許すものと推測できる。したがって、ここで後者に関して下される解釈が正しければ、アドニスの死と復活の儀式もまた、植物の衰退と再生を表すものであった、ということになる。このような習俗の類似に基づく推測は、以下に述べる、アドニスの伝説と儀式の特質によって確かなものとなる。アドニスが植物と関連していることは、彼の誕生にまつわる広く知られた物語から即座に明らかになる。アドニスは、没薬の木（myrrh-tree）〔アフリカ東部・アラビア産のカンラン科コンミフォラ属の植物〕から生まれたと言われる。この木の樹皮が、十ヵ月の懐胎期間の後に裂け、そこから愛らしい赤子が出てきたとされている。一説には、イノシシが牙でその樹皮を裂き、赤子が出てこれるようにした、とも言われている。また、アドニスの母親はミュラ（Myrrh）

という名であり、彼女は子どもを身籠るとすぐに没薬の木に姿を変えた、という言い伝えもあり、これは伝説にいささか合理性を加味するものとなった。[11] また、アドニスが下界で半年——あるいは一年の三分の一という説もあるが——を過ごし、残りを上界で過ごした、という物語は、[12]彼が植物、とくに麦を表象していたと考えれば、もっとも容易にかつ自然に理解できる。麦は一年の半分を地面の下に埋められて過ごし、残りの半分の期間地面の上に姿を現すからである。確かに、一年の自然現象の中では、秋に消え春に再び現れる植物ほど、毎年の死と復活という概念をはっきりと表せるものはない。これまでアドニスは太陽と考えられてきたが、温暖な熱帯地方における年間の太陽の行程には、一年の半分か三分の一の期間死に、残りの半分か三分の二の期間に生きる、といったことは見られない。実際、太陽は冬には弱くなると考えられたかもしれないが、[13]死んだと考えられたはずはない。また太陽が毎日姿を現わすことも、この説を反証する。北極圏では毎年——緯度によって二十四時間から六ヵ月の幅があるがその期間——太陽が消える。このため太陽が毎年死んでは蘇るというのは、わかりやすい考え方であろう。だが、アドニス崇拝がこの地域から来たことを示唆する者はひとりとしていない。一方、植物が毎年死んで蘇るという考え方は、野蛮から文明に至る人間のあらゆる段階において容易に現われてくる。そして、このように毎年繰り返される植物の衰退と再生が、広大な規模で起こるという事実は、人間の生存がこれに大いに依存しているということと相俟って、少なくとも温暖な地域においては、これを毎年の自然現象の中でもっとも人目を引くものとする。これほどまでに重要で、これほどまでに顕著で、これほどまでに普遍的な現象であれば、人間たちを類似した発想に至らせることで、多くの地に類似した儀式を誕生させたことは、なんら驚くにあたらない。したがってわれわれは、アドニス崇拝に関するひとつの解釈を受け入れてよいだろう。この解釈であれば、実際の自然現象とも完全に一致するし、その他の地域における類似した儀式からの類推にも一致する。加えて、古代の人々の厖大な数に上る意見からも支持を得られるのである。(14)

タンムズもしくはアドニスの穀物霊としての性格は、その祝祭を語る、十世紀のアラビアの著述家による解説から明らかになる。ハラン〔トルコの南東部、ウルファの南南東にある村〕の異教徒のシリア人たちが、一年の異なる時期に行ってきた儀式や供犠を語る部分で、この著者はつぎのように言う。「タンムズ(七月)。この月の半ばには、エル・ブーガート(el-Bûgât)の祝祭、すなわち嘆く女たちの祝祭が行われる。これはター・ウズ(Tâ-uz)の祭りとも呼ばれ、ター・ウズという神を祝して行われる。女たちがこの神を悼んで嘆くのは、この神の主人が、彼を非常に残忍な方法で殺し、その骨を碾き臼で碾き、風に撒いたからである。この祝祭の期間、女たちは碾き臼で碾かれた食べ物は一切口にせず、食物は、水に浸した小麦、甘くしたオオカラスノエンドウ、ナツメヤシ、干しブドウ等に限られる」(15)。タンムズ(ター・ウズは発音の異型に過ぎない)は、ここではバーンズ〔Robert Burns 一七五九〜九六年〕の詩〔"John Barleycorn"〕に登場するジョン・バーリーコーンに類似している。

人々は激しく燃える炎で
その骨の髄まで焼き尽くした。
だが粉碾きはだれよりも酷いことを行った。
二つの石の間で彼を碾いて粉にしたのだから。[16]

しかしながらアドニスが植物の神であるということは、ひょっとすると、「アドニスの園」と呼ばれたものが一番の証拠となるかもしれない。これは土を入れた籠もしくは鍋で、この中に小麦、大麦、レタス、ウイキョウ、その他様々な種類の花の種を蒔き、これを八日間、主として――あるいはもっぱら――女たちが育てた。太陽の熱によって植物はたちまち芽を出すが、根が伸びないためにすぐに枯れてしまう。そして八日目には死んだアドニスの像とともに運び去られ、一緒に海か泉に投げ込まれた。[17]アテナイでは、この儀式は夏至に行われた。われわれの知るところでは、アテナイ人たちはシュラクサイに対して艦隊を装備し、その大敗によってアテナイの国力が永久に損なわれてしまったのだが、この艦隊が港を出たのも夏至であった。不吉な偶然の一致により、アドニスの陰鬱な儀式は、まさにこの時期に行われたのである。軍勢が船に乗り込むために港まで行進したように、人々の通る道には複数の棺と、遺骸を模した像が並んだ。そしてその場の空気をつんざくように、死んだアドニスを悼む女たちの泣き声が響き渡った。アテナイ人たちがこれまで海に送り出してきたなかでもっとも壮麗な装備であったが、その出帆を見送る光景は陰鬱なものであった[18]。

こういった「アドニスの園」は、もっとも自然に、アドニスの表象もしくは彼の力の顕示と解釈できる。園のほうはアドニスの本来の性質に忠実に、植物の形で彼を表現したものであり、一方運び去られ水に投げ入れられる像のほうは、後に人格化された彼の姿を表したものであった。わたしの推測が正しければ、これらアドニスの儀式の一切は、もともと植物の生長と再生を促すための呪術として意図されたものであった。そして儀式がこの効果を生み出すものと考えられたその原理は、共感呪術であった。第一章で説明したように、未開人たちは、自分たちが生み出したいと望んでいる効果を、表現ないし模倣することによって、実際にそれを生み出せると考える。たとえば水を撒くことで雨乞いをし、火を灯すことで陽光乞いをする。同様に彼らは、穀物の生長を模倣することで豊作を確かなものにしたいと考える。「アドニスの園」における小麦と大麦の急速な生長には、穀物を急速に生長させるという意図があった。そして園と像を水に投げ入れることは、土地を肥やしてくれる雨が十分供給されるようにという呪術であった[19]。近代ヨーロッパにおける類似した儀式で、「死神」の像や「謝肉祭」の像を水に投げ入れるのも同じ目的からであった、とわたしは考えている。これまで見てきたとおり、ヨーロッパではいまだに、雨を降らせたいという意図を表現するために、葉に覆われた人物[20]（これが植物を人格化したものであることは疑いを容れない）を水浸しにする風習がある。同様に、収穫時、最後に刈り取った小麦や、これを家に持ち帰った者に水を浴びせる風習（ドイツとフランスで行われた風習であり、またつい最近まで、イングランドとスコットランドでも行われていた）はいくつかの土地に見られ、これには、翌年の収穫のために雨を降らせたいという意図がはっきり表れている。たとえば、ワラキア（ドナウ川下流域の地方。一八五九年にモルダヴィアと合併してルーマニアとなった）の人々およびトランシルヴァニアのルーマニア人の間では、ひとりの娘が、収穫の際に最後に刈られた小麦の穂で作られた冠を家に持ち帰る。このとき、彼女に出会った者はだれもが急いで彼女に水を浴びせる。またこのために、農場の使用人二人を戸口に立たせておく。これがなされなければ旱魃で翌年の収穫はなくなってしまう、と信じられているからである。(21) またトランシルヴァニアのザクセン人の間では、最後に収穫された小麦で編まれた輪を身につけた者（ときには最後の小麦を刈った刈り手もこの輪を身につける）が、ずぶ濡れにされる。濡れれば濡れるほど翌年の収穫は良くなり、より多くの穀物が脱穀されることになる、と信じられているからである。(22) かつてプロイセンでは、春の耕作の際、耕し種を蒔いた農夫たちが夕方畑仕事から戻ってくると、農場主の妻と召使いたちが彼らに水を浴びせた。耕し手と蒔き手たちは、お返しに召使いをひとりずつ摑まえては池に投げ込み、水中に頭を押し込む。農場主の妻だけは罰金を払うから助けてくれと要求する場合があるが、それ以外は皆水に頭を沈めなければならない。こうすることで、蒔いた種に必要な雨を降らせようと望んだのだった。(23) またプロイセンでも、この間、収穫の後、最後に刈られた小麦で編んだ輪を身につけた者が、水浸しにされた。この間、つぎのような祈りが唱えられた。「水で小麦が生え出して、殖えていったように、納屋でも穀物倉でも、生え出し殖えてゆきますように」[24]。バビロンの伝説では、女神イシュタル（アシュタルテ、アフロディテ）は、死んだタンムズを生き返らせるためにハデスのもとに下り、命の水を取ってきた。この水は、壮大な葬儀の場で彼に浴びせかけられたらしい[25]。葬儀では、男女が嘆きながら、タンムズを弔う薪の周りを円く取り囲んでいたという。マンハルトの指摘するように、この伝説はおそらく、シリアのアドニスの祭りに類似しているバビロンの祭りを、神話的に説明するものであろう。タンムズの月[26]（六月〜七月）に行われたことは疑いようがなく、したがって夏至の頃に行われたはずのこの祭りでは、たぶん死んだタンムズが像によって表され、それに水が浴びせられ、タンムズは再び息を吹き返したことであろう。それゆえこのバビロンの伝説は重要である。アドニスの像と「アドニスの園」を水に投げ込むのはこの神の復活の成就のためであり、つまりは植物の再生を確実にするためである、という見方を確かなものにしてくれるからである。タンムズが植物に関係していることは、バビロンの賛美歌の断片によって証明される。そこでは、タンムズは大地の中央に生えた大木の中に住まう、と語られているのである[27]。

「アドニスの園」は本質的に、植物、とりわけ麦の生育を促すための呪術である、という見解、ならびに、「アドニスの園」は、前述した近代ヨーロッパにおける春と夏至の風習と同じ部類に属する風習である、という見解は、単に上記の例固有の蓋然性をもとに主張されているわけではない。幸運にもわれわれは、（一般的な表現を用いることが許されるならば）「アドニスの園」は今でも、第一に未開民族が播種期に植え、第二にヨーロッパの農夫たちが夏至に植えている、ということを示すことができる。ベンガルのオラオン族とムンダ族の場合、苗床で育った苗を田に植える時期がくると、若い男女の一団が森にゆき、カルマの若木か枝を切る。これを携えて戻ってくるときには意気揚々たる様子で、踊り歌い、太鼓を叩く。そしてこれを村の舞踏用広場の中央に植える。このカルマの木には供犠が捧げられ、翌朝若い男女は腕を組み、この木の周りで大きな円を描いて踊る。このカルマの木は、色とりどりの布切れや、藁を編んで作った偽の腕輪や首飾りで飾られる。この祭りの準備として、村の長《おさ》の娘たちは独特の方法で大麦を栽培する。種は、湿った砂質の、ウコンと混ぜ合わされた土壌に蒔かれ、このため生えてくる大麦は浅黄色か緑黄色の葉を広げる。祭りの当日、娘たちはこの葉を集めて籠に入れ、舞踏用広場まで運ぶ。ここで彼女たちはうやうやしくひれ伏して、カルマの木の前にいくつかの植物を供える。最後にカルマの木は取り払われ、川か貯水池に投げ込まれる[28]。このように大麦の葉を育てこれをカルマの木に捧げることの意味は、ほとんど疑問の余地がない。すでに見てきたように、樹木は穀物の生育を早める力を発揮するものと考えられ、とりわけここで問題になっている民族――ムンダ族もしくはムンダリ族――の場合、「木立の神々は穀物への責任を負っている[29]」からである。したがって、田植えの季節にムンダ族が木を運び込み、大いに敬意を表してこれを扱うとき、その目的は、これから植えようとしている稲の生育を、この木によって促進することでしかあり得ない。また、大麦の葉を急速に生長させ、これを木に捧げるという風習は、おそらくは樹木霊に、植物に対する自らの義務を思い起こさせ、急速な植物の生長という目に見える実例によって霊の活動を促すことで、同様の目的を果たすことが意図されていたに違いない。カルマの木を水に投げ込むことは、雨乞いの呪術と解釈できる。大麦の葉もまた水に投げ込まれたかどうかは語られていないが、もしこの風習に関するわたしの解釈が正しければ、おそらくはそうされたことだろう。以上のベンガルの風習とギリシアのアドニスの儀式との違いは、前者においては樹木霊が、本来の木の姿で現れるのに対して、アドニスの崇拝では、その植物としての性質は「アドニスの園」によって表示されるものの、アドニス本人は人格化された姿で現われ、死んだ男として表現されることである。「アドニスの園」は、樹木霊としてのアドニスの本来の力を、いわば二次的に明示するものである。

サルデーニャでは、「アドニスの園」はいまだに、聖ヨハネの名を戴く夏至の大祭との関連で植えられている。三月末日か四月一日に、村のひとりの若者が、ひとりの娘に自らを捧げ、自分の「コマーレ」(comare)(つまり親友もしくは恋人)になってくれと頼み、自分が彼女の「コンパーレ」(compare)になることを申し出る。この誘いは娘の家族も名誉と考え、喜んで受け入れられる。五月の末に、娘はコルクガシの樹皮で鉢を作り、これに土を入れ、中に一握りの小麦と大麦を蒔く。鉢を日の当たる場所に置き、頻繁に水をやっていると、麦は急速に育ち、洗礼者ヨハネの祝日前夜(六月二十三日)には大きな頭をもたげるようになる。このとき、鉢は「エルメ」(Erme)もしくは「ネンネリ」(Nenneri）と呼ばれる。洗礼者ヨハネの祝日には、この若者と娘は晴れ着を着て、多くの従者を引き連れ、跳ね回って浮かれ騒ぐ子どもらに先導され、村のはずれの教会まで行進する。到着すると皆で鉢を教会の扉に投げつけて壊す。そして草の上で輪になって座り、フルートの音が響く中で卵とハーブを食べる。カップには水とブドウ酒が混ぜ合わされて皆に回され、だれもが回し飲みをする。つぎに皆で手をつなぎ、フルートの伴奏で何度も繰り返し「聖ヨハネの恋人たち」（Compare e comare di San Giovanni）の歌を歌う。歌い疲れると、立ち上がって日暮れまで輪になって陽気に踊る。これがサルデーニャの一般的な風習である。オツィエーリ〔サルデーニャにある町〕で行われているものには、いくつか変わった特徴が見られる。前述と同じく、五月にコルクガシで鉢が作られ、麦が植えられる。そして洗礼者ヨハネの祝日前夜には、窓の下枠を高価な布で覆い、この上に、深紅と青の絹と色とりどりのリボンで飾られた鉢が載せられる。以前はどの鉢の上にも小像か女の衣装を着た布の人形、もしくは土を練って作ったプリアポスのような像を載せたのだが、この風習は教会によって厳しく禁じられたために行われなくなってしまった。村の若者は一団となって、鉢やその装飾を見に出かけてゆき、娘たちを待つ。娘たちのほうは祭りを祝うために村の広場に集まる。ここで大きな篝火が焚かれ、皆はその周りで踊り浮かれ騒ぐ。「聖ヨハネの恋人たち」になりたい者はつぎのようにする。男は篝火の片側、娘はその反対側に立ち、ふたりして一本の長い棒の端と端を持つことで、いわば手を繋ぎ合うことになる。男女はこの棒を三度炎の上でやり取りするので、炎の中に三度、急いで手を突き入れることになる。これがお互いの関係を確かなものとするのである。踊りや音楽は夜遅くまで続く[30]。こういった「サルデーニャの鉢」は、「アドニスの園」に完璧に対応しているように見える。以前鉢の中に置かれていた像も、「アドニスの園」とともに置かれたアドニスの像に対応するものである。

サルデーニャの風習は、かつてヨーロッパの多くの地で行われていた夏至の風習のひとつであり、その主要な特徴は、大きな篝火の周りで人々が踊ったり、それを跳び越えたりすることである。この種の風習についてはすでに、スウェーデンとボヘミアの例を引いた[31]。これらの例は、夏至の篝火と植物との関係を十分に証明している。というのも、スウェーデンの場合もボヘミアの場合も、祭りの本質的な部分は、メイポールか「夏至の木」を立てることであり、ボヘミアの場合、これが篝火で焼かれる。また、前述したロシアの夏至の儀式では[32]、植物の代理であるクパロという藁人形が、メイポールもしくは「夏至の木」の隣に置かれ、篝火越しに運び回された。ここでクパロは、「夏至の木」という木の姿と、藁人形という人格化された姿で、二重に表現されている。これはちょうどアドニスが、像と「アドニスの園」の両方で表現されたことと同じである。アドニスと同じように、二重化されたクパロの表象は、最後に水に投げ込まれる。サルデーニャの風習における、聖ヨハネの「親友たち」もしくは「恋人たち」はおそらく、「五月の領主」と「五月の奥方」もしくは「五月の王」と「五月の女王」に対応していよう。ブレーキンゲ地方（スウェーデン）〔ブレーキンゲはスウェーデン南東部、バルト海沿岸の州〕では、夏至の祭りの一部として「夏至の花嫁」選びがある。選ばれた娘は自ら花婿を選ぶ。この二人のために募金が行われ、当面二人は夫婦とみなされる。[33] このような夏至の夫妻はおそらく、五月の夫妻と同じように、再生産の能力を備えた植物霊を表現するものであろう。この夫婦たちは、インドの儀式におけるシヴァとパールヴァティの像やアレクサンドリアの儀式におけるアドニスとアフロディテの像が人形という姿で表していたものを、血肉を備えた人間の姿で表しているのである。植物の生長を促進するという目的を持った儀式が、なぜ篝火と関係するのか――とりわけ植物の代理となるものが、木の姿で燃やされたり、人形や生きた人間のカップルという形で炎の上を行き来したりするのはなぜか――。これについては後ほど説明する。ここでは、このような関連があるという事実を提示すること、そしてそれゆえに、サルデーニャの風習に関するわたしの解釈に対して喚起されたかもしれない反論、篝火は植物となんら関係がないという前提に基づいた反論を、未然に防いでおくことで事足りる。このような反論を斥けるために、ここでもうひとつだけ証拠を挙げておいてもよい。ドイツのいくつかの土地では、麻や亜麻が高く育ちますようにという願いを表現するために、若い男女が夏至の篝火を跳び越えるのである。[34] したがって、われわれはつぎのように仮定してよい――サルデーニャの風習において、夏至の祭りのために鉢の中で促成栽培される、「アドニスの園」に非常に緊密に対応している小麦と大麦の葉は、あの幅広く分布している夏至の儀式のひとつなのであり、その本来の目的は、植物、とりわけ穀物の生長を促進することであった。だが、多少なりとも考えを進めてみればわかるように、植物霊は動物の生命のみならず人間の生命に対しても有益な力を発揮するものと信じられていたのだから、「アドニスの園」も、「五月の木」や「五月の枝」のように、これを植えた家族や個人に、幸運をもたらすものと考えられたことだろう。そして、「アドニスの園」が積極的に幸運をもたらしてくれるという考え方は捨て去られても、家族や個人の将来の幸運や不運に関しては、「アドニスの園」からいまだに前兆が訪れるもの、と考えられた。かくして、呪術は占いへと堕落してゆく。そのためわれわれが目にするのは、多かれ少なかれ「アドニスの園」に近似した、夏至に行われる占いの様式である。たとえば、十六世紀のイタリアのある無名の著述家が記録したところでは、聖ヨハネの祭り（夏至の洗礼者ヨハネの祝日）の数日前、および聖ウィトゥスの祭りの数日前には、大麦と小麦を蒔くのが習わしとなっていた。自分のためにこれをひとから蒔いてもらった者は、もし麦が良く育てば幸運に恵まれ、良き配偶者を得、良く育たなかった場合は不幸になる、と信じられた。[35]イタリアの様々な地域、またシチリア島全域では、いまだに、洗礼者ヨハネの祝日前夜、水か土に植物を植え、祝日当日の開き方もしくは枯れ方から吉凶——とりわけ恋愛の未来——を占う、という風習がある。この目的で使用される植物には、Ciuri di S. Giuvanni（聖ヨハネの草?〔セイヨウオトギリソウ〕）という草やイラクサなどがある。[36]プロイセンでは二百年前、洗礼者ヨハネの祝日かその前夜に、農場主たちが召使い——とくに女中たち——に、聖ヨハネの草を集めにゆかせた。召使いたちが採ってくると、農場主は人数分の草を壁か梁の間に固定する。そして自分のものとされた草が花開かなかった場合、その人はまもなく病気になるか死ぬ、と考えられた。残りの草は束ねられ、一本の竿の端に結びつけられ、門に、あるいは翌年の刈り入れの際麦が運び込まれる入り口ならどこにでも、据えつけられた。この草の束は「クポレ」(Kupole) と呼ばれ、この儀式はクポレの祭りとして知られた。この祭りでは、農場主が、干し草等々の豊作のために祈りを捧げた。(37) このプロイセンの風習がとりわけ注目に値するのは、クパロ (クポレと同じものであることは疑いを容れない) がもともとは植物の神であったという先に述べた見解を、(38) 非常に確かなものにしてくれるからである。というのも、ここでクパロは、とりわけ夏至と関係の深い植物によって表象されており、またクパロが植物に対して影響力を持っているということは、このような場合につきものの豊作のための祈りが唱えられるということのみならず、収穫物が運び込まれる場所にその植物の姿をした代理が置かれる、ということによってはっきりと示されているからである。したがって、クパロやヤリロ等々に類似していることはいまや明らかとなった「死神」が、もともとは植物の、とりわけ冬に死ぬか死にかける植物の、化身であったのだという結論を支持する新たな論拠が、ここに提示されることになる。さらに、「アドニスの園」についてのわたしの解釈は、つぎの発見によって確かなものとされる。すなわち、このプロイセンの風習においては、「アドニスの園」(と呼んでよいであろう) とアドニスの神像を作るには、まったく同じ種類の植物が用いられるのである。「アドニスの園」は単にアドニス自身のもうひとつの顕現に過ぎない、という見解の正しさを、これ以上はっきりと示してくれるものはない。

「アドニスの園」に関して、わたしが引用しておきたい最後の例はつぎのものである。シチリアの女たちは復活祭が近づくと、小麦とヒラマメとカナリアサード〔イネ科クサヨシ属、カナリア諸島原産〕の実を皿に入れ、暗所に置き一日おきに水をやる。種はすぐに芽を出す。生え出した茎は赤いリボンで皆ひとまとめに縛られ、これを入れた皿は地下埋葬所に収められる。この埋葬所は、聖金曜日にローマ・カトリック教会やギリシア正教会が作るもので、死んだキリストの像がともに安置される。(39) このことは、ちょうど「アドニスの園」が、死んだアドニスの墓に置かれたのと同じである。(40) 芽吹く穀物のみならず地下埋葬所までも用いるこの風習は、おそらくその一切が、名前を異にしたアドニス崇拝の延長にほかならない。

(1) W. W. Baudissin, *Studien zur semitischen Religionsgeschichte*, Leipzig, 1876-1878, i. 299. Mannhardt, *A.W.F.*, p. 274.
(2) プルタルコス「アルキビアデス伝」18. ゼノビウス、i. 49. テオクリトス(Theocritus, *Idyllia*, Iterum edidit A. T. A. Fritsche, Leipzig, 1868-1869) xv. 132 以下。テッサロニキのエウスタティオスによるホメロス『オデュッセイア』xi. 590 の注釈(Eustathius, on Homer, *Odyssey*, Leipzig, 1825-1826)。
(3) 後に挙げるルキアノスの他に、つぎも参照せよ。ヒエロニュムス『エゼキエル書注解』viii. 14, "in qua (solemnitate) plangitur quasi mortuus, et postea reviviscens, canitur atque laudatur ... inter-

fectionem et resurrectionem Adonidis planctu et gaudio prosequens".

(4) テオクリトス、xv.

(5) Mannhardt 前掲書 p. 277.

(6) ルキアノス『シリアの女神について』6. ここに見られる ἐς τὸν ἠέρα πέμπουσι という語句は、彼が、崇拝する群衆のいるところで（その目の前で、というわけではないにせよ）昇天するもの、と考えられていたことを含意している。

(7) ルキアノス前掲書 8. Maundrell が目にした川と海の変色は、一六九六年三月十七日と、一六九七年三月二十七日にあった。Henry Maundrell, "A Journey from Aleppo to Jerusalem at Easter, A.D. 1697," in Bohn's *Early Travellers in Palestine*, edited by Thomas Wright, London, 1848, p. 411. ルナンは二月の始めに変色を目にした。Baudissin 前掲書 i. 298（ここに E. Renan, *Mission de Phénicie*, Paris, 1864, p. 283 への言及がある）。多くの読者にはミルトンの詩句が思い出されることだろう。

(8) オウィディウス『転身物語』x. 735. またこれはビオン（Bion, *Carmina*, ed. Chr. Ziegler, Tübingen, 1868）、i. 66 と比較せよ。しかしながら後者は、アドニスの血からバラが生えてきたように、涙からアネモネが生えてきたとしている。

(9) W. Robertson Smith, "Ctesias and the Semiramis Legend," in *English Historical Review*, April 1887, ii.

(10) しかしながらアレクサンドリアの儀式では、海に投げ入れられるのはアドニスの像だけであったように見受けられる。

(11) アポロドロス『ギリシア神話』iii. 14, 4. テオクリトス、i. 109 に関する注釈。アントニヌス・リベラ

リス (Antoninus Liberalis, *Transformationum congeries*, in *Mythographi Graeci*, ed. A. Westermann, Brunswick, 1843)、34. リュコフロン 829 に関するツェツェスによる注釈。オウィディウス『転身物語』x. 489 以下。ウェルギリウス『アエネイス』v. 72 および『牧歌』x. 18 に関するセルウィウスの注釈。ヒュギヌス『神話集』(Hyginus, *Fabulae*, ed. Bern. Bunte, Leipzig, N. D.) 58, 164. フルゲンティウス、iii. 8. "Myrrha" もしくは "Smyrna" という語は、フェニキア語からの借用である (Liddell and Scott, *Greek-English Lexicon*, "*σμύρνα*" の項)。したがって、息子の名前と同様母親の名前も、直接セム族から来ている。

(12) テオクリトス iii. 48 に関する注釈。ヒュギヌス『天文学』ii. 7. ルキアノス『神々の対話』xi. 1. コルヌトゥス『神々の本性について』(ed. Osannus) 28, p. 163 以下。アポロドロス、iii. 14, 4.

(13) たとえばエジプト人は、秋分の後「太陽のステッキの誕生」を祝う。太陽が天上で日毎に衰え、熱と光が弱くなってくると、その一歩一歩を支えるための杖が必要になる、と考えたからである。プルタルコス『イシスとオシリス』52.

(14) テオクリトス iii. 48 に関する注釈、*ὁ Ἄδωνις, ἤγουν ὁ σῖτος ὁ σπειρόμενος, ἓξ μῆνας ἐν τῇ γῇ ποιεῖ ἀπὸ τῆς σπορᾶς, καὶ ἓξ μῆνας ἔχει αὐτὸν ἡ Ἀφροδίτη, τουτέστιν ἡ εὐκρασία τοῦ ἀέρος. καὶ ἐκτότε λαμβάνουσιν αὐτὸν οἱ ἄνθρωποι.*「エゼキエル書」viii. 14 に関するヒエロニュムスの注釈、Eadem gentilitas hujuscemodi fabulas poetarum, quae habent turpitudinem, interpretatur subtiliter interfectionem et resurrectionem Adonidis planctu et gaudio prosequens : quorum alterum in seminibus, quae moriuntur in terra, alterum in segetibus, quibus mortua semina renascuntur, ostendi putat. アンミアヌス・マルケリヌス、xix. 1, 11, in sollemnibus Adonidis sacris, quod simula-

crum aliquod esse frugum adultarum religiones mysticae docent. 同、xxii. 9, 15, amato Veneris, ut fabulae fingunt, apri dente ferali deleto, quod in adulto flore sectarum est indicium frugum. アレクサンドリアのクレメンス『ホメロス』6, 11 (Mannhardt, *A.W.F.*, p. 281による引用), *λάμβανουσι δὲ καὶ Ἄδωνιν εἰς ὡραίους καρποὺς*. Etymologicum Magnum, *Ἄδωνιν κύριον δύναται καὶ ὁ καρπὸ εἶναι ἄδωνι οἷον ἀδώνειο καρπὸ, ἀρέσκων*. エウセビオス『福音の準備』iii. 11, 9, *Ἄδωνις τῆς τῶν τελείων καρπῶν ἐκτομῆ σύμβολον*.

(15) D. Chwolsohn, *Die Ssabier und der Ssabismus*, ii. 27. Chwolsohn, *Über Tammûz und die Menschenverehrung bei den alten Babyloniern*, St. Petersburg, 1860, p. 38.

(16) この比較は、Felix Liebrecht (*Zur Volkskunde*, p. 259) による。

(17) 出典については以下を見よ。Mannhardt, *A.W.F.*, p. 279, note 2, and p. 280, note 2. また以下も参照せよ。ディオゲニアヌス (Diogenianus, in *Paroemiographi Graeci*, ed. E. L. Leutsch et F. G. Schneidewin, Göttingen, 1839-1851)、i. 14. プルタルコス『神の報復の遅れについて』17. このプルタルコスの記述では、「アドニスの園」に植物を植える者としては、女たちへの言及しかない。ユリアヌス『饗宴』(Julian, *Convivium*) p. 329, ed. Spanheim (p. 423, ed. Hertlein). エウスタティオスによるホメロス『オデュッセイア』xi. 590に関する注釈。一方、ディオゲニアヌスの同箇所では、*φυτεύοντες ἢ φυτεύουσαι* と言われている。

(18) プルタルコス「アルキビアデス伝」18. 同「ニキアス伝」13. 艦隊の出帆の日付けはトゥキュディデス vi. 30 の表記、*θέρους μεσοῦντος ἤδη* による。

(19) エジプトや西アジアのセム族の土地のような、暑い南の国では、植物の栽培は主として、あるいは全面的に、灌漑に依存している。このため、川にたくさんの雨を降らせるという呪術の目的は疑わしい。しかし、最終的な目的と雨を確保するための呪術は、いずれの場合でも同じであるから、かならずしも違いを指摘する必要はない、と考えられてきた。

(20) 本書三七頁以下を見よ。

(21) Mannhardt, *B.K.*, p. 214. W. Schmidt, *Das Jahr und seine Tage in Meinung und Brauch der Romänen Siebenbürgens*, p. 18 以下。

(22) G. A. Heinrich, *Agrarische Sitten und Gebräuche unter den Sachsen Siebenbürgens*, Hermannstadt, 1880, p. 24. Wlislocki, *Sitten und Brauch der Siebenbürger Sachsen*, Hamburg, 1888, p. 32.

(23) Matthäus Prätorius, *Deliciae Prussicae oder Preussische Schaubuhne, in wörtlichen Auszüge aus dem Manuscript herausgegeben*, von Dr. William Pierson, Berlin, 1871, p. 55. Mannhardt, *B.K.*, p. 214 以下 note.

(24) Prätorius 前掲書 p. 60. Mannhardt 前掲書 p. 215, note.

(25) A. H. Sayce, *Lectures on the Religion of the Ancient Babylonians* (Hibbert Lectures, 1887), London and Edinburgh, 1887, p. 221 以下。Mannhardt, *A.W.F.*, p. 275.

(26) ヒエロニュムス（「エゼキエル書」viii. 14 に関する記述）は、タンムズは六月としていた。だが現代の学者によれば、この月はむしろ七月、もしくは六月の一部と七月の一部に相当する。F. C. Movers, *Die Phoenizier*, Bonn, 1841-1856, i. 210. Mannhardt, *A.W.F.*, p. 275. 友人のW・ロバートソン・スミス教授はつぎのように教えてくれた。タンムズの月は時代や場所によって様々であり、地域ごとに異なるシリア暦の変種次第で、夏至から秋に相当したり、六月から九月に相当したりする。

(27) A. H. Sayce 前掲書 p. 238.
(28) Dalton, *Descriptive Ethnology of Bengal*, p. 259.
(29) 本書一〇五頁。
(30) Antonio Bresciani, *Dei costumi dell' isola di Sardegna comparati cogli antichissimi popoli orientali*, Rome and Turin, 1866, p. 427 以下。R. Tennant, *Sardinia and its Resources*, p. 187. S. Gabriele, "Usi dei contadini della Sardegna," in *Archivio per lo Studio delle Tradizioni Popolari*, vii (1888), p. 469 以下。Tennant は、鉢が暗く温かい場所に置かれ、子どもたちが火の上を跳ぶ、と言っている。
(31) 本書第一章一一六頁以下を見よ。
(32) 本書三六九〜七〇頁。
(33) L. Lloyd, *Peasant Life in Sweden*, p. 257.
(34) Mannhardt, *B.K.*, p. 464. Leoprechting, *Aus dem Lechrain*, p. 183.
(35) G. Pitrè, *Spettacoli e Feste Popolari Siciliane*, p. 296 以下。
(36) 前掲書 p. 302 以下。Antonio de Nino, *Usi e Costumi Abruzzesi*, Florence, 1879-1883, i. 55 以下。Angelo de Gubernatis, *Usi Nuziali in Italia e presso gli altri Popoli Indo-Europei*, second ed., Milan, 1878, p. 39 以下。またつぎも参照せよ。*Archivio per lo Studio delle Tradizioni Popolari*, i. 135. スミルナ〔トルコ西部、エーゲ海の港湾都市イズミルの旧称〕では、イタリアニンジンボクの花が、洗礼者ヨハネの祝日に、同様の目的で使用された。だが前兆を読み取る方法は、いささか異なっている。以下を見よ。*Archivio per lo Studio delle Tradizioni Popolari*, vii (1888), p. 128 以下。

(37) Matthäus Prätorius 前掲書 p. 56.

(38) 本書三七二頁以下を見よ。

(39) G. Pitrè 前掲書 p. 211. 類似した風習はカラブリアのコゼンツァにも見られる。Vincenzo Dorsa, *La Tradizione Greco-Latina negli usi e nelle credenze popolari della Calabria Citeriore*, p. 50. ギリシア正教会の復活祭の儀式については、つぎを見よ。R. A. Arnold, *From the Levant*, London, 1868, i. 251 以下。

(40) *κήπους ὡσίουν ἐπιταφίους Ἀδώνιδι* という記述が、エウスタティオスによるホメロス『オデュッセイア』xi. 590 に関する注釈に見られる。

第五節　アッティス

西アジアの宗教的な儀式と信仰に、その想定される死と復活が深く根を下ろしている神々の中で、つぎに扱うのはアッティスである。フリュギアのアッティスはシリアのアドニスに相当する。アドニスのように、アッティスは植物の神であったように見える。春の祭りでは毎年その死が弔われ、その復活が祝われた。この二つの神の伝説と儀式は非常に類似しており、古代の人々もときには同じものと考えたほどである。(1) アッティスは美しい若者で、フリュギアの偉大な女神キュベレに愛されたと言われる。彼の死については一般に二つの異なる説が知られていた。ひとつはアドニスと同じようにイノシシに殺されたというものであり、もうひとつはマツの木の下で手足を切断され出血多量で死んだというものである。後者の物語は、キュベレ崇拝の一大中心地ペッシヌスの人々が語った地域的なものであり、これもその一部となっているところの全体の伝説は、その古さを語って余りある、野蛮で残酷な性質に特徴づけられている。(2) だがもう一方の物語の真性も、その崇拝者たち、とりわけペッシヌスの人々が、豚を食べないという事実から保証されているように見える。(3) アッティスは死後マツの木に姿を変えたと言われる。(4) 彼の祭りでどのような儀式が行われたかはよく知られていない。だが一般につぎのようなものであったと思われる。(5) 春分の日（三月二十二日）に、森でマツの木が一本切られ、キュベレの聖所に運ばれる。

ここでマツは神として扱われる。木は羊毛の帯とスミレの花輪で飾られるが、これはちょうどアドニスの血からアネモネが生えてきたように、スミレがアッティスの血から生え出したと言われているからである。若者の像が、この木の中央に取りつけられる。[6] 二日目(三月二十三日)の主要な儀式は、ラッパを吹くことであったように見える。[7] 三日目(三月二十四日)は「血の日」として知られた。大祭司が両腕から血を採り、これを供え物とする。[8] 像を前にしてアッティスの弔いが行われたのは、この日かその夜であったかもしれない。その後この像は厳かに葬られた。[9] 四日目(三月二十五日)には「喜びの祭り」(「ヒラリア祭」〔Hilaria キュベレを祭った、大地の生命の再生を祝う祭り〕)が行われる。ここではおそらく、アッティスの復活が祝われた。少なくとも、アッティスの復活の祝いは、その死の儀式が終わって間もないうちに行われたように見受けられる。[10] ローマのヒラリア祭は三月二十七日、アルモの小川までの行列で幕を閉じた。この小川で、女神キュベレのための去勢牛の荷車、女神の像、その他神聖な品々に水を浴びせた。だがこの女神の水浴は、彼女の故国アジアでの祭りでも、その一部となっていたことが知られている。水辺から戻ると、荷車と牡牛たちは瑞々しい春の花々をふり掛けられた。[11]

樹木霊というアッティスの本来の性質は、アッティスの伝説や儀式においてマツの木が果たす役割によりはっきりと示されている。彼は人間だったがマツの木に姿を変えたという物語は、古い信仰を合理化しようという見え透いた試みのひとつに過ぎず、これにはわれわれも、しばしば神話の中で出会うことになる。さらに、アッティスがもともと木であったことは、彼が処女から生まれ、この処女は胸に熟したアーモンドかザクロの実を入れることで妊娠した、という物語が立証してくれる。[12] 森からマツの木を運び込んでスミレや羊毛の帯で飾ることは、「五月の木」や「夏の木」を運び込む近代の習俗と一致している。またマツの木に結びつけられる像は、樹木霊すなわちアッティスの、二重の表象であるに過ぎない。この儀式のどの時点で、スミレと像が木に結びつけられたかは語られていない。だがわれわれは、アッティスの擬態的な死と埋葬の後になされたと仮定すべきである。それならば、彼の像を木に結びつけることが、彼の木の姿での蘇りを表現することになる。これはちょうど、「死神」の像が身につけていたシャツを木にぶら下げることで、植物霊が新たな姿で再生したことを表現するのと同じである。[13] 像は、木に結びつけた後一年間保管され、その後燃やされた。[14] これと同じことがときとしてメイポールになされたことは、すでに見たとおりである。[15] また、収穫の際に作られる穀物霊の像が、しばしば翌年の収穫の際まで保管され、そのときには新たな像に取って代えられるという点も、やがて見ることになろう。このように、像を一年間保存した後新たな像に代えることの本来の目的が、植物霊を溌剌とした強壮な生命の中に維持してゆくことであったのは明らかである。キュベレの像の水浴は、「死神」の像やアドニスの像を水に投げ込むことと同じく、おそらくは雨乞いの呪術であった。一般的な樹木霊と同様、アッティスは穀物の生長に対して力を発揮するもの、と考えられ、さらには穀物そのものとみなされたように思われる。彼の形容辞のひとつは、「よく実を結ぶ」("very fruitful") であった。また彼は「刈り取られた緑の（あるいは黄色の）麦穂」と呼ばれたし、その受難と死と復活の物語は、刈り手によって傷つけられ、穀物倉に埋葬され、大地に蒔かれたとき今一度息を吹き返す、熟した穀粒の物語、と解釈された。(16) 彼を崇拝する者たちは、野菜の種や根を食べようとしなかったが、(17) これはちょうどアドニスの儀式で、女たちが碾き臼で碾かれた穀類を食べなかったことと同じである。こうしたものを食べることはおそらく、この神の生命もしくは傷つけられ破壊された身体の、冒瀆に荷担することとみなされたのだろう。

いくつかの碑文から見て、ペッシヌスとローマの両方の地で、キュベレの大祭司は一様にアッティスと呼ばれたようである。(18) したがって、毎年の祭りで大祭司は、伝説のアッティスの役割を演じた、という推測は理に適っている。(19) すでに見たとおり、「血の日」に大祭司は両腕から血を採った。これはアッティスがマツの木の下で自らに招いた死の、模倣であったろう。アッティスもまたこれらの儀式では像によって表象された、ということは、この推測と矛盾しない。というのもわれわれはすでに、神聖な存在はまず生きた人間によって表象され、つぎに像によって表象され、その後この像は燃やされるか破壊されるかする、という例のいくつかを見てきたのだった。(20) ひょっとするとわれわれはさらに一歩踏み込んで、つぎのように推測してもよいだろう――この真の流血を伴った祭司殺しの擬態（と呼べるものだったとして）は、他の場所においてそうであったようにフリュギアにおいても、太古の時代実際に人間を生贄に捧げていたことの代用である。フリュギアのあらゆる問題に関して、だれひとりその権威を疑う者はないであろう、W・M・ラムジー教授は、これらフリュギアの儀式において「神の代理はおそらく、ちょうど神自身がそうであったように、毎年悲惨な殺され方をしたことだろう」と述べている。[21] われわれはストラボンの記述から、[22] ペッシヌスの祭司たちが、かつては祭司であると同時に君主であったと知ることができる。それゆえ彼らはあの、人民と世界のために毎年死ぬことが義務である、聖なる王もしくは祭司の部類に属する者たちであったろう。毎年殺される植物の神として、アッティスの代理は、北ヨーロッパの習俗に見られた「野人」や「王」等々に相当するものであろうし、またイタリアのネミの祭司に相当するものであろう。

(1) ヒッポリュトス『全異端駁論』(Hippolytus, *Refutatio omnium haeresium*, ed. L. Duncker and F. G. Schneidewin, Göttingen, 1859) v. 9, p. 168. Socrates, *Historia Ecclesiastica* (in J. P. Migne's *Patrologia Graeca*, Paris, 1857-1866, lxvii), iii. 23, § 51 以下、p. 204.

(2) エレゲイア体の詩を書いた紀元前四世紀の詩人ヘルメシアナクス(Hermesianax)は、アッティスがイノシシに殺されたと述べた(パウサニアス、vii. 17)。またニカンドロスの『解毒術』8に関する注釈も参照せよ。アルノビウス(『異教徒駁論』v. 5以下)は、ティモテオスを典拠として別の物語を語っている。ティモテオスはこれ以外では知られていない著述家であるが、その出典は *reconditis antiquitatum libris* と *intimis mysteriis* であると言明している。これは明らかに、パウサニアス(vii. 17)がペッシヌスに流布している物語として言及している説明に、一致している。

(3) パウサニアス、vii. 17. ユリアヌス『演説集』v. 177B.
(4) オウィディウス『転身物語』x. 103 以下。
(5) この祭りについてはとくに、以下を参照せよ。Marquardt, *Römische Staatsverwaltung*, second ed., iii, 370 以下。Ch. Daremberg et Edm. Saglio, *Dictionnaire des antiquités grecques et romaines*, Paris, 1877-, i, p. 1685 以下（"Cybèle" の項）。Mannhardt, *A. W.F.*, p. 291 以下。Mannhardt, *B.K.*, p. 572 以下。
(6) ユリアヌス『演説集』v. 168C. ヨアンネス・リュドス『暦について』iv. 41. アルノビウス『異教徒駁論』v. cc. 7, 16 以下。フィルミクス・マテルヌス『異教の過ちについて』27.
(7) ユリアヌス前掲書、同箇所および 169C.
(8) Trebellius Pollio, *Claudius* (in *Scriptores Historiae Augustae*, ed. H. Peter, Leipzig, 1884), 4. テルトゥリアヌス『護教論』25. その他の文献については Marquardt 前掲書同箇所を見よ。
(9) ディオドロス、iii. 58. フィルミクス・マテルヌス前掲書 3. アルノビウス前掲書 v. 16. ニカンドロス前掲書 8 に関する注釈。セルウィウスによるウェルギリウス『アエネイス』ix. 116 に関する注釈。アリアヌス (Arrian, *Tactica*, in *Scripta Minora*, ed. R. Hercher, Leipzig, 1854), 33. フィルミクス・マテルヌス前掲書 c. 22 にある儀式の記述 (nocte quadam simulacrum in lectica supinum ponitur et per numeros digestis fletibus plangitur .... Idolum sepelis. Idolum plangis, etc.) が、アッティスの弔いと葬送の儀式である可能性は非常に高い。このアッティスの儀式については、c. 3 に、より簡潔な言及がある。
(10) ヒラリア祭については以下を参照せよ。マクロビウス『サトゥルナリア』i. 21, 10. ユリアヌス前掲書 v. 168D, 169D. フォティオス『書棚』(Photius, *Bibliotheca*, ed. Im. Bekker, Berlin, 1824) p. 345 A 5

以下に引かれる、ダマスキオス「イシドルス伝」(Damascius, "Vita Isidori")。復活については以下を参照せよ。フィルミクス・マテルヌス前掲書 3, "reginae suae amorem [Phryges] cum luctibus annuis consecrarunt, et ut satis iratae mulieri facerent aut ut paenitenti solacium quaererent, quem paulo ante sepelierant revixisse jactarunt ... Mortem ipsius [i.e. of Attis] dicunt, quod semina collecta conduntur, vitam rursus quod jacta semina annuis vicibus † reconduntur [renascuntur, C. Halm]." 〔彼ら(フリュギア人)は、女王の失恋に毎年哀悼を捧げ、先ほど埋葬した者は蘇った、と言って、怒れる女を宥め、あるいは後悔している彼女に慰めを与える。……彼(アッティス)の死を、人々は集めた種を蓄えておくこと、と解釈し、彼の復活を、蒔いた種が毎年の季節に芽吹くこと、と解釈している。〕またつぎも参照せよ。フィルミクス・マテルヌス前掲書 22, "Idolum sepelis. Idolum plangis, idolum de sepultura proferis, et miser cum haec feceris gaudes." 〔ひとつの偶像を埋葬し、偶像を哀悼し、その墳墓から偶像を取り出す。そしてこの哀れな者どもは歓喜するのである。〕ダマスキオス前掲書同箇所、τὴν τῶν ἱλαρίων καλουμένην ἑορτὴν ὅπερ ἐδήλου τὴν ἐξ ᾅδου γεγονυῖαν ἡμῶν σωτηρίαν. この最後の部分を、フィルミクス・マテルヌス 22 に付記された式文

θαρρεῖτε μύσται τοῦ θεοῦ σεσωμένου
ἔσται γὰρ ἡμῖν ἐκ πόνων σωτηρία

〔喜べ、ああ、なんという神秘。見よ、われらの神は救われた。われらは悲しみから立ち上がり、救いを見出すであろう〕と比較してみると、フィルミクスが 22 で述べているものが、アッティス復活の儀式である可能性は高まる。

(11) オウィディウス『祭暦』iv. 337 以下。アンミアヌス・マルケリヌス、xxiii. 3. その他の文献につい

てはMarquardtおよびMannhardtの前掲書同箇所を見よ。

(12) パウサニアス、vii. 17. アルノビウス前掲書v. 6. また、ヒッポリュトス前掲書v. 9, p. 166, p. 168も参照せよ。

(13) 本書三六二頁以下を見よ。

(14) フィルミクス・マテルヌス前掲書27.

(15) 本書一一九〜二〇頁。

(16) ヒッポリュトス前掲書v. cc. 8, 9, pp. 162, 168. フィルミクス・マテルヌス前掲書3.

(17) ユリアヌス前掲書v. 174A_B.

(18) M. Duncker, *Geschichte des Alterthums*, fifth ed., Leipzig, 1878-1886, i. 456, note 4. Roscher, *Ausführliches Lexikon der griechischen und römischen Mythologie*, i. c. 724. またポリュビオス、xxii. 20 (18) も参照せよ。

(19) これはHenzenの推測である。Henzen, in *Annali dell' Instituto*, 1856, p. 110. これはRoscher前掲書同箇所で言及されている。

(20) 本書一二三頁、三一八頁を見よ。

(21) "Phrygia," in *Encyclopaedia Britannica*, ninth ed., xviii. 853.

(22) ストラボン、xii. 5, 3.

第六節　オシリス

古代エジプトの大神オシリスが、非常に多くの地でその死と復活が毎年祝われている、植物の化身のひとりであったと信じることには、いくつかの根拠がありそうである。しかし神々の長《おさ》として、オシリスはその他の神々の属性をいくつも取り込んでいるように見え、そのためその性格や儀式は、異質な要素の複合体という様相を呈しており、利用できる証言をわずかしか持たないわれわれには、その複合体を選り分けることがほとんど不可能である。しかしながら、オシリスという神が、あるいは少なくともオシリスという神を合成して作り上げた複数の神々のひとつが、アドニスやアッティスに類似した植物の神であったという見解を支持する、いくつかの事実を纏めておくことには価値があるだろう。

オシリス神話の概要は以下のとおりである。[1] オシリスは大地の神ケブ（Qeb）（あるいはときとしてセブ Seb とも字訳される）〔筆者は Qeb と綴っているが、むしろ Geb のほうが一般的であろうか。他に Keb とも綴られる〕の息子であった。[2] 大地の王として君臨したオシリスは、エジプト人を野蛮な状態から救い、彼らに法を与え、神々を崇拝することを教えた。彼の時代以前は、エジプト人は食人種であった。だがオシリスの妹であり妻であるイシスが、野生に生える小麦と大麦を発見し、オシリスが人民にこれらを耕作することを教え、これで人々は直ちに食人の風習をやめ、喜んで麦を食するようになった。[3] その後オシリスは世界中を旅し、行く先々で文明という恩恵を広めた。だが帰宅するや否や、兄のセト（ギリシア人はテュフォンと呼ぶ）が七十二人の仲間とともに謀反を企て、彼を騙して美しく飾られた櫃の中に入れ、釘を打った。溶けた鉛でハンダ付けし、ナイル川に投げ込んだのだった。この櫃は海まで流れ下った。これはアティル（Athir）の月の十七日目のことであった。イシスは喪に服し、鬱々としてあちらこちらを彷徨いながら遺体を捜した。そしてついに、シリアの沿岸、ビュブロスでこれを見つけた。櫃は波に乗ってここまで流れ着いたのだった。一本のエリカの木が生え、それが幹の中に櫃を包み込んでいた。ビュブロスの王はこの木の見事な生長を称え、これを切って王宮の柱とした。イシスは王にこの木の幹を切り開く許可を得て、櫃を取り出し、持ち帰った。だが、イシスはデルタのブト（Butus）にいる息子ホルスを訪ねる際、これを置き去りにした。そして満月の明かりでイノシシ狩りをしていたテュフォンが、この櫃を見つけた(4)。テュフォンはオシリスの遺体と知り、これを十四に切り分け、広く各地にばら撒いた。イシスはパピルスでできた舟に乗り、あちらこちらの沼地を帆走して遺体の断片を捜し、見つけるたびにこれを埋葬した。このため、エジプト各地に多くのオシリスの墓が見られた。別の説によると、イシスはあらゆる町にオシリスの像を残し、それが彼の遺体であると思わせようとした。多くの地でオシリスが崇拝されるように、そしてまた、テュフォンが真の遺体を発見できないようにである。その後息子ホルスはテュフォンと戦い勝利して、テュフォンを固く縛り上げた。だがテュフォンを渡されたイシスはこの縛めを解き釈放した。ホルスはこれに怒り、母の頭から王冠を取り上げた。だがヘルメスは、王冠の代わりに牛の頭の形をした兜を与えた。テュフォンはその後二つの戦闘で敗北した。これ以後を語る神話には、ホルスの身体の分断とイシスの断首の物語も含まれている。

オシリスの神話については以上である。彼の死と埋葬が祝われる毎年の儀式については、残念ながらほとんど知られていない。弔いは五日間続き[5]、これはアティルの月の第八日から第十二日までであった[6]。儀式は「大地の耕し」から始まった。つまり、ナイル川の水位が下がり始めたときに畑仕事が始まった。その他の儀式としては、切り刻まれたオシリスの遺体の捜索、発見の喜び、その厳かな埋葬、といったものがあった。埋葬は十一月十一日に行われ、ここでは典礼書から哀歌が朗誦された。近代に入りそのいくつかの写本が発見された哀歌は、オシリスの妹たち、イシスとネフティスの発したことばとなっている。ブルクシュ〔Heinrich Karl Burgsch 一八二七〜九四年。ドイツのエジプト学者〕はつぎのように言う。「形式と内容において、これらの哀歌は、アドニスの儀式において死んだ神のために歌われた葬送歌を鮮やかに思い起こさせるものである[7]」。翌日は喜びにあふれた「ソカリスの祭り」となった。メンフィス〔古代エジプト北部、現在のカイロの南方、ナイル川の流域にあった都市〕の鷹の頭を持ったオシリスは、この「ソカリス」〔鷹の頭をした太陽神で、夜の太陽を表すとされる〕という名で呼ばれた。この日、幟や像や聖なる紋章で華麗に彩られた神殿の周りを、祭司たちは厳かに行進した。これは、古代エジプトで行われた、もっとも荘厳な行列のひとつであった。十一月十六日、すべての祭りは、タトゥ

(Tatu) もしくはタート (Tat) もしくはデッド (Ded) の柱の設立、と呼ばれる特別な儀式で幕を閉じた。[8] この柱は、古代の記録によると、頂上に横木を十字型に取りつけた円柱で、帆桁のようなもの、より正確には、柱の上部に置かれる柱頭のようなものであったらしい。[9] あるテーバイ〔テーベ〕の墓では、王自身が、親族や祭司とともに、この柱を支えている綱を引く者として表されている。この柱は、少なくとも後期のエジプトの神学では、オシリスの背骨と解釈された。これが、葉を剝ぎ取られた木を型どおりに表現したものであることは容易に頷ける。そして仮にオシリスが樹木霊であったならば、葉のない幹と枝がオシリスの背骨と言われるのも自然なことであろう。したがって円柱の設立は、エアマンの解釈するように、オシリスの復活の表象であろう。これはプルタルコスから窺い知れるように、オシリスの密儀で祝われたもののように思われる。[10] ひょっとすると、プルタルコスが祭りの三日目(アティルの月の第十九日)に行われたと記述している儀式もまた、この復活に関連していたかもしれない。プルタルコスは、この日祭司たちが聖なる櫃を海まで運んだ、と述べている。櫃の中には黄金の小箱が入れられ、これに飲み水が注がれる。そして、オシリスが発見された、という叫び声が上がる。つぎにいくらかの腐植土が水と混ぜ合わされ、この土から三日月形の像が作られる。これにローブを着せ、装飾を施したのだった。[11]

概してオシリスの神話と儀式が、アドニスとアッティスのそれに類似していることは明らかである。この三人の神のいずれの場合についても、われわれは、その早すぎる非業の死が、愛する女神によって弔われ、崇拝者たちによって毎年記念されていることを目にする。植物の神としてのオシリスの性質は、彼が最初に人間に麦の利用を教えたという伝説、および、毎年行われる彼の祭りが大地を耕すことから始まるという事実に表れている。彼はまた、ブドウの栽培も教えたと言われている。[12] フィラエ〔上エジプトのアスワン・ダムの北にあるナイルの川中島。古代イシス信仰の中心。現在では大部分が水没〕のイシスの大神殿にある、オシリスに捧げられた部屋のひとつには、オシリスの遺体が、そこから生え出した麦の茎で表現され、ひとりの祭司が手に持った水差しからこの茎に水をやっている図がある。この図に伴う碑文にはつぎのように記されている。「これは人が名指してはならぬ者の姿。帰り来る水より萌え出ずる、密儀のオシリスの姿である」[13]。麦が人となったオシリスを、これ以上生き生きと表現する方法はあり得まい。一方で碑文は、この人格化がオシリスの密儀の――奥義を授けられたもののみに明かされる、もっとも奥深い秘儀の――、核心であることを証言するものである。オシリスの神秘的な性格を判断するには、この遺跡を大いに重視せねばならない。その切り刻まれた遺体が至る所にばら撒かれたという伝説は、穀物の種を蒔くこと、もしくは穀物から籾殻をふるい分けることを表現する、神話的な方法であるかもしれない。後者の解釈を支持してくれるのは、イシスが、オシリスの切断された四肢を、麦の篩の上に乗せたという話である。[14] あるいは、この伝説は、人間（おおよそ穀物霊の代理と考えられた者だろうが）を殺して生贄に捧げ、その肉を分配し、あるいは畑を肥やすためにその灰を畑に撒くという風習の、名残であるかもしれない。すでに見てきたように、近代のヨーロッパにおいて、「死神」の像はときとしてばらばらに引き裂かれ、その断片は穀物が良く育つようにと畑に埋められるのだった。(15) 人間の生贄が同じ方法で扱われた例については後述する。古代エジプト人に関しては、彼らが赤毛の男を焼き、その灰を唐箕で扇いで撒き散らしたということを、マネトン〔エジプトの歴史家。紀元前三世紀のヘリオポリスの祭司長。ギリシア語でエジプト史を著わした〕を典拠とした記述から知ることができる。(16) 土着のエジプト人よりも一般に赤毛が多いからということで、この風習は単に外国人に対する悪意を露わにしたもの、との推測がなされるかもしれないが、実はそうではない。このことはつぎの事実から見て取れる。生贄に捧げられる牡牛もまた、赤くなければならず、牛に一本でも白い毛や黒い毛が見つかれば、これは生贄には相応しくないと考えられたのだった。(17) したがって、生贄とされる人間の赤毛は欠くことのできないものであっただろう。それが概して外国人であったということは、偶然に過ぎなかった。仮にわたしの推測どおり、このような人間の生贄が穀物の生長を促進するために行われたものであるなら——生贄の灰を箕であおり分けることは、この見解を裏付けるように思われる——、おそらく、黄金色に輝く穀草の霊を表すのに最適なものとして、赤毛の生贄が選ばれたのである。神がひとりの生きた人間で表される場合、この代理となる人間は、その神に似ているという観点から選ばれるのが自然だからである。このため、トウモロコシを、種から実りに至る、生命の全過程を経る人格的な存在と考えた古代メキシコ人は、この種を蒔くときには新生児を生贄に捧げ、発芽すると成長した子どもを生贄に捧げ、こうしてつぎつぎと生贄を捧げていった。そして最後に実が熟したときには、老人を生贄に捧げたのだった。[18]オシリスに与えられた名前のひとつは、「穀物」もしくは「収穫物」であった。[19]そして古代人はときに、オシリスを穀物の化身と説明した。[20]

しかしオシリスは穀物霊であるだけではない。彼はまた樹木霊でもあり、おそらくはこれが本来の性格である。というのも、すでに見てきたように、穀物霊とは、古くは樹木霊が敷衍されたものに過ぎないように思われるからである。オシリスの樹木霊としての性格は、フィルミクス・マテルヌスの記録したある儀式において、非常に生き生きと表現された。[21]一本のマツの木が切り倒され、その中心がくり貫かれる。そしてこのくり貫いた木材のほうでオシリスの像を作り、これが幹のほうの穴に「埋められる」のである。やはり、木に人格的な存在が宿るという木の受胎を、これ以上明確に表現する方法はないだろう。こうして作られたオシリスの像は、一年間保存された後燃やされた。これはまさしく、マツの木に据えつけられたアッティスの像になされたことである。フィルミクス・マテルヌスの記述している木を切る儀式は、プルタルコスもまた仄めかしているように思われる。[22]これはおそらく、オシリスの遺体がエリカの木に包まれて発見された、という神話上の物語に対応した儀式であったろう。毎年のオシリスの祭りで、最後にタトゥの柱が立てられたことから、[23]これはフィルミクスの述べる儀式と同じものであったと推測できる。神話ではエリカの木が王宮の柱となったことを思い出すべきである。アッティスの儀式でも、マツの木を切りこれに像を据えつけるという、類似した風習が見られたが、これと同様オシリスの儀式も、おそらくは例の風習——なかでもメイポールを運び込むことがもっともよく知られている、その類の風習——に属するものであった。とくにマツの木とされていることに関してはデンデラ〔エジプト、ルクソール北方、ナイル西岸のハトホル神殿所在地〕の例がある。ここではオシリスの木は一本の針葉樹とされており、オシリスの遺体を納めていた箱が、マツの木に包まれたものとして表現されている。[24] 松毬はしばしばオシリスへの捧げ物として記念碑の上に描かれる。またルーヴルにある写本には、オシリスからシーダー〔マツ科〕が生え出したと書かれている。[25] エジプトイチジクとタマリスク〔ギョリュウ属の低木〕もまた、オシリスの木とされる。いくつかの碑文では、オシリスはこれらの木の中に住むと語られている。[26] また彼の母ヌートは、頻繁にエジプトイチジクで表される。[27] ハウ（How）（ディオスポリス・パルウァ Diospolis Parva）にある墓には、オシリスの箱に影を投げかけるタマリスクが描かれている。フィラエにあるイシスの大神殿にはオシリスの神秘的な物語を表現した彫刻が並んでいるが、ここにはタマリスクが、これに水をやる二人の男とともに描かれている。ブルクシュによると、この最後の遺跡にある碑文から見て、大地の新緑がこの木の新緑に関係すると信じられたことは疑いを容れず、またこの彫刻がフィラエのオシリスの墓に言及するものであることも間違いない。プルタルコスは、いかなるオリーヴの木よりも高いメティデ（methide）の木が、この墓の上に影を投げかけていた、と語っている。この彫刻は、オシリスの姿がその遺体から生え出した麦穂とともに描かれている部屋と、同じ部屋にあったものかもしれない。[28] いくつかの碑文では、オシリスは「木の中にある者」や「アカシアの木にひとりある者」等々の名で呼ばれる。[29] いくつかの遺跡では、ときとしてオシリスは、一本の木もしくは複数の植物に覆われたミイラとして表されている。[30] オシリスの崇拝者たちが果樹を傷つけてはならないとされていることは、オシリスの樹木霊としての性格に一致する。また井戸を塞ぐことが許されていないことも、植物一般の神としてのオシリスの性格と一致している。暑い南の土地では、井戸水は灌水にとってきわめて重要だからである。[31]

イシス女神が本来持っている意味は、兄であり夫であるオシリスの場合よりも、さらにいっそう確定するのが難しい。彼女の属性および形容辞はあまりにも多く、象形文字の中では「多くの名を持つ者」や「千の名を持つ者」、ギリシアの碑文では「無数の名を持つ者」と呼ばれるほどである。[32] ティーレは率直に、「イシスの性格が最初どのような自然現象を指したものであるか、正確に知ることはもはや不可能である」と告白している。[33] レヌーフ氏〔Peter le Page Renouf 一八二二〜九七年。英国のエジプト学者。『死者の書』の翻訳で知られる〕は、イシスは「夜明け」であったと述べているが、[34] そう同定するいかなる理由も語られていない。少なくとも、彼女に穀物の女神を見て取ることには、いくつかの根拠がある。エジプトの歴史家マネトンを典拠としていたように見えるディオドロスによれば、小麦と大麦の発見はイシスに帰せられていた。そしてイシスの祭りでは、彼女が人間に施した恩恵を記念して、これらの穀草が行列をなして運ばれた。さらに、収穫期には、エジプトの刈り手たちは、最初に刈った穀草を下に置き、自らの胸を叩き、イシスの名を呼びながら哀悼した、という。[35] イシスが碑文の中で表されるときの形容辞には、「緑の作物の創造主」、「緑なる者、その色は大地の緑の如し」、「パンの女支配者」がある。[36] ブルクシュによると、彼女は「単に、大地を覆う新緑の植物の創造主であるのみならず、実際に緑の麦畑そのものなのであり、畑自体が女神として人格化されている」。[37] このことは、「ソキト」(Sochit) もしくは「ソケト」(Sochet) という形容辞から確認できる。これは「麦畑」を意味し、いまだコプト語にその意味を留めている語である。[38] ギリシア人がイシスをデメテルと同一視したのも、[39] 彼らがイシスを、この麦の女神という性格で考えたからである。あるギリシアのエピグラムでは、彼女は「大地の実りを生んだ女」、「麦穂の母」と記されており、[40] また彼女のために作られた讃歌では、彼女が自らを「麦畑の女王」と呼び、「肥えた耕地の小麦溢れる道の世話を託された者」と表現されている。[41]

オシリスはときとして太陽の神と考えられてきた。近代でも多くの著名な著述家たちがこの見解を採っているので、これには二、三の返答が必要と思われる。オシリスが太陽もしくは太陽神と同一視された証拠としてどのようなものがあるかを調べてみれば、これは数としては少なく、その質においても、まったく無価値というわけではないが疑わしいものであることがわかるだろう。ヤブロンスキーは、エジプトの宗教に関する古典的な著述家たちの証言を最初に収集・調査した近代の研究者であるが、この勤勉な学者は、オシリスが太陽であることは多くの方法で示され得るものであり、これを証明する数多くの証拠を提出することもできるが、学識ある者はだれひとりこの事実を疑うことがないので、実際にこの証明を行う必要はない、と言っている。[42] 彼があえて遜りながら引用する著述家たちの中で、オシリスをはっきりと太陽と同一視しているのは、ディオドロスとマクロビウスの二人だけである。ディオドロスの一文はつぎのとおりである。[43]「エジプトの原住民たちは、空を見上げ、宇宙の大自然への恐怖と驚きに打たれ、そこには永遠にして太古のものである二人の神、太陽と月があると考えた、と言われる。彼らはそれを、太陽の神オシリス、月の神イシスと名づけたのだった[44]」。ディオドロスのこの言明がマネトンを典拠としたものである、と信じる根拠はあるが、たとえそうだとしても、これに重きをおくことはほとんど、あるいはまったく、できない。というのも、これは明らかに、エジプトの宗教の起源に関する、哲学的で、それゆえ後世のものと見える説明だからである。これはわれわれには、未開民族の粗野な伝説よりもむしろ、多くの星がきらめく天上と道徳律を語る、カントのよく知られた言を思い起こさせるものである。ヤブロンスキーの第二の典拠マクロビウスとなるとさらにひどい。というのも、マクロビウスこそ、ほとんどすべての神を太陽に還元してしまうという、大多数の神話学者一族の父祖であったからである。マクロビウスによれば、メルクリウスもマルスもヤヌスもサトゥルヌスも太陽であり、ユピテルもそうならネメシスもパンも、その他諸々も皆太陽だ、ということになる。[45] それゆえ彼がオシリスを太陽と考えるのもほとんど理の当然である。[46] だが、すべての神は太陽である（「すべての神々と同様、オシリスは太陽である」）という、マスペロ教授〔Gaston Maspero 一八四六〜一九一六年。フランスのエジプト学者〕がきわめて率直に述べた一般的な原理はさておき、マクロビウスは、とくにオシリスを太陽と同一視するために示すべき根拠を、さほど持ち合わせていない。[47] 彼は、ひとつ目がオシリスの象徴となっていたことを理由に、太陽であるに違いないと論じている。この前提〔ひとつ目がオシリスの象徴となっていたこと〕は正しい。[48] だがその前提が、正確にどのようにその結論を導き出すのかは、明らかではない。プルタルコスもまた、オシリスが太陽であるという意見には言及しているが、これを認めてはいない。[49] またフィルミクス・マテルヌスもこの意見に言及してはいる。[50]

近代のエジプト学者の中で、オシリスを太陽とみなしているレプシウス〔Karl Richard Lepsius 一八一〇〜八四年。ドイツのエジプト学者〕は、おもに先に引用したディオドロスの記述に依拠しているように見える。だが彼はさらに付け加えて、その複数の遺跡もまた「後の時代に至って、オシリスがときにラーと考えられたことを示している。この性質によって彼は、『死者の書』においてさえオシリス・ラーと呼ばれ、またイシスも、しばしば『ラーの王妃』と呼ばれる」と言っている。[51] もちろん、ラーが自然界の太陽そのものであると同時に太陽神であることには異論はない。だが、レプシウスほどの偉大な学者の権威にあらゆる敬意を払ってみても、この同一性がオシリスの本来の性格の証拠と考えられるかどうかは疑わしい。というのも、古代エジプトの宗教は、[52] 複数の地方教団の連合と呼べるものであり、これらの教団は、互いに嫉妬心ひいては敵愾心をも抱いた独自性をある程度まで備えていた一方で、政治的な中心性と哲学的内省を融合しようという動きに絶え間なく晒されていたからである。この宗教の歴史はおもに、これら反目しあう権力と趨勢の鬩ぎ合いから成り立っていたように見受けられる。一方には、地方の教団を、太古から受け継いできたとおりに、一切の生き生きとした、鋭利な、明快な特徴をそのままに保ち続けたいという保守的な趨勢があった。他方には、強力な中央政府のもとで徐々に融合しつつあった人民の支持を得て、まずは地域的な特徴という角張ったものを削り、これを曖昧にし、最後にはこれを完全に砕いて、単一の国家宗教の中に溶かし込みたいという、進歩的な趨勢があった。保守派はおそらく、大多数の平民階級を集めていたことだろう。地方の神をよしとする勢力は、彼らの偏見と愛情を温かく受け入れた。その神の神殿と儀式は、彼らが幼い頃から慣れ親しんできたものであった。民衆が変化を忌み嫌うのは、古くからの結束がもたらす効果を大切に思う気持ちに根ざすものだが、これが地方の聖職者の公平無私とは言えぬ抵抗によって、大いに勢いづけられていたに違いない。この聖職者たちにとって、彼らの聖堂がなんらかの衰退を被れば、実質的な損害は避けがたいのである。一方、国の政治および宗教組織の統合によって権力と栄光を増すことができる王たちは、当然のことながら宗教の統一運動の第一人者であった。王たちの努力は、教養ある思慮深い少数者によって支持されることになる。この少数者たちは、地方の儀式に見られる数多くの野蛮で忌まわしい要素に、ほとんどの場合衝撃を受けたことだろう。このような例ではつねにそうなのだが、この宗教的な統一は、様々な地方神の間に、現実的なものであれ想像上のものであれなんらかの類似点を見出すことによって、大いに効果を上げたように思われる。ここで地方神たちは、名前が違うだけの、あるいは顕現の仕方が違うだけの、同じひとつの神であると宣言されたのだった。

かくして注目の的となり、数多くの小さな神々を自らのうちに取り込んでいった神々の中で、太陽神ラーはもっとも重要なものであった。エジプトの神々のうち、かつてラーと同一視されたことがないという神は、ほとんどいなかったように思われる。テーバイのアメン〔アモン〕、東部のホルス、エドフ〔エジプト南東部、ナイル川沿いの町〕のホルス、エレファンティネ〔エジプト南東部アスワンを流れるナイル川にある小島〕のクヌム、ヘリオポリスのアトゥム——これらは皆ひとつの神、太陽とみなされた。水の神ソベクでさえ、そのワニの姿にもかかわらず、同様の運命を免れなかった。事実、ひとりの王アメンヘテプ四世が、これら古くからの神々すべてを直ちに一掃し、単一の神、「太陽という大いなる生きた円盤」に取って代えることに着手した。(53) 王を祝して作られた讃歌では、この神は「太陽なる生きた円盤、その隣に並ぶものなし」と歌われる。この神は「はるかなる空」と「人間、獣そして鳥を作った」と語られ、「その光線を放つ眼は強力であり、彼が姿を現わすとあらゆる花々が生え育ち、彼の上昇にともなって牧草地は繁茂し、彼の姿を見て酔いしれ、すべての家畜は跳ね回り、沼の鳥たちは喜びで羽ばたきまわる」。彼こそが「年なるものをもたらし、一月一月を創造し、日々を作り、時間を数える者である。時の王であり、この王によって人は計算を行う」。神の統一に熱心であった王は、その他一切の神々の名を記念碑から抹消し、像を破壊することを命じた。王の怒りはとりわけアメンに向けられた。この神の名と像は、どこに見出されようとも抹消・撤去され、この憎き神の記念物を破壊するためならば、墓地の聖性さえも汚された。カルナック〔エジプト南部キーナのナイル川に臨む市〕やルクソール〔同じくキーナのナイル川に臨む市〕をはじめとする地域では、いくつかの大神殿の広間で、そこに刻まれた神々の名前が、偶然残ったほんのわずかな例外を除いて、すべて削り取られた。この王の治世下では、太陽の神以外、いかなる神の名も碑文に刻まれることはなかった。この王は、アメンヘテプという自らの名前さえ変えた。アメンの名を含んでいたからである。王は代わりにクエン・エテン(Chuen-eten)、「太陽の円盤のきらめき」を名乗った。彼の死後は激しい反動が起こった。古い神々は本来の地位と特権の座に返り咲いた。名前と像が復活し、新たに神殿が建造された。だが死んだ王の建てた聖堂や宮殿はすべて打ち壊された。石造りの墓所や山腹にある、王の石像とその神の石像までも、削り取られあるいは漆喰で埋められた。このため後の記念物に彼の名が現れることはない。その名はすべての公式文書から、入念に削除されたのだった。

エジプトの宗教史を可能な限り遡ってみると、アメンヘテプ四世のこの試みは、この宗教につきまとってきたらしいひとつの傾向の、極端な一例に過ぎない。したがって、いかなるエジプトの神にも共通する原初の性格を発見しようというわれわれの当初の目的に戻れば、あるエジプトの神を、他の神、とりわけ太陽神ラーと同一視することには、まったく重きを置くことができない。このような同一視は、変遷の道程を辿ることに貢献するなどころか、かえって探求を妨げ混乱させるばかりである。エジプトの神々の原初の性格を示す最大の証拠は、その知られる限りでの儀式と神話（不運にもこれは実に数少ない）、および遺跡に刻まれた彼らの表象に、見出されることだろう。わたしはもっぱら、これらの源泉から引き出される証拠に基づいて、オシリスを植物の神と解釈しているのである。

より若い世代の学者の中では、ティーレが、オシリスは太陽であるという意見を持っている。なぜなら「その讃歌の中で、オシリスによる父の王位の継承は、日の出に喩えられており、さらに彼はつぎのような多くのことばで語られているからである。『オシリスは地平線の上に煌く。太陽が至高の天空からそうするように、彼は二重の羽根から光線を放ち、世界を光で溢れさせる』(54)」。ならば同じ理由で、マリー・アントワネットは明けの明星の女神であったに違いない、ということになる。というのも、バーク〔Edmund Burke 一七二九〜九七年。英国の政治家・弁論家〕はヴェルサイユで見た彼女を、「まさに地平線の真上、立ち上る天体に光彩を添え慰めを与えながら、彼女は入場を始めた。明けの明星のように煌き、生命と輝きと喜びに満ち溢れている」と語っているからである。仮にこのような比喩がなんらかのことを証明するというのであれば、ここで証明されているのは、オシリスが太陽ではなかった、ということだ。ひとつの比喩にはつねに二つの項がある。つまり、ひとつの項をそれ自体に喩えることはできないのである。だが、ティーレはまた遺跡にも注意を喚起している。彼が証拠としているものは何か？　ときとしてオシリスは、ある像によって表象される。この像が頭上に乗せているのは「いわゆるタートの柱であり、これは全体が、ある種の重ね合わされた柱頭からできており、その一本には走り書きされたような粗雑な顔が彫られている」。ティーレは、この粗雑な顔こそ「まぎれもなく、輝ける太陽を表そうと意図されたものである」という意見を持っている。[55]仮にすべての「彫られた粗雑な顔」が輝く太陽の象徴とみなされるのであれば、太陽崇拝はいくつかの思いも寄らない場所で発見されることだろう。しかしながら、概してティーレは、ヤブロンスキー同様、漠然とした一般論という高みに慎重に留まろうとしている。そのため彼がときおり事実のレベルにまで降りてくると、結果は彼がその場に居続けることを奨励するものではなくなってしまう。彼は言う、「細部に降り下って、微々たる変異に留意せねばならないとなると、われわれは象徴主義と神秘主義の大海に迷い込んでしまうに違いない」。[56]これは殺人に対するド・クインシーの態度に似ている。「わたしが提唱したいのは一般的な原理である。だが個別の事例については、これを最後に一切関わりを持ちたくない」。これほど高尚な地点に立てる人間はいない。

ル・パージュ・レヌーフ氏もまた、オシリスは太陽であると考えており、[57]その立場はティーレよりもいっそう強固である。というのも、ティーレは自らの見解に粗悪な論拠を提示しているが、レヌーフ氏の場合なんら提示することがなく、したがって論駁することすら不可能だからである。

昨今の著述家たちがオシリスを太陽とみなす際、おもに依拠しているらしい根拠は、オシリスの死の物語が、自然界のいかなる現象よりも、太陽の現象にもっともうまくあてはまる、ということである。なるほどオシリスの死と復活の神話は、日々現れては消える太陽をごく自然に表現し得る。そこでオシリスを太陽とみなす著述家たちは周到に、オシリス神話があてはまると考えられるのは、太陽の一年の行程ではなく一日の行程である、という事実を強調する。レヌーフ氏ははっきりと、エジプトの太陽は、もっともな理由から、冬に死ぬものとして描写されることはあり得ない、と認めている。[58] だがオシリスの毎日の死が伝説の主題であったならば、なぜそれは毎年の儀式によって祝われたのだろうか？もっぱらこの事実が、オシリス神話を日の出と日没を述べたものとする解釈にとって致命的であるように思われる。また、太陽は毎日死ぬと語られ得るかもしれないが、ならばどのような意味で、ばらばらに切り刻まれたと語られ得るのだろうか？[59]

わたしの信じるところでは、われわれの探求の途上で明らかになったのは、日の出と日没以外にも、これと同じくらい適切に、死と復活の概念があてはまる自然現象があるのであり、事実これは、習俗の中でそのようなものとして考えられまた表象されてきた、ということである。この現象とは、植物の毎年の生長と衰退である。オシリスの死を、日没よりむしろ植物の衰退と考える強力な理由は、古代の（異口同音ではないものの）一般的な発言の中に見出し得る。この発言は、オシリス、アドニス、アッティス、ディオニュソス、およびデメテルの崇拝と神話を、本質的に同じタイプの宗教としてひとまとめにするものである。[60] この問題に関して古代の意見は十分な一致を見ているようであり、単なる空想として斥けることはできない。オシリスの儀式はビュブロスのアドニスの儀式ときわめて類似していたため、ビュブロスの人々の中にさえ、自分たちが悼んでいるのはアドニスの死ではなくオシリスの死である、と主張する人たちがいた。[61] そのような見解は、もしこの二つの神の儀式がほとんど区別できないほどまでに類似していたというのでなければ、まず生まれなかっただろう。またヘロドトスは、オシリスの儀式とディオニュソスの儀式の類似が夥しいことを知ったゆえに、ディオニュソスの儀式が単独で発生したはずはない、と考えた。それは後年ギリシア人たちがエジプト人たちから借り受け、これに多少の変更を加えたものに違いない、と考えたのだった。[62] また、比較宗教学に関して実に聡明な研究者であったプルタルコスは、オシリスの儀式とディオニュソスのそれとの詳細な類似を力説している。[63] これほどまでに聡明で信頼のおける証人たちが、彼らの目に明白と映った事実に関して述べている証言を、われわれが無視することはできない。確かに、神々の崇拝に関する彼らの説明は、拒否することが可能である。宗教祭儀の意味は、しばしば疑問の余地を残しているからである。しかし、儀式の類似は観察の問題である。したがって、オシリスを太陽と説明する人々は、オシリス、アドニス、アッティス、ディオニュソス、およびデメテルの儀式の類似に関する古代の証言を、誤ったものとして斥けるか、あるいはこれらすべての儀式を太陽崇拝と解釈するかという、二者択一を迫られることになる。近代の学者はだれも、この二者択一を直視することはなかったし、またいずれかを受け入れることもなかった。前者の立場を採ることは、われわれがこれら神々の儀式について、それを実行した人々よりも、あるいは少なくともそれを目撃した人々よりも、よく知っている、と断言することになるだろう。後者の立場を採ることには、マクロビウスさえ回避した行為――神話と儀式を捻じ曲げ、摘み取り、切り刻み、歪めるという行為――が伴ってくるだろう。[64] 一方、これら一切の儀式の本質は植物の死と再生の擬態であったという見解ならば、それらの儀式を個別にかつ集合的に、容易で自然な方法によって説明することができ、その実質的な類似を言う古代人たちの一般的な証言とも矛盾を来たさないのである。これまでのところでは、アドニス、アッティス、オシリスをこのように説明できる証拠を提示してきた。そこでつぎに、ディオニュソスとデメテルについても同じ作業を行なわなければならない。

(1) 一貫性を備えたオシリス神話は、プルタルコス『イシスとオシリス』cc. 13-19 から知られるのみである。エジプトの原典から復元されたいくつかの付加的な詳細は、以下に見出されることだろう。Adolf Erman, *Ägypten und ägyptisches Leben im Altertum*, p. 365 以下。

(2) Le Page Renouf, *Hibbert Lectures*, 1879, p. 110. H. Brugsch, *Religion und Mythologie der alten Ägypter*, Leipzig, 1885-1888, p. 614. Erman 前掲書同箇所。Eduard Meyer, *Geschichte des Altertums*, i. § 56 以下。

(3) プルタルコス『イシスとオシリス』13. ディオドロス、i. 14. ティブルス (Tibullus, *Carmina*, ed. C. G. Heyne et E. C. F. Wunderlich, Leipzig, 1817)、i. 7, 29 以下。

(4) プルタルコス前掲書 8.

(5) Brugsch 前掲書 p. 617 にそう記されている。プルタルコス前掲書 39 では、アティルの月の第十七日目から四日間続いた、とされている。

(6) アレクサンドリア暦では、アティルの月は十一月に相当する。だが古代エジプト暦は曖昧で、閏日を使っていないため、いずれの祭りについても、天文学上の日付は年によって異なり、太陽年〔三六五日五時間四八分四五・五秒〕のサイクルに直せばどの日に相当してもよいほどである。それゆえ、暦が確定した際にアティルが十一月に落ち着いた、という事実からは、オシリスの死がもともと何日に祝われていたかという推論は引き出せない。したがって、エジプトの収穫期は十一月ではなく四月になるが、もともとは収穫の祭りとして祝われていた、ということは十分にあり得ることである。以下も参照せよ。J. Selden, *De dis Syris*, Leipzig, 1668, p. 335 以下。プルタルコス『イシスとオシリス』c. 39 に関する Parthey の注釈（*Isis et Osiris*, ed. G. Parthey, Berlin, 1850）。

(7) Brugsch 前掲書同箇所。これらの哀歌の実例は、Brugsch 前掲書 p. 631 以下、および *Records of the Past*, London, N. D., ii. 119 以下を見よ。また、毎年行われたオシリスの発見と埋葬の儀式については、以下も参照せよ。フィルミクス・マテルヌス『異教の過ちについて』2 §3. ウェルギリウス『アエネイス』iv. 609 に関するセルウィウスの注釈。

(8) Brugsch 前掲書 p. 617 以下。Erman 前掲書 p. 377 以下。

(9) Erman 前掲書同箇所。Sir J. Gardiner Wilkinson, *Manners and Customs of the Ancient Egyptians*, ed. S. Birch, London, 1878, iii. 68, 82. C. P. Tiele, *History of the Egyptian Religion*, p. 46.

(10) プルタルコス前掲書 35. *ὁμολογεῖ δὲ καὶ τὰ τιτανικὰ καὶ νὺξ τελεία τοῖς λεγομένοις*

'Οσίριδος διασπασμοῖς καὶ ταῖς ἀναβιώσεσι καὶ παλιγγενεσίαις, ὁμοίως δὲ καὶ τὰ περὶ τὰ ταφάς.

(11) プルタルコス前掲書 39.

(12) ティブルス、i. 7, 33 以下。

(13) Brugsch 前掲書 p. 621.

(14) ウェルギリウス『農耕詩』i. 166 に関するセルウィウスの注釈。

(15) 本書三六四〜六五頁。

(16) プルタルコス前掲書 73、また 33 も参照せよ。ディオドロス、i. 88.

(17) プルタルコス前掲書 31. ヘロドトス、ii. 38.

(18) Bastian, *Die Culturländer des alten Amerika*, ii. 639 で引用されている Antonio de Herrera.

(19) E. Lefébure, *Le mythe Osirien*, Paris, 1874-1875, p. 188.

(20) フィルミクス・マテルヌス前掲書 2, § 6, defensores eorum volunt addere physicam rationem, frugum semina Osirim dicentes esse, Isim terram, Tyfonem calorem : et quia maturatae fruges calore ad vitam hominum colliguntur et divisae a terrae consortio separantur et rursus adpropinquante hieme seminantur, hanc volunt esse mortem Osiridis, cum fruges recondunt, inventionem vero, cum fruges genitali terrae fomento conceptae annua rursus coeperint procreatione generari. エウセビオス『福音の準備』iii. 11, 31, ὁ δὲ "Ὄσιρις παρ' Αἰγυπτίοις τὴν κάρπιμον παρίστησι δύναμιν, ἣν θρήνοις ἀπομειλίσσονται εἰς γὴν ἀφανιζομένην ἐν τῷ σπόρῳ, καὶ ὑφ' ἡμῶν καταναλισκομένην εἰς τὰς τροφάς.

(21) フィルミクス・マテルヌス前掲書 27, § 1.

(22) プルタルコス前掲書 21, *αἰνῶ δὲ τομὴν ξύλου καὶ σχίσιν λίνου καὶ χοὰ χεομένα, διὰ τὸ πολλὰ τῶν μυστικῶν ἀναμεμίχθαι τούτοις.* および c. 42, *τὸ δὲ ξύλον ἐν ταῖς λεγομέναις Ὀσίριδο ταφαῖς τέμνοντες κατασκευάζουσι λάρνακα μηνοειδῆ.*

(23) 本書四一五〜一六頁を見よ。

(24) Lefébure 前掲書 p. 194, 198. ここには A. Mariette-Bey, *Dendérah* (Paris, 1873-1880), iv. 66 および 72 への言及がある。

(25) Lefébure 前掲書 p. 195, 197.

(26) S. Birch, in Wilkinson's *Manners and Customs of the Ancient Egyptians*, iii. 84.

(27) Wilkinson 前掲書 iii. 63 以下。Ed. Meyer 前掲書 i. § 56, § 60.

(28) Wilkinson 前掲書 iii. 349 以下。Brugsch 前掲書 p. 621. プルタルコス前掲書 20. プルタルコスのこの箇所について、Parthey は、*μηθίδης* を *μυρίκης* と読むことを提案している。この推測は Wilkinson も前掲書同箇所で受け入れているように見える。

(29) Lefébure 前掲書 p. 191.

(30) Lefébure 前掲書 p. 188.

(31) プルタルコス前掲書 35. イシスとデメテルの神話が一致している点のひとつは、失われた愛する者を探し求めている両女神が、悲しみに沈み疲れ果て、井戸の縁に腰掛けた、と言われていることである。このためエレウシス〔古代アッティカのアテナイの北西にあった市〕では、成人した者は井戸に腰掛けることが禁じられた。プルタルコス前掲書 15. ホメロス讃歌「デメテルへの讃歌」98 以下。パウサニアス、i.

39, 1. アポロドロス、i. 5, 1. ニカンドロス『動物誌』486. アレクサンドリアのクレメンス『ギリシア人への勧告』ii. 20.

(32) Brugsch 前掲書 p. 645.

(33) Tiele 前掲書 p. 57.

(34) Renouf 前掲書 p. 111.

(35) ディオドロス、i. 14. エウセビオス（『福音の準備』iii. 3）は、ディオドロス（i. 11-13）から、エジプトの古代宗教に関する長い文を引用しているが、この引用（c. 2）はつぎの言で始まっている。*γράφει δὲ καὶ τὰ περὶ τούτων πλατύτερον μὲν ὁ Μανέθως, ἐπετετμημένως δὲ ὁ Διόδωρος.* これは、ディオドロスがマネトンを要約したことを含意しているように思われる。

(36) Brugsch 前掲書 p. 647.

(37) 前掲書 p. 649.

(38) 前掲書同箇所。

(39) ヘロドトス、ii. 59, 156. ディオドロス、i. 13, 25, 96. アポロドロス、ii. 1, 3. リュコフロン、212 に関するツェツェスの注釈。

(40) *Anthologia Planudea*, ed. F. Dübner, Paris（Didot）, 1872, 264, 1.

(41) *Orphica*, ed. E. Abel, Leipzig and Prague, 1885, p. 295 以下。

(42) P. E. Jablonski, *Pantheon Aegyptiorum*, Frankfort, 1750-1752, i. 125 以下。

(43) 前掲書 i. 11.

(44) 前註（35）を見よ。

(45) マクロビウス『サトゥルナリア』i を見よ。
(46) 前掲書 i. 21, 11.
(47) Sir Gaston Maspero, *Histoire ancienne des peuples de l'Orient*, fourth ed., Paris, 1886, p. 35.
(48) Wilkinson 前掲書 iii. 353.
(49) プルタルコス前掲書 52.
(50) フィルミクス・マテルヌス前掲書 8.
(51) Lepsius, "Über den ersten ägyptischen Götterkreis und seine geschichtlich-mythologische Entstehung," in *Abhandlungen der königlichen Akademie der Wissenschaften zu Berlin*, 1851, p. 194 以下。
(52) エジプト宗教史から得られるこの見解は、Erman 前掲書 p. 351 以下における見取り図に基づくものである。
(53) この宗教改革の試みについては以下を見よ。Lepsius 前掲書 pp. 196-201. Erman 前掲書 p. 355 以下。
(54) Tiele 前掲書 p. 44.
(55) 前掲書 p. 46.
(56) 前掲書 p. 45.
(57) Renouf 前掲書 p. 111 以下。
(58) 前掲書 p. 113. またつぎも参照せよ。Maspero 前掲書 p. 35. Ed. Meyer 前掲書 i. § 55, § 57.
(59) オシリスを、太陽とみなすよりも月とみなすほうに、はるかにもっともらしい根拠がある。根拠一、彼は二十八年間生きた、もしくは治めた、と語られている。プルタルコス『イシスとオシリス』cc. 13, 42. これは太陰月を言う神話的な表現と考えられる。根拠二、彼の遺体は十四に切り刻まれた（『イシスとオシリス』cc. 18, 42)。これはかけ始めた月と解釈できる。月期の後半をなす十四日間、月は日ごとに自らの一部を失わせてゆくからである。テュフォンは満月の夜にオシリスの遺体を見つけた、とはっきり語られている(『イシスとオシリス』8)。したがってオシリスの切断は、月がかけ始めると同時に始まることになる。根拠三、イシスのオシリスへの呼びかけと考えられる讃歌では、つぎのように言われている。トトは「あなたの魂を、月の神マアトの樹皮の中に、あなたの名であるその中に、収めた」〔マアト(Maat)は、エジプト神話では真実・正義の女神、太陽神ラーの娘とされる。頭に一本のダチョウの羽をつけた姿で表され、死者の生前の行為の審判で、死者の心臓をはかりにかけ、もう一方のはかり皿の上にこの羽が載せられた〕。

またつぎのようにも言われている。「あなたは毎月子どもとしてわたしたちのもとにやってくる。わたしたちはあなたを思わずにいられない。あなたから発せられる光は、天空のオリオンの星たちの輝きを強める」等々。*Records of the Past*, i. 121 以下。Brugsch 前掲書 p. 629 以下。ここではオシリスが、決り文句により月と同一視されている。同じ讃歌で彼が(太陽神の)「ラーのようにわれわれを照らす」と語られているのなら、すでに見てきたように、これは彼を太陽とみなす根拠とはなれず、むしろその反証となる。根拠四、春の始まりであるファネモト(Phanemoth)の月の新月の日に、エジプト人は、彼らが「オシリスの月への入場」と呼ぶものを祝う。『イシスとオシリス』43. 根拠五、オシリスの魂の像とみなされている聖牛アピス(『イシスとオシリス』cc. 20, 29)は、月によって孕まされたと信じられている牝牛から生まれた(『イシスとオシリス』43)。根拠六、一年に一度、満月の夜に、豚たちが月とオシリスのために同時に生贄に捧げられた。ヘロドトス、ii. 47.『イシスとオシリス』8. 豚のオシリスとの関係については、後に検討する。

オシリスは植物神であったとわたしは考えているが、その植物神がなぜ月とこれほど密接な関係に置かれているかについては、詳細な説明を試みようとは思わない。一般に植物の生長と月相の間に存在していると信じられている、密接な関係に言及しておけばよいだろうからである。これについてはたとえば以下を見よ。プリニウス『博物誌』ii. 221, xvi. 190, xvii. 108, 215, xviii. 200, 228, 308, 314. プルタルコス『食卓歓談集』iii. 10, 3. アウルス・ゲリウス、xx. 8, 7. マクロビウス『サトゥルナリア』vii. 16, 29 以下。また、以下のような農業に関する古代の著作にも多くの例が見出される。カトー、37, 4. ウァロ、i. 37. *Geoponica*, i. 6.

(60) ヘロドトス、ii. 42, 49, 59, 144, 156. プルタルコス『イシスとオシリス』13, 35. 同『食卓歓談集』iv. 5, 3. ディオドロス、i. 13, 25, 96, iv. 1. *Orphica*, Hymn 42. エウセビオス『福音の準備』iii. 11, 31. ウェルギリウス『アエネイス』xi. 287 に関するセルウィウスによる注釈。ウェルギリウス『農耕詩』i. 166 に関するセルウィウスによる注釈。ヒッポリュトス『全異端駁論』v. 9, p. 168. Socrates, *Historia Ecclesiastica*, iii. 23, p. 204. リュコフロン、212 に関するツェツェスによる注釈。*Διηγήματα*, xxii. 2, in *Mythographi Graeci*, ed. A. Westermann, Brunswick, 1843, p. 368. ノンノス『ディオニュソス譚』iv. 269 以下。コルヌトゥス『神々の本性について』c. 28. アレクサンドリアのクレメンス『ギリシア人への勧告』ii. 19. フィルミクス・マテルヌス前掲書 7.

(61) ルキアノス『シリアの女神について』7.

(62) ヘロドトス、ii. 49.

(63) プルタルコス『イシスとオシリス』35.

(64) マクロビウスは、オシリス、アッティス、アドニス、およびディオニュソスを、すべて太陽であると説明したが、デメテル（ケレス）についてだけは思いとどまり、これは月であると解釈したのだった。

『サトゥルナリア』bk. i を見よ。

第七節　ディオニュソス

ギリシアの神ディオニュソスまたはバッコスは、(1)ブドウの木の神としてもっともよく知られている。だが彼はまた、樹木一般の神でもあった。たとえば、ほとんどすべてのギリシア人たちは「木であるディオニュソス」に生贄を捧げた、と語られている。(2)ボイオティアでは、彼の称号のひとつに「木の中のディオニュソス」があった。(3)彼の像はしばしば単なる直立した柱であり、腕はなく、マントで覆われ、頭としては髭を生やした顔があるだけで、頭部もしくは胴からは葉の繁る枝が突き出ていた。これでこの神の性質を表したのだった。(4)ある瓶に描かれた素朴な肖像は、丈の低い木か灌木から現れ出る彼の姿を描いたものである。(5)彼は栽培された樹木の守護者であった。(6)彼に捧げられた祈禱は、樹木を育ててくださいと願うものであった。(7)とりわけ農夫に崇められ、なかでも果実を栽培している農夫たちは、木の切り株をそのままの形で彼の像とし、果樹園の中に置いた。(8)彼はすべての果実を発見した者と言われ、なかでもリンゴとイチジクについてはとりわけ言及が多い。(9)また彼自らが農作業を行ったと語られている。(10)「実り多き」者とか、「緑の果実の男」、あるいは「果実を育てる」者、と呼ばれた。(11)称号のひとつは「豊富な」(teeming)もしくは(樹液・花が)「迸る・ほころびる」(burst)にあたる語であり、(12)「花咲き誇るディオニュソス」という名はアッティカおよびアカイアのパトライにあった。(13)とくにディオニュソスに献じられる木としては、ブドウの木の他にマツの木があった。[14] デルフォイの神託は、コリントス人たちに、とりわけマツの木を「神と同等に」崇拝するよう命じた。このため彼らはこの木からディオニュソスの像を二つ作り、顔を赤く塗り、体を金箔で覆った。[15] 絵画でよく見られるものは、この神もしくはこれを崇拝する者たちが、先端に松毬のついた杖を運ぶ姿である。[16] またキヅタとイチジクの木は、とくにこの神と関係が深い。アッティカの町区アカルナイには、「ディオニュソスのキヅタ」なるものがあった。[17] ラケダイモン〔スパルタの正式名〕には、「イチジクのディオニュソス」なるものがあった。またイチジクがメイリカ（meilicha）と呼ばれていたナクソス島〔エーゲ海最大の島。テセウスがアリアドネを置き去りにした伝説で有名〕には、「ディオニュソス・メイリキオス」（Dionysus Meilichios）と呼ばれるものがあり、この像の顔はイチジクの木材で出来ていた。[18]

これまでに考察してきた他の植物神と同様、ディオニュソスは非業の死を遂げたが再び蘇った、と信じられた。その受難と死と復活は神聖な儀式で再現された。フィルミクスの語るところでは、クレタ島の神話につぎのように述べられている。ディオニュソスは、クレタ島の王ユピテル（ゼウス）の庶子と言われていた。ユピテルは旅に出る際、幼いディオニュソスに玉座と笏を譲渡したが、妻ユノ（ヘラ）がこの子に対し嫉妬深い嫌悪を抱いていると知り、ディオニュソスを護衛たちの手に委ねた。ユピテルは彼らの忠誠心を信頼できるものと考えていた。しかしながらユノはこの護衛たちを買収し、玩具と巧妙に作られた姿見によって幼い子どもを誘い出し、ユノの従者である巨人族、ティタン族の待ち伏せする場所に連れ出した。ここでティタン族はディオニュソスに襲いかかり、四肢をばらばらに引き裂き、遺体を様々な薬草で煮て食べた。だがこの行いに加わっていた彼の姉ミネルウァ〔アテナ〕は、彼の心臓を持ち去り、帰還したユピテルに渡して、犯罪の全容を打ち明けた。怒ったユピテルはティタン族を拷問にかけて処刑し、息子を失った悲しみを鎮めるために像を作り、その中に幼い子の心臓を収め、彼を祭る神殿を建てた。[19] この物語では、ディオニュソス神話に対して、一種のエウヘメロス説〔神話の神々は神格化された人間であるとする説。ときに、神話は史実としての人間・事件の記録であるとする、神話史実説を指す〕に従う考え方が採られている。ユピテルとユノ（ゼウスとヘラ）を、クレタ島の王と妃として表現しているからである。またここに登場する護衛たちは神話上のクレテス〔クレタ島の精〕に当たり、彼らは幼いゼウスの周りで踊ったと言われているが、同様に衛兵たちも、幼いディオニュソスの周りで戦いの踊りを踊ったとされている。[20] ディオニュソスの血からはザクロが生えてきたと考えられたが、[21] これはアドニスの血からアネモネが、アッティスの血からスミレが生えてきたのと同じである。ディオニュソスの切断された四肢は、ゼウスの命によりアポロンがこれを継ぎ合わせパルナッソスの山に埋葬した、と語る文献もある。[22] ディオニュソスの墓はデルフォイの神殿にあり、黄金のアポロン像の隣にあった。[23] ここまでのところでは、殺害された神の復活は言及されていない。だがディオニュソス神話の別の物語群では、これが様々に語られている。ひとつの物語はディオニュソスをデメテルの息子としており、この母親が、彼の切り刻まれた体を継ぎ合わせ、再び若者の姿に変えた、と断言している。[24] 他のいくつかの物語では、彼は埋葬後ほどなくして死者のうちから蘇り天に昇った、と簡潔に語られていることもあれば、[25] 致命傷を受けて横たわっている彼をゼウスが引き上げた、[26] あるいはまた、ゼウスがディオニュソスの心臓を飲み込み、今一度セメレによって新たに彼を生み出した、[27] と語られていることもある。セメレは、一般の伝説では、ディオニュソスの母として現われる。また、心臓は粉状にされ、その一部がセメレに与えられ、これによって彼女が彼を孕んだ、とする物語もある。[28]

神話から儀式へと目を転じると、クレタ島人たちはこの祭りを二年に一度行っていたようであり、[29] そこではディオニュソスの受難と死が、非常に詳細に再現されていたことがわかる。[30] 復活が神話の一部となっている地域では、復活もまた儀式において再現され、[31] 復活に関する、あるいは少なくとも不死に関する一般的な教義が、崇拝者たちに熱心に教え込まれていたようにさえ見える。というのも、プルタルコスは、幼い娘を亡くした妻を慰めるために書いた手紙の中で、伝統的に説かれてきた、ディオニュソスの密儀に現われている魂の不死という考え方によって、妻を慰めようとしているからである。[32] ディオニュソスの死と復活をめぐる別な形の神話では、彼は母セメレを死者のうちから連れ戻すために、ハデスのもとに下った、とされている。[33] アルゴス地方の伝説では、彼はアルキュオネの湖(the Alcyonian lake) の中に下っていったとされている。その後この下界からの帰還、すなわち彼の復活が、アルゴス人たちによってこの地点で毎年祝われた。アルゴス人たちは、ラッパを吹いて水の中から彼を呼び出し、また湖に仔羊を投げ込んで死者たちの番人への捧げ物とした。[34]これが春の祭りであったかどうかは定かでないが、リュディア〔古代小アジア西部、エーゲ海に面した国家〕人たちは確かに、春にディオニュソスの到来を祝った。この神は自らとともに春をもたらすものと考えられたのだった。[35]植物を司る神々は、毎年一定の期間を下界で過ごすと考えられ、したがっておのずと、下界すなわち死者の世界の神々とみなされるようになる。ディオニュソスもオシリスも、ともにそう考えられたのだった。[36]

神話で描かれるディオニュソスのひとつの特徴は、一見植物神としての性質にはそぐわないもののように思える。つまり、しばしば動物の姿で思い描かれ、また表現されるのである。これはとりわけ去勢されていない牡牛の姿、あるいは少なくとも、牡牛の角を生やした姿となっている。たとえば彼は、「牝牛の産んだ」とか、「牡牛の」、「牡牛の姿をした」、「牡牛の顔をした」、「牡牛の眉をした」、「牡牛の角を持つ」、「角を持つ」、「二本の角がある」、「角の生えた」、といった語で語られる。[37]つねにではないにせよ、彼は牡牛の姿をしていると考えられることがあった。[38]その像はしばしば、たとえばキュジコスに見られたように、牡牛の姿をしており、[39]あるいはまた、牡牛の角を生やした姿をしていた。[40]絵画でも角のある姿で描かれた。[41]角のあるディオニュソスは、現存する古代の遺跡にも見出される。[42]ひとつの小像では、牡牛の皮を身につけ、頭には角があり、背後には蹄足が見られる。[43]ディオニュソスの祭りでは、彼は牡牛の姿で現れると信じられた。エリス〔古代ギリシア、ペロポンネソス半島北西部の地方〕の女たちは、彼を牡牛と呼んで迎え入れ、その牡牛の脚でやってきてくださいと祈った。彼女たちはつぎのように歌った。「来たれ、ディオニュソス、海辺の汝の聖なる神殿へ。来たれ、恩恵とともに汝の神殿へ。その牡牛の脚で猛進せよ。おお、みごとな牡牛よ！」。[44] 神話によれば、ティタン族によってばらばらに引き裂かれた際、彼は牡牛の姿をしていた。[45] またクレタ島人たちは、ディオニュソスの受難と死を表象するときには、生きた牡牛を歯で引き裂いた。[46] 実際、生きた牡牛と仔牛を裂きむさぼり食うことが、ディオニュソスの祭儀の不変の特徴であったように思われる。[47] この神を牡牛の姿、もしくはなんらかの牡牛の特徴を備えた姿で表す習慣、聖なる儀式において彼は牡牛の姿で崇拝者たちの前に現れるという信仰、そして、彼は牡牛の姿で引き裂かれたという伝説——これらの事実をすべて重ね合わせてみれば、ディオニュソスの祝祭で生きた牡牛を裂きむさぼり食う崇拝者たちが、自分たちは神を殺し、その肉を食い、その血を飲んでいるのだと信じていたことは、疑いを容れない。

ディオニュソスが化身するもうひとつの動物が、山羊である。ディオニュソスの名のひとつに、「仔山羊」(Kid)[48] がある。ヘラの怒りから彼を救うために、父ゼウスは彼を仔山羊の姿に変えた。[49] また、神々がテュフォンの怒りを避けるためにエジプトに逃れた際、ディオニュソスは山羊に変えられた。[50] それゆえ、彼の崇拝者たちが生きた山羊を引き裂いて、これを生のままむさぼり食うとき、[51] 彼らは、この神の体と血を食していると信じていたに違いない。

このように神を動物として殺す風習は、いずれ詳細に検討することになるが、これは人間の文明の発達段階の、きわめて早い時期に属する風習であり、そのため後の時代には誤解されることにもなる。思惟の発達は、古くからある動物や植物の神々から、その獣的および植物的外皮を剝ぎ取り、人的属性（これは概念形成にとってつねに中核となる）のみを、最後の、唯一の残滓として留め置く傾向にあるからである。言い換えれば、動物と植物の神々は、人格化という純化を被る傾向がある。神々がそのように完全に、あるいはほとんど原型を留めぬほどに変化してしまった場合、当初神そのものであった動物や植物は、それでもなお、そこから発達してきた人格神と、曖昧で理解されがたい繋がりを保持することになる。神と動植物の関係の起源が忘れ去られてしまうと、これを説明するために様々な物語が捻出される。これらの説明は、神聖とされる動植物の扱いに基づくものであり、その扱いが習慣的なものであるか例外的なものであるかに応じて、二つにひとつの道を辿ることになる。神聖な動物は、通常の習慣では殺されることがなく、例外的な場合に限って殺されるものである。したがってそこで考え出される神話は、なぜその命が惜しまれたか、あるいはまた、なぜ殺されることになったかを説明するものとなろう。惜しまれる理由として考え出された神話は、この動物による、神へのなんらかの奉仕を語るものとなる。殺される理由として考え出された神話は、この動物によって神に加えられたなんらかの危害を語るものとなる。ディオニュソスのために山羊を生贄にする理由として考え出された説明が、後者に属する神話の一例である。山羊たちはブドウの木に危害を加えたため、生贄としてディオニュソスに捧げられた、と言われている。(52) 一方山羊は、先に見たとおり、もともとは神自身の化身であった。だがこの神がその動物としての性質を剝奪されてしまい、人間としての本質を備えることになると、これを崇拝するときに山羊を殺すことは、もはや神自身を殺すこととはみなされなくなり、神のための生贄とみなされることになる。そして、なぜとりわけ山羊が生贄でなければならないかになんらかの理由づけが必要となったため、これは山羊が、ブドウの木という、この神が特別に大切にしていたものを害したゆえに、山羊に下される罰である、と主張されることになった。かくしてわれわれは奇妙な光景を目にすることになる。神は自身が自らの敵となるために、神が自らに捧げられる生贄となる、という光景である。そして、神は自分に捧げられた生贄を食すると考えられるので、生贄がかつての神自身であるなら、神は自らの肉を食するもの、ということになる。このため、山羊の神としてのディオニュソスは、山羊の生き血を飲むものとして表象され、[53] また牡牛の神としてのディオニュソスは、「牡牛を食するもの」と呼ばれるのである。[54] これらの例からの類推により、われわれはつぎのように考えることができる――神が特定の動物を食するものとして語られる場合、この当該の動物はつねに、神自身にほかならないのである。[55]

しかしながらこのことは、なぜ植物の神が動物の姿で現れるのかの説明とはならない。だがこの点について考えることは、デメテルの性格と属性を論じるまで、据え置くのがよいだろう。一方、指摘しておくべきは、いくつかの土地では、ディオニュソスの祭儀において、動物の代わりに人間がばらばらに引き裂かれた、という点である。これはキオス

〔エーゲ海東部のギリシアに属する島〕とテネドス〔トルコのダーダネルス海峡入口近くの島〕の風習であった。[56] またボイオティアのポトニアイには、山羊を懲らしめるディオニュソスのために、以前はひとりの子どもを生贄に捧げていたが、後に山羊が代用されるようになった、という伝説がある。[57] オルコメノス〔ボイオティアの古都〕では、オレイアイという名の一族の女のうちから生贄が差し出された。毎年の祭りでは、ディオニュソスの祭司がこの一族の女たちを、抜き身の剣を持って追いかけ、そのうちのひとりに追いつければ、祭司は彼女を殺す権利を持った。この権利はプルタルコスの時代に至るまで行使された。[58] 牡牛や山羊の殺害が神の殺害を表象していたように、人間の生贄もまた神を表象していた、と考えてよいかもしれない。しかしながら、人間の生贄が捧げられたという伝説は、ときとして、動物の生贄が人間として扱われていた供犠を、単に誤解しただけであったという可能性もある。たとえばテネドスでは、ディオニュソスに捧げられた生まれたばかりの仔牛は編み上げブーツを履かされ、また母牛は、産床の母親のように世話をされたのだった。[59]

（1）　ディオニュソスに関する一般論としては、以下を参照せよ。Preller, *Griechische Mythologie*, third ed., i. 544 以下。François Lenormant, article "Bacchus," in Daremberg et Saglio, *Dictionnaire des Antiquités Grecques et Romaines*, i. 591 以下。Voigt and Thraemer's article "Dionysus," in W. H. Roscher's *Ausführliches Lexikon der griechischen und römischen Mythologie*, i. c. 1029 以下。

(2) プルタルコス『食卓歓談集』v. 3, Διωνύσῳ δενδρίτῃ πάντες, ὡς ἔπος εἰπεῖν, Ἕλληνες θύουσιν.

(3) ヘシュキオス、“Ἔνδενδρος”の項。

(4) 古代の瓶に描かれていたディオニュソスの肖像画は、以下に見ることができる。Bötticher, *Baumkultus der Hellenen*, plates 42, 43, 43A, 43B, 44. Daremberg et Saglio 前掲書 i. 361, 626.

(5) Daremberg et Saglio 前掲書 i. 626.

(6) コルヌトゥス『神々の本性について』30.

(7) プルタルコス『イシスとオシリス』35 に引用されるピンダロス。

(8) マクシムス・ティリウス『論文集』(Maximus Tyrius, *Dissertationes*, ed. Fr. Dübner, Paris [Didot], 1877) viii. 1.

(9) アテナイオス、iii. 78C, 82 D.

(10) ヒメリオス『演説集』i. 10, Διόνυσος γεωργεῖ.

(11) *Orphica*, Hymn i.4, iii. 8.

(12) アイリアノス『雑録』(Aelian, ed. R. Hercher, Paris [Didot], 1858, *Variae historiae*) iii. 41. ヘシュキオス、“φλέω[ς]”の項。またプルタルコス『食卓歓談集』v. 8. 3 も参照せよ。

(13) パウサニアス、i. 31, 4, vii. 21, 6 (2).

(14) プルタルコス前掲書 v. 3.

(15) パウサニアス、ii. 2, 6 (5) 以下。パウサニアスは木の種類については言及していない。しかし、エウリピデス『バッコスの信女たち』1064 以下、およびフィロストラトス『絵画』i. 17 (18) から、これはマツであったろうと推測できる。もっとも、テオクリトス（xxvi. 11）はこれを乳香樹〔ウルシ科トネリバハゼノキ属〕として語っている。

(16) Müller-Wieseler, *Denkmäler der alten Kunst*, second ed., Göttingen, 1854, ii. pl. xxxii 以下。Baumeister, *Denkmäler des klassischen Altertums*, i. figures 489, 491, 492, 495. また以下も参照せよ。Lenormant 前掲書 i. 623. Lobeck, *Aglaophamus*, p. 700.

(17) パウサニアス、i. 31, 6 (3).

(18) アテナイオス、iii. 78 C.

(19) フィルミクス・マテルヌス『異教の過ちについて』6.

(20) アレクサンドリアのクレメンス『ギリシア人への勧告』ii. 17. また Lobeck 前掲書 p. 1111 以下も参照せよ。

(21) アレクサンドリアのクレメンス前掲書 ii. 19.

(22) 前掲書 ii. 18. Lobeck 前掲書 p. 562 および *Orphica* (ed. Abel), p. 234 に引用される、プラトン『ティマイオス』iii. 200D に関するプロクロス。その他の文献は、切り刻まれた遺体を継ぎ合わせるのは、アポロンではなくレアである、としている。コルヌトゥス前掲書 30.

(23) Lobeck 前掲書 p. 572 以下。古代の典拠および希少な遺跡の調査に基づいて、憶測でこの神殿の復元を試みた文献としては、*Journal of Hellenic Studies*, vol. ix (1888), p. 282 以下に、John Henry Middleton 教授による論文があるので参照せよ。

(24) ディオドロス、iii. 62.

(25) マクロビウス『キケロの「スキピオの夢」注解』i. 12, 12. *Scriptores rerum mythicarum Latini tres*

Romae nuper reperti（一般には *Mythographi Vaticani* と称され、以下ではこの表記を採る）ed. G. H. Bode, Cellis, 1834, iii. 12, 5, p. 246. Lobeck 前掲書 p. 713 に引用される、オリゲネス『ケルソス駁論』iv. 171.

（26）ヒメリオス『演説集』ix. 4.

（27）Lobeck 前掲書 p. 561 に引用される、プロクロス『ミネルウァへの讃歌』。*Orphica,* ed. Abel, p. 235.

（28）ヒュギヌス『神話集』167.

（29）ディオニュソスの祭りは、多くの地で二年に一度行われる。つぎを見よ。G. F. Schömann, *Griechische Alterthümer,* third ed., ii. 500 以下（この祭りを表す語は *τριετηρίς* と *τριετηρικός* であり、両者の語が連続して数の数え方の中に含まれており、これは古代の計算方法に一致している）。おそらく祭りは、正式には毎年のものであったが、その後間隔が延びたのであろう。これは他の祭りにも見られることである。つぎを見よ。Mannhardt, *B.K.*, p. 172, p. 175, p. 491, p. 533 以下, p. 598. しかしながらいくつかのディオニュソスの祭りは毎年行われた。

（30）フィルミクス・マテルヌス前掲書 6.

（31）*Mythographi Vaticani,* iii. 12, 5, p. 246.

（32）プルタルコス『結婚訓』10. またプルタルコスの以下の書も参照せよ。『イシスとオシリス』35、『デルフォイのE』9.『肉食についての論議』i. 7.

（33）パウサニアス、ii. 31, 2 および 37, 5. アポロドロス、iii. 5, 3.

（34）パウサニアス、ii. 37, 5 以下。プルタルコス『イシスとオシリス』35. 同『食卓歓談集』iv. 6, 2.

（35）ヒメリオス『演説集』iii. 6, xiv. 7.

(36) ディオニュソスについては、Daremberg et Saglio 前掲書 i. 632 の Lenormant を見よ。オシリスについては、Wilkinson, *Manners and Customs of the Ancient Egyptians*, iii. 65 を見よ。

(37) プルタルコス『イシスとオシリス』35. 同『ギリシア問題』36. アテナイオス、xi. 476A. アレクサンドリアのクレメンス『ギリシア人への勧告』ii. 16. *Orphica*, Hymn xxx. vv. 3, 4, xlv. 1, lii. 2, liii. 8. エウリピデス『バッコスの信女たち』99. アリストファネス『蛙』357 に関する注釈。ニカンドロス『解毒術』31. ルキアノス『バッコス』2.

(38) エウリピデス前掲書 920 以下、1017.

(39) プルタルコス『イシスとオシリス』35. アテナイオス、xi. 476A.

(40) ディオドロス、iii. 64, 2, iv. 4, 2. コルヌトゥス前掲書 30.

(41) ディオドロス、同箇所。リュコフロン、209 に関するツェツェスによる注釈。フィロストラトス『絵画』i. 14 (15).

(42) Müller-Wieseler 前掲書 ii. pl. xxxiii. Daremberg et Saglio 前掲書 i. 619 以下、631. Roscher 前掲書 i. c. 1149 以下。

(43) F. G. Welcker, *Alte Denkmäler*, Göttingen, 1849-1864, v. taf. 2.

(44) プルタルコス『ギリシア問題』36. 同『イシスとオシリス』35.

(45) ノンノス『ディオニュソス譚』vi. 205.

(46) フィルミクス・マテルヌス前掲書 6.

(47) エウリピデス前掲書 735 以下。アリストファネス『蛙』357 に関する注釈。

(48) ヘシュキオス、"*Ἔριφος ὁ Διόνυσος*" の項。ここには欄外に、以下のような語句注解がある。

ὁ μικρὸς αἴξ, ὁ ἐν τῷ ἔαρι φαινόμενος, ἤγουν ὁ πρώϊμος. ステファノス・ビュザンティオス（Stephanus Byzantius, *Ethnica,* ed. Ant. Westermann, Leipzig, 1839）、“*Ἀκρώρεια*”の項。*Εἰραφιώτης* という称号は、おそらく同じように解釈できるであろう。［ホメロス］『讃歌』xxxiv. 2. ポルフュリオス『キリスト者を駁す』iii. 17. ディオニュシオス『統語論』576. *Etymologicum Magnum,* p. 371, 57.

（49） アポロドロス、iii. 4, 3.

（50） オウィディウス『転身物語』v. 329. アントニヌス・リベラリス、28. *Mythographi Vaticani,* i. 86, p. 29.

（51） アルノビウス『異教徒駁論』v. 19. また、スイダス〔スーダ〕（Suidas, *Lexicon,* ed. Im. Bekker, Berlin, 1854）、“*αἰγίζειν*”の項も参照せよ。ディオニュソスの祭儀では仔鹿もまた引き裂かれたように見える（フォティオス、“*νεβρίζειν*”の項。Harpocration, *Lexicon,* ed. G. Dindorf, Oxford, 1853, “*νεβρίζων*”の項）ので、仔鹿もまた、この神の化身であったかもしれない。だが、これに関しては直接証拠となるものはない。仔鹿の皮は、この神とこれを崇拝する者たちがともに身につけたものである（コルヌトゥス前掲書 30）。同様に、女性のバッコス崇拝者たちは山羊の皮を身につけた（ヘシュキオス、“*τραγηφόροι*”の項）。

（52） ウァロ『農耕術』i. 2, 19. ウェルギリウス『農耕詩』ii. 380、およびこれに関するセルウィウスの注釈。ウェルギリウス『アエネイス』iii. 118 に関するセルウィウスの注釈。オウィディウス『祭暦』i. 353 以下。オウィディウス『転身物語』xv. 114 以下。コルヌトゥス前掲書 30.

（53） エウリピデス『バッコスの信女たち』138 以下、*ἀγρεύων αἷμα τραγοκτόνον, ὠμοφάγον χάριν.*

（54） アリストファネス『蛙』357 に関する注釈。

(55) パウサニアス、iii. 15, 9 によると、ヘラはスパルタでは *αἰγοφάγος* と呼ばれた（また、山羊の皮を身につけ、頭上に角のある動物の頭を乗せたヘラの姿については、Müller-Wieseler 前掲書 i. No. 299B を参照せよ）。アテナイオス、346B によると、アポロンはエリスでは *ὀψοφάγος* と呼ばれた。ヘシュキオス、"*καπροφάγος*" の項によると、アルテミスはサモスでは *καπροφάγος* と呼ばれた。また同書 "*κριοφάγος*" の項も参照せよ。動物を殺すことから採られる神の称号にも、おそらくは同様の説明が可能であろう。たとえばパウサニアス、ix. 8, 2 によれば、ディオニュソスは *αἰγόβολος* と呼ばれる。リュコフロン 77 に関するツェツェスの注釈によれば、レアもしくはヘカテは *κυνοσφαγής* と呼ばれる。ソフォクレス『エレクトラ』6 では、アポロンは *λυκοκτόνος* と呼ばれる。プリニウス『博物誌』xxxiv. 70 では、アポロンは *σαυροκτόνος* と呼ばれる。

(56) ポルフュリオス前掲書 ii. 55.

(57) パウサニアス、ix. 8, 2.

(58) プルタルコス『ギリシア問題』38.

(59) アイリアノス『動物の性質について』（Aelian, ed. R. Hercher, Paris [Didot], 1858, *De natura animalium*）xii. 34. また以下も参照せよ。W. Robertson Smith, *The Religion of the Semites*, i. 286 以下。

第八節　デメテルとプロセルピナ

ギリシアのデメテルとプロセルピナの神話は、実際はシリアのアフロディテ（アシュタルテ）とアドニスの神話、フリュギアのキュベレとアッティスの神話、エジプトのイシスとオシリスの神話と同じである。ギリシアの神話では、そのアジアとエジプトの対応物と同様、女神デメテルは愛するプロセルピナを失いこれを弔う。プロセルピナは植物の化身、とりわけ、夏に死に[1]春に再生する麦の化身である。しかしギリシアの神話においては、女神に愛されそして死んでしまうのは、女神の夫や恋人ではなく、女神の娘である。そして娘と同様に母親も、麦の女神である。[2]したがって、現代の学者たちが認めたように[3]、デメテルとプロセルピナは単に、同じ自然現象を神話的に反復したものに過ぎない。ギリシアの神話が語るところでは[4]、プロセルピナが花を摘んでいると、大地が裂け、死者の国の王プルトンが奈落から現れた。彼は暗い地下の世界でプロセルピナを花嫁とするために、彼女を黄金の馬車で連れ去った。母のデメテルは悲しみ、陸や海を探し回ったが、太陽から娘の運命を知らされると、もはや一切の種が実を結ぶことに耐え切れず、これを大地に隠した。このため、もしゼウスが地下の世界に遣いを送りプロセルピナを連れ帰らなかったならば、人類は皆餓死していたことだろう。最後に、プロセルピナは毎年三分の一の期間を、あるいは別の説によると二分の一の期間を[5]、プルトンとともに地下の世界で暮らし、春には母や他の神々のいる上界に戻りここに暮らす、という取り決めがなされた。プロセルピナの祭儀で表現されたものは、彼女の毎年の死と再生、すなわち毎年の下界への下降とそこからの上昇・帰還であったように思われる。[6]

デメテル（Demeter）という名に関しては、マンハルトの説明が妥当と思われる。[7] この語の前半部は「大麦」を表すクレタ島の語 dēai から来ており、[8] したがってデメテルという名は「大麦の母」もしくは「麦の母」を表す、という。なるほどこの語幹は、先史アーリヤ人の様々な分派によって、さらにはギリシア人によっても、様々な種類の穀物を表す語として用いられてきたように見える。[9] クレタ島はデメテル崇拝のもっとも古い中心地のひとつであったらしいので、[10] 彼女の名がクレタ島起源であることは驚くにあたらない。このデメテルという名の解釈は、大量の類例によって裏付けられている。勤勉なマンハルトだからこそ近代ヨーロッパの民間伝承から収集し得たもので、このうちいくつかの適例を以下に挙げておく。ドイツでは、麦は「麦の母」という名で、非常に幅広く人格化されている。たとえば春に、風が麦畑を波のように揺らすと、農夫たちは「麦の母がやってきた」とか、「麦の母が畑の上を走っている」、もしくは「麦の母が麦の間を通り抜けている」と語る。[11] 子どもたちが畑に入って青いヤグルマソウや赤いケシを抜きたがると、農夫たちは、麦の中には「麦の母」が座っていて、おまえたちを捕まえるぞ、と言って畑に入れまいとする。[12] またこの「母」は、穀物によっては「ライ麦の母」とか「エンドウの母」と呼ばれ、子どもたちはライ麦畑やエンドウの畑の中に入り込まないよう、この母親たちの怖さを教えられる。ノルウェーでもまた、「エンドウの母」はエンドウ畑の中に座っている、と語られる。[13]同様の言い回しはスラヴ人の間にもある。ポーランド人やチェコ人は、麦の中に座る「麦の母」のことを語って子どもに警告する。これはまた「麦の老婆」とも呼ばれ、麦の中に座っているこの女は、麦を踏み倒した子どもを絞め殺す、と言われる。[14]リトアニア人は「ライ麦の老婆が麦の中に座っている」と言う。[15]また、「麦の母」は穀物を実らせるとも信じられている。たとえばマクデブルク〔ドイツ中北部ザクセンアンハルト州の州都〕の近隣では、ときおり、「亜麻には良い年になるだろう。亜麻の母が見えたから」と語られる。バイエルンのディンケルスビュール〔ドイツ南部の古都〕では十五年から二十年ほど前のこと、ある農家の作物が隣家の作物に比べて劣っていたため、これは「麦の母」がその農場主の犯した罪を罰したためである、と考えられた。[16]スティリア〔シュタイアーマイク。オーストリア南東部の州〕のある村では、「麦の母」は、最後に刈られた麦束に白衣を着せた女の人形で表されるが、これはつぎのように言われている――彼女は真夜中に麦畑に現れ、そこを通ることで畑を肥沃にするのだが、もし農場主のひとりに腹を立てていた場合、彼女はその畑の麦をすべて枯らしてしまう。[17]

さらに、「麦の母」は収穫期の風習ではある重要な役割を演じる。彼女は、畑に最後まで残って立っている一握りの麦穂の中にいる、と信じられている。この最後の一束を刈って彼女を捕まえるか、追放するか、あるいは殺すのである。捕まえるという例では、最後の束を陽気に家まで持ち帰り、神聖なものとして崇める。納屋に収めて後脱穀すると、この穀物霊が再び現われるのである。[18] ハノーファー〔ドイツのニーダーザクセン州の大部分を占める区域にあったプロイセンの州。神聖ローマ帝国選挙侯領一六九二～一八〇六年、王国一八一四～六六年〕のハーデルン地方では、刈り手たちは最後の刈り束を囲んで立ち、「麦の母」を追い出すためにこれを棒で打つ。皆口々に、「ほらいたぞ！ 打て！ 彼女に捕まらないように気をつけろ！」と言う。すっかり脱穀されるまで打ち続け、最後に、「麦の母」は追い出されたとみなされる。[19] ダンツィヒ近郊では、最後の麦穂を刈った者はこれで人形を作る。これは「麦の母」もしくは「老婆」と呼ばれ、最後の荷馬車に乗せて持ち帰られる。[20] ホルシュタイン〔ドイツ北部シュレスヴィヒ＝ホルシュタイン州の南部の地域〕のいくつかの土地では、最後の束は女の衣装を着せられ、「麦の母」と呼ばれる。最後の荷馬車で家に持ち帰られると、すっかり水浸しにされる。この水浸しにする行為は、まぎれもなく雨乞いの呪術である。[21] スティリアのブリュック地方では、村で最年長にあたる五十歳から五十五歳くらいの既婚女性が、最後の刈り束で「麦の母」と呼ばれる女の人形を作る。最上の穂がそこから引き抜かれ、リースにして花々が結びつけられる。これを、村で一番美しい娘が頭に載せ、農場主か地主のもとに運ぶ。一方「麦の母」のほうはネズミ除けとして納屋に収められる。[22] 同じ地方でも別のいくつかの村では、「麦の母」は収穫の最後に、竿の先につけて二人の若者が運ぶ。二人は、リースをつけた娘の後について、地主の館まで行進する。地主はリースを受け取り玄関の広間に吊るし、一方「麦の母」は積んだ薪の上に置かれ、収穫を祝う夕食と踊りの中心となる。その後は脱穀が終わるまで納屋に吊るされる。脱穀で殻竿の最後の一振りをした男は「麦の母」の息子と呼ばれ、「麦の母」の中に包まれて、打たれ、村中を連れ回される。リースはつぎの日曜に教会で献納される。そして復活祭の前夜、七歳の娘がこのリースをこすって穀粒を出し、これが、まだ青い麦畑の中に蒔かれる。[23] この例において、「麦の母」が肥沃にする力を備えていることは、彼女の体（というのもリースは「麦の母」から作られるのだから）から取られた種が青い麦畑の中に蒔かれる、ということから明らかである。また飼葉桶の中にその藁を入れるということは、彼女が動物にも力を及ぼすことを示している。ザクセンのヴェスターヒューゼンでは、最後に刈られた麦束は女の人形にされ、リボンと布で飾られる。これを竿の先端に結びつけ、最後の荷馬車で持ち帰る。荷馬車に乗った者のひとりが竿を振り続けるので、人形は生きているように動く。人形は脱穀が終わるまで脱穀場に置かれる。[24] スラヴ人の間でも、最後の束はその種類に応じて「ライ麦の母」、「小麦の母」、「燕麦の母」、「大麦の母」等の名で呼ばれる。ガリツィア〔ヨーロッパ中東部、カルパティア山脈の北斜面とヴィスワ川、ドニエストル川、ブーグ川、ゼーレト川の上流域。大戦間はポーランド領、現在はポーランドとウクライナにまたがる〕のタルヌフ〔ポーランド南部の都市〕地方では、最後に刈られた茎を編んでリースが作られ、これが「小麦の母」、「ライ麦の母」、もしくは「エンドウの母」と呼ばれる。これはひとりの娘の頭に載せられ、また春まで保管される。春にはそこから採られた穀粒が、種籾と混ぜ合わせられる。[25] ここにも、「麦の母」の肥沃にする力が示されている。またフランスでも、オーセール〔フランス中北東部ヨンヌ県の県都〕近郊では、最後に刈られた束が「小麦の母」、「大麦の母」、「ライ麦の母」、あるいは「燕麦の母」と呼ばれる。これは、最後の荷馬車が帰路につこうという頃まで畑に立てられている。そしてこれから小型の人形が作られ、農場主の持っている衣服が着せられ、冠と、青または白のスカーフがつけられる。胸には一本の木の枝がつけられ、こうしてこの人形はケレス〔ローマの豊作の女神。ギリシアのデメテルに相当する〕と呼ばれる。夕べのダンス・パーティでケレスはダンス・フロアの中央に置かれ、一番早く刈り終えた刈り手が、一番美しい娘をパートナーとしてその周りで踊る。ダンス・パーティの後薪が組まれる。リースを身につけた娘たちは皆、人形から衣服を剝ぎ取り、ばらばらに引き裂く。そしてこれを飾っていた花々と一緒に、薪の上に置く。つぎに、最初に刈り入れを終えた娘が積んだ薪に火を放ち、皆はケレスが豊作の年をもたらしてくれるようにと祈る。マンハルトの言うように、ケレスという名はいささか後知恵じみているものの、ここには古い風習が損なわれずに残っている。(26) ブルターニュ北部では、最後の束はつねに人形にされる。だが農場主が結婚している場合、人形は二つ作られ、大きい人形の中に小さい人形を入れる。これが「母の刈り束」(27) と呼ばれる。これは農場主の妻に与えられ、妻はこれを解いて、お返しに酒代を与える。

　ときとして最後の刈り束は、「麦の母」ではなく「収穫の母」もしくは「太母」と呼ばれる。ハノーファーのオスナブリュック地方では「収穫の母」と呼ばれる。女の形にされ、刈り手たちはその周りで踊る。ヴェストファーレンのいくつかの地域では、ライ麦収穫の際、最後の刈り束だけは特別に石を詰めて重くされる。特殊な形にされるわけではないが、最後の荷馬車で持ち帰られるこれが「太母」と呼ばれる。エルフルト〔チューリンゲン州の市〕地方では、(かならずしも最後の荷馬車に乗せられ納屋まで運ばれる。これを納屋に下ろすときには、おどけながら全員が手を貸す。(28)

ときにはまた、最後の刈り束は「婆さん」(Grandmother)と呼ばれ、花やリボンや女物のエプロンで飾り立てられる。プロイセン東部では、ライ麦もしくは小麦の収穫の際、刈り手たちは最後の刈り束を束ねる女に向かい、「老いぼれ婆さんを作ってるのか」と呼びかける。マクデブルク近郊では、男女の召使いたちが、「婆さん」と呼ばれる最後の束を巡って競い合う。これを手に入れた者は翌年結婚できるが、その配偶者は年寄りである、と言われる。つまり、娘がこれを手に入れれば男やもめと結婚することになり、男が手に入れれば皺だらけの老女と結婚することになる。シュレジエンでは、以前「婆さん」——最後の束を刈った者が三つか四つの刈り束を集めて大きな束にしたもの——は、粗雑ながらも人間の形にされた。(29)ベルファスト近郊では、最後の刈り束はときとして「おばあちゃん」(Granny)と呼ばれる。これは通常の刈り方で刈られることはなく、刈り手たち皆がこれに手鎌を投げ、切り倒そうとする。これは編まれて(翌年の?)秋まで保管される。これを手に入れた者はだれであれ、一年以内に結婚することになる、と言われる。(30)

より頻繁に、最後の束は「老いた女」もしくは「老いた男」と呼ばれる。ドイツでは、しばしば女の衣装を着せられ、これを刈る者もしくは束ねる者は、「老いた女を手に入れる」者と呼ばれる。(31) シュヴァーベンのアルティスハイムでは、農場の麦畑が、一画だけを残してすべて刈り終えられると、刈り手の全員がこの一画の前に列を作る。そして皆で一斉に自分の列を素早く刈り始め、最後まで刈っていた者が「老いた女を手に入れる」ことになる。(32)「老いた女を手に入れ」た者は、刈り束が積み上げられる際、他の皆から嘲りを受ける。この「老いた女」は、ほかのどの束よりも大きくて厚みのあるものにされる。彼に向かって皆が、「老いた女を手にした以上、彼女を囲っておかねばならぬ」と声を上げる。(33) 最後の刈り束を束ねた女は、ときとして彼女自身が「老いた女」と呼ばれ、彼女は翌年結婚するだろうと言われる。(34) プロイセン西部のノイザースでは、上着を着せられ帽子とリボンをつけた最後の刈り束と、これを束ねた女が、ともに「老いた女」(35) と呼ばれる。両者はともに最後の荷馬車で家まで運ばれ、水を掛けられてずぶ濡れになる。ティーゲンホフ（Tiegenhof）（プロイセン西部）近郊のホルンカンペ（Hornkampe）では、麦を束ねる際に、男であれ女であれひとりが皆に遅れると、他の刈り手たちは最後の刈り束に（遅れた者が男であれば男の、女であれば女の）衣装を着せ、この人形にその遅れた者の名、たとえば「老いたミヒャエル」とか「怠け者のトリーネ」といった名をつける。これを最後の荷馬車で持ち帰るが、馬車が家の近くまで来ると、見物人たちはこの遅れた者に向かい、「老いた女を手にした以上、彼女を囲っておかねばならぬ」と呼びかける。(36)

マンハルトが述べているとおり、上記の例で最後の刈り束と同じ名で呼ばれ、最後の荷馬車でその傍らに座る人物は、明らかに刈り束それ自体と同一視されている。その人物は(男であれ女であれ)、最後の刈り束の中に捕らえられた穀物霊を表している。[37] 言い換えれば、穀物霊は人間と刈り束の両方で二重に表されている。人間と刈り束の同一視は、最後の刈り束を刈った、もしくは束ねた人物を、その束の中に包むという風習によってさらに明確になる。たとえば、かつてシュレジエンのヘルムスドルフでは、最後の刈り束に、これを束ねた女を包み込むことが一般的な風習となっていた。[38] バイエルンのヴァイデンでは、最後の刈り束に包まれるのは、これを刈った者ではなく束ねた者である。[39] ここで穀物に包まれる人物が穀物霊を表していることは、枝や葉に包まれた人物が樹木霊を表していたことと正確に一致する。[40]

「老いた女」と呼ばれる最後の刈り束は、しばしばその大きさや重みにおいて他の刈り束とは異なっている。たとえば、プロイセン西部のいくつかの村では、「老いた女」は普通の刈り束の二倍の長さと厚みを備えており、その中には石が包まれている。[41] ときにはひとりの男性が持ち上げることのできないほど重いものにされる。あるいは八つか九つの刈り束をひとつに纏めて「老いた女」を作る場合もあり、これを作る男でさえ重すぎると不平を言うほどである。[42] ザクセン・コーブルクのイッツグルント〔バイエルン北部の町〕では、「老いた女」と呼ばれる最後の刈り束は、翌年の豊作を確かなものにするという明確な目的を持っているため、大きなものにされる。[43] したがって、最後の刈り束が大概の風習で大きく重いものにされることは、翌年の収穫が大きくて重いものになるようにという呪術、つまりは共感呪術である。

デンマークでもまた、最後の刈り束は他のものよりも大きくされ、「老いたライ麦女」もしくは「老いた大麦女」と呼ばれる。これを束ねたいと思う者はひとりもいない。束ねた者は老いた男・老いた女と結婚することになる、と信じられているからである。「老いた小麦女」と呼ばれる小麦の最後の刈り束は、ときとして頭と手足のある人形にされる。衣服を着せ、最後の荷馬車で持ち帰る。刈り手たちはその隣に座り、酒を飲みながら歓声を上げる。[44] 最後の刈り束を束ねた者については、「彼女（もしくは彼）が老いたライ麦女だ」という言い方をする。[45]

スコットランドでは、ハローマス〔諸聖人の祝日の旧名〕に最後の麦を刈るとこれで女の人形を作り、これがときとしてカーリン（Carlin もしくは Carline）、すなわち「老いた女」と呼ばれた。だがハローマス以前に刈られたものは「乙女」と呼ばれ、日没後に刈られたものは「魔女」と呼ばれた。後者は悪運をもたらすと考えられた。[46]「乙女」についてはいずれ後述する。アントリム州〔アイルランド北東部の州で、現在は北アイルランドに属する〕では、数年前ついに手鎌から自動刈り取り機に代わったが、それまではつぎのような風習があった。畑に最後まで残った数本の麦をひとつにまとめ、目隠しをした刈り手がこれに向かって手鎌を投げる。これを刈ることができた者はだれであれ、家に持ち帰って戸に取りつける。この麦束はカーリー（Carley）と呼ばれた。[47] おそらくカーリンと同じ語である。

類似した風習はスラヴ民族にも見られる。たとえばポーランドでは、最後の束は一般に「ババ」(Baba) と呼ばれ、これは「老いた女」を意味する。「最後の束にはババが座っている」と言われ、束自体もババと呼ばれる。ときには十二本の小さな束を縛ってこれを作る場合もある。[48] ボヘミアのいくつかの土地では、最後の束から作られる「ババ」は、大きな麦藁帽子を被った女の姿をしている。最後の収穫を運ぶ荷馬車に乗せて持ち帰られ、これを二人の娘が花束と一緒に農場主に与える。麦を束ねる女たちは、最後になるまいと奮闘する。最後の束を束ねた女は翌年子を産むとされているからである。[49] 最後の束は他の束と一緒に纏められてひとつの大きな束になり、この上に緑の枝が挿される。[50] 刈り手たちはときとして、最後の束を束ねる女に向かい、「ババを持ってるぞ」とか、「こいつがババだ」と言う。そこで彼女は麦の穂から小型の人形を作る。これは女の人形の場合もあれば男の人形の場合もある。人形は衣服を着せられることもあるが、花とリボンだけつけられる場合が多い。最後の刈り束を束ねる者のみならず、最後の穂を刈る者もババと呼ばれた。そして「収穫の女」(Harvest-woman) と呼ばれる人形が最後の刈り束で作られ、リボンで飾られた。一番老齢の刈り手は、最初にこの人形と踊り、つぎに農場主の妻と踊らなければならなかった。[51] クラクフ〔ポーランド南部、ヴィスワ川に臨む都市〕地方では、男が最後の束を束ねると、「爺さんがその中に座っている」と言われる。女が束ねると「ババが中に座っている」と言われ、彼女自身がこの束の中に包まれて、頭だけが突き出た状態になる。こうして刈り束にすっぽり覆われた女は、収穫を運ぶ最後の荷馬車で運ばれ、家に着くと家族全員から水を掛けられてびしょ濡れになる。彼女はダンス・パーティが終わるまで刈り束の中に留まり、その後一年間は「ババ」と呼ばれ続ける。(52)

リトアニアでは、最後の刈り束に与えられる名前は「ボバ」(Boba＝老いた女)であり、ポーランドの「ババ」という名に対応している。「ボバ」は最後に残って立つ麦の中に座っている、と言われる。(53)最後の束を束ねる者、もしくは最後のジャガイモを掘る者は、ひやかしの的になり、「老いたライ麦女」もしくは「老いたジャガイモ女」と呼ばれ、長い期間この名で呼ばれる。(54)最後の刈り束「ボバ」は女の人形にされ、収穫を運ぶ最後の荷馬車で村中を厳かに運ばれ、農場主の家に着くと水を掛けられてずぶ濡れになる。そして皆がこれと踊る。(55)

ロシアでもまた、最後の刈り束はしばしば、女の人形にされて衣装を着せられ、歌と踊りで農場主の家に運ばれる。ブルガリア人は、最後の刈り束から「麦の女王」もしくは「麦の母」と呼ばれる人形を作る。これは女物のシャツを着せられ、村中を運ばれて、その後川に投げ込まれるが、これは翌年の実りのために多くの雨と湿り気がもたらされるようにである。あるいは焼かれて、その灰が畑に撒かれることもあるが、これが畑を肥沃にするためであることは疑いを容れない。(56)最後の束に「女王」の名が与えられることについては、北ヨーロッパにも類似した例が見られる。たとえばブランド〔John Brand　一七四四〜一八〇六年。英国の古物研究家〕は、ハッチンソン〔William Hutchinson　一七三二〜一八一四年。英国の郷土史家〕の『ノーサンバーランドの歴史』から以下の部分を引用している。「わたしがいくつかの土地で目にしたのは、美装を凝らした人形である。花の冠をつけ、腕には麦の束を抱え、片手に大鎌を持っている。刈り入れの最終日の朝、刈り手たちが音楽を奏で大騒ぎするなか、これが村から畑に運び出される。畑では竿の先に固定して一日中立てておき、刈り入れが終わると同じように持ち帰る。彼らはこれを『収穫の女王』(Harvest Queen) と呼ぶ。ローマのケレスを表すものである」[57]。またケンブリッジ〔ケンブリッジシアの意であろう〕からは、E・D・クラーク博士がつぎのように報告している。「『ホーキー』(Hawkie)〔収穫期〕と呼ばれる時期に、わたしはひとりの女装したピエロを目にした。顔を塗りたくり、頭には麦穂を飾り、ケレスを表すその他の象徴を体じゅうにつけている。これが荷馬車に乗せられ、騒がしい叫び声に囲まれて実に華やかに通りを運ばれてゆく。馬は白い布で覆われている。わたしがこの儀式の意味を尋ねたところ、人々は、収穫の女王を引いているのだ、と答えた」[58]。

これまで述べてきた風習は、しばしば、収穫の畑においてではなく脱穀場において行われる。麦の霊は、刈り手たちが麦を刈ると彼らの前から逃げ出す。刈られた麦を離れ納屋に避難するので、納屋では脱穀される最後の刈り束の中で殻竿に打たれて死んでしまうか、隣家の農場のまだ脱穀されない麦の中に逃げ込むようである[59]。したがって、最後に脱穀される麦が「母麦」もしくは「老いた女」と呼ばれる。ときには殻竿の最後の一振りを行った男が「老いた女」と呼ばれ、最後の束の麦藁に包まれるか、束ねた麦藁を背中に結びつけられる。包まれる場合も背負う場合も、この男は村中を荷馬車で運ばれ皆の笑い者になる。バイエルンやチューリンゲンその他のいくつかの地域では、最後の束を脱穀した男は「老いた女」または「老いた麦女」を持つ者と呼ばれる。彼は藁で縛り上げられて、村中を連れ回されるか馬車で運ばれる。そして最後は堆肥の中に落とされるか、まだ脱穀を終えていない近隣の農場の脱穀場に連れて行かれる。[60] ポーランドでは、脱穀の際に殻竿の最後の一振りをした者が「ババ」(老いた女)と呼ばれる。彼は麦に包まれ村中を荷馬車で運ばれる。[61] リトアニアでは、ときとして最後の刈り束は脱穀されることなく、女の姿にされて、まだ脱穀を終えていない隣家の納屋に運ばれる。[62] スウェーデンのいくつかの土地では、脱穀場に見知らぬ女が現れると、その体は殻竿で縛られ、首には麦藁が巻かれ、頭には麦穂の冠がかぶせられる。そして脱穀する者たちは「見ろ、麦女だ」と叫ぶ。この例では、見知らぬ女が、突然現れたゆえに、殻竿によって麦から追い立てられたばかりの穀物霊とみなされるわけである。[63] またいくつかの例では、農場主の妻が穀物霊を表す。たとえばサリーネ自治区のポワレ小郡(ヴァンデ〔フランス西部ペイ・ド・ラ・ロワール地域圏の県〕)では、農場主の妻が最後の刈り束とともにシーツで包まれ、寝藁の上に置かれ、脱穀機まで運ばれる。そしてこの下で押されるのである。つぎに彼女だけを引き出し、刈り束のほうはそのまま脱穀機にかけられるが、その後でも妻はシーツの上で胴上げされる(籾殻の扇ぎ分けの模倣である)。[64] 女と麦との同化をこれ以上明確に表現する方法はあるまい。彼女を脱穀し扇ぎ分けるという、実に具体的な模倣行為である。

上記の風習では、熟した穀物の霊が、老いたもの、あるいは少なくとも成長を遂げたものとみなされている。このため「母」や「婆さん」や「老いた女」等々の名で呼ばれる。だが別のいくつかの例では、穀物霊が若者とみなされ、ときには手鎌の一撃で母親から切り離されてしまった子どもとみなされる。この考え方が現れている例としては、ポーランドの風習を挙げることができる。最後の一握りの麦を刈った男に向かって人々は、「おまえは臍の緒を切った」と呼びかけるのである。[65] プロイセン西部のいくつかの地域では、最後の束から作られた人形が「私生児」と呼ばれ、ひとりの少年がこの中に包まれる。最後の束を束ねた女は「麦の母」を表す者となり、床に就くように言われる。そこで彼女は産気づいた女のように叫び声を上げ、祖母の役を演じる年輩の女が産婆となる。最後に、子どもが生まれたという声が上がり、刈り束に包まれていた少年が、赤子の産声のような泣き声を上げる。祖母は、外気で風邪を引かないようにと、赤子役の少年に産着を真似た袋を巻きつけ、喜びながら納屋まで運んでゆく。[66] 他にドイツ北部のいくつかの地域でも、最後の束かこれから作られた小型の人形が、「子ども」や「収穫の子ども」等々の名で呼ばれる。イングランド北部では、最後に残った一握りの麦は一番美しい娘が刈った。これは盛装を施され、「麦の赤子」もしくは「百姓の赤子」(Kern Baby) と呼ばれた。音楽が奏でられるなか家に持ち帰られ、収穫の祝いの夕食では目立つ場所に置かれ、概して一年の残りの期間は客間で保管された。これを刈った娘は「収穫の女王」と呼ばれた。[67] ケント州には「キヅタの娘」(Ivy Girl) というものがあり(あるいはかってあり)、これは「畑で採れた最上の麦から作られる人形で、できるだけ人間の姿に似せられる。女たちはこれに入念に衣装を着せ、極上レースの帽子やひだ飾りやハンカチーフ等々に見えるよう、紙を切って飾り付ける。この人形は、畑から最後の収穫を運ぶ荷馬車に乗せて持ち帰られる。女たちはこの作業により、雇い主に夕食を御馳走してもらえるものと考えている」[68]。パースシア〔スコットランド中部の旧州〕のバルクヒッダー近隣では、若い娘が畑で最後の一握りの麦を刈る。これは粗雑だが女の人形にされ、紙のドレスを着せられ、リボンで飾り付けられる。これが「乙女」と呼ばれ、農家の、大概は煙突の上に、かなりの期間置かれることになる。ときには翌年の「乙女」がやってくるまで放置される。本書の著者は、一八八八年九月、バルクヒッダーにおいて、この「乙女」が刈られる儀式を目にした[69]。ダンバートンシア〔スコットランド中西部の旧州〕のゲアロッホのいくつかの農場では、およそ六十年前、畑に最後に立つ一握りの麦が「乙女」と呼ばれていた。これをひとりの少女が二束に分けて編み、手鎌で刈った。この少女は幸運に恵まれてまもなく結婚することになる、と考えられた。刈り終わると刈り手たちが集まり、空中に手鎌を投げた。「乙女」はリボンを飾り付けられて、台所の天井に吊るされた。吊るした日付を記して、数年間はそこに置かれた。ときには一度に五つか六つの「乙女」が鉤で吊るされることもあった。またゲアロッホの別のいくつかの農場では、収穫祝いの夕食は「カーン」(Kirn)と呼ばれた[70]。最後の一握りの麦は「処女」(Maidenhead)〔本来「処女膜」ないし「処女性」を意味する語〕、もしくは「頭」(Head)と呼ばれた。こぎれいに編まれ、ときにはリボンで飾られ、一年間台所に吊るされた。そして一年経つと、ここから採られた穀粒が家禽に与えられた。(71)スコットランド北部では、「乙女」はクリスマスの朝まで吊るされ、この日が来ると、「一年間元気に育つように」と畜牛に与えられた。(72)かつてはアバディーンシア〔スコットランド北東部の旧州〕でも、バルクヒッダーで現在も行われているように、畑で一番若い娘が最後の束(クリアック clyack の束と呼ばれる)を刈った。これは女の衣装を着せられ、意気揚々と持ち帰られ、クリスマスか新年の朝まで保管された。(73)最後に、その朝になると、孕んでいる牝馬か、これがいない場合一番年長の牝牛に与えられた。最後に、穀物霊を、ある程度成熟した、とはいえまだ若い年齢と考える例を挙げておく。この場合穀物霊は、「花嫁」とか「燕麦の花嫁」、「小麦の花嫁」という名で呼ばれる。ドイツとスコットランドでは、ときとして最後の束とこれを束ねた女の両方がこの名で呼ばれる。(74)これらの名が含意している考え方は、植物の多産な力を花嫁や花婿として表現することから、よりはっきりと理解できるものになる。たとえばドイツのいくつかの地域では、収穫の祭りで一組の男女が藁に身を包み、「燕麦の妻」と「燕麦の夫」、もしくは「燕麦の花嫁」と「燕麦の花婿」と呼ばれ、踊りを踊る。そして麦の軸が彼らの体から抜かれ、最後には二人とも、刈り株だらけの畑のように裸になる。シュレジエンでは、最後の刈り束を束ねた女が「小麦の花嫁」もしくは「燕麦の花嫁」と呼ばれる。頭には収穫の冠をかぶせられ、隣には花婿が立ち、花嫁付き添いの少女に伴われ、婚礼の行列のように厳かに、農家に連れて行かれる。(75)

このような収穫時の風習は、われわれが第一章で見た春の風習に驚くほど似ている。

（第一点）春の風習で樹木霊が一本の木とひとりの人間によって表されたように[76]、収穫時の風習では穀物霊が、最後の刈り束と、これを刈った者や束ねた者もしくは脱穀した者の、両者によって表される。人間と刈り束の等価性を示しているのは、その人間を刈り束と同じ名で呼ぶという点、あるいは刈り束を人間と同じ名で呼ぶという点、また人間を刈り束で包むという行為、あるいはいくつかの土地で行われているように、刈り束が「母」と呼ばれる場合これは年長の既婚婦人が刈らねばならないという決まり、「乙女」と呼ばれる場合には一番若い娘が刈らねばならないという決まりである[77]。ここでは、穀物霊を表象する人間の年齢は、その穀物霊に仮定されている年齢に一致している。これはちょうど、メキシコ人がトウモロコシの生育を促すために捧げた人間の生贄の年齢が、トウモロコシの月齢によって様々であったことと同じである[78]。つまり、メキシコの風習では、ヨーロッパの風習と同様、人間はおそらく、穀物霊に捧げられる生贄であるよりもむしろ、穀物霊の表象だったのである。（第二点）また、樹木霊が植物や家畜や人間の女にさえも及ぼすと仮定されている、肥沃にする力は[79]、同じく穀物霊にもあると考えられている。ここで植物への影響力が仮定されていることは、たとえば最後の刈り束から穀粒を採り（この場合穀物霊は一様にこの中にいるとみなされている）、春にこれを青い麦畑に蒔く、という習慣からわかる[80]。家畜への影響力を示すものとしては、最後の刈り束の藁をクリスマスに牛たちに与えるということがあり、ここには牛たちの成長を促すというはっきりした目的が見て取れる[81]。最後に、女性たちへの影響力が仮定されていることは、妊娠した女に似せて作られた「母の刈り束」を農場主の妻に与える、という風習[82]、また、最後の束を束ねた女は翌年子を産むという信仰[83]、そしておそらくは、この束を手に入れる者は翌年結婚するという考え方[84]からも知ることができる。

したがって、これら春の風習と収穫の風習は明らかに、同じ古代の思考様式に基づいており、同じ原始的異教を形成するものである。この異教の儀式はまぎれもなく、われわれの祖先が歴史の夜明け以前の時代に執り行っていたものであり、同様に今日でも、その多くの子孫たちが執り行っている。原始宗教の特徴を示すものとしては、以下の点を挙げることができる。

(一) 儀式を執り行うにあたって特別な階級の人間たちが選び出されることはない。言い換えれば、祭司というものは一切存在しない。儀式は場合に応じてだれが執り行ってもよい。

(二) 儀式を執り行うにあたって特別な場所が設けられることはない。言い換えれば、寺院・神殿に相当するものは一切ない。儀式は場合に応じてどこで行われてもよい。

(三) 神々ではなく霊の存在が認められている。(a) 神々とは異なり、霊はその活動が、自然の特定の部門に限られている。その名前は一般名詞であって固有名詞ではない。その属性は、個別的ではなく一般的である。言い換えれば、それぞれの部類に無数の霊が属し、ひとつの部類に属する個々の霊はどれも非常に類似している。いずれもはっきりとした個性は持っておらず、その起源や生活、冒険、性格といったものに関して、一般に是認された伝説はいかなるものも流布していない。(b)一方神々というものは、霊とは異なり、その活動が、自然の特定の部門だけに限られるということはない。確かに、一般的には、神々が自らの特定の領野として取り仕切るところの、ひとつの部門というものは存在する。だが、彼らが厳密にそこだけに制限されるということはない。神々は自然と生命の多数の領域で、善のためであれ悪のためであれ、自らの力を行使できる。また神々は、ケレスやプロセルピナやバッコスといった、個人的な名、固有名詞を持っており、その個々の性格および来歴は、流布している神話や美術による表象によって確定している。

(四)その儀式は、宥めの儀式ではなく呪術的な儀式である。言い換えれば、求められる対象が獲得されるのは、犠牲や祈りや讃美で聖なる存在を宥めるという行為によってではなく、これまで論じてきたように[85]、祭儀とその祭儀が生み出そうと意図している結果の間にある物理的共感もしくは類似を通して、直接自然の推移に影響を与えると考えられている、儀式によってである。

以上の調査結果から判断すると、現代ヨーロッパの農民たちの間にある、春の風習と収穫の風習は、原始的なものと位置づけることができる。というのも、これを執り行うにあたっては特別な階級の者などおらず、また特別な場所というものもない。つまり、主人であろうと召使いであろうと、主婦であろうとメイドであろうと、少年であろうと少女であろうと、これらを挙行することができる。また、寺院や教会といった場所ではなく、森や牧草地、小川の傍や納屋、収穫の畑、農家の作業場といった場所で執り行われる。つぎに、そこに存在すると考えられている超自然的なものは、神ではなく霊である。その機能は、はっきりと特定された、自然の一部門に限られている。名前は「大麦の母」や「老いた女」や「乙女」といった一般的なものであり、ケレスやプロセルピナやバッコスといった固有名詞ではない。その一般的な属性は知られているものの、個々の来歴や性格は神話の主題となってはいない。というのも彼らは個人として存在しているのではなく、部類内の存在であり、ひとつの部類に属するものであればいずれも区別がつけがたい。たとえば、いずれの農場にも「麦の母」や「老いた女」や「乙女」はいるが、どの「麦の母」を取っても、他で見られる「麦の母」ときわめて類似しており、これは「老いた女」や「乙女」についても同様である。最後に、これら収穫の風習では、春の風習と同じく、宥めの祭儀が行われるのではなく、呪術的な祭儀が行われる。このことは、作物のために雨と湿り気を確保しようと、「麦の母」を川に投げ入れることから見て取れるし、[86] また、翌年の作物が重いものになるようにと、「老いた女」を重くすることにも見て取れる。[87] あるいはまた、最後の刈り束から採られた穀粒を春のまだ青い畑に撒くことや、[88] 最後の束を蓄牛に与え成長を促そうとすることにも、見て取ることができる。[89]

さらに、穀物霊を表す人形を翌年の収穫まで保管しておく風習は、一年間穀物霊を生かしておく呪術である。[90] このことは、古代ペルー人たちの類似した風習によって証明されるもので、歴史家のアコスタはつぎのように語っている。「彼らは、畑に育ったもっとも実の多いトウモロコシを何本か採り、いくつかの儀式を行って『ピルーア』(Pirua) と呼ばれる穀物倉に収め、三晩これを見張る。そして自分たちの持つもっとも高価な衣装にこれらトウモロコシを包み、正装させ、彼らはこの『ピルーア』を崇め、これに対し大いなる崇敬の念を抱く。これが彼らに代々伝わるトウモロコシの母であると言い、これによってトウモロコシは数を増し、保護されるのだと言う。この月〔第六月で、五月にあたる〕、彼らは特別な生贄を捧げ、魔女たちはこの『ピルーア』にむかい、翌年まで続くだけの力を持っているかと尋ねる。答えが否ならば、彼らはトウモロコシを畑に運び出して焼く。各人が自分の力に応じて運んでゆく。そしてつぎの『ピルーア』を、同じ儀式を繰り返して作るが、彼らはそれを、トウモロコシの種が滅びぬよう更新しているのだ、と言う。長く続く力を持っているとの答えが返ってくれば、彼らはこれを翌年までそのままにしておく。この愚かで虚しい行為は今日まで続いており、インディオたちの間では、これら『ピルーア』を複数持つことがごく普通のこととなっている」[91]。この風習に関する記述には、いくらか誤りがあるように思われる。おそらく、ペルー人たちが「トウモロコシの母」とみなして崇めたものは、「ピルーア」とされる穀物倉ではなく、飾り立てられたトウモロコシの束のほうであったろう。これはペルー人の風習を述べた別の典拠から確認できる。これによれば、ペルー人は、あらゆる有用な植物は聖なる存在によって命を吹き込まれ、生長を促される、と信じていた。これら聖なる存在は、個々の植物に応じて「トウモロコシの母」(Zara-mama)、「キノア〔アンデス山脈産のアカザ属の植物で、ペルーではその実が食される〕の母」(Quinoa-mama)、「カカオの母」(Coca-mama)、「ジャガイモの母」

(Axo-mama) と呼ばれた。これら聖なる母たちの像は、それぞれトウモロコシの穂やキノアの葉、カカオの木で作られ、女の衣装を着せられ、崇拝されたのだった。たとえば「トウモロコシの母」は、トウモロコシの茎で作った人形に女の衣装を着せて盛装させたものによって表現された。またこのインディオたちは、「これは母として、数多くのトウモロコシを生み出す力を備えている」と信じていた。(92) それゆえおそらく、アコスタは情報提供者の言を誤解したのであり、彼の述べる「トウモロコシの母」は穀物倉(「ピルーア」)ではなく、高価な衣装を身に着けたトウモロコシの束であった。ペルーの「トウモロコシの母」は、バルクヒッダーの収穫期の「乙女」同様、これによって穀物が育ち繁殖するようにと、一年間保管された。だが彼女の力が一年間持たないということがないように、彼女自身が今後一年間どのような具合であろうかと尋ねられ、弱っていると答えたならば、燃やされたのである。そして新たに「トウモロコシの母」が作られた。「トウモロコシの種が滅びぬように」である。ここにおいて、王を、定期的にであれ不定期にであれ殺害するという風習に関し、以前提起した解釈が確固としたものになろう。概して「トウモロコシの母」は一年間生きることが許された。一年ならば彼女の力も損なわれることはあるまいと判断された。だが彼女の力になんらかの衰えの兆しが見えれば、彼女は殺され、新しく強壮な「トウモロコシの母」がこれに取って代えられた。自らの存在を彼女に依存しているトウモロコシが、弱り衰えることのないようにである。

同様の思考形態は、メキシコのサポテカ族が以前行っていた収穫期の風習に、実に明瞭に現れている。収穫の際、祭司は貴族と平民に付き添われ、行列をなしてトウモロコシ畑に向かい、そこでもっとも大きく立派なトウモロコシを選び出した。彼らはこれを壮大な儀式を催して町か村に運び、寺院の中の、野の花で飾られた祭壇の上に置く。収穫の神に生贄を捧げて後、祭司たちはこのトウモロコシを上質の亜麻布で念入りに包み、播種期まで保管した。つぎに、祭司と貴族たちは今一度寺院に集まり、そのうちのひとりが、丹念に装飾の施された野生動物の皮を持ってきて、トウモロコシの入った亜麻布をこの中に包む。そしてトウモロコシは、行列をなして採られた畑に再び運ばれる。ここには小さな空洞ないし地下室が掘られており、幾重にも包まれた貴重なトウモロコシがここに収められる。豊作を願って畑の神々に生贄が捧げられた後、地下室は閉じられ土がかぶせられる。これが終わると即座に種蒔きが始まった。その後、収穫の時期が近づくと、祭司たちは埋めたトウモロコシを厳かに掘り出し、求める者全員にその穀粒を分け与える。こうして配られた穀粒の包みは、収穫が終わるまでお守りとして大切に保管された。(93) スペインに征服されてからも長く毎年行われていたこの儀式で、播種期から収穫期まで畑に一番立派なトウモロコシを埋めておく目的が、トウモロコシの生長を早めることであったのは疑いを容れない。

パンジャーブ地方のジャムナ川〔インド北部ウッタルプラデシュをヒマラヤ山脈から南流しガンジス川に合流する〕東部では、ワタの木が実を結ぶと、通常「畑で一番大きい木を選んで、これにバターミルクと重湯をかけ、畑の他の木から採られたワタを一面に結びつける。この選ばれた木はシルダー（Sirdar）もしくはボガルダイ（Bhogaldaï）と呼ばれる。これはときに大きなワタの実を指して用いられる語ボグラ bhogla と、母を表す語ダイdaï（daiya に同じ）から来ている語で、つまりは『母ワタ』を意味する。これに挨拶のことばが述べられた後、他の木々もこれに似て豊富な実をつけますように、と祈りが捧げられる」[94]。

ヨーロッパの農民が行う収穫期の風習に関して、読者諸氏がいまだその本来の意味になんらかの疑いを抱いているのならば、その疑いはボルネオ島ダヤク族の収穫期の風習と比較することで払拭されよう。ボルネオ北部のダヤク族は、収穫期に特別な宴を催す。その目的は「米の魂を捕まえることであり、もし捕まえられなければ、農場の産物は瞬く間に弱り朽ち果ててしまう」。米の魂を捕らえる方法は部族によって様々である。ときには祭司が、白い布で、数個の米粒の形をしたこれを捕まえる。ときには村の外に大きな納屋が建てられ、この傍らに高く広い祭壇が作られる。祭壇の四隅の支柱は聳え立つ竹で、先端には葉が繁っている。その一本に、白い布の細長い吹流しがつけられる。ここで華やかに着飾った男女が、ゆっくりとした厳かな足どりで踊りを踊る。突然、長老たちと祭司たちは白い吹流しのところに駆け寄り、その端を摑み、体を左右に揺らして踊る。周囲では荒々しい音楽が鳴り響き、観衆は叫び声を上げる。ひとりの長老が祭壇の上に飛び乗り、竹竿を激しく揺らすと、小石や髪の毛の束や米粒が、踊っている人々の足元に舞い落ち、参列者たちはこれを丹念に拾い集める。この米粒が米の魂である。播種期にはこの米の魂のいくつかが他の種とともに蒔かれ、魂は「かくして増殖し伝播されるのである」。同様に、豊作には米の魂を捕らえることが必要と強く感じているのが、ビルマのカレン族である。田の実りが悪ければ、彼らは、米の魂ケラー（kelah）がなんらかの理由で米に入れずにいるのだと考える。この魂を呼び戻すことができなければ田は不作になる。そこで米のケラー（魂）を呼び戻すために、彼らはつぎのような文句を唱える。「おお来たれ、米のケラーよ、来たれ！　田に来たれ。米に来たれ。雌雄の種とともに来たれ。コウ川（the river Kho）より来たれ、コー川（the river Kaw）より来たれ。二つの川が出会うところより来たれ。西より来たれ、東より来たれ。鳥の喉より、サルの口より、象の喉より来たれ。川の源流より、川の河口より来たれ。シャン族〔ビルマの山岳地方に住むモンゴロイド〕とビルマ人の国より来たれ。遠方の王国より来たれ。すべての穀倉より来たれ。おお、米のケラーよ、米に来たれ」[96]。また、穀物霊を花嫁と花婿の姿で二重に表現するというヨーロッパの風習は[97]、ジャワ島で米の収穫の際に行われる風習に相当する。刈り手たちが稲を刈り始める前に、祭司もしくは妖術師が大量の稲穂を選び出す。これは束ねられ、軟膏を塗られ、花々で飾り立てられる。こうして装飾された稲穂はパディ・ペンガンテン（padi-pĕngantèn）と呼ばれる。「米の花嫁」と「米の花婿」という意味である。婚礼の宴が催され、その直後に稲刈りが始まる。その後米が納屋に取り入れられる際には、納屋の中に花嫁のための部屋が仕切られ、新しい莚とランプ、その他あらゆる種類の化粧道具が備え付けられる。婚礼の客を表す稲の束は、「米の花嫁」と「米の花婿」の隣に置かれる。これが終わってはじめて、すべての収穫物が納屋に収められる。また、納屋へ収め終わって後の四十日間は、だれも納屋に入ってはならない。新婚の二人を邪魔しないようにである。(98)

ドイツの「麦の母」やバルクヒッダーの収穫期の「乙女」と比べれば、ギリシアのデメテルとプロセルピナは、後の宗教的成長の産物である。だがアーリヤ人と同じように、ギリシア人もかつては、いまだケルト人やチュートン人、スラヴ人が行っているような収穫期の風習を持っていたに違いない。その風習はアーリヤ世界に留まらず、ペルーのインカ族やボルネオのダヤク族、ジャワのマレー人の間でも行われていたものである。このことは、これらの風習が基づいている発想がひとつの種族に限られたものではなく、農耕に携わるすべての無教育な人間たちにおのずと立ち現れてきたものだ、ということの十分な証拠となる。それゆえ、ギリシア神話の中であのように堂々とした美しい姿で現われるデメテルとプロセルピナも、もとはといえば、われわれの同胞である近代ヨーロッパの農民たちの間でいまだに勢力を保っている、同じように単純な信仰や慣習から成長してきたものであろうし、フェイディアス〔紀元前五世紀のアテナイの彫刻家。パルテノンを造営〕やプラクシテレス〔紀元前四世紀のギリシアの彫刻家〕といった名匠によって青銅や大理石に姿を変えた、息づくような彫像が現れるよりもはるか昔、数多くの収穫の畑で黄色い刈り束から作られた粗野な人形によって、表されたものであったろう。往古の時代の記憶、いわば収穫の畑の残り香は、「乙女」(コレー Kore) の名で今日まで消え去らずにいる。プロセルピナは一般に「コレー」の名で呼ばれているのである。したがって、デメテルの原型がドイツに見られる「麦の母」であるならば、プロセルピナの原型は収穫期の「乙女」であり、これは来る秋も来る秋も、バルクヒッダーのブラエス（the Braes は祭りの名と読める。これはアイルランド神話の Bres から来ているものであるかもしれない。ブレスはフォモーレ族の王エラサの息子で、デダナーン族に農耕を教えたとされる）において、いまだ最後の刈り束から作られている。実際もしわれわれが古代ギリシアの農民についてもっと多くを知ることができれば、おそらくは、古典古代の時代においてさえ、彼らが「麦の母」たち（デメテルたち）と「乙女」たち（プロセルピナたち）を、収穫の畑で熟した麦から毎年作り続けていたことがわかるだろう。だが不運にも、われわれの知るデメテルとプロセルピナは都市の住民であり、堂々たる神殿の威厳ある居住者である。古代を語る洗練された著述家たちが目にしたのはもっぱらそのような神々であった。麦畑の中で田舎者が執り行っていた粗野な儀式に彼らの目が留まることはなかった。たとえ目に留めても、彼らはおそらく、日の当たる切り株だらけの畑にある麦藁でできた人形と、神殿の冷ややかな影に包まれた大理石の神との間に、なんらかの繋がりがあるとは夢にも思わなかっただろう。だがそれでも、都会育ちの教養ある人々が書き残した物でさえ、ときには粗野なデメテルの姿を垣間見させてくれることもある。それは遠く離れたドイツの村が見せてくれるもっとも粗野なデメテルに、勝るとも劣らないほど粗野である。たとえばイアシオンが、[99] 三度鋤いた畑でデメテルと交わりプルトス（「富」や「豊富」を司る）をもうけた物語は、収穫の畑で子どもの誕生を真似るプロイセン西部の風習と比較できる。[100]このプロイセンの風習では、母の役を演じる者が「麦の母」（Żytniamatka）を表し、子どもの役を演じる者が「麦の赤子」を表し、この儀式全体は翌年の豊作を確かなものにするための呪術である。[101]春と収穫期の両方に行われる風習には、他にも、プルトスという子どもをもうける伝説がより密接に関わっているらしいものがある。概してその意図するところは、生殖と出産の過程を執り行う[102]——あるいは少なくともそれを模倣する——ことにより、畑に産出力を付与することである。文明化されたデメテルの下に潜む野蛮な姿のデメテルについては、後にこれら農耕神たちの別の面を扱う段に至ったところで、今一度垣間見ることになろう。

これまでのところ、近代の習俗においては、穀物霊は一般に「麦の母」（「老いた女」等々）か「乙女」（「麦の赤子」等々）のいずれかによって表現され、「麦の母」と「乙女」の両方によって表現されるのではない点を見てきた。ではなぜギリシア人たちは、穀物を母と娘の両方で表現したのだろうか？　ブルターニュの風習では、母束——最後の刈り束で作られ、中に小さな麦藁人形が入れられる[103]——は明らかに、「麦の母」と、まだ生まれていない「麦の娘」の両方を表現するものである。また、先ほど述べたばかりのプロイセンの風習では、「麦の母」を演じる女が表しているのは熟した麦であり、子のほうは翌年の麦を表しているように見える。その年の収穫で得られた種から翌年の麦が生えてくるわけだから、子のほうは当然のことながら、その年の麦の子とみなすことができる。したがってデメテルはその年の熟した麦であり、プロセルピナはそこから採られた種麦であり、秋に蒔かれて春に再び姿を現す。したがってプロセルピナが冥界に下ることは[104]、種蒔きの神話的な表現であろうし、春に再来することは[105]、若い麦が生えてくることの神話的表現であろう。かくしてその年のプロセルピナは翌年のデメテルとなり、これがこの神話の原型であったと考えられる。だが宗教的思考の発達に伴い、麦が人格化されると、もはや、一年のうちに誕生と成長と出産および死という全周期を経る存在としてではなく、不死の女神としての整合性が求められる。つまり、二つの人格のうち母か娘のいずれかを犠牲に供することが必要となる。しかし麦を母と娘の両方で二重に捉える発想は、論理によって根絶するにはあまりにも古く、また人々の心の中にあまりに深く根を下ろしていた。そのため、母と娘の両方を包括する余地が必要となり、神話が修正されることになる。これには、プロセルピナに秋に蒔かれ春に芽を出す麦の役割を負わせ、一方デメテルのほうにはどこかしら曖昧で不明確な麦の母の役割——麦が毎年地下の世界に消え去ることを嘆き、春に再び現われるとこれを喜ぶ、という役割——を負わせる方法が採られることになった。かくして神話は修正され、一年生きて後継者を生む神聖な存在が規則的に継承される、という観念ではなく、一方は毎年消えては地面の中から再び姿を現し、一方は時に応じて嘆くか喜ぶ以外することもないという、二人の神聖で不死の存在という観念を提示するに至ったのである。

ギリシア神話における麦の二重の人格化をこのように説明することは、(デメテルとプロセルピナという) 両者の人格が、いずれも原型的なものである、と前提することになる。

だが仮にギリシア神話が、当初は単一の人格化しか行っていなかったと仮定すると、後に第二の人格が成長してきた過程は、おそらく以下のように説明することができるだろう。これまで検討されてきた農民の収穫期の風習を眺めてみると、そこには穀物霊に関する二つの明確な概念が含まれていることに気づく。つまり、いくつかの風習では穀物霊は穀物に内在するものとして扱われ、別のいくつかの風習では外在するものとみなされている。たとえば、特定の刈り束が穀物霊の名で呼ばれ、衣服を着せられ敬意をもって扱われる場合、(106)穀物霊は明らかに、穀物に内在するものとみなされている。だが穀物霊が、穀物を通り抜けることでこれを生長させる、もしくは穀物霊が恨みを抱いている人の穀物を枯らす、と言われる場合、(107)穀物霊は、穀物に力を及ぼすことはあるにせよ、穀物自体からはまったく分離している、とみなされていることは明らかである。この場合、穀物霊が、すでにそうなっているのでない限り、穀物の神となってゆく可能性がある。上記二つの捉え方のうち、穀物に内在する穀物霊という捉え方のほうが古いことは間違いない。なぜなら、自然の事物をその内部に住まう霊によって生かされているものとする見方は、概して、それが外部にある神々によって制御されているものとする見方に、先行して生じるものだからである。ようするに、アニミズムは理神論よりも先に生じる。現在ヨーロッパの農民が行っている収穫期の風習では、内在する穀物霊という概念が広く流布しているようであり、外在と捉える概念は、むしろ例外的に生じている。一方ギリシアの神話では、デメテルは明らかに後者として捉えられている。つまり、彼女は穀物に内在する霊であるよりも、これを司る神である。[108] ひとつの概念形態から他の概念形態への移行を生じさせるにあたって、おもに力となる思考過程は、神人同形同性論《アンスロポモーフィズム》であろう。すなわち、内在的な霊が、次第に多くの人間の属性を与えられて行く過程である。人間が野蛮状態から抜け出してくると、神々を擬人化ないし人間化する傾向が強まってくる。そしてその擬人化が進めば進むほど、当初は単に自然物を生かしている霊ないし魂であった彼らを、その自然物から切り離す裂け目がますます広がってゆく。だがこの野蛮状態からの上昇過程において、同じ世代の人間たちが皆歩調を合わせて進むことはない。擬人化された神々が、より進歩した人々の抱く宗教的要求を満足させる一方で、同じ共同体の中のはるかに遅れた成員たちは、より古いアニミズムの概念にすがりつこうとする。そして、なんらかの自然物（たとえば麦）の霊が、もはや人間の性質を与えられ自然物から切り離され、これを支配する神に変えられてしまうと、自然物自体は、その霊が退去することによって無生命の状態に置かれ、いわば霊の空白が生じることになる。だが人々の空想は、そのような空白には耐えられず、言い換えれば、無生命のものなど受け入れることができず、即座に新しい神話的存在を創造し、これをいまや空白になった自然物の中に住まわせるのである。かくして同じひとつの自然物が、神話においては二つの別々の存在によって表現されることになる。第一には、いまや自然物から切り離され、神の位置にまで昇格した古い霊によって、第二には、その古い霊が高次の領域に昇ったためにできた空白を埋めるべく、人々の空想が新たに作り出した新しい霊によって。では、同じひとつの事物に二つの別々の人格があることになると、これをどうしたらよいか、という神話上の問題が起こる。互いに対する二者の関係は、どのように調整可能であろうか。神話体系の中に両者を収める余地は、どうすれば得られるだろうか。古い霊か新しい神が、当の自然物を作り出した、もしくは生んだと考えれば、この問題は容易に解決する。自然物は古い霊によって生み出され、新しい霊によって生かされている、と信じられているのだから、後者はその自然物の魂として、自らの存在をもまた前者に負っているはずである。したがって古い霊は、新しい霊に対し、生み出された者に対する生み出した者の立場に置かれよう。つまり、(神話においては) 子に対する親の立場に立つことになる。そして仮に両者がともに女の霊とみなされれば、その関係は母と娘ということになるだろう。こうして、神話は最初、麦を女性として単一の人格で表すことから始まり、やがて母と娘という、二重の人格化に到達した。デメテルとプロセルピナの神話が実際このような経緯を辿ったと結論を下すのは性急に過ぎるだろうが、デメテルとプロセルピナがその一例となる、神の二重化という現象が、ときにはこのように起こったかもしれないと推測することは、理に適っているように思われる。たとえば、これまで考察してきた対になっている神々には、[109] イシスとその連れ合いであるオシリスのように、二人を穀物の化身とみなせる根拠があった。いま述べたような仮説に沿えば、イシスは古い穀物霊、オシリスは新しい穀物霊ということになるだろう。後者の古い霊に対する関係は、兄や夫や息子と、様々に説明されてきた。[110] 当然のことながら、神話はつねに、二つの神の共存を複数の方法で自由に説明できるものだからである。さらに、この仮説は少なくとも、アリキアのディアナに対するウィルビウスの関係を説明可能にしてくれる。すでに見たように(三)、ディアナは樹木の女神であった。そしてわたしが推測するように、仮にフラメン・ウィルビアリスがネミの祭司にほかならず、つまりは森の王そのものであったとしたら、ウィルビウスもまた樹木霊であったに違いない。上記の仮説にしたがえば、彼は新しい樹木霊であり、その古い樹木霊（ディアナ）に対する関係は、彼を彼女の寵児もしくは恋人として表現することにより説明された、と考えられる。しかしながら、デメテルとプロセルピナ、イシスとオシリス、ディアナとウィルビウスという対になった神々をこのように説明することは、あくまでも推測であり、単にそれだけのこととして提示されたものである点を忘れないで頂きたい。

(1) 地中海沿岸の収穫期は早く、秋になることはけっしてない、ということを思い出すべきである。

(2) 麦の女神としてのデメテルについては、Mannhardt, *M.F.*, p. 224 以下を見よ。同じ性質を持つプロセルピナについては以下を見よ。コルヌトゥス『神々の本性について』c. 28. ウァロに関するアウグスティヌス『神の国』vii. 20. ヘシュキオス、"*φερσεφόνεια*" の項。フィルミクス・マテルヌス『異教の過ちについて』17. 麦の女神としてのデメテルを詳細に論じているマンハルトは、以下のヒッポリュトスによるきわめて重要な見解（『全異端駁論』v. 8, p. 162, ed. Duncker and Schneidewin）を見落としてしまったようである。すなわち、エレウシスの密儀（デメテルの祭儀の中でもっとも有名なもの）への加入の儀式において、新参者に明かされる神秘の中心は、刈られた麦穂であった。

（3） F. G. Welcker, *Griechische Götterlehre,* Göttingen, 1857-1862, ii. 532. L. Preller, in Pauly's *Realencyclopädie der classischen Altertumswissenschaft,* vi. 107. Lenormant, in Daremberg et Saglio, *Dictionnaire des Antiquités Grecques et Romaines,* i. pt. ii. 1047 以下。

（4） ホメロス讃歌「デメテルへの讃歌」。アポロドロス、i. 5. オウィディウス『祭暦』iv. 425 以下。同『転身物語』v. 385 以下。

（5） 三分の一としているのは、ホメロス讃歌「デメテルへの讃歌」399 およびアポロドロス、i. 5, 3. 二分の一としているのは、オウィディウス『祭暦』iv. 614、同『転身物語』v. 567 およびヒュギヌス『神話集』146.

（6） Schömann, *Griechische Alterthümer,* third ed., ii. 393. Preller, *Griechische Mythologie,* third ed., i. 628 以下、644 以下、650 以下。この項に関する古代の作家たちの証言は、完全で明確なものとは言いがたいが、満足のゆくものと思われる。以下を見よ。ディオドロス、v. 4. フィルミクス・マテルヌス、cc. 7, 27. プルタルコス『イシスとオシリス』69. アプレイウス『変身物語』vi. 2. アレクサンドリアのクレメンス『ギリシア人への勧告』ii. § 12, § 17.

（7） Mannhardt, *M.F.*, p. 292 以下。

（8） *Etymologicum Magnum,* p. 264, 12 以下。

（9） Otto Schrader, *Sprachvergleichung und Urgeschichte,* second ed., Jena, 1890, p. 409, 422. V. Hehn, *Kulturpflanzen und Haustiere in ihrem Übergang aus Asien,* fourth ed., p. 54. *Δηαί* は、語源的にはまぎれもなく *ζειαί* と等価である。後者はしばしばスペルト小麦とみなされるが、これは定かでないよう

に思われる。

(10) ヘシオドス『神統記』971. Lenormant 前掲書 i. pt. ii. p. 1029.

(11) Mannhardt 前掲書 p. 296.

(12) 前掲書 p. 297.

(13) 前掲書 p. 297 以下。

(14) 前掲書 p. 299.

(15) 前掲書 p. 300.

(16) 前掲書 p. 310.

(17) 前掲書 p. 310 以下。

(18) 前掲書 p. 316.

(19) 前掲書 p. 316.

(20) 前掲書 p. 316 以下。

(21) 本書三七頁以下、および三八九頁以下を見よ。

(22) Mannhardt 前掲書 p. 317.

(23) 前掲書 p. 317 以下。

(24) 前掲書 p. 318.

(25) 前掲書 p. 318.

(26) 前掲書 p. 318 以下。

(27) Paul Sébillot, *Coutumes populaires de la Haute-Bretagne,* Paris, 1886, p. 306.

(28) Mannhardt 前掲書 p. 319.
(29) 前掲書 p. 320.
(30) 前掲書 p. 321.
(31) 前掲書 p. 321, 323, 325 以下。
(32) 前掲書 p. 323 以下。 Panzer, *Beitrag zur deutschen Mythologie,* ii, p. 219, No. 403.
(33) Mannhardt 前掲書 p. 325.
(34) 前掲書 p. 323.
(35) 前掲書同箇所。
(36) 前掲書 p. 323 以下。
(37) 前掲書 p. 324.
(38) 前掲書 p. 320.
(39) 前掲書 p. 325.
(40) 本書一二三頁以下を見よ。
(41) Mannhardt 前掲書 p. 324.
(42) 前掲書 p. 324 以下。
(43) 前掲書 p. 325.
(44) 前掲書 p. 327.
(45) 前掲書 p. 328.
(46) John Jamieson, *Etymological Dictionary of the Scottish Language,* New Edition, ed. J. Longmuir

and D. Donaldson, Paisley, 1879-1882, "Maiden" の項。Mannhardt 前掲書 p. 326.
(47) これは友人で Queen's College, Cork の教授である、W. Ridgeway からの情報によっている。
(48) Mannhardt 前掲書 p. 328.
(49) 前掲書同箇所。
(50) 前掲書 p. 328 以下。
(51) 前掲書 p. 329.
(52) 前掲書 p. 330.
(53) 前掲書 p. 330.
(54) 前掲書 p. 331.
(55) 前掲書 p. 331.
(56) 前掲書 p. 332.
(57) W. Hutchinson, *History of Northumberland,* ii. *ad finem,* 17, quoted by Brand, *Popular Antiquities of Great Britain,* Bohn's Edition, ii. 20.
(58) Brand 前掲書 ii. 22 における引用。
(59) Mannhardt 前掲書 p. 333 以下。
(60) 前掲書 p. 334.
(61) 前掲書 p. 334.
(62) 前掲書 p. 336.
(63) 前掲書 p. 336.

(64) 前掲書 p. 336. Mannhardt, *B.K.*, p. 612.

(65) Mannhardt, *Korndämonen*, p. 28.

(66) 前掲書同箇所。

(67) 前掲書同箇所。William Henderson, *Notes on the Folk-lore of the Northern Counties of England and the Borders*, p. 87. Brand 前掲書 ii. 20. Chambers, *The Book of Days*, ii. 377 以下。また *Folk-lore Journal*, vii. 50 も参照せよ。

(68) Brand 前掲書 ii. 21 以下。

(69) *Folk-lore Journal*, vi. 268 以下。

(70) これはゲアロッホヘッドの Rowmore の庭師、Archie Leitch からの情報による。

(71) ゲアロッホの Faslane の Macfarlane 氏からの情報による。

(72) Jamieson 前掲書 "Maiden" の項。

(73) Rev. Walter Gregor, "Quelques coutumes du Nord-est du Comté d'Aberdeen," in *Revue des Traditions populaires*, iii (October 1888), 533 (485B), translated into French by M. Loys Brueyre. Gregor, *Folk-lore of the North-East of Scotland*, p. 182.「乙女」(autumnalis nymphula) に当たる古いスコットランド語の名は、Rapegyrne である。以下を見よ。Fordun, *Scotichronicon*, ii. 418, Jamieson 前掲書 "Rapegyrne" の項が引用。

(74) Mannhardt, *Korndämonen*, p. 30. *Folk-lore Journal*, vii. 50.

(75) Mannhardt 前掲書同箇所。Sommer, *Sagen, Märchen und Gebräuche aus Sachsen und Thüringen*, p. 160 以下。

(76) 本書一二三頁以下を見よ。
(77) 本書四五八頁、四七〇〜七一頁。
(78) 本書四一八〜一九頁。
(79) 本書一〇五頁以下。
(80) 本書四六〇頁、四六一頁。
(81) 本書四六〇頁、四七二頁。
(82) 本書四六一頁以下を見よ。
(83) 本書四六六頁。またつぎも参照せよ。Kuhn, *Sagen, Gebräuche und Märchen aus Westfalen,* ii. No. 516.
(84) 本書四六二頁、四六三頁、四七一頁。
(85) 本書三〇頁以下を見よ。
(86) 本書四六七頁。
(87) 本書四六四頁。
(88) 本書四六〇頁。また四六一頁も参照せよ。
(89) 本書四六〇頁、四七二頁。
(90) 本書四七一頁以下。Mannhardt, *Korndämonen,* p. 7, 26. ヴェンド族の間では、人形にされ「老いた男」と呼ばれる最後の刈り束は、翌年の「老いた男」が運び込まれるまで、玄関広間に吊るされる。Wilibald von Schulenburg, *Wendishes Volksthum,* Berlin, 1882, p. 147. インヴァネスとサザランドでは、「乙女」は翌年の収穫まで保管される。*Folk-lore Journal,* vii. 50, 53 以下。また、Kuhn 前掲書 ii.

No. 501, No. 517 も参照せよ。

(91) J. de Acosta, *The Natural and Moral History of the Indies,* trans. E. Grimston, ed. Clements R. Markham, Hakluyt Society, London, 1880, bk. v. ch. 28, vol. ii, p. 374.

(92) Mannhardt, *M.F.*, p. 342 以下。マンハルトが典拠としているのは、リマの大司教 Pedro de Villagomez による宗教的パンフレット、*Carta pastoral de exortacion e instruccion contra las idolatrias de los Indios del arçobispado de Lima* であり、これは一六四九年にリマで出版され、Johann Jacob von Tschudi によってマンハルトに伝えられた。

(93) Brasseur de Bourbourg, *Histoire des nations civilisées du Mexique et de l'Amérique-Centrale,* Paris, 1857-1859, iii. 40 以下。

(94) H. M. Elliot, *Supplemental Glossary of Terms used in the North Western Provinces,* edited by J. Beames, i. 254.

(95) Spenser St. John, *Life in the Forests of the Far East,* second ed., i. 187, 192 以下。

(96) E. B. Cross, "On the Karens," in *Journal of the American Oriental* Society, iv. 309.

(97) 本書四七二頁を見よ。

(98) P. J. Veth, *Java,* Haarlem, 1875-84, i. 524-526.

(99) ホメロス『オデュッセイア』v. 125 以下。ヘシオドス『神統記』969 以下。

(100) 本書四七〇頁以下を見よ。

(101) キプロスのアリアドネ崇拝で執り行われた儀式は、この性質を持つものであった可能性がある。プルタルコス「テセウス伝」20, *ἐν δὴ τῇ θυσίᾳ τοῦ Γορπιαίου μηνὸς ἱσταμένου δευτέρᾳ κατα-*

κλινόμενόν τινα τῶν νεανίσκων φθέγγεσθαι καὶ ποιεῖν ἅπερ ὠδινοῦσαι γυναῖκες. アリアドネを植物の女神もしくは魂とみなす根拠については、すでに見たとおりである（本書一五五〜五六頁）。しかしながら、これがシリア＝マケドニア暦で言われているのならば、「ゴルピアエウス」（Gorpiaeus）は九月に当たるため（Daremberg et Saglio, i. 831）、この儀式は穀物の収穫を祝うものではなく、ブドウの収穫を祝うものであった可能性もある。ノイヴィート〔ドイツ西部ラインプファルツ州の市〕の皇子が観察したところによると、北アメリカのミニタレー族では、背の高い頑強な女がひとり、腹からトウモロコシの茎を生む真似をする。この儀式の目的は、翌年のトウモロコシの豊作を確実にすることであった。Maximilian, Prinz zu Wied, *Reise in das Innere Nord-America*, ii. 269.

(102) Mannhardt, *B.K.*, 468 以下、p. 480 以下。同 *A.W.F.*, p. 288 以下。同 *M.F.*, p. 146 以下、p. 340 以下。Van Hoëvell, *Ambon en meer bepaaldelijk de Oeliasers*, p. 62 以下。G. A. Wilken, "Het animisme bij de volken van den Indischen Archipel," in *De Indische Gids*, June 1884, p. 958, 963 以下。また、Marco Polo, trans. Yule, second ed., i. 212 以下も参照せよ。

(103) 本書四六一頁以下を見よ。

(104) 以下も参照せよ。Preller 前掲書 i. 628, note 3. ギリシアでは、プロセルピナの毎年の冥界下りは、エレウシスの大密儀およびテスモポリア祭で行われたように見える。これは秋の播種期に相当する。しかしシチリアでは、これは麦が熟しきった時期（ディオドロス、v. 4）、すなわち夏に祝われたらしい。

(105) ホメロス讃歌「デメテルへの讃歌」401 以下。Preller 前掲書同箇所。

(106) いくつかの地域では、最後の刈り束の前に跪くことが慣例となっており、またこれにキスをすることが慣例になっている地域もある。Mannhardt, *Korndämonen*, 26. 同 *M.F.*, p. 339. *Folk-lore Journal*,

vi. 270.

（107）本書四五八頁以下。

（108）ホメロス讃歌の「デメテルへの讃歌」では、デメテルは麦の生長を支配するものとして描かれている。本書四五七頁を見よ。

（109）本書四一七頁以下、四二一頁以下を見よ。

（110）A. Pauly, *Real-Encyclopädie der classischen Alterthumswissenschaft*, Stuttgart, 1842-1866（vol. i. Second Edition; vols. ii-vi. First Edition), v. 1011.

（111）本書一五六頁以下。

第九節　リテュエルセス

これまでのところでわれわれは、北ヨーロッパの「麦の母」と収穫期の「乙女」に、デメテルとプロセルピナの原型が見出せることを示そうと試みてきた。だがこの類似を決定づけるには、まだ本質的な特徴が不足している。このギリシアの神話における主要な出来事は、プロセルピナの死と復活である。植物の神であるこの女神の本質と密接に関連し、彼女の神話をアドニスやアッティスやオシリスやディオニュソスの崇拝と結びつけるものが、この出来事である。そしてこの神話をこの章で考察しているのも、もとはといえばこの出来事ゆえであった。したがって残された問題は、これらギリシアや東洋の盛大な崇拝儀式において実に顕著な現れ方をする概念、ひとりの神が毎年死んでは蘇るという概念が、これまたその起源を辿れば、やはり刈り束の山やブドウ畑で、刈り手や園丁たちが行っていた素朴な田舎の儀式に見られたものではなかったか、ということである。

古代の人々の迷信や風習について、われわれが概して無知であることはすでに告白したとおりである。だが古代の宗教のそもそもの始まりについてこのようにつきまとっている曖昧さは、幸運にも当面の問題に関する限り、ある程度まで払拭できる。オシリス、アドニス、およびアッティスの崇拝は、これまで見てきたように、それぞれエジプト、シリア、およびフリュギアにその地歩を保っていた。さらに麦やブドウの収穫期に行われた風習は、そのいずれの国でも知られており、またそれぞれが互いに類似し別の民族の儀式にも類似しているという点は古代人自身をも驚かせるほどであったから、これは、近代の農夫たちおよび蛮人たちの収穫期の風習と比較することによって、問題となっている儀式の起源になんらかの光を投げかけてくれそうである。

古代エジプトでは刈り手たちが最初に刈った束を哀悼し、彼らに麦を発見させてくれた女神イシスに祈りを唱えるという習慣があったことは、すでにディオドロスを典拠として述べたとおりである。[1] エジプトの刈り手たちが口にした、哀調に満ちた歌や叫びを、ギリシア人たちはマネロス (Maneros) という名で呼んだ。マネロスは初代エジプト王のひとり息子であり、農耕を考え出したが、早世したために人々はその死を嘆き悲しんだ、という物語がその名の由来とされていた。[2] しかしながらこのマネロスという名は、「帰ってこい」という意味の慣用表現 mââ-ne-hra を誤解したもののように見える。この表現は様々なエジプトの文書に見られるもので、たとえば「死者の書」におけるイシスの葬送歌にもある。[3] したがって mââ-ne-hra という叫びは、麦を刈る人々が、刈られる麦に向かい、穀物霊（イシスとオシリス）を弔って歌った歌、その回帰を祈った祈り、と考えてよいだろう。最初に刈られた穂に向かってこの叫びが上がったのだから、エジプト人たちは、穀物霊は最初に刈られる麦に宿り、手鎌によって殺される、と信じていたように思われる。先述のとおり、ジャワ島では最初に刈られた稲穂で「米の花嫁」と「米の花婿」を表す。[4] ロシアのいくつかの地域では、他の土地で最後の刈り束が扱われるのとほぼ同じ方法で、最初の刈り束が扱われる。女主人が自ら刈り、家に持ち帰って、聖像画に近い尊い場所に置く。その後一本一本が脱穀されると、穀粒の一部は翌年の種籾に混ぜられる。(5)

エジプトで麦を刈る人々が歌ったような哀調に満ちた歌は、フェニキアと西アジアではブドウの収穫の際に歌われ、おそらくはまた(類推するところ)穀物の収穫の際にも歌われた。ギリシア人は、このフェニキア人たちの歌をリノス(Linos)もしくはアイリノス(Ailinos)と呼び、マネロス同様リノスという名の若者の死を悼むものと説明した。(6)一説によると、リノスはひとりの羊飼いによって育てられたが、その羊飼いの犬によってばらばらに引き裂かれた。(7)しかし、マネロス同様リノスやアイリノスという名も、ことばの誤解から発しているように見え、「悲しいかな」という叫び、ai lanu にほかならないように思われる。(8)これはおそらくフェニキア人たちが、アドニスを悼んで口にしたものであったろう。少なくともサッフォー〔紀元前六〇〇年頃のギリシアの女流詩人〕は、アドニスとリノスを同じものとみなしていたように思われる。(9)

ビテュニア〔古代小アジア北西部、マルマラ海、黒海に面してあった王国〕では、マリアンディンの刈り手たち(Mariandynian reapers)が、ボルモス(Bormos)もしくはボリモス(Borimos)と呼ばれる、同様に素朴で短い哀悼の歌を歌った。ボルモスは美しい若者で、ウピアス王(Upias)の息子もしくは裕福な名士の息子であったと言われる。ある夏の日、彼は自分の畑で麦を刈る人々を見て、彼らのために飲み水を取りに行ったが、それきり消息を絶ってしまった。刈り手たちは彼を探し、悲しげな歌で彼を呼んだが、それ以

後この歌が刈り手たちによって歌われるようになった。(10)

フリュギアでこれに相当する歌はリテュエルセスと呼ばれ、収穫者たちが刈り入れと脱穀の際に歌った。一説によると、リテュエルセスはフリュギアの王ミダスの庶子であった。麦を刈ることを常とし、旺盛な食欲の持ち主であった。たまたまひとりの見知らぬ者が麦畑に入るかそこを通りかかれば、リテュエルセスはこれにたくさんの食べ物と飲み物を与え、マイアンドロス川〔トルコ西部を西に流れエーゲ海に注ぐ。メンデレス川の古代名〕の土手にある麦畑に連れて行き、自分と一緒に麦を刈らせ、最後にこれを刈り束に包んで、手鎌で首を刎ね、麦藁で包んだ遺体を運び去るのが常であった。だがついには彼自身がヘラクレスに殺されてしまう。ヘラクレスは彼の遺体をその川に投げ捨てたのだった。(11)ヘラクレスは、リテュエルセスが他の者たちを殺したのと同じ方法で（テセウスがシニスとスキロンに対して行ったように）、リテュエルセスを殺したと言われているのであろうから、リテュエルセスはその犠牲者たちの遺体をいつもこの川に投げ捨てていた、と推測できる。別の物語によれば、ミダスの息子リテュエルセスは、人々に麦を刈る競走を挑むことを常とし、彼が勝てば人々を鞭打った。だがある日彼はより強壮な刈り手に出会い、これに殺されてしまった。(12)

いくつかの根拠からして、これらリテュエルセスの物語には、フリュギアで行われた収穫期の風習が記録されていると考えられる。つまり、ある種の人間たち、とりわけ収穫期の畑を通りかかった見知らぬ者が、決まって穀物霊の化身とみなされ、刈り手たちはこれを穀物霊として捕らえ、刈り束に包んで首を刎ね、麦藁に遺体を包み、その後雨乞いの呪術として川に投げ入れる、という風習である。この推測の根拠としてはまず、リテュエルセスの物語が、ヨーロッパの農夫たちの収穫期の風習と類似していることが挙げられ、つぎに、野蛮な民族は一般に、田畑の肥沃度を向上させるために人間を殺した、という事実が挙げられる。以下ではこれらの根拠を検討する。まず前者から始めよう。

この物語をヨーロッパの収穫期の風習と比較すると、[13]とくに注目すべき点は三つある。（一）麦刈りの競走と人間を刈り束で縛ること。（二）穀物霊もしくはその表象を殺すこと。（三）収穫の畑への訪問者ないしここを通りかかる見知らぬ者の扱い方。以下にこの三点を詳述する。

（一）第一の点に関しては、すでに見たとおりである。つまり、近代のヨーロッパにおいても、最後の束を刈る者、束ねる者、もしくはこれを脱穀する者は、しばしば仲間から手酷い扱いを受ける。たとえば最後の刈り束の中に入れて縛られ、この状態のまま運ばれ、あるいは荷馬車に乗せられ、打たれ、水浸しにされ、堆肥の山に投げ込まれる、といった目に遭う。あるいはこの種の悪ふざけに遭わずに済む場合でも、少なくとも嘲りの的になったり、一年のうちに何か不運な目に遭うと考えられたりする。このため、収穫者たちはおのずと、最後の麦を刈ることにはならないよう、最後まで脱穀する者にはならないよう、あるいは最後の刈り束を束ねないよう、努力することになる。そして仕事が終わりに近づく頃、この思いが労働者たちに競争心を起こさせ、だれもが自分の仕事をできるだけ早く終えようと奮闘する。最後の者となって不快な差別を受けないようにである。[14]たとえば、ダンツィヒの近郊では、冬の麦が刈られほとんどが束にされると、まだ縛られていない残りは、束ね役の女たちの間で分けられ、それぞれが同じ長さの穂を均等に与えられて束ねることになる。刈り手や子どもや怠けている者たちは、この競争を見ようと周りに集まる。「老いた男を捕まえろ」という掛け声で女たちは仕事に取りかかり、皆割り当てられた麦をできるだけきつく束ねようとする。観客は彼女たちを細かに観察する。他の女たちのペースについて行けず、結局最後の束を束ねることになった女は、「老いた男」(つまり、最後の刈り束で作られた人形)を農場主の家に運び、「さあ、老いた男を持って参りました」と言って、これを農場主に差し出さなければならない。その後の夕食では、「老いた男」は食卓につかされ豊富に食べ物を与えられるが、人形は食べることができないので、食べ物はこれを運んできた女のものになる。その後「老いた男」は中庭に置かれ、人々は皆その周りで踊りを踊る。あるいはまた、最後の束を束ねた女が、長い時間この「老いた男」と踊るが、その間他の者たちは輪になってこれを取り囲む。その後皆ひとりひとりが、一周ずつ「老いた男」と踊る。さらに、最後の束を束ねた女は、翌年の収穫まで「老いた男」の名で呼ばれ、しばしば「老いた男が来たぞ」という嘲りの叫びを被ることにもなる。[15]バイエルンのアッシュバハでは、刈り取りが終わりに近づくと、刈り手たちが「さあ、老いた男を追い出そう」と言う。そして皆がひとつの区画をできるだけ早く刈ろうとする。最後の一握りもしくは最後の一本を刈った者は、皆から「老いた男はおまえのものだ」とはやし立てられる。ときにはこの刈り手が、顔に黒い仮面をつけられ、女装させられる。あるいは刈り手が女であった場合、男装させられることになる。その後踊りが始まる。夕食の席では「老いた男」はひとの二倍の食べ物を与えられる。脱穀の際にも同じことが行われる。つまり、殻竿の最後の一振りを下した者は、「老いた男」を手に入れたと言われる。[16]

上記は、収穫者たちが、たまたま最後に仕事を終えた者が被ってしまう嘲りや迷惑を回避したいという思いから、刈り取り、脱穀し、束ねるという行為を、競争にしたという例である。最後に刈った者、脱穀した者、束ねた者が、穀物霊の表象とみなされたことが思い出されよう。[17]この考え方は、その者を麦藁で束ねるという行為によって十分に表現されている。後者の風習についてはすでに詳述したが、二、三の例も加えておこう。シュテティーン〔ポーランド北西部オーデル川河口近くの都市。ポーランド名はシチェチン Szczecin〕近郊のクロクシン（Kloxin）では、収穫者たちは最後の束を束ねた女に向かい、「老いた男を手にした以上、大事に持っておかねばならぬ」と呼びかける。「老いた男」というのは、花とリボンで飾られた大きな刈り束で、粗雑ながら人間の形にされている。熊手に結びつけられるか馬に革紐で結びつけられ、音楽に乗せて村まで運ばれる。女は「老いた男」を農場主に差し出してつぎのように言う。

さあ旦那様、老いた男です。

この人はもう畑にはいられません。
もう隠れてはいられません。
村に出てこなければなりません。
紳士淑女の皆さん、どうか親切にしてあげて、
この老いた男に贈り物をしてください。

四、五十年前、この風習は、この女自身をエンドウの茎の中に縛り上げ、音楽を奏でながら農場主の家まで運ぶ、というものであった。到着すると収穫者たちは、エンドウの茎が落ちてしまうまで彼女と踊った[18]。シュテティーン近郊のその他の村では、収穫物が最後の荷馬車に積まれる際に、決まって女たちの間で競争が始まり、だれもが最後になるまいと奮闘する。荷馬車に最後の束を積んだ女は「老いた男」と呼ばれ、体をすっかり麦藁に包まれてしまうからである。花々で飾られ、頭には藁の兜と花々をかぶせられる。彼女は厳かな行列とともにこの収穫の王冠を地主のもとまで運び、めでたい挨拶を述べながらこの冠を地主の頭上に載せる。続いて始まる踊りでは、「老いた男」は自分のパートナーを選ぶ権利を持つ。「老いた男」と踊ることは名誉とされている[19]。ポツダム〔ドイツ北東部ブランデンブルク州の州都〕地方のブランケンフェルデでは、ライ麦の収穫の際、最後の束を束ねた女は、「老いた男はおまえのものだ」と叫ばれる。そして女は、首だけが出ている状態で最後の刈り束の中に包まれ、頭には花々とリボンで飾られたライ麦の藁でできた帽

子をかぶせられる。彼女は「収穫の男」と呼ばれ、最後の荷馬車が地主の屋敷に到着するまで、この荷馬車の前で踊り続けなければならない。屋敷に着くと贈り物を受け、麦の衣装から解放される。[20]マクデブルク近郊のゴメルンでは、しばしば最後の麦穂を刈った者が麦藁に包まれるが、これは体をすっかり包まれてしまうので、束の中に人間がいるとは思えないほどになる。別の屈強な男がひとり、こうして包まれた男を背負い、他の刈り手たちが喜びの叫びを上げるなか、畑を運び回る。[21]メルゼブルク〔ドイツ中東部ザクセン・アンハルト州のザーレ川に臨む都市〕近郊のノイハウゼンでは、最後の刈り束を束ねた者が燕麦の穂に包まれて「燕麦の男」と呼ばれ、他の者たちはその周りで踊る。[22]イル・ド・フランスのブリーでは、農場主自らが最初の刈り束に入れて縛り上げられる。[23]トランシルヴァニアのウドヴァルヘリー（Udvarhely）では、収穫物の搬入の際、ひとりが麦藁の中に包まれ、頭には最後に刈られた穂で作られた冠をかぶせられる。彼は村に着くや否や何度も水を掛けられずぶ濡れになる。[24]エルフルト地方のディンゲルシュテットではおよそ五十年前、ひとりの男を最後の刈り束に入れて縛るのが慣わしになっていた。この男は「老いた男」と呼ばれ、歓声と音楽に包まれて最後の荷馬車で持ち帰られた。彼は農家の庭に着くと納屋の中に転がされ、水を掛けられた。[25]バイエルンのネルトリンゲンでは、脱穀の際に殻竿の最後の一振りを行った者は、藁に包まれて脱穀場で転がされる。[26]バイエルンのオーバープファルツ〔ドイツ南東部ドナウ川流域のレーゲンスブルクを中心とする地域〕のいくつかの地域では、脱穀で最後になった者は「老いた男を手に入れた」と言われ、藁に包まれ、まだ脱穀を終えていない隣家に運ばれる。[27] チューリンゲンでは、脱穀の際、最後の刈り束にソーセージが詰められ、脱穀場に投げ込まれる。これはバーレンヴュルスト（Barrenwurst＝飼槽の腸詰）もしくはバンゼンヴュルスト（Bansenwurst＝麦束置場の腸詰）と呼ばれ、脱穀する者たちが皆で食べる。[28] 食べ終わると、ひとりの男がエンドウの茎に包まれ、この姿で村中を連れ回される。

「これらすべての例に見られるのは、穀物霊——植物の『老いた男』——が、最後に刈られた、もしくは脱穀された穀物から追い出され、冬を納屋で過ごす、という考え方である。この霊は播種期に再び畑に現われ、芽吹き始めた穀物の中で、これを生かす力として、活動を再開するのである[29]」。

インドの最後の麦にも、ほぼ同様の考え方が見られる。中央数州についてつぎのような報告があるからである。「刈り取りがほぼ終わりに近づくと、耕作者の畑の中ではおよそ一ビスヴァ、つまり一ルード（一ルードは四分の一エーカー）の麦だけを最後に残し、刈り手たちは休息する。その後彼らはこのビスヴァに駆け寄り、この麦を引き抜いて空中に投げ上げ、オムカール・マハーラージ（Omkār Mahārāj）やジャーマージー（Jhāmājī）やラームジー・ダース（Rāmjī Dās）等々、彼らがそれぞれに崇拝する霊に応じて、その勝利を叫ぶ。そしてこの麦を束にし、竹竿に結びつけ、収穫物を運ぶ最後の荷車に突き立てて、意気揚々と家に持ち帰る。これは脱穀場では一本の木に結びつけられ、あるいは家畜小屋に結びつけられる。その場所から凶眼の魔力を遠ざけるには、この力が欠かせないのである」[30]。

（二）リテュエルセスの物語とヨーロッパの収穫期の風習の比較について、第二点に移ろう。ここではわれわれは、後者において穀物霊が、しばしば刈り取りや脱穀において殺されるものと信じられている点に注目しなければならない。ノルウェーのロムズダールやその他の地域では、干し草作りが終わると、人々は「老いた干し草男が殺されてしまった」と言う。バイエルンのいくつかの地域では、脱穀で最後に殻竿を振るった男が、「麦の男」――穀物の種類に応じて「燕麦の男」、「小麦の男」――を殺した、と言われる[31]。ロートリンゲン〔フランス北東部の地方・旧州、ロレーヌのドイツ語名〕のティルロ小郡（the Canton of Tillot）では、最後の麦を脱穀する際、男たちが殻竿で拍子をとって、「老いた女を殺すぞ！」と声を上げながら脱穀する。実際に家の中に老婆がいる場合、気をつけなければ叩き殺されるぞ、と警告する[32]。リトアニアのラグニト（Ragnit）近郊では、最後に一握りの麦を刈らずに残しておき、「老いた女（ババ）があそこに座っている」と言う。そしてひとりの若い刈り手が自分の大鎌を研ぎ、強烈な一振りでこの一握りを刈り倒す。こうして彼は「ババの首を刎ねた」と言われ、農場主から祝儀を貰い、農場主の妻には頭から水差し一杯分の水を掛けられる[33]。また別の説明によると、リトアニアの刈り手はだれもが自分の仕事を急いで終えようとする。これは「老いたライ麦女」が最後の数本の藁の中に生きているからで、これら最後の茎を刈った者はだれであれ、「老いたライ麦女」を殺すことになり、このためわが身に災いをもたらすことになるからである[34]。ティルジット〔ヨーロッパ・ロシア西端、リトアニアを挟んだ飛び地にある、ネマン川に臨む市。ソヴィエックの旧称。旧ドイツ領〕地方のヴィルキシュケン（Wilkischken）では、最後の麦を刈った男は「ライ麦女殺し」の名で呼ばれる。[35] リトアニアではまた、穀物霊は、刈り取りと同様脱穀でも殺されるものと信じられている。脱穀されていない麦が残り一山になると、全員が突然、まるで号令を受けたかのように後ずさりする。そして猛烈な勢いで殻竿を振るい、ついに最後の束に取り掛かる段になる。このときの彼らはほとんど狂乱状態と言ってよいほどに全神経を集中させ、指導者が甲高く「止め！」の号令をかけるまで、殻竿の一撃を雨あられと激しく浴びせかける。止めの号令の後殻竿を最後に振った男は、即座に他の者たちに取り囲まれ、「老いたライ麦女を殺したのはこいつだ」と叫ばれる。彼はこの行いを償うために、皆にブランデーをおごらなければならない。そして最後の麦を刈った男と同じように、「老いたライ麦女を殺した者」と呼ばれる。[36] ときにはリトアニアでも、殺される穀物霊は小型の人形で表された。たとえば麦藁から女の人形がひとつ作られ、衣装を着せられて、脱穀場で最後に脱穀されることになる山の下に置かれた。その後脱穀の際に最後の一撃を下した者はだれであれ、「老いた女を打ち殺した」者とされた。[37] 穀物霊を表す人形を燃やす例については、すでに見たとおりである。[38] またときには、穀物霊がひとりの男によって表される場合もある。彼は最後の麦の下に横たわり、その体の上で脱穀がなされ、人々は「老いた男は打ち殺された」と言う。[39] すでに見たように、ときには農場主の妻が、まるで彼女自身が脱穀されるかのように、最後の刈り束とともに脱穀機の下で押され、その後彼女自身を扇ぎ分けるふりが行われる。[40] ティロルのフォルデルスでは、脱穀で最後に殻竿を振り下ろした男の首の後ろに麦の殻がつけられ、藁の花輪でこの男の首を絞める。男の背が高ければ、翌年の麦は高く伸びると信じられている。そして男は刈り束に縛りつけられ、川に投げ込まれる。[41] ケルンテンでは、最後に殻竿を振り下ろした者と、脱穀場で最後の束を解いた者は、藁の帯で手足を縛られ、頭に藁の冠をかぶせられる。そして二人して顔と顔を突き合わせて橇に縛りつけられ、村中を引き回された挙句小川に投げ込まれる。[42] 穀物霊を表象する者を川に投げ込む風習は、これに水を浴びせる風習と同様、通常は雨乞いの呪術である。[43]

(三) これまでのところでは、穀物霊を表象する者は、概して最後の麦を刈るか束ねるか脱穀する男もしくは女であった。そこで今度は、これが(リテュエルセスの物語に見られたように) 収穫の畑を通りかかった見知らぬ者、もしくはそこにはじめて入る訪問者によって表象される例を考えてみる。刈り手もしくは脱穀者たちが、通りすがりの見知らぬ者を捕まえて、麦藁でできた縄で縛り、罰金を払うまで解放しないというのは、ドイツ全土に見られる風習である。また農場主自身もしくはその客がはじめて畑や脱穀場に入った場合でも、彼らは同じような扱いを受ける。[44] ときには腕、脚、首のいずれかだけを縄で縛る場合もある。だがときには正式に、麦束で体を包むということも行われる。たとえばノルウェーのソレール (Solör) では、畑に入った者は、主人であろうと見知らぬ者であろうと、だれであれ刈り束で縛り上げられ、代価を支払わなければならない。ゾースト

〔Soest この地名はドイツとオランダ（この場合スースト）に見られる〕近郊では、農場主がはじめて亜麻の摘み手たちを訪問するときには、亜麻の中にすっかり身を包まなければならない。通行人もまた、女たちに取り囲まれ、亜麻で縛り上げられて、ブランデーをおごることが強制される。(45) ネルトリンゲンでは、見知らぬ者たちが藁の縄で捕らえられ、罰金を払うまで刈り束の中に縛られている。イル・ド・フランスのブリーでは、農場に属していない者が収穫の畑を通りかかると、刈り手たちがこれを追いかける。捕まえると刈り束の中に縛り上げ、ひとりずつその額を噛み、「おまえに畑の鍵を持たせてやる」と叫ぶ。(46)「鍵を持つ」とは、他の地域では、収穫者たちが、最後の刈り束を刈る、束ねる、もしくは脱穀する、という意味で用いている表現である。(47) このことから、これは、「老いた男はおまえのものだ」とか「おまえが老いた男だ」という、最後の束を刈った者、束ねた者、脱穀した者を指して用いられる表現と、同じものと考えられる。したがって、ブリーに見られるように、見知らぬ者が刈り束で縛られ「畑の鍵を持たせてやる」と言われる場合、これは彼が「老いた男」だと言われているのと同じ、つまりは穀物霊の化身であると言われているのと同じことになる。

このように近代の刈り手たちも、リテュエルセスのように、通りすがりの見知らぬ者を捕まえては刈り束の中に縛り上げる。彼らがその首を刎ねて、この対応関係を完全なものにすることまでは期待できない。けれども、それほど激しい行為に及ぶことはないにせよ、少なくとも彼らの用いることばや身振りは、本当はそうしたいという欲求を暗示している。

たとえばメクレンブルク〔バルト海に臨むドイツ北東部の地方・旧領邦〕では、刈り取りの初日に主人や女主人もしくは見知らぬ者が畑に入った場合、あるいは単にそこを通り過ぎただけでも、刈り手全員がこれに顔を向け、自分の大鎌を研ぐ。まるでいつでも刈る準備はできているといった様子で、皆がいっせいに砥石に大鎌の刃を当てて音を立てる。そして刈り手たちを指揮する女がその者に近づき、左腕を縄で縛る。解放してもらうには罰金を払わなければならない。(48) ラッツェブルク〔シュレスヴィヒ＝ホルシュタイン州の都市〕近郊では、主人かその他の名士が畑に入るか傍を通り過ぎるかすると、刈り手たちは皆仕事をやめ、一団となって彼のほうに進み出る。男たちは大鎌を前に構えている。彼の前にくると、男も女も一列に並ぶ。男たちは刃を研ぐときのように大鎌の柄を地面に立てる。そして全員が帽子を取り、大鎌に掛け、指導者は前に進み出て演説を行う。演説が終わると、全員が大きな音を立てながらゆっくりと大鎌を研ぎ、その後帽子をかぶる。つぎに二人の束ね役の女が進み出て、ひとりがその主人か見知らぬ者（という場合もある）を、麦穂か絹の縄で縛り、もうひとりが韻文で挨拶を行う。以下には、このような場合に刈り手が行った演説の典型的なものを挙げておく。ポメラニアのいくつかの地域では通行人のすべてが止められ、行く手は藁の縄で阻まれる。刈り手たちは通行人の周りを取り囲み、大鎌を研ぎ、指導者はつぎのように言う、

男たちの準備はできた。

大鎌は意を決している。
麦は大きくもあり小さくもあり、
この紳士は刈り取られねばならない。

そして大鎌を研ぐ行為が繰り返される。(49) シュテティーン地方のラミン（Ramin）では、刈り手たちに取り囲まれた見知らぬ者が、つぎのような挨拶を受ける、

わたしたちはこの紳士を、
抜き身の剣で打つ。
わたしたちが牧草地と畑を刈っている剣だ。
わたしたちは君主、諸侯を刈る。
労務者たちはしばしば渇する。
もし紳士がビールとブランデーを奢ってくれれば、
この冗談はすぐに終わるだろう。
だがわたしたちの祈りが気に入らないのならば、
剣には一撃を下す権利がある。(50)

この風習で、大鎌は実際に刈る準備という意味で研がれていることは、つぎに挙げるこ

の風習の変種から見て取れる。リューネブルク〔ドイツ北部ニーダーザクセン州の市〕地方では、収穫期の畑に入った者は「おまえはいいやつであることを請け合うか」と尋ねられる。そうだと答えると、刈り手たちは甲高い叫びを上げながら畑を幾列か刈り取り、その後彼に酒代を請う(51)。

脱穀場でもまた、見知らぬ者は穀物霊の化身とみなされ、そのようなものとして扱われる。シュレスヴィヒ〔ユトランド半島南部の旧公国。一八六四年にプロイセン領に編入。現在北部はデンマーク領、南部はドイツのシュレスヴィヒ＝ホルシュタイン州の一部〕のヴィーディングハルデでは、脱穀場にやってきた見知らぬ者は、「殻竿踊りを教えてあげようか」と聞かれる。はいと答えると、皆は脱穀用の殻竿の柄で（あたかも彼が刈り束であるかのように）彼の首を挟み、ほとんど息ができなくなるほどにきつく締め上げる(52)。ベルムランド（スウェーデン）のいくつかの教区では、脱穀の作業が行われている脱穀場に入ってきた見知らぬ者は、「皆に脱穀の歌を教わることになる」と言われている。首には殻竿が巻きつけられ、体には藁の縄が巻かれる。また、すでに述べたように、見知らぬ女が脱穀場に入ってくると、体に殻竿が巻かれ、首には麦藁でできたリース(53)が巻かれ、「見ろ、麦女だ！　見てみろ！　麦の乙女とはこんな姿なのだ！」と言われる。

収穫期の畑と脱穀場で行われるこれらの風習では、通りすがりの見知らぬ者が、穀物の化身すなわち穀物霊とみなされ、またこの者を刈ったり束ねたり殻竿で打ったりすることで、これが穀物として扱われている様子がわかる。それでもなお読者諸氏が、実際にヨーロッパの農夫が、通りすがりの見知らぬ者をこのようにみなすことなどあり得るだろうかと疑われるのならば、以下に挙げる風習はきっとその疑いを晴らすことだろう。オランダのゼーラント〔南西部の州〕地方では、見知らぬ者がアカネの根を掘っている最中の畑を通りかかると、掘っている人々に向かい Koortspillers（非難のことばであるらしい）と呼びかける場合がある。人々はこれを聞くと、なかで一番足の速い二人が彼を追いかける。そして捕まえられればこれをアカネの畑に連れてきて、最低でも腰まで土の中に埋める。そしてこの者にしばらく嘲りのことばを浴びせた後、その眼前で排尿する。(54) この最後の行為はつぎのように説明できる。穀物やその他栽培される植物の霊は、ときとしてその植物に内在するものとしてではなく、それを所有するものとみなされる。このため、収穫の際に穀物を刈ったり、根を掘ったり、あるいは果樹から果実を採ったりという行為は、いずれも略奪の行為ということになり、穀物霊からその財産を奪い、これを貧困にしてしまうことになる。そこでこの霊はしばしば「貧しい男」もしくは「貧しい女」と呼ばれることになる。たとえばアイゼナハ近郊では、ときに小さな刈り束が、「貧しい老いた女」として畑に立てておかれる。(55) アイゼナハに近いマルクズールでは、最後の刈り束から作られた小型の人形が「貧しい女」と呼ばれる。シュレジエンのアルトレスト（Alt Lest）では、最後の刈り束を束ねた男が「物乞いの男」と呼ばれる。(56) デンマークはジーランド〔デンマーク東部の同国最大の島。シェラン島〕の、ロスキレ近郊の村では、ときに古風な農夫たちが最後の刈り束で粗野な小型の人形を作り、これが「ライ麦の物乞い」と呼ばれる。(57) ヘッセン〔ドイツ中西部〕南部では、最後に束ねられた刈り束が「物乞い」と呼ばれる。他の刈り束よりも大きくされ、衣装を着せられる場合もある。オルミュッツ〔チェコ東部、モラヴィア地方の市〕地方では、最後の刈り束が「物乞い」と呼ばれる。これはひとりの老女に与えられ、老女はこれを片足を引き摺りながら家に持ち帰らなければならない。(58)このように、穀物霊が、収穫者たちによって自らの蓄えを奪われ貧しくされる存在と考えられるのならば、その化身である通りすがりの見知らぬ者が、彼らを非難するのももっともだということになる。また同様に、彼ら収穫者がこの穀物霊を無力にし、自分たちにつきまとい奪われた財産を取り戻そうとすることなどないように努めることも、もっともな話である。また、略奪が行われた地点で排尿すれば、略奪者は一定期間妨害を受けずに済む、という古い迷信がある。(59)したがって、アカネを掘る者たちが見知らぬ者の目の前でこの行為に及ぶという事実は、彼らが自らを略奪者と考え、見知らぬ者を略奪された者と考えていることの証拠となる。そのようにみなされている以上、この見知らぬ者は、アカネの根の本来の所有者であるに違いなく、つまりはアカネの霊もしくは悪霊ということになる。この考え方は、最後にアカネの根のように彼を地面に埋めることによって完全なものとなる。(60)ギリシア人たちは、通りすがりの見知らぬ者は神であるかもしれない、という考えに非常になじんでいたように思われる。ホメロスは、神々は異邦人のふりをして諸国を放浪する、と語っている。(61)

このように、近代ヨーロッパの収穫期の風習では、最後の刈り束を刈り、束ね、あるいは脱穀した者が穀物霊の化身として扱われ、刈り束で包まれ、農耕道具で擬態的に殺され、水の中に投げ込まれる。[62]こういったリテュエルセスの物語との一致は、当の物語が、古代フリュギアの収穫期の風習の純然たる記録であることを証明しているように思われる。だが近代でこれに対応している風習では、穀物霊の人間による表象を殺すことは、かならず省略されるか、せいぜい擬態的に行われるだけであるから、未開の社会では畑の肥沃度を高めるために、農耕の儀式として人間が殺されていた、ということを示す必要がある。以下に挙げる例はこの点を明確にしてくれるだろう。

かつてグアヤキル（エクアドル）のインディオたちは、畑に種を蒔く際に、人間の生き血と男たちの心臓を捧げ物とした。[63]メキシコの収穫の祭りでは、その季節で最初の実りが太陽に捧げられる際に、ひとりの罪人が、互いに立てかけられてバランスを保っている二つの巨大な石の間に入れられ、石が一度に倒れるときに押し潰された。遺体は埋められ、その後宴と踊りが始まった。この供犠は「石合わせ」(the meeting of the stone) と呼ばれた。[64]メキシコでトウモロコシの豊作のために人間の生贄が捧げられたという一連の例は、すでに述べたとおりである。[65]ポーニー族〔十九世紀後半までネブラスカ州のプラット河畔に居住していたインディアン。現在はオクラホマ州に住む〕は、毎年春に種を蒔く際、人間の生贄を捧げた。彼らの信じるところでは、明けの明星、もしくはこれが使者として彼らに遣わした鳥が、彼らにこの生贄を捧げるよう命じた。この鳥は詰め物をされ強力な「薬」として保存された。この生贄を怠れば、トウモロコシ、豆、カボチャの収穫は壊滅的なものになる、と彼らは考えた。生贄となるのは捕虜で、男女いずれの場合もあった。捕虜はもっともきらびやかに、もっとも高価な衣装を着せられ、選りすぐった食べ物で太らされた。そして本人が自らの運命を知ることのないよう、慎重に扱われた。捕虜が十分に肥え太ると、人々はこれを群集の前で十字架に結びつけ、厳かな踊りを踊った後、トマホークでこの頭を割り、矢で体を射った。ある商人の話によると、つぎにインディアンの女がこの生贄の体の肉を細かく切り刻み、その油を彼らの使う長柄の鍬に塗った。だがこの儀式に居合わせた別の商人は、この点を否定している。生贄を捧げるとすぐに、人々は畑に種を蒔き始めた。とりわけ、一八三七年もしくは一八三八年の四月に、ポーニー族によってスー族の娘が生贄に捧げられた記録が保存されている。娘は六ヵ月間捕虜となり、厚遇された。生贄となる二日前、彼女はウィグワム〔インディアンの半球形のテント風の小屋〕からウィグワムへと連れ回され、これには酋長や戦士たちといった部族の主要な者全員が付き添った。娘はいずれの小屋でも小さな棒切れと少量の化粧用の紅を受け取り、彼女はこれを隣にいる兵士に手渡した。こうして彼女はすべてのウィグワムを訪問し、すべてから同じように棒切れと紅をもらった。四月二十二日、彼女は兵士たちに付き添われ、生贄とされる場に連れてゆかれた。兵士は皆彼女から受け取った棒切れを二枚ずつ持っている。彼女は弱い火でゆっくりと時間をかけて焼かれ、その後矢に射られて死んだ。つぎに生贄の儀式の長が、彼女の心臓を抉り出し、これをむさぼり食う。彼女の肉はまだ温かいうちに骨から引き剝がされて細かく刻まれ、小さな籠に入れられて近くの畑に運ばれる。ここで大酋長が籠から肉を一切れ取り、新たに託された穀粒の上に、血の一滴を搾る。他の者たちもこの例に倣い、ついにはすべての種に血がふり掛けられる。この後種は土で覆われた。(66)

西アフリカの女王は、三月に男と女をひとりずつ生贄に捧げた。二人は鋤と長柄の鍬で殺され、遺体は耕されたばかりの畑の真中に埋められた。(67) ギニアのラゴス〔ナイジェリア南西部ギニア湾岸の州〕では、豊作のために、毎年春分の直後に、若い娘を生きたまま串刺しにする風習があった。彼女とともに羊と山羊を生贄に捧げ、これをヤムイモ、トウモロコシの穂、プランテーンと一緒に、彼女の両側に立てた杭に吊るす。犠牲となる女たちは、この目的のために王の後宮で育てられ、呪医たちによって非常に屈強な精神を養われるため、いそいそと自らの運命に従った。(68) 類似の生贄は、ギニアのベニン〔ギニア湾に臨む国〕ではいまだに毎年行われている。(69) ベチュアナ人の一部族マリモ族も、作物のために人間を生贄に捧げる。生贄に選ばれるのは大概背の低い頑丈な男である。これを力ずくで、あるいは酒に酔わせて捕まえ、畑に連れて行き、(彼らの呼ぶところでは)「種」として奉仕するよう小麦の中で殺す。男から流れた血が日に照らされて固まると、これを肉の付着した前頭骨および脳とともに焼く。その後灰は大地を肥沃にするために撒かれる。遺体のその他の部分は食される。(70)

インドのドラヴィダ系民族であるゴンド族は、ブラフマンの少年たちを誘拐し、様々な機会に生贄とするためにこれを養った。種蒔きと刈り取りの際には、凱旋の行進を行った後、ひとりの少年が毒矢で射られて殺された。その血は耕された畑や熟した穀物の上に撒

かれ、その肉はむさぼり食われた。(71)

だが人間の生贄で一番よく知られているのは、豊作を確かなものとするために規則正しく行われた供犠、ベンガルのやはりドラヴィダ系民族であるコンド族もしくはカンド族によって行われていたものである。彼らに関する知識は、四十年か五十年前に彼らを制圧した、英国の士官の記録によっている。(72)生贄は大地の女神タリ・ペンヌーもしくはベラ・ペンヌーに捧げられ、これにより豊作は確かなものとなり、あらゆる病気や災害を防げると信じられた。とりわけウコンの栽培にはこの生贄が不可欠と考えられ、コンド族の者たちは、血が流されないことにはウコンが真っ赤になることはない、と語った。(73)「メリアー」(Meriah)と呼ばれる生贄は、生贄として購入された者か、生まれながらの生贄、つまり父親も生贄であった息子か、父親か後見人によって捧げられた子どものみ、女神によって受け入れられる、とされた。コンド族の者が困窮状態に陥ると、しばしば自分の子どもを生贄として売った。そうすれば「その魂は確実に至福に与ることができ、人類のために死ぬことは最大の名誉である、と考えた」からである。かつてひとりのパヌア族の者がコンド族のひとりに罵倒を浴びせ、ついにはその顔に唾を吐きかけたことがあった。コンド族の男は自分の娘を生贄として売ったのだが、それはこのパヌアの男が結婚したがっていた娘であったからである。これを見たコンド族の者たちは即座に前に進み出て、自分の子どもを売ったこの男を慰めて言った、「おまえの子どもはこの世が滅びないようにと死んだのだ。だから大地女神自らが、おまえの顔からその唾を拭ってくれるだろう」。(74)生贄たちはしばしば、捧げられるまで数年間養われた。神聖な者とみなされたために、非常に深い愛情のこもった扱いを受け、歓談するときも敬意を払われ、どこに行っても歓迎された。「メリアー」である若者は成年に達すると大概は妻を娶り、その妻も通常は「メリアー」すなわち生贄となった。また若者は、妻と同時に土地および穀物の蓄えを受け取った。その子どもたちもまた生贄となった。人間の供犠は、定期的な祭りと臨時の祭儀の両方で、複数の部族や支族、または複数の村によって、大地女神に捧げられた。これは、定期的な供犠は概して、複数の部族および支族の間で調整されたうえで行われた。これは、各家の長が最低一年に一度、たいていはその主要産物の種が蒔かれる頃に、自分の畑のために人肉の一片を調達できるようにである。(75)

これら部族の供犠は、つぎのような要領で行われた。供犠の十日から十二日前に、生贄となる者は、それまで伸び放題になっていた髪を切られて神聖なものとされる。男女の群集は供犠を見ようと集まってくる。「万民のため」と宣言される供犠であるから、だれも除外されることはない。供犠の前に、飲めや歌えの激しく粗暴な乱痴気騒ぎが数日間続く。(76)供犠の前日、生贄となる者は新しい衣装を着せられ、音楽や踊りに囲まれながら厳かな行列によって村から連れ出され、「メリアーの木立」に向かう。これは村から少し離れたところにある、丈の高い森林樹の繁る小さな森で、斧の入ることはない場所である。この木立で生贄は柱に縛られる。柱はときとしての二本のサンキサール（sankissar）の低木の間に立てられる。その後生贄は、油とギー〔水分を蒸発させて精製したバター脂肪〕とウコンを塗られ、花々で飾られる。そして終日、「崇拝と容易には区別のつかない敬意」が彼に払われる。(77) つぎに人々は、彼の身体から出るどのような小さな遺物も、これを得ようと大騒ぎで争いあう。つまり、彼に塗られたウコンの練り粉の一粒や、彼の唾の一滴などが、とりわけ女たちによって、至上の価値を持つものとみなされるのである。群集は音楽に合わせて柱の周りで踊り、大地に向かって言う、「ああ神よ、わたしたちはこの生贄をあなたに捧げます。ですからわたしたちに、豊作と良き季節と健康をお与えください」。(78)

夜の間もほとんど止むことのなかった乱飲乱舞の酒宴は、最後の日の朝に今一度盛り上がりを見せ、正午まで続く。そしてこれを終えると、人々は生贄の最後の仕上げに取りかかる。生贄は今一度油を塗られ、だれもがその塗られた場所に触れ、自分の頭でその油を拭う。いくつかの土地では、その後生贄は行列によって村中を連れ回され、一軒一軒を回る。生贄の頭からその髪を抜く者もあれば、唾を一滴所望する者もある。人々はそれを自分の頭に塗るのである。(79) 生贄は縛られてはならず、またなんらかの抵抗を示すことも許されないので、両腕の骨は折られ、必要とあれば両足も折られる。だがこのような用心もしばしば不要になるのは、アヘンで麻痺させるからである。(80) 殺し方は地域によって様々であった。もっとも一般的な方法は、絞殺もしくは圧殺であったらしい。緑の木の枝を真中から数フィート下に裂き、生贄の首（あるいは別の土地では胸）をその裂け目に挟み、祭司が数人の補佐役の手を借りて、この裂け目を力いっぱい閉じる。(81) つぎに祭司が生贄を斧でわずかに傷つけると、たちまち群集が生贄に群がり、頭とはらわたを残して、それ以外の肉を骨から削ぎ取る。ときには生きたまま切り刻まれることもあった。[82] チンナ・キメディ(China Kimedy)では、生贄は群集に囲まれて畑まで引き摺られた。群集は生贄が死ぬまで、その頭と腸だけは避けながら、短刀で体から肉を切り取る。[83] 同じ地域で行われる供犠の、もうひとつの非常に一般的なやり方は、木製の象の鼻に生贄を結びつけるというものであった。この象は頑丈な柱の上で回転し、これがぐるぐると回っている間に、群集は生贄が死ぬまでその肉を切り取る。キャンベル少佐はいくつかの村で、生贄に用いられた十四体もの木製の象を目にしたという。[84] ある地方では、生贄は火でゆっくりと焼き殺された。両側が屋根のように傾斜している低い台が作られ、生贄はこの上に置かれる。生贄は、ばたつかせないよう両手足を紐で縛られる。そして火がつけられ、生贄は熱い燃えさしを押しつけられる。これは彼をできるだけ長く台の傾斜の上で上下に転げ回らせるためである。というのも、彼が涙を流せば流すほど、多くの雨が期待できるからである。翌日遺体は細かく切り刻まれる。[85]

生贄から切り取られた肉は、これを持ち帰るためにそれぞれの村から代表に選ばれた者たちによって、即座に運ばれていった。ときには到着を早めるために、複数の男がリレーでこれを運び、郵便のような速さで五十マイルから六十マイルの道のりを行くこともあった。[86] どの村でも、家で待つ者は皆、肉が到着するまで厳格に断食を守る。運んできた者はこれを村の集会場に置き、そこで祭司と一家の家長たちが受け取る。祭司は肉を二つに分け、一方を大地女神に捧げるために、地面に掘った穴に埋める。祭司はこのとき、見ないように後ろ向きで埋める。他の男たちも皆、少量の土をかぶせる。そして祭司はこの地点に、ヒョウタンから水を注ぐ。もう一方の肉は、そこにいる家長全員に分け与える。家長は皆与えられた肉片を葉に包み、自分の一番気に入っている畑に埋める。このときも、見ないように後ろ向きで大地に埋めるのである。(87) いくつかの土地では、男たちは皆、与えられた肉を自分の畑を潤す小川まで運び、そこで竿の先につけてぶら下げる。(88) その後三日間は家を掃除しない。ある地域では、厳格に沈黙が守られ、火を熾してはならず、木を切っても、異邦人を受け入れてもならない。生贄の遺体の残り（つまり、頭とはらわたと骨）は、供犠の行われた日の夜、強靭な者たちがいくつかのグループを作って見張る。そして翌朝になると、火葬の積み薪の上で一匹の羊とともに焼かれる。灰は畑に撒かれ、家や穀物倉に練り土として塗られ、あるいはまた、虫の被害に遭わないようにと、新しい穀物と混ぜ合わせられる。(89) だがときには頭と骨は焼かれずに埋められる場合もあった。(90) 人間の生贄が抑制されるようになると、いくつかの土地では、これよりも劣る生贄が代用されるようになった。たとえばチンナ・キメディの首府では、人間の代わりに山羊が生贄とされた。(91)

われわれが出典としているところの著者たちによれば、上記のコンド族の供犠では、「メリアー」が大地女神を宥めるために捧げられる生贄として描かれている。だが死ぬ前と死んで後の生贄の扱い方からすると、この風習は、単なる宥めの供犠として説明することはできないように思われる。肉の一部は確かに大地女神に捧げられるが、残りの肉はそれぞれの家長によって自分の畑に埋められる。また遺体のそれ以外の部分を焼いてできた灰は畑に撒かれ、あるいは穀物倉に練り土として塗られ、あるいはまた新しい穀物と混ぜ合わされるのである。この後者の風習は、「メリアー」の遺体に、穀物を生長させる直接的もしくは内在的な力——神の厚意を確実にするための捧げ物として「メリアー」の遺体が持っている間接的な効能とは、別途の力——があると考えられていることを、暗黙のうちに示している。言い換えれば、生贄の肉と灰は、土地を肥沃にする呪術的ないし物質的力を備えている、と信じられたのである。「メリアー」の血がウコンの赤みをもたらし、涙が雨をもたらすという以上、同様の内在的な力はその血と涙にもあるとされていた。というのも、少なくとも最初は、その涙が、単に雨の予兆となるのみならず、雨を降らせるものと考えられていたことは、ほとんど疑いようがないからである。同様に、「メリアー」の肉を埋めたところに水を注ぐという風習も、明らかに雨乞いの呪術である。また「メリアー」の属性である内在的な超自然的力は、至高の善なるものであって、髪の毛や唾といったその身体から出てきたいかなるものにも、備わっていると信じられたように思われる。「メリアー」にそのような力があると考えられたことは、彼が、神を宥めるために捧げられる単なる生贄ではなく、はるかそれ以上の存在であったことを指し示している。また、彼に最高の敬意が払われたことも同じ結論を導き出す。キャンベル少佐は「メリアー」について、「死すべき人間以上の何者かとみなされた」と語っている。[92] またマクファーソン[93]少佐も、「彼には、崇拝と容易には区別のつかない敬意が払われる」と語っている。ようするに、「メリアー」は神聖なものとみなされていたように見える。そのようなものである以上、彼は本来、大地を司る神、あるいは植物の神を表象していたのかもしれない。だが後の時代になって、神の化身というよりもむしろ、神に捧げられる生贄とみなされるようになってしまった。「メリアー」を神ではなく生贄と見るこの後の時代の見方は、あるいはコンド族の宗教を記録したヨーロッパの著述家たちが、不当に強調してしまったものであるかもしれない。神の好意を得るために生贄を捧げるという、後の時代の考え方に慣れてしまったヨーロッパの観察者たちは、あらゆる宗教的な殺害をこの意味で解釈しがちであり、またそのような殺害がどこで起ころうとも、殺害する者たちがその殺害を受け入れてくれると信じている神が、かならずや存在するに違いない、と考えがちである。こうして彼らの先入見は、無意識的に、蛮人の儀式を脚色し歪めたところで記述してしまう。

神の表象である者を殺す、という風習は、コンド族の供犠にその特徴が強烈に現れていたわけだが、同様のことはおそらく、これまでに述べてきたそれ以外の人間の生贄にも認められよう。たとえば、マリモ族の間で殺された者の灰は畑に撒かれたし、ブラフマンの少年の血は穀物と畑にふり掛けられ、またスー族の娘の血は種の上に注がれた。(94) さらに、生贄を穀物と同一視すること、言い換えれば、これを穀物の化身もしくは霊とみなす考え方は、複数の苦役の中に現われている。この苦役は、生贄と、生贄が体現もしくは表象している自然物との物理的な一致を、確かなものとするために必要であるらしい。たとえばメキシコ人は、若い穀物のために若い生贄を捧げ、成熟した穀物のために老いた生贄を捧げた。マリモ族は、「種」として背の低い太った男を生贄に捧げる。この背の低さは若い穀物の低さに対応しており、太っていることは穀物に獲得してもらいたい状態に対応している。ポーニー族が生贄を太らせたのも、おそらくは同じ考え方によっている。また生贄を穀物と同一視する考え方は、これを鋤と長柄の鍬で殺すアフリカの風習、および穀物のように二つの石で潰して殺すというメキシコの風習にも、現れているものである。

これら蛮族の風習には、もうひとつ注目すべき点がある。ポーニー族の酋長は、スー族の娘の心臓をむさぼり食い、マリモ族とゴンド族は生贄の肉を食した。推測されるとおり、生贄が神聖なものとみなされたのであれば、この肉を食すことはすなわち、崇拝者たちが彼らの崇める神の体を授かることと同義となる。この点には、いずれもう一度戻ることになろう。

これまで述べてきたような蛮族の儀式は、ヨーロッパの収穫期の風習にいくつかの点で類似している。たとえば穀物霊に肥沃にする力があるという考え方は、生贄の血や灰を種籾と混ぜ合わせる蛮族の風習と、最後の刈り束から採られた穀粒を春に青い麦と混ぜ合わせるというヨーロッパの風習に、(95)共通して見られるものである。また人間を穀物と同一視する考え方は、穀物の年齢と体格（これは実際と一致している場合もあろうし、そのように推定される場合もあろう）に、生贄の年齢と体格を合わせるという蛮族の風習に現れているが、これは同様に、以下のヨーロッパの例にも現れている。スコットランドとスティリアの慣わしでは、穀物霊が「乙女」と考えられる場合、最後の麦は若い乙女によって刈られるが、「麦の母」と考えられる場合、年老いた女によって刈られる。[96] ロートリンゲンでは、「老いた女」が殺されるとき、つまり最後の麦が脱穀されるとき、年老いた女たちは自分の身に気をつけるよう警告される。[97] ティロルでは、脱穀の際に最後の一振りを行った男の背が高ければ、翌年の麦の丈も高くなる、と期待される。[98] さらに、これと同じような同一視は、穀物霊の表象を鋤や長柄の鍬で殺したり、あるいは二つの石で潰して殺したりという蛮族の風習に含意されているものであるが、同様に大鎌や殻竿で殺す振りをするという、ヨーロッパの風習にも含意されているものである。また、生贄の肉を埋めたところに水を注ぐというコンド族の風習は、穀物霊の表象である人間に水を掛けたり、これを川に投げ込んだりという、ヨーロッパの風習に対応するものである。[99] コンド族の風習もヨーロッパの風習も、ともに雨乞いの呪術である。

さて、ここでリテュエルセスの物語に戻ろう。これまで見てきたのは、未開の社会において、人間が一般に穀物の生長を促進するために殺された、ということである。それゆえフリュギアとヨーロッパで同様の目的のために人間が殺されてきたと仮定することはけっして不可能ではない。そして、互いに緊密な一致を示しているフリュギアの伝説とヨーロッパの習俗が、そのように人間が殺されてきたという結論を導き出すのであれば、われわれは、少なくとも暫定的には、この結論を受け入れなければならない。さらに、リテュエルセスの物語とヨーロッパの収穫期の風習はともに、殺される人間は穀物霊の表象として殺されるのだ、ということを示しており、このことは、穀物を繁栄させるために生贄を殺すのだという、蛮人が抱いているらしい見解と一致している。したがって、総じてわれわれは、フリュギアとヨーロッパの両方において、穀物霊を表象する者は毎年収穫の畑で殺された、と推断してよい。ヨーロッパにおいて、同様に樹木霊の表象とされる者が毎年殺された、と信じるための根拠は、すでに示したとおりである。これら二つの緊密な類似を見せる驚くべき風習に関して、その証言は互いにまったく独立したものである。両者の一致が、両者のためにも斬新な仮説をもたらしてくれるように思われる。

穀物霊の表象がどのように選ばれたのかという問いに対しては、すでにひとつの答えが出ている。リテュエルセスの物語とヨーロッパの習俗がともに示しているように、通りすがりの見知らぬ者が、刈られたもしくは脱穀された麦から逃れた穀物霊の化身とみなされ、捕らえられ殺されたのだった。だが、これが唯一の答えでないことには証拠がある。フリュギアの伝説のひとつでは、リテュエルセスの犠牲になった者は通りすがりの見知らぬ者ではなく、リテュエルセスが刈り取り競争で打ち負かした相手であった。またこれによると、リテュエルセスは殺したと言われているわけではなく単に鞭打ったと語られているに過ぎない。しかし、物語のひとつの版では、別の版で見知らぬ者とされている者と同様、負かされた刈り手が、リテュエルセスによって刈り束に包まれ、首を刎ねられたと言われているように考えざるを得ない。そしてこのように考えることは、ヨーロッパの収穫期の風習によっても支持される。すでに見たように、ヨーロッパではときとして刈り手の間で、最後にならないようにという競争が行われ、またこの競争で負けた者、つまり最後の麦を刈った者が、しばしば手荒い扱いを受ける。なるほどわれわれが見てきたところでは、これを殺す真似がなされたとは言われていない。だが一方でわれわれは、脱穀の際に最後の殻竿を振るった者、つまり脱穀競争で負けた者を、殺す真似がなされた例を見たのだった。[100]さて、最後の麦を脱穀した者が擬態的に殺されるというのは、穀物霊の象徴としてそうされるのであり、同じような象徴的な性質は（すでに見たように）最後の麦を脱穀した者のみならず、刈った者および束ねた者にも付与され、また収穫する者たちが、いずれの作業でも最後になることには嫌悪感を示すのであるから、ここでわれわれに推測できるのは、一般に行われる擬態的な殺人は、最後の麦の脱穀者のみならず刈る者と束ねる者についても行われ、そして古代においては、この殺人が実際に行われていた、ということである。この推測の確証となるのは、最後の麦を刈った者はだれであれまもなく死ぬことになる、という広く普及している迷信である。[101]ときには、畑で最後の束を束ねた者は翌年のうちに死ぬ、と考えられている。[102]最後の麦を刈る者、束ねる者、脱穀する者を穀物霊の表象と決める理由は、つぎのようなものであろう。穀物霊は、刈る者、束ねる者、脱穀する者が仕事を開始するまで、できるだけ長く穀物の中に潜んでいようとするもの、と考えられている。だがついに、最後に刈られ束ねられあるいは脱穀される穀物という、最終的な避難所から追い出されてしまうと、おのずと穀物霊は、それまで自らの衣装ないし身体であった穀物の茎を離れ、何か別の形を帯びることになる。そして、自分がいまそこから追い出されたばかりである穀物の一番近くにいる人間以上に、この穀物霊が入りやすいものはない。

だがこの人間というのは必然的に、最後の穀物を刈った者、束ねた者もしくは脱穀した者ということになる。そこで、この人間が捕らえられ、穀物霊として扱われるのである。

したがって、収穫の畑で穀物霊の表象として殺された者は、通りすがりの見知らぬ者か、最後に刈った者、束ねた者、脱穀した者であったろう。しかし、古代の伝説と近代の習俗が同様に示唆している、第三の可能性が存在する。リテュエルセスは、見知らぬ者を殺しただけではない。彼は自らも殺され、それもおそらくは彼が他の者を殺したのと同じ方法で、つまり、刈り束に包み首を刎ね川に投げ込むという方法で、殺されたのだった。またここには、リテュエルセスの身にこれが起こったのは彼自身の土地においてである、ということが含意されている。同様に、近代の収穫期の風習でも、殺す振りは、見知らぬ者に対してと同じくらいきわめて頻繁に、土地の主人（農場主や地主）に対して行われたように見える。[103] リテュエルセスがフリュギアの王の息子と言われていたことを思い出そう。そしてこのことを、彼が穀物霊の表象として殺されたと言われているらしい伝説と結び合わせて考えてみると、われわれはつぎのような推測に導かれる――ここにあるのは、神聖な、もしくは祭司的な王のひとりを毎年殺すという風習の、もうひとつの痕跡である。この王たちというのは、西アジアの多くの土地、とりわけフリュギアにおいて、[104] 宗教的に強い勢力を握っていたことで知られる王たちである。すでに見てきたように、いくつかの土地ではこの風習が、王の代わりに王の息子を殺すというほどの、大きな変更を被ってきたらしい。したがってリテュエルセスの物語は、このように変更された風習の記憶を留めたものであったろう。

さてここで、フリュギアのリテュエルセスが、フリュギアのアッティスに対して持っている関係に戻ろう。ここで思い出されるのは、祭司的な王の治める地ペッシヌスでは、大祭司が植物の神アッティスとして毎年殺されたらしいこと、そして、アッティスは、古代の典拠によると「刈られた麦穂」と述べられていることである。[105] したがって、穀物霊の化身として、それを表象する人間の姿で毎年殺されるアッティスは、結局のところリテュエルセスと同一のものと考えることができる。後者は単に、アッティス崇拝という国の宗教がそこから発達することになる、荒削りな原型であった。だがそれはそうだとしても、一方でヨーロッパの習俗との類似は、つぎの点にわれわれの注意を向けさせる――同一の民族内で、二つの異なる植物の神が、別々の人間によって表象され、その両者が、神の性格を持つ者として一年のうちで異なる時期に殺されていた、ということである。というのも、すでに見てきたように、ヨーロッパでは概して、ひとりの男が春に樹木霊として殺され、もうひとりの男が秋に穀物霊として殺されていたように思われるからである。フリュギアでもまたそうであったかもしれない。アッティスはとくに樹木の神であり、その穀物との繋がりは、「収穫の五月」といった風習で見られたように、[106] 樹木霊の力が穀物まで及んだに過ぎなかったのかもしれない。また、アッティスの表象は春に殺されたように見え、[107] 一方リテュエルセスは、フリュギアの収穫期を考えると、夏か秋に殺されたに違いない。ならば、リテュエルセスをアッティスの原型と考えることは正しくないにしても、概して両者は同一の宗教観から生み出された類似の産物とみなすことができ、両者は互いに、ヨーロッパで収穫期の「老いた男」が春の「野人」や「葉の男」等に対して持っている関係と、同じ関係にあったのかもしれない。両者はともに、植物の霊であると同時に神であり、両者を表象する人間は毎年殺された。だがアッティス崇拝が国の宗教という威厳を持つほどに成長し、イタリア全土に広がっていったのに対して、リテュエルセスの儀式は、フリュギアという生まれ故郷から一歩も外に踏み出すことはなかったように見え、またつねに、農夫たちが収穫の畑で執り行う荒削りな祭儀という性格を保ち続けたように思われる。コンド族のように、せいぜいのところ二、三の村が協力し合って、彼らの共通の利益のために、穀物霊の象徴とされる人間の生贄を確保してきたのかもしれない。このような生贄は祭司的な王もしくは小王の一族から出されたのかもしれず、ならばこのことが、伝説の中でリテュエルセスが、フリュギアの王の息子という性格を持たされた理由となるだろう。複数の村が共同しあわない場合、それぞれの村ないし農場が、通りすがりの見知らぬ者か、最後の刈り束を刈った者、束ねた者、あるいは脱穀した者に死を宣告し、穀物霊の象徴を確保したことだろう。断わるまでもないことだが、ヨーロッパと同様フリュギアでも、収穫の畑や脱穀場で人間を殺すという野蛮な風習は、古典古代の時代のはるか以前に、単なるその擬態へと移っていったことは疑いを容れず、おそらくは刈る者や脱穀する者たちのほうが、これをただの粗暴な戯れ——収穫祭という放縦が、通りすがりの見知らぬ者や仲間うち、さらには自分たちの主人に対してさえ、それを行うことを許してくれる戯れ——

に過ぎないとみなすようになったのである。

わたしがリテュエルセスの歌について長々と論じてきたのは、それがヨーロッパの習俗と蛮族の習俗を比較するにあたって、非常に多くの論点を提供してくれるからである。以前注意を喚起しておいた西アジアとエジプトの収穫期の歌については[108]、もはや簡潔に触れるだけで十分だろう。ビテュニアのボルモスがフリュギアのリテュエルセスに類似していることは[109]、これまでに行ってきた後者に関する解釈の確証となってくれる。ボルモスは、その死あるいはむしろ消失が、毎年刈り手たちによる哀調に満ちた歌によって弔われるものであり、リテュエルセスと同じく、王の息子か、少なくとも裕福な名士の息子であったとされている。彼は自分の畑で刈り取りを行っている人々を眺め、彼らに水を取ってくる際に姿を消してしまった。ひとつの物語では、彼は（水の）妖精によって連れ去られたとされている[110]。リテュエルセスの物語とヨーロッパの習俗に照らして考えてみれば、ボルモスのこの消失はおそらく、農場主自身を刈り束に包んで水に投げ入れた風習の名残であろう。刈り手たちの歌った歌はおそらく、穀物霊の死を嘆くものであった。それは刈られた麦の中で殺されたか、あるいは人間による表象の形で殺された。そして人々が穀物霊に向かってする呼びかけは、それが翌年新たな活力を備えて戻ってくるようにという祈りであったろう。

フェニキアのリノスの歌は、ホメロスによれば、少なくとも小アジアの西部では、ブドウの収穫の際に歌われた。シュレウス（Syleus）の伝説と結びついたこれが示唆しているのは、太古の時代、通りすがりの者が、ちょうど刈り手リテュエルセスによってなされたと言われているような扱いを、ブドウの栽培者と収穫者から受けた、ということである。伝説の語るところによれば、リュディアのシュレウスは自分のブドウ畑を通りすがりの者に耕させていたが、ついにヘラクレスがやってきて彼を殺し、彼のブドウを根こそぎにした。[111] これはリテュエルセスの伝説と同じような伝説の梗概と思える話だが、古代の著述家も近代の習俗も、その詳細をわれわれに語ってくれることはない。[112] だが、リノスの歌はフェニキアの刈り手たちによっても歌われたことだろう。というのも、ヘロドトスはこれをマネロスの歌と比較しており、すでに見たように、後者はエジプトの刈り手たちが刈られた麦に向かって歌った哀歌であったからだ。さらに、リノスはアドニスと同一視されており、アドニスをとりわけ穀物の神であったとする主張は複数ある。[113] たとえば収穫時に歌われるリノスの哀歌は、アドニスの哀歌と瓜二つであった。いずれも刈り手たちが死んだ穀物霊を悼んで歌う哀歌であったろう。だが、アドニスが、アッティスのように神話の中で威厳ある姿に成長し、フェニキアという祖国に留まらず複数の壮麗な都市で飾り立てられ弔われたのに対し、リノスのほうは、刈り手やブドウの収穫者たちによって刈り束やブドウの木に囲まれた場所で歌われる、素朴な短い詩の中に留まってしまったように見える。リテュエルセスと、ヨーロッパおよび蛮族の習俗の類似が示唆しているのは、フェニキアにおいて殺された穀物霊――死んだアドニス――は、以前は人間の生贄によって表されていただろう、ということである。この点は、あるいはハランの伝説によって裏付けられるかもしれない。タンムズ（アドニス）は残酷な王によって殺され、この王は彼の骨を碾き臼で碾き風に撒いた、という伝説である。[114] というのも、すでに見たように、メキシコでは収穫期の人間の生贄は二つの石の間で潰され、インドとアフリカでは生贄の灰が畑に撒かれたのだった。[115] だがハランの伝説は、穀物を碾き臼で碾くことと種を蒔くことを、同時に一つの神話で表現した方法に過ぎないかもしれない。バビロンのサカイアの祭りでは、毎年ロウスの月の十六日に偽の王が殺されたが、これがタンムズを表していたかもしれないという点は、ここで指摘しておく価値がある。というのも、この祭りとその日付を記録した歴史家のベロソスは、その歴史書をアンティオコス・ソテル〔セレウコス朝シリアの王、アンティオコス一世のこと〕に献上しているので、おそらくはマケドニア暦を使用したであろう。そして彼の時代、マケドニアのロウスの月は、バビロンのタンムズの月に当たっていたように思われるのである。[116] 仮にこの推測が正しければ、サカイアの偽の王は、神の資格で殺されたという見解が確立されることになる。

エジプトで、殺される穀物霊——死んだオシリス——が人間の生贄によって表現されたことについては、さらに多くの証拠がある。刈り手たちは収穫の畑で生贄を殺し、葬送歌を歌ってその死を悼み、ギリシア人は言語上の誤解からこの歌を「マネロス」の名で呼んだと思われるが、[117] ギリシア神話のブシリスの伝説も、かつてエジプト人たちが、オシリス崇拝との関係で、人間を生贄に捧げていたことの名残を留めているように思われるのである。ブシリスはエジプトの王で、異邦人はすべてゼウスの祭壇に生贄として捧げた、と言われている。この風習の起源は、エジプトの土地を九年間苦しめた不作にあるとされた。あるキプロスの占い師がブシリスに、毎年男をひとりずつゼウスに捧げればこの不作は終わる、と告げた。そこでブシリスは生贄を制度化した。だがヘラクレスがエジプトにやってきて、生贄として祭壇に引いてゆかれると、ヘラクレスは縛めを引きちぎり、ブシリスとその息子を殺したのだった。[118]したがってここにあるのは、エジプトで毎年、穀物の不作を回避するために人間の生贄が捧げられたという伝説であり、不作を避けるためであったこの生贄を怠れば、必然的に不作が繰り返される、という信仰である。すでに見たとおり、ポーニー族も、種蒔きの際に人間の生贄を怠れば、畑はまったくの不作になる、と信じていた。ブシリスという名は、実のところ pe-Asar つまり「オシリスの家」という都市の名であった。[119]この都市にオシリスの墓があったためこう呼ばれたのである。人間の生贄はオシリスの墓で捧げられたと言われており、[120]生贄となったのは赤毛の男たちで、その灰は唐箕によって他国に飛ばされた。前述の議論に照らしてみると、このエジプトの伝統は、一貫した蓋然性の高い解釈を可能にする。穀物霊であるオシリスは、毎年収穫の際に異邦人によって表された。その赤毛は、これを熟した麦の最適な表象とするものだった。この男は収穫の畑で、穀物霊の表象という資格で殺され、刈り手たちはその死を悼み、同時に、その穀物霊が翌年には新たな活力を身につけて蘇り、再び戻ってくること(mââ-ne-rha, Maneros)を祈った。最後に、生贄もしくはその体の一部が焼かれ、その灰は畑を肥沃にするために唐箕で撒かれた。この例において生贄が、それが表象すべき穀物との類似を根拠に選ばれている点は、前述のメキシコとアフリカの風習に一致している。(121) 同様にローマ人も、春に赤毛の仔犬を生贄に捧げた。そうすれば穀物が熟して赤くなると信じたからである。(122) また今日でもバイエルンの人々は、小麦を蒔く際に、これが黄金色に育つようにと金の指輪をはめることがある。(123) さらに、エジプトで生贄の灰を撒くことは、マリモ族とコンド族の風習と同じである。(124) 生贄を穀物と同一視していることは、その灰が箕で扇ぎ分けられることからも明らかである。ちょうどヴァンデにおいて農場主の妻を脱穀し扇ぎ分ける真似がなされたのと同じように、穀物霊の化身とみなされたのである。メキシコでは生贄が石の間で潰され、アフリカでは鋤と長柄の鍬で殺されたが、(125) これと同じである。オシリスの遺体が切り刻まれてあちらこちらにばら撒かれ、イシスがこのそれぞれを、見つけたその地に埋めたという物語は、(126) コンド族が行っていたように、人間の生贄を細かく刻み、その断片をしばしば何マイルも距離をおいて畑に埋めるという風習の、名残である可能性が十分にある。しかしながらオシリスの遺体の切断という物語は、タンムズの類似した物語と同様、種を撒き散らすことの単なる神話的表現とも考えられなくはない。また、箱に収められたオシリスの遺体が、テュフォンによってナイル川に投げ込まれたという物語も、雨乞いの呪術として、あるいはむしろナイル川の水位を高めるための呪術として、生贄を、あるいはその体の一部を、ナイル川に投げ込むという風習を示すものであるかもしれない。同様の目的で、フリュギアの刈り手たちは、生贄の首のない遺体を刈り束に包み川に投げ込んだようであるし、コンド族は生贄の人肉を埋めた場所に水を注いだのだった。おそらくは、オシリスが人間の生贄によって表されることがなくなったとき、オシリスの像が毎年ナイル川に投げ込まれたことだろう。これはちょうど、シリアでこれに当たるアドニスの像が、アレクサンドリアの海に投げ込まれていたのと同じである。あるいは、前述した遺跡、麦の茎が生え出しているオシリスの遺体に祭司が水を注いでいる図像と同じく、単に水が注がれただけであったかもしれない。この図像にある「帰り来る水より萌え出ずる、密儀のオシリスの姿である」という碑文は、オシリスの密儀において、その像に水を掛けるかこれをナイル川に投げ込むという、水の呪術もしくは灌水の呪術が、定期的に行われていたという見解を支持するものである。

　赤い髪の生贄は、オシリスではなくその敵テュフォンの表象として殺されたのではないか、という反論もあるかもしれない。というのもこの生贄は「テュフォンの」と呼ばれ、黒がオシリスの色であるのに対し、赤がテュフォンの色とされていたからである[127]。この反論に対する返答はいまのところ保留せねばならない。さしあたり、遺跡のオシリスがしばしば黒く描かれているとはいえ、それ以上に緑で描かれるのが一般的であった、ということを指摘しておこう[128]。種が地面の下にある間は黒と考えられても、芽を出した後では緑と考えられるから、これは穀物神には相応しい色である。同様にギリシア人は、デメテルを緑と黒の両方の色で考えたし[129]、春には緑のデメテルに供犠を行い、歓喜の宴を催してこれに感謝を捧げたのだった[130]。

したがって、仮にわたしが正しければ、オシリスの密儀への鍵は、エジプトの刈り手たちの憂鬱な叫び声によってもたらされる。これはローマの時代に下っても、毎年畑から聞こえてきたものであり、オシリスの粗雑な原型である穀物霊の、死を告げるものであった。すでに見てきたように、類似の叫び声はまた、西アジアのすべての収穫の畑でも聞かれた。古代の著述家たちはそれを歌として語っているが、リノスおよびマネロスという名の分析に基づけば、それはおそらくほんの数語からなるもので、はるか遠くからでも聞くことのできる、長く引き伸ばされた音楽的な調べに乗せて語られたことばであったろう。そのような、数多くの力強い声が一斉に唱える朗々とした息の長い叫び声であれば、これは驚くべき効果を持っていたに違いなく、たまたまこれを耳にした旅人は、だれであれかならずや注意を奪われたはずである。何度も何度も繰り返されるその音はおそらく、たとえ遠くからでも容易に聞き分けられたことだろう。だがアジアやエジプトを旅するギリシア人にとって、概して異国のことばはなんら意味をなすものではなく、そのため旅人がこれを、刈り手たちの呼びかけるだれかの名前（マネロス、リノス、リテュエルセス、ボルモス）と考えたとしても不思議はない。そしてこの旅人がさらに、ビテュニアやフリュギア、フェニキアやエジプトといった多くの国にまで旅を続けたとしたら、麦の刈られる間に他国の人々が口にする様々な種類の収穫の叫び声を、比較する機会にも恵まれたことだろう。かくしてわれわれには、これら収穫時の泣き叫ぶ声が非常にしばしばギリシア人によって記録され互いに比較されている理由を、難なく説明することが可能になる。一方、もしそれが普通の歌であったなら、さほど遠くまで聞こえたはずもなく、したがってさほど多くの旅人の注意を喚起することもできなかったろう。さらに、たとえ旅人がこれを耳にできるところにいたとしても、その語句を容易には聞き分けられなかっただろう。デヴォンシア〔イングランド南西部の州〕の刈り手たちは、今日までこれと同じ種類の叫び声を発し、畑でまさしくそれに類似した儀式——わたしの間違いでなければ、オシリスの祭儀もまたそこから発している儀式——を執り行っている。この叫び声と儀式は、今世紀〔十九世紀〕の前半、ある観察者によってつぎのように述べられている。「小麦がすべて刈られた後のことだが、デヴォン北部のほとんどの農場では、収穫者たちの間に『首を叫ぶ』(crying the neck)という風習がある。この地域では、いかなる大農場でも、これが行われないことはまずないと思われる。それはつぎのような要領でなされる。農夫たちが最後の小麦畑を刈る頃になると、ひとりの老人、もしくはこの儀式を熟知している者が、刈り束の山まで行き、できるだけ立派な麦束を見つけて、その中から少量の穂束を取り出す。彼はこれを実に手際よくこぎれいに結び合わせ、藁も大変風雅に編み整える。これが、小麦の、もしくは麦穂の、『首』と呼ばれる。畑が刈り取られ、水差しが二度目に回されると、刈る者、束ねる者、そして女たちが輪を作って立つ。その中心に、ひとりが『首』を両手でしっかり持って立つ。この男が最初に身を屈めて、近くの地面にこれを置くと、輪を作っている他の者は皆、帽子を取って身を屈め、両手で帽子を持ってその場所まで運ぶ。そして即座に全員が、一斉に、長く引き伸ばされた声で調子を合わせて、『首』と叫ぶ。そしてゆっくりと立ち上がり、背筋を伸ばして、腕と帽子を頭上に掲げる。首を持つ者もまた、これを高く掲げる。以上のことが三回繰り返される。つぎに彼らは『ウィー、イェン！』（wee yen !）、『ウェイ、イェン！』（way yen !）という叫びを取り交わす。これまで同様、長く引き伸ばされたゆっくりとした口調で、不思議なハーモニーと効果を生み出しながら、三度叫び合うのである。最後の三度目の叫びには、『首』と叫んだときと同じような体と腕の動きが伴っている。……こうして『首』と三度叫び、『ウィー、イェン』『ウェイ、イェン』と三度叫び終えると、皆は一斉に騒ぎ始め歓喜の笑い声を上げる。帽子を宙に投げ上げ、あたりを跳ね回り、あるいは娘たちにキスすることもある。つぎに、彼らの中のひとりが『首』を取り、全速力で農場主の屋敷まで走って行く。屋敷では酪農婦か若い家政婦がひとり、バケツ一杯の水を持って戸口に待ち構える。『首』を持つ男は、どうにか家の中に入ることができれば——この入り方は、娘がバケツを持って待っている戸口からでない限り、こっそり入ろうが堂々と入ろうが構わない——、この娘に合法的にキスをすることができる。だがもし失敗すれば、かならずバケツの中身でずぶ濡れになる。よく晴れた静かな秋の夕暮れ時、遠くに聞こえる『首の叫び』は素晴らしい効果を持っている。それはバイロン卿が大いに讃美したトルコのイスラーム教寺院から聞こえる勤行時報よりもはるかに素晴らしい。バイロン卿はそれを、キリスト教世界のいかなる鐘の音よりも好ましいと語っている。わたしも何度か、二十人以上の男たちがこれを叫ぶのを耳にしたことがあり、ときにはこれに同じ数だけの女の声も混じっていた。三年ほど前、とある高地地方で人々が刈り入れをしているときに、一晩に六、七回、『首』が叫ばれるのを聞いた。とはいえそのうちのいくつかは、四マイルは離れたところからのものであった。静かな夕暮れの空気を伝って、ときにははるか彼方から聞こえてくるものなのである」[131]。また、ブレイ夫人がデヴォンシアに旅行したときのことは、つぎのように伝えられている。「彼女は、盛り上がった土地で円を描いて立っている刈り手たちの一団を目にした。皆手鎌を高く掲げている。中心にいるひとりが、花々で飾られ結び合わされた麦穂を掲げ、一団は三度、(彼女の表記するところでは)『アールナック、アールナック、アールナック、ウィ、ハーヴェン、ウィ、ハーヴェン、ウィ、ハーヴェン』(Arnack, arnack, arnack, we *haven*, we *haven*, we *haven*) と叫んだ。皆は女たち、子どもたちとともに、花咲く枝の束を抱え、叫びながら、歌いながら家路に着いた。ブレイ夫人に付き添っていた従者は、『連中はいつものように、収穫の霊のための遊戯をやってるだけのことです』と語った」[132]。バーン嬢が語っているように、この「アールナック、ウィ、ハーヴェン」arnack, we haven というのは、明らかに、a neck (もしくは nack)! we have un!「首をひとつ、取ったぞ」のデヴォン方言である〔un は代名詞の one に相当する口語表現〕。「首」は概して農場主の屋敷に吊るされ、ときには二年から三年放置される[133]。わたしが友人のJ・H・ミドルトン教授から聞いたところによると、同様の風習はコーンウォールのいくつかの地方でもいまだに続いている。「最後の刈り束はリボンで飾られる。声の大きい男が二人選ばれ、谷を挟んで(一方は刈り束の側に)離れ離れに向き合って立つ。ひとりが『取ったぞ』と叫ぶと、もうひとりは『何を取ったんだ』と叫ぶ。そこで最初の男は『首を取ったぞ』と答える」。

これらデヴォンシアとコーンウォールの風習では、一般に最後に刈り残されたものである特定の麦穂の束が、[134]穀物霊の首とみなされている。この穀物霊は、その束が刈られた結果、首を刎ねられたということになる。同様にかつてシュロップシア〔イングランド西部の、ウェールズに接する州〕でも、一般に、すべての刈り取りが終わる頃、最後に畑の真中に刈り残されて立つ一握りの麦穂が、「首」もしくは「雄ガチョウの首」(the gander's neck) という名で呼ばれた。これは編まれ、刈り手たちはこれから十歩か二十歩ほど離れたところに立ち、これにめがけて手鎌を投げた。こうして刈ることのできた者は、雄ガチョウの首を刈った、と言われた。この「首」は農場主の妻に与えられ、その妻は翌年の収穫期まで、これを「幸運のために」家に保管することになっていた。[135]トレーヴ〔ドイツ西部ラインラントプファルツ州の市トリールのフランス語名〕近郊では、最後に残って立つ麦を刈る者が「山羊の首を刎ねる」者と言われる。[136]ゲアロッホ(ダンバートンシア)のファスレインでは、最後に立つ一握りの麦が、「首」と呼ばれることがあった。[137]フリースラント〔オランダ北部。現在は州〕東部のアウリヒでは、最後の麦を刈る者は「野ウサギの尻尾を切る」者と言われる。[138]フランスの刈り手たちは、畑の最後の一画を刈るときに、「猫の尻尾を捕まえる」と言う場合がある。[139]ブレス(ブルゴーニュ)では、最後の刈り束はキツネを表した。刈り束の傍に二十本ほどの穂を立てて尻尾に見立て、刈り手たちは皆、数歩下がってこれに手鎌を投げた。これを刈ることに成功した者が「キツネの尻尾を切った」

者となり、皆は彼の名誉を称えて「ユー、クー、クー」(You cou cou !)と叫んだ。[140] これらの例を見れば、デヴォンシアとコーンウォールで最後の刈り束を「首」と呼ぶことの意味は明らかである。穀物霊は人間か動物の姿で考えられているのであり、最後に刈り残されている麦はその体の一部、つまり首や頭や尻尾なのである。以前述べたように、それはときに臍の緒とみなされることもある。[141] 最後に、「首」を持ってきた者を水浸しにするデヴォンシアの風習は、すでに多くの例を見てきたとおり、雨乞いの呪術である。オシリスの密儀においてこれに対応しているものが、オシリスの像もしくはオシリスを表象する人間に、水を注ぐという風習であった。

ドイツではときとして、最後の麦を刈る際に、刈り手たちが「ヴァウル」(Waul !)、「ヴォル」(Wol !)または「ヴォルト」(Wôld !)と叫ぶ。たとえばいくつかの土地では、刈り残された最後の一画が「ヴァウルのライ麦」(Waul-rye)と呼ばれた。花々の飾り付けられた棒が一本その中に挿し込まれ、数本の麦穂がこの棒に結びつけられた。つぎに刈り手全員が帽子を取り、三度「ヴァウル！ ヴァウル！ ヴァウル！」と叫んだ。ときにはこの叫びと同時に、大鎌に砥石を当ててガシャガシャと音を立てた。[142]

(1) ディオドロス、i. 14, *ἔτι γὰρ καὶ νῦν κατὰ τὸν θερισμὸν τοὺς πρώτους ἀμηθέντας στάχυς θέντας τοὺς ἀνθρώπους κόπτεσθαι πλησίον τοῦ δράγματος κ. τ. λ.* ここで *θέντας* という語は、おそ

らく *σύνθεντας* と読むべきである。このことは、以下に *δράγματος* と続くことからも支持されよう。

(2) ヘロドトス、ii. 79. ポリュデウケス、iv. 54. パウサニアス、ix. 29. アテナイオス、620A.

(3) H. Brugsch, *Die Adonisklage und das Linoslied*, Berlin, 1852, p. 24.

(4) 本書四八一頁。

(5) Ralston, *Songs of the Russian People*, p. 249 以下。

(6) ホメロス『イリアス』xviii. 570. ヘロドトス、ii. 79. パウサニアス、ix. 29. コノン『物語集』(*Narrationes*, in *Scriptores Poeticae Historiae Graeci*, ed. A. Westermann, Brunswick, 1843) 19. アイリノスの形式については以下を見よ。スイダスの同項目。エウリピデス『オレステス』1395. ソフォクレス『アイアス』627. また以下も参照せよ。モスコス『牧歌集』iii. 1. カリマコス『アポロへの讃歌』20.

(7) コノン前掲書同箇所。

(8) Mannhardt, *A. W. F.*, p. 281.

(9) パウサニアス前掲書同箇所。

(10) ポリュデウケス、iv. 54. アテナイオス、619F, 620A. ヘシュキオス、"*Βῶρμον*" の項、および "*Μαριανδυνὸς θρῆνος*" の項。

(11) この物語は、ソシテオスが戯曲『ダフニス』で語ったものである。彼の詩文は作者不詳の小冊子に収められている。以下を参照せよ。*Scriptores rerum mirabilium Graeci*, ed. A. Westermann, Brunswick, 1839, p. 220. アテナイオス、415B. テオクリトス、x. 41 に関する注釈。フォティオス、スイダス、およびヘシュキオスの、「リテュエルセス」の項。アポストリオス (Apostolius, *Proverbia*, in *Paroemiographi Graeci*, i, ed. E. L. Leutsch et F. G. Schneidewin, Göttingen, 1839-1851), x. 74. フォティオスは手

鎌に言及している。リテュエルセスをとりわけ研究の主題としたのはマンハルトであり（*M. F.*, p. 1 以下）、わたしもマンハルトに従うことにする。

(12) ポリュデウケス、iv. 54.

(13) この比較については、わたしはひとえに Mannhardt, *M. F.*, p. 18 以下に従っている。

(14) また本書四六六頁も参照せよ。一方、最後の刈り束はときとしてだれもが競い合って求める対象ともなる。本書四六二頁を見よ。バルクヒッダーでもまたそうである。*Folk-lore Journal*, vi. 269. ダンバートンシアのゲアロッホにおいてもかつてはそうであった。ここでは、これを刈ることが名誉とされ、皆が競い合って刈ろうとし、まだ刈られずに立っている麦の穂は、刈り束の陰に隠されることもあった（これは Archie Leitch からの情報による。本書前節註(70)を参照せよ）。

(15) Mannhardt, *M. F.*, p. 19 以下。

(16) 前掲書 p. 20. Panzer, *Beitrag zur deutschen Mythologie*, ii. 217.

(17) 本書四七二頁以下。

(18) Mannhardt 前掲書 p. 22.

(19) 前掲書 p. 22.

(20) 前掲書 p. 22 以下。

(21) 前掲書 p. 23.

(22) 前掲書 p. 23 以下。

(23) 前掲書 p. 24.

(24) 前掲書 p. 24.

(25) 前掲書 p. 24.
(26) 前掲書 p. 24 以下。
(27) 前掲書 p. 25.
(28) Witzschel, *Sagen, Sitten und Gebräuche aus Thüringen*, p. 223.
(29) Mannhardt 前掲書 p. 25 以下。
(30) C. A. Elliot, *Hoshangâbâd Settlement Report*, p. 178, *Panjab Notes and Queries*, iii (October and December 1885), No. 8, No. 168 に引用されている。
(31) Mannhardt 前掲書 p. 31.
(32) 前掲書 p. 334.
(33) 前掲書 p. 330.
(34) 前掲書同箇所。
(35) 前掲書 p. 331.
(36) 前掲書 p. 335.
(37) 前掲書 p. 335.
(38) 本書四六一頁、四六七頁、四七七頁。
(39) Mannhardt, *Korndämonen*, p. 26.
(40) 本書四六九頁。
(41) Mannhardt, *M. F.*, p. 50.
(42) 前掲書 p. 50 以下。

（43）本書三八八頁以下、四五九頁、四六三頁、四六七頁を見よ。

（44）Mannhardt 前掲書 p. 32 以下。またつぎも参照せよ。*Revue des traditions populaires*, iii. 598.

（45）Mannhardt 前掲書 p. 35 以下。

（46）前掲書 p. 36.

（47）これに関する証言は、前掲書 p. 36, note 2 を参照せよ。この表現のもとになっている考え方は、以下に挙げるシンハラ族〔スリランカの主要民族〕の風習が説明しているように思われる。「脱穀場には奇妙な風習がある。『ゴイゴテ』(Goigote) と呼ばれ、これは〈耕作者の結び目を作ること〉を意味する。刈り束を脱穀する際、穀粒は運び出される前に山と積まれ、概して六人ほどいる脱穀者たちがその周りに座り、穂の付いている茎を何本か取って、共同でひとつの結び目を作り、これを山の中に埋める。すべての刈り束が脱穀され、籾殻が扇ぎ分けられ、穀物が計量されるまで、これはそのままそこに置かれている。この儀式の目的は、悪魔たちが山と積まれた穀物の量を減らさないようにすることである」。C. J. R. Le Mesurier, "Customs and Superstitions connected with the Cultivation of Rice in the Southern Province of Ceylon," in *Journal of the Royal Asiatic Society of Great Britain and Ireland*, N. S., xvii (1885), 371. ヨーロッパの風習で「鍵」というのはおそらく、このシンハラ族の風習における「結び目」と同じ役割を果たすよう意図されたものである。

（48）Mannhardt 前掲書 p. 39.

（49）前掲書 p. 39 以下。

（50）前掲書 p. 40. 見知らぬ者もしくは主人を縛る女が行う演説については、前掲書 p. 41 を見よ。E. Lemke, *Volksthümliches in Ostpreussen*, Mohrungen, 1884-1887, i. 23 以下。

(51) Mannhardt 前掲書 p. 41 以下。

(52) 前掲書 p. 42.

(53) 前掲書 p. 42. 本書四六九頁を見よ。チューリンゲンでは、「イグサ切り人」(Rush-cutter) と呼ばれる存在が、もっとも恐れられていた。これは聖ヨハネの祝日の朝に麦畑を歩くことを習慣としていた男で、歩きながら、踝に結びつけた手鎌で麦を刈って畑に道を切り開いてしまう。この男を見つけるために、脱穀場ではひっそりと、七つの粗朶の束が殻竿で打たれる。この作業の最中に納屋の戸口に現われた見知らぬ者が「イグサ切り人」とされた。Witzschel 前掲書 p. 221. Binsenschneider (イグサ切り人) については、Bilschneider と比較せよ。Panzer 前掲書 ii. 210 以下。

(54) Mannhardt 前掲書 p. 47 以下。

(55) 前掲書 p. 48. この風習を合理的に説明することを避けるために——というのも、習俗の合理的な説明は、そのほとんどが間違いだからである——、ときには収穫物の少量が、「貧しい老いた女」以外の名を持つ霊のために、畑に取り残される、という例を挙げておこう。たとえばティルジット地方のある村では、最後の刈り束が「老いたライ麦女のために」畑に立てておかれる。Mannhardt 前掲書 p. 337. ネフテンバハ (チューリヒ州) では、最初に刈られた三本の麦穂が畑に投げ捨てられるが、これは「麦の母を満足させ、翌年を豊作にするため」である。前掲書同箇所。チューリンゲンでは、二番刈り用の牧草 (Grummet) が刈り取られるときには、牧草地に小さな一山を残しておく。これは「小さな林の女」のものであり、彼女が授けてくれた恵みへのお返しである。Witzschel 前掲書 p. 224. バイエルンのクプファーベルクでは、畑に多少の麦を残して刈り終える。この残った麦について彼らは、「これは老いた女のものだ」と言う。この麦はつぎのようなことばでこの女に捧げられる。「わたしたちはこれを老いた女に捧げる。／彼女にこれを保管してもらおう。／来年彼女がわたしたちに、／今回と同じように親切にしてくれるように」。Mannhardt 前掲書 p. 337 以下。この最後の表現は確たる証拠となる。また Mannhardt, *Korndämonen*, p. 7 以下も参照せよ。ロシアでは、麦畑の一区画が刈らずに残され、穂が結び合わされる。これは「ヴォロス（Volos）の髭編み」と呼ばれる。「刈られていない一区画はタブーとみなされる。そしてだれかがこれに干渉すれば、その者は萎んでしまい、編み合わされた穂のように体が捩れることになる、と信じられている」。Ralston 前掲書 p. 251. スコットランドの北東部では、ときとして数本の茎が「爺さん」（the aul' man）のために刈られずにおかれる。W. Gregor, *Notes on the Folk-lore of the North-East of Scotland*, p. 182. ここで言われる「爺さん」は、おそらくドイツの「老いた男」（ドイツ語で der Alte）に相当しよう。

（56） Mannhardt, *M. F.*, p. 48.

（57） 前掲書 p. 48 以下。

（58） 前掲書 p. 49.

（59） 前掲書 p. 49 以下。Wuttke, *Der deutsche Volksaberglaube*, second ed., § 400. M. Töppen, *Aberglauben aus Masuren*, second ed., Danzig, 1867, p. 57.

（60） この風習の解釈はマンハルトによる。Mannhardt 前掲書 p. 49.

（61） ホメロス『オデュッセイア』xvii. 485 以下。またプラトン『ソフィステス』216 A も参照せよ。

（62） 水に投げ入れることについては、本書五一一頁を見よ。

（63） Cieza de Leon, *Travels*, translated by Clements R. Markham, Hakluyt Society, London, 1864, p. 203.

(64) Brasseur de Bourbourg, *Histoire des nations civilisées du Mexique et de l'Amérique-Centrale*, i. 274. Bancroft, *The Native Races of the Pacific States of North America*, ii. 340.

(65) Bastian, *Die Kulturländer des alten Amerika*, ii. 639 (Herrara からの引用箇所). 本書四一八〜一九頁を見よ。

(66) Edwin James, *Account of an Expedition from Pittsburgh to the Rocky Mountains*, London, 1823, ii. 80 以下。Henry R. Schoolcraft, *Indian Tribes of the United States*, Philadelphia, 1853-1856, v. 77 以下。J. de Smet, *Voyages aux Montagnes Rocheuses*, nouvelle ed., Paris and Brussels, 1873, p. 121 以下。スー族の娘の生贄に関する Schoolcraft と De Smet の説明はそれぞれ独立しており、相互に補い合うものである。

(67) Labat, *Relation historique de l'Éthiopie Occidentale*, i. 380.

(68) John Adams, *Sketches taken during Ten Voyages in Africa between the years 1786 and 1800*, London, N. D., p. 25.

(69) P. Bouche, *La Côte des Esclaves et le Dahomey*, p. 132.

(70) T. Arbousset et F. Daumas, *Relation d'un voyage d'Exploration au Nord-est de la Colonie du Cap de Bonne-Espérance*, Paris, 1842, p. 117 以下。

(71) *Panjab Notes and Queries*, ii. No. 721.

(72) W. Macpherson, *Memorials of Service in India from the Correspondence of the late Major S. C. Macpherson*, London, 1865, p. 113 以下。Major-General John Campbell, *Wild Tribes of Khondistan*, London, 1864, pp. 52-58, etc.

(73) Campbell 前掲書 p. 56.
(74) Macpherson 前掲書 p. 115 以下。
(75) 前掲書 p. 113.
(76) 前掲書 p. 117 以下。Campbell 前掲書 p. 112.
(77) Macpherson 前掲書 p. 118.
(78) Campbell 前掲書 p. 54.
(79) 前掲書 p. 55, p. 112.
(80) Macpherson 前掲書 p. 119. Campbell 前掲書 p. 113.
(81) Macpherson 前掲書 p. 127. Campbell は、緑の木の枝ではなく、二枚の頑丈な厚板もしくは竹竿（p. 57）あるいは裂いた竹竿（p. 182）を挙げている。
(82) Campbell 前掲書 p. 56, p. 58, p. 120.
(83) Dalton, *Descriptive Ethnology of Bengal*, p. 288, キャンベル少佐の報告からの引用。
(84) Campbell 前掲書 p. 126. この象は大地女神を表している。ここでは大地女神は象の姿を取ると考えられていた。Campbell 前掲書 p. 51, p. 126. グームール〔ソマリアの地名〕の丘陵地帯では、大地女神は孔雀の姿で表され、生贄の縛りつけられる柱には孔雀の像が描かれている。Campbell 前掲書 p. 54.
(85) Macpherson 前掲書 p. 130.
(86) Dalton 前掲書 p. 288, キャンベル少佐の報告に関する言及。
(87) Macpherson 前掲書 p. 129. また Campbell 前掲書 p. 55, 58, 113, 121, 187 も参照せよ。
(88) Campbell 前掲書 p. 182.

(89) Macpherson 前掲書 p. 128. Dalton 前掲書同箇所。

(90) Campbell 前掲書 p. 55, p. 182.

(91) 前掲書 p. 187.

(92) 前掲書 p. 112.

(93) Macpherson 前掲書 p. 118.

(94) 本書五二〇～二一頁。

(95) 本書四六〇頁。

(96) 本書四五九頁、四七一頁。

(97) 本書五〇九頁。

(98) 本書五一一頁。

(99) 本書三八八頁以下、四六三頁、四六七頁、五一一頁。

(100) 本書五一〇頁。

(101) Mannhardt, *Korndämonen*, p. 5.

(102) H. Pfannenschmid, *Germanische Erntefeste*, Hanover, 1878, p. 98.

(103) 本書五一三頁以下。

(104) 本書三二一頁。

(105) 本書四〇七頁。

(106) 本書一〇六頁。

(107) わたしはフリュギアで麦がいつ刈り取られるのかを知らない。だがこの土地が高地地方であることを考えると、収穫の時期はおそらく、地中海沿岸地方よりも遅いであろう。
(108) 本書五〇〇頁以下。
(109) 本書五〇一頁。
(110) ヘシュキオス、"*Bώρμον*"の項。
(111) アポロドロス、ii. 6, 3.
(112) 古代と近代の両方の時代で、ブドウ園の園丁とブドウの収穫者および通行人の間で交わされる口汚い罵り合いは、別の範疇に属するものと思われる。これについてはMannhardt, *M. F.*, p. 53以下を見よ。
(113) 本書三八五頁以下。
(114) 本書三八六頁以下。
(115) 本書五一八頁、五二一頁、五二五頁。
(116) おそらく月がこのように一致しているであろうことは、本文のこの推測にとって実にありがたい確証となるものだが、これについては、友人のW・ロバートソン・スミス教授に負っている。彼は以下のようなメモをくれた。「シリア゠マケドニア暦では、ロウスはタンムズではなくアブ〔ユダヤ暦で、政暦第十一月、教暦第五月を表し、太陽暦では七〜八月に当たる〕を表す。バビロンでは違ったのだろうか。わたしは違っていたと思う。そして少なくともアジアでギリシアが支配していた初期の時代には、一カ月ずれていた。というのも、『アルマゲスト』〔プトレマイオスの天文学書〕(*Ideler*, i. 396) のバビロンに関する記述からすると、紀元前二二九年、クサンティコス (Xanthicus) は二月二十六日に始まったとわかるからである。したがって、昼夜平分の前の月はニサン〔ユダヤ暦で、政暦第七月、教暦第一月を表し、太陽暦では三〜四月に当たる〕ではなくアダル〔ユダヤ暦で、政暦第六月、教暦第十二月を表し、太陽暦では二〜三月に当たる〕になり、その結果ロウスは太陰月のタンムズ〔ユダヤ暦で、政暦第十月、教暦第四月を表し、太陽暦では六〜七月に当たる〕に相当していたことになる」。

(117) 本書五〇〇頁。

(118) アポロドロス、ii. 5, 11. ロドスのアポロニオス、iv. 1396 に関する注釈。プルタルコス『対比列伝』38. ヘロドトス（ii. 45）は、エジプト人が人間を生贄に捧げてきたという考えを信じなかった。だがヘロドトスという典拠が、マネトンという典拠に不利に働くということはない。マネトン（プルタルコス『イシスとオシリス』73）は、エジプト人がそうしていたことを断言している。

(119) Eduard Meyer, *Geschichte des Altertums*, i. § 57.

(120) ディオドロス、i. 88. プルタルコス『イシスとオシリス』73. また 30, 33 も参照せよ。

(121) 本書四一八頁、五二〇頁、五二七頁。

(122) フェストゥス、“Catularia” の項。また以下も参照せよ。同書 “rutilae canes” の項。コルメラ（Columella, *De re rustica*, in *Scriptores Rei Rusticae Veteres Latini*, ed. J. G. Schneider, Leipzig, 1794-1796）x. 343. オウィディウス『祭暦』iv. 905 以下。プリニウス『博物誌』xviii. § 14.

(123) Panzer 前掲書 ii. 207, No. 362. *Bavaria, Landes- und Volkskunde des Königreichs Bayern*, iii. 343.

(124) 本書五二一頁、五二五頁。

(125) 本書五一八頁、五二〇頁。

(126) プルタルコス前掲書 18.

(127) 前掲書 22, 30, 31, 33, 73.

(128) J. Gardiner Wilkinson, *Manners and Customs of the Ancient Egyptians*, iii. 81.

(129) パウサニアス、i. 22, 3, viii. 5, 8, viii. 42, 1.
(130) コルヌトゥス『神々の本性について』c. 28.
(131) Hone, *Every-day Book*, ii. c. 1170 以下。
(132) Miss C. S. Burne and Miss G. F. Jackson, *Shropshire Folk-lore*, London, 1883, p. 372 以下、Mrs. Bray, *Traditions of Devon*, i. 330 への言及。
(133) Hone 前掲書 ii. 1172.
(134) Brand, *Popular Antiquities of Great Britain*, ii. 20. Burne and Jackson 前掲書 p. 371.
(135) Burne and Jackson 前掲書同箇所。
(136) Mannhardt, *M. F.*, p. 185.
(137) 本書四七一頁を見よ。
(138) Mannhardt 前掲書 p. 185.
(139) 前掲書同箇所。
(140) *Revue des traditions populaires*, ii. 500.
(141) 本書四七〇頁。
(142) U. Jahn, *Die deutschen Opfergebräuche bei Ackerbau und Viehzucht*, pp. 166-169. Pfannenschmid 前掲書 p. 104 以下。Kuhn, *Sagen, Gebräuche und Märchen aus Westfalen*, ii. No. 491, No. 492. Kuhn und Schwartz, *Norddeutsche Sagen, Märchen und Gebräuche*, p. 395, No. 97. Karl Lynker, *Deutsche Sagen und Sitten in hessischen Gauen*, second ed., Cassel and Göttingen, 1860, p. 256, No. 340.

本書は「ちくま学芸文庫」のために新たに訳出されたものである。

ちくま学芸文庫

初版金枝篇　上

二〇〇三年一月八日　第一刷発行

著者　J・G・フレイザー
訳者　吉川　信（きっかわ・しん）
発行者　菊池明郎
発行所　株式会社　筑摩書房
東京都台東区蔵前二―五―三　〒一一一―八七五五
振替〇〇一六〇―八―四一二三
装幀者　安野光雅
印刷所　三松堂印刷株式会社
製本所　株式会社鈴木製本所

ちくま学芸文庫の定価はカバーに表示してあります。
乱丁・落丁本及びお問い合わせは左記へお願いいたします。
筑摩書房サービスセンター
埼玉県さいたま市櫛引町二―六〇四　〒三三一―八五〇七
電話番号　〇四八―六五一―〇〇五三

ISBN4-480-08737-0 C0139